Ich hole Dich heim

Anneliese Kappler

Ich hole Dich heim

Verlag Anneliese Kappler
D–3040 Soltau

Layout, Einband und Schutzumschlag: Modeste von Unruh, Berlin
Gesamtherstellung: Priese GmbH, D–1000 Berlin

Für meinen Vater,
für meinen Sohn
und für Erika

KAPITEL 1

Kriegsgefangenenpost – gebührenfrei

Sonntag, 14. August 1977, Mitternacht war längst vorüber, - in einem Krankenzimmer im dritten Stock des Militärkrankenhauses auf dem Celiohügel in Rom:

Ich nahm das Bergsteigerseil vom Tisch und ging in das kleine Duschbad nebenan. Wo konnte ich es anbringen? Vielleicht am Waschbecken, das dem Fenster gegenüberlag? Würde es halten? Ich zog das Seil um das Becken. Aber schon beim Verknoten stellte sich heraus, daß es locker war und durch die Belastung aus seiner Verankerung gerissen werden würde. Diese Möglichkeit schied aus.

Da suchte ich die Wände des Duschbades ab. Vielleicht hielten die Armaturen seitlich an der Wand? Auch sie waren nicht stabil genug und lagen ungünstig zum Fenster. Die Handtuchstange schied ebenfalls aus, schon ein leichter Griff brachte sie zum Wackeln.

Wieder suchte ich die Wände ab. Dann ein drittes Mal, und Panik stieg in mir hoch. Daran konnte es doch nicht scheitern, keine Befestigung für das Seil zu finden!

Ich ging ans Fenster, doch weder neben dem Fenstersims noch darunter fand sich eine Möglichkeit. Mein Blick fiel auf die Fensterläden. Die Halterungen, in die die Scharniere der Läden eingehängt waren, schienen tief im Mauerwerk verankert zu sein.

Und vor allem: zwischen dem eingehängten Scharnier und der Mauer war genügend Abstand, um das Seil herumzuwinden.

Das war die Rettung! Ich wählte die obere Verankerung des linken Fensterladens und brachte das Halteseil dort an.

Dann half ich meinem Mann in die Sitzschlinge des Kletterseils, befestigte den Karabinerhaken am Halteseil, setzte mich rittlings so auf die Fensterbank, daß mein rechtes Bein an der Außenmauer, das linke an der Wand des Badezimmers herunterhing. Ich zog meinen Mann auf den Sims. Er war so schwach, daß ich einen Augenblick lang fürchtete, er würde es nicht schaffen.

Aber es mußte gelingen! Und schnell! So schnell wie möglich, weil ständig Gefahr drohte, daß ein Wachposten durch ungewöhnliche Geräusche aufmerksam würde und ins Zimmer käme. Mein Mann war auch hier im Militärkrankenhaus ein Gefangener. Wir durften die Tür unseres Krankenzimmers nicht abschließen und hatten auch keinen Schlüssel.

Endlich waren wir beide auf dem Fenstersims, es war eng, doch irgendwie gelang es meinem Mann, über mich hinwegzuklettern.

Dann - endlich hing er am Seil, das ich mit ganzer Kraft festhielt. Siebzehn Meter waren es nach unten. Vorsichtig gab ich dem Seil nach und ließ ihn hinunter - Zentimeter um Zentimeter.

Da, - mir stand das Herz still!

Schritte!

Stimmen!

Im Dunkel unter uns glimmten Zigaretten auf. Lachend schlenderten zwei Sanitätssoldaten am Haus entlang, - und mein Mann hing keine zehn Meter über ihren Köpfen am Seil!

Nicht loslassen, dachte ich, nur kein Geräusch, und ich betete, wie ich noch nie zuvor in meinem Leben gebetet hatte: Allmächtiger, laß sie nicht hochschauen, bitte, laß sie nicht hochschauen, nicht in diesem Augenblick! Nimm diesem todkranken Mann nicht das Wenige an Hoffnung, dieses winzige Flämmchen, vor wenigen Minuten erst entzündet, als er, aufs Fensterbrett gehievt, an die Flucht zu glauben begann; der bis dahin immer wieder um Gift gebeten und nicht mehr zu hoffen gewagt hatte, wenigstens in Freiheit sterben zu dürfen.

Laß sie nicht hochschauen!

Und mein Gebet wurde erhört. Die beiden Soldaten blickten nicht herauf, sie gingen langsam weiter, bis sie endlich um die Ecke bogen und es wieder still wurde unter uns. Mir zitterten noch die Hände, als ich das Seil weiter nach unten ließ. Wie lang doch siebzehn Meter sein konnten! Nach einer Ewigkeit fühlte ich, wie die Spannung im Seil nachließ, man Mann mußte Boden unter den Füßen haben und unten angekommen sein.

Der schwierigste Teil der Flucht in die Freiheit war gelungen.

Wie benommen saß ich noch einen Moment auf der Fensterbank. Es war so unwirklich, als ob ich träumte.

Aber ich träumte nicht. Ich saß tatsächlich auf einer breiten Fensterbank im dritten Stock des Militärhospitals und ließ bei höchster Nervenanspannung im Geiste die Strecke vorüberziehen, die vor uns lag: Fort aus Rom - aus Italien, nach Deutschland - nach Soltau, heim zu uns nach Haus.

Und wie hatte das alles begonnen, damals, vor fünfzehn Jahren?

Es war ein Tag, der allen anderen Arbeitstagen glich. Ich saß am Schreibtisch meines Sprechzimmers und sah eine Atempause lang den Regentropfen nach, die in feinen Rinnsalen über die Fensterscheiben zogen. Tief hingen dichte, graue Wolken über unserer kleinen Stadt, aber weiter hinten über die Dächer hinweg lichtete sich der Himmel auf, und schrägliegende Sonnenstrahlen brachen durch.

Ich wurde aus meinen Gedanken gerissen, als es heftig an die Tür klopfte. „Moment bitte!" rief ich und zählte im Geiste die Patienten, die noch im Wartezimmer saßen.

Es klopfte wieder und noch ein wenig heftiger. Ich stand auf und öffnete die Tür. Eine Frau mittleren Alters entschuldigte sich, sie sei eine neue Patientin und warte schon eine ganze Weile:

„Wirklich, länger kann ich nicht warten; ich muß noch etwas Dringendes erledigen..."

„Heute sind alle so merkwürdig unruhig, niemand hat Zeit, es muß wohl am Regen liegen. Na, dann kommen Sie mal herein", bat ich sie ins Sprechzimmer.

„Ich muß nämlich noch mein Kriegsgefangenenpäckchen zur Post bringen. Um 18 Uhr schließen die dort", erklärte sie ihre Eile.

„Kriegsgefangenenpäckchen?" fragte ich fast mißbilligend, „...aber ich bitte Sie, Kriegsgefangene gibt es doch schon lange nicht mehr! Die letzten aus Rußland sind vor Jahren entlassen worden."

„Ja, aus Rußland schon. Aber in Italien gibt es noch einen deutschen Kriegsgefangenen, dem schicken wir Päckchen."

Ich untersuchte die Dame und griff dann ihre Worte auf: „In Italien? Das kann doch gar nicht sein! Wir sind doch NATO-Partner und befreundete Staaten, und da soll es noch einen Deutschen in Kriegsgefangenschaft geben? Das kann ich mir nicht vorstellen. Haben Sie sich da nicht geirrt?"

„Nein, nein", ereiferte sich die Dame, „es ist kein Irrtum, wir wollten es auch nicht glauben. Er war Offizier im letzten Krieg und heißt Herbert Kappler, er sitzt in der Festung Gaeta. Zwischen Rom und Neapel muß es liegen."

Dieses kurze Gespräch sollte mein Leben ändern, mein weiteres Schicksal entscheiden und mir schließlich das Bergsteigerseil in die Hände legen.

Auch wenn ich aus einem gleichmäßigen Leben herausgerissen, unbeschreiblichen Belastungen ausgesetzt und schließlich an die Öffentlichkeit gezogen wurde, unzählige Enttäuschungen, Rückschläge, Leid und Tod erleben mußte, - ich würde den Weg noch einmal gehen, denn seinem Schicksal weicht niemand aus.

Ahnungslos und unauffällig betrat ich den Weg, der mich für viele Lebensjahre an die Seite Herbert Kapplers führte, und es war nicht im entferntesten daran zu denken, was sich daraus entwickeln würde.

Es war fast 21 Uhr, als der letzte Patient die Praxis verlassen hatte. Müde ging ich hinüber in meine Wohnung. Beim Zubereiten eines kleinen Abendessens fiel mir die Geschichte mit dem Kriegsgefangenen in Italien wieder ein, von dem mir die Patientin am Nachmittag berichtet hatte. Wie die Festung hieß, wußte ich nicht mehr, doch an den Namen des Gefangenen erinnerte ich mich: Herbert Kappler.

In den folgenden Tagen hörte ich mich im Freundeskreis um, doch niemand kannte den Namen Herbert Kappler oder wußte etwas über einen letzten deutschen Kriegsgefangenen in Italien; jeder sagte, das gibt's doch gar nicht, 17 Jahre nach Kriegsende und mitten im Frieden. Doch die Sache ließ mir keine Ruhe, und schließlich rief ich die Patientin an.

„Nun glauben Sie mir doch, er ist wirklich ein Kriegsgefangener! Die Päckchen laufen als Kriegsgefangenenpost und sind deshalb portofrei. Es gibt da sogar eine besondere Verfügung in einem Amtsblatt der Post. - Sie dürfen mir wirklich glauben", beteuerte die Dame.

„Aber warum ist er als einziger Deutscher dann noch nicht entlassen worden?" wollte ich wissen.

„Mehr wissen wir auch nicht", antwortete die Dame.

„Päckchen schicken, das kann ich auch...", sagte ich, „während des Krieges schickten wir oft Päckchen an die Front, an unbekannte Soldaten und solche, die keine Angehörigen hatten."

Ich bat um die Anschrift von Herbert Kappler und hörte noch: „... das Päckchen darf aber nur ein Kilogramm wiegen, und man darf auch nichts Geschriebenes dazulegen, sonst wird es nicht ausgehändigt."

Ich bedankte mich und legte den Hörer auf.

Aber was schickt man 17 Jahre nach dem Krieg einem Kriegsgefangenen? Die nötigsten Nahrungsmittel wird er haben, dachte ich mir, ohne zu wissen, womit ich das Päckchen füllen könnte, das einem Fremden, einem Unbekannten eine kleine Freude bereiten sollte. Und ich dachte auch: „...da stimmt doch was nicht!"

Ob er Briefpapier braucht? Oder vielleicht ein Buch? Zigaretten? Aber ich wußte ja nicht einmal, ob er rauchte. Schließlich füllte ich den kleinen Karton mit Schokolade und Gebäck, als könnte man damit dem Gefangenen die Trostlosigkeit seiner Tage versüßen.

Neben die Anschrift ‚Militärgefängnis Gaeta' schrieb ich oben links in Druckbuchstaben den Gefangenenvermerk. Kaum ein Jahr später wurde mir das zu mühsam, und ich ließ mir einen Stempel anfertigen:

Als ich das Päckchen in die Post brachte, sah mich der Schalterbeamte verwundert an:

„Kriegsgefangenenpost?" meinte er, „… wie kommen Sie denn darauf? Das gibt's doch gar nicht mehr. Wo leben Sie denn? Da stimmt doch was nicht!"

„Ich meine das ja auch…", entgegnete ich und beteuerte, was vor wenigen Tagen die Patientin mir gegenüber beteuert hatte. Der Beamte blätterte kopfschüttelnd in einem dicken Buch, legte es beiseite, holte ein anderes, blätterte schließlich in einem dritten, ohne eine entsprechende Verfügung zu finden.

Er wollte sich dieses Amtsblatt mit der Verfügung Nr. 104 vom 21.2.59 kommen lassen, zuckte mit den Schultern und blieb bei seiner Verwunderung, wie ich bei der meinen. Aber mein Päckchen hat er dann doch ohne Porto angenommen: „… es wird schon in Ordnung gehen, aber es ist ja kaum zu glauben."

Meinen Absender hatte ich auf diesem ersten Päckchen nicht angegeben, auch auf den folgenden nicht. Wochen vergingen, in denen ich weiter Süßigkeiten, Tee und Kaffee einpackte. Und irgendwann in jener Zeit Ende 1962 hob sich die Anonymität der Päckchen auf, als ich meinen Absenderstempel unten in die Ecke setzte, ohne zu wissen warum.

Eine gute Woche später hielt ich Herbert Kapplers ersten Brief in der Hand; in feiner Schrift bedankte er sich, und obwohl der Brief nur kurz war, spürte ich, daß hinter diesen Worten ein warmherziger Mensch stand. Päckchen mit und ohne Absender gingen weiter nach Gaeta. Bald waren mir seine Schriftzüge vertraut.

Es war ein sonniger Wintermorgen, als ich ihm meinen ersten Brief schrieb. Ich hatte so viele Fragen an den Gefangenen, ob er noch Angehörige habe, wo hatte er vor dem Krieg in Deutschland gelebt? Oft dachte ich, wie mag sich ein Mensch innerlich entwickelt haben in einer so langen Zeit der Abgeschiedenheit? In gleichbleibender Freundlichkeit beantwortete er alle meine Fragen. Aber die eine Frage: „Warum gibt es Sie als Kriegsgefangenen überhaupt noch?" stellte ich nicht. Eine innere Scheu hielt mich davon ab, und ich wollte ihn auch nicht verletzen. Manchmal habe ich ihn in der Hektik meiner Arbeitstage sogar um die Stille beneidet, die ihn umgab und die meinem Leben fehlte.

Bald gingen die Briefe in regelmäßigen Abständen hin und her, sie wurden unmerklich länger, persönlicher. Der freundliche Ton wurde zum freundschaftlichen. Seine Briefe faszinierten mich. Kein Zweifel, er war ein Mann von hoher Bildung und Kultur. Ich fragte, was ihm an notwendigen Sachen fehle. „Sie sind viel zu bescheiden", schrieb ich, als er um eine Dose Milch und etwas Butter bat, und: „... ich backe Ihnen einen altdeutschen Apfelkuchen, wie meine Großmutter ihn machte."

Bald wußte ich auch, daß die Postversorgung in der Festung von Gaeta nur an bestimmten Wochentagen stattfand und von einem Zensor kontrolliert wurde, der an jedem Mittwoch und Samstag aus Rom nach Gaeta kam.

Er sprach in seinen Briefen über Religion, schrieb von den Etruskern, deren Geschichte er während seiner Jahre in Rom studiert hatte, über Astronomie und viele andere Themen. Gern erzählte er von seinen Zierfischen, die er in selbstgebauten Becken halten durfte: „... wenn ich ihnen zuschaue, ersetzt mir das einen Waldspaziergang." Ich versuchte es nachzuempfinden, aber es wollte mir nicht gelingen. Ich lebte ja in Freiheit und konnte zu jeder Zeit in die Wälder hinaus und über die Heide wandern.

Auch über sein größtes Anliegen schrieb er, seine Arbeit für spastisch Gelähmte. Durch die Lehrerin Elly Kölmel, die die Spastiker unterrichtete, war die Verbindung zustandegekommen und hatte in Herbert Kappler das Interesse am Schicksal der fast Hilflosen geweckt. Er begriff die Not derer, die sich nicht verständlich machen konnten, fühlte sich in sie hinein und nutzte die jeweilige Bewegungsmöglichkeit der Spastiker zu Entwürfen von Hilfsgeräten, die dann nach seinen Angaben in der Rathinger Tagesstätte gebaut wurden.

Bianca, ein Mädchen von neun Jahren, war nicht nur gelähmt, sondern auch taubstumm. Für sie entwarf Herbert Kappler ein Gerät mit einem Hebel, der schon bei leichtem Druck reagierte und einen Zeiger

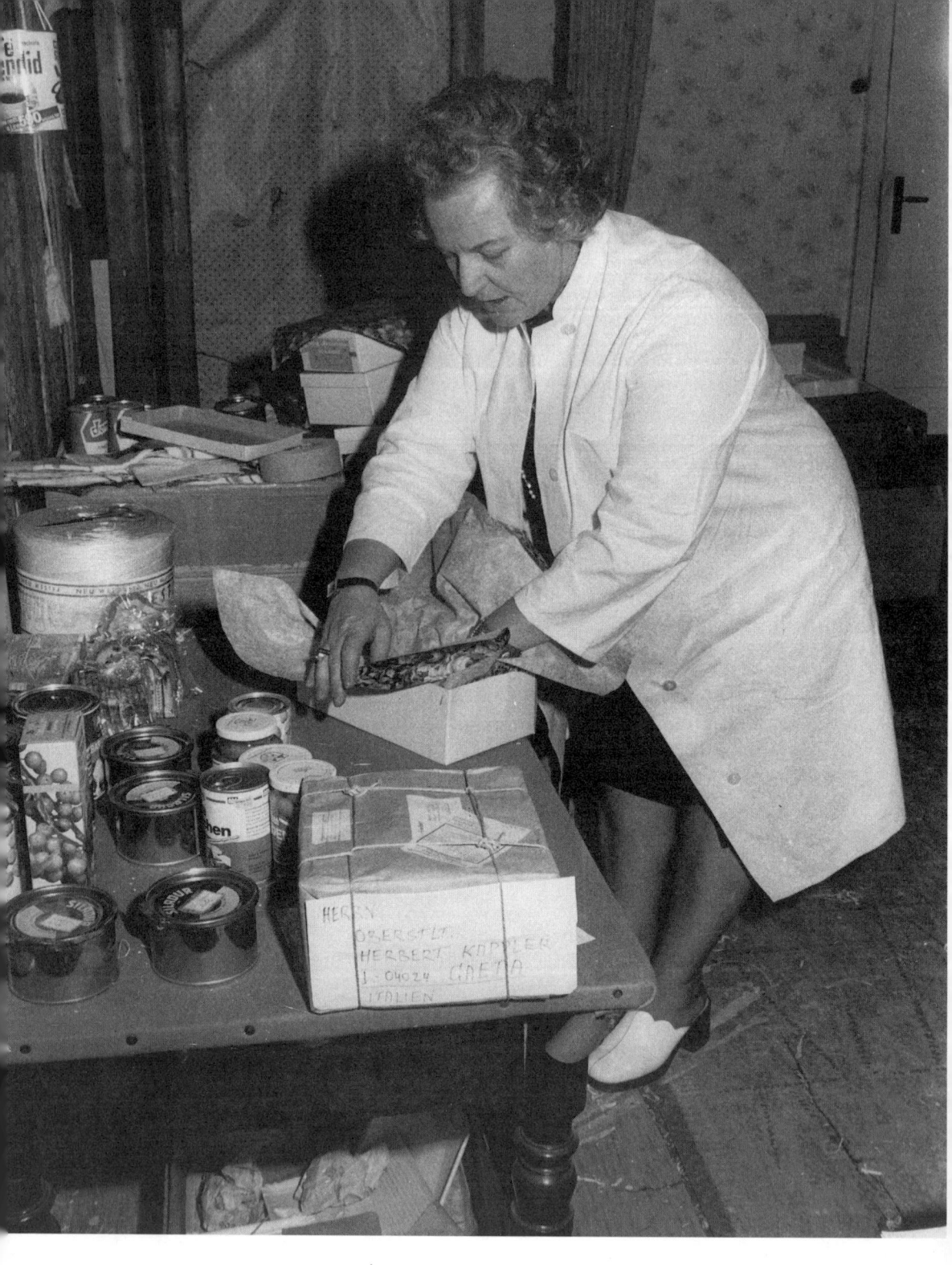

In einer Ecke des Dachbodens packte Anneliese die Päckchen für Herbert Kappler.

Herbert Kappler in der Festung Gaeta.

in Bewegung setzte, der auf einer aufmontierten Skala dann jeweils anzeigte: „Durst" oder „Hunger" oder „Schlafen". Die Eltern hielten dem Mädchen das Gerät an den Mund, so daß es den erforderlichen Druck leicht mit der Zunge ausführen konnte.

Für den schwerbehinderten Gottfried wurde ein anderes Gerät entworfen, mit dem seine Arme seitlich der Schreibmaschine nur so viel Spielraum hatten, daß sie nicht mehr unkontrolliert wegrutschten und der Junge Maschinenschreiben lernte. Fortan tippte er seine Briefe an „Onkel Herbert" selbst.

Zu meiner großen Freude ließ mich Herbert Kappler die Lehrbriefe mitlesen, die er für die Spastiker verfaßt hatte. Frau Kölmel stellte aus diesen Lehrbriefen eine kleine Broschüre zusammen und gab sie als „Alltägliche Wunder in der Natur" heraus. Der Einband war schlicht, die Zeichnungen mit einfachsten Mitteln in der Festung Gaeta entstanden. Das kleine Büchlein fand reges Interesse im Freundeskreis Herbert Kapplers sowie in anderen Tagesstätten für Spastiker und Behinderte. Oft las ich darin und lernte „Die Klimaanlage der Termiten" kennen, über die ich mir bis dahin kaum Gedanken gemacht hatte, und schrieb ihm: „... und das haben Sie nur für die Spastiker geschrieben?! Jeder Mensch kann daraus lernen, denn wer macht sich schon Gedanken darüber, wie perfekt solch eine Klimaanlage in einem Termitenbau ohne jede Zuhilfenahme von Technik funktioniert!"

Immer wieder nahm ich das Büchlein zur Hand und folgte geradezu andächtig seinen Gedankengängen. „Das Murmeltier im Winterschlaf" beeindruckte mich nicht weniger als die Aufsätze „Der Regenwurm" oder „Der Richtungssinn der Pflanzen", in dem es hieß: „... schon der erste Keimling, der erste Sproß aus dem Samen in der Erde, wo kein Lichtstrahl hinfällt, wächst bereits nach oben! Tief in der Erde kann er vom Licht der Sonne noch nicht gelenkt, noch nicht in jene Richtung gezogen werden..."

Wochenlang las ich täglich in diesen Aufsätzen, war immer wieder neu fasziniert und bewunderte ihn im stillen nicht nur wegen der Feinheit seiner Sprache, sondern auch wegen der Ausdruckskraft dessen, was er sich nach so vielen Jahren Gefangenschaft erhalten hatte.

Mit kindlicher Zuneigung hingen die Spastiker an ihrem Freund Herbert. Briefplaudereien über die Kinder füllten manchen Brief. Ich lernte aber auch die Eintönigkeit seines Tagesablaufs kennen und versuchte einen Vergleich zu meinem Arbeitspensum, der nicht gelingen konnte.

Gelang es mir einmal nicht, Heiterkeit in meine Briefe zu bringen, fühlte er sofort heraus, daß Probleme mich beschwerten. Verheimlichen konnte ich ihm nichts. Er tröstete, wußte Zuspruch und Rat und nahm immer mehr an meinem Leben Anteil. Als mich einmal rasende Kopfschmerzen plagten, las ich wenige Tage später in seinem Brief: „... was ist denn heute mit dem Kopf? Im Geiste lege ich meine Hand auf Ihre linke Schläfe, ich habe das Gefühl, dort etwas beruhigen zu müssen". Das gibt's doch nicht, dachte ich. Es war tatsächlich die linke Schläfe, die mich so gepeinigt hatte, sie war vor Jahren bei einem Unfall eingedrückt und verursachte mir oft heftige Schmerzen.

Kaum ein Jahr war seit meinem ersten Päckchen vergangen, und ich konnte diesen Mann aus meinem Leben nicht mehr wegdenken. Er war mir ein Freund geworden. Mit Ungeduld erwartete ich seine Briefe. An die Postzensur in der Festung hatte ich mich gewöhnt, man schrieb ‚zwischen den Zeilen'. Frei waren nur Herbert Kapplers Gedanken.

Auf einem Kongreß in München wurde ich zufällig Zeuge eines Gesprächs, als der Name Kappler fiel. Ich horchte auf und mischte mich in die Unterhaltung: „Verzeihen Sie, kennen Sie Herrn Kappler?"

Der Angesprochene sah mich kurz an und antwortete: „Ja, während des Krieges war ich in Italien und lernte ihn auf einem Empfang kennen. Vor einigen Monaten habe ich Kappler auf der Festung Gaeta besucht. Man hat ihm nach dem Krieg ja einen merkwürdigen Prozeß gemacht und zu lebenslanger Haft verurteilt. Ich wundere mich nur, daß sich die Bundesregierung nicht um den Fall kümmert, der Mann ist immerhin seit fast zwanzig Jahren gefangen. Aber sein deutscher Anwalt soll da jetzt etwas unternehmen und die Sache an die Öffentlichkeit bringen, hörte ich. Wird ja auch Zeit."

Das Klingelzeichen, die Vortragspause war zu Ende, alles strömte wieder in den Saal. Ich verlor den Herrn, der Herbert Kappler erst vor kurzem besucht hatte, aus den Augen. Ich hätte gern Näheres von ihm erfahren. Was ich gehört hatte, war nicht viel. Aber ich wußte nun, daß seiner Gefangenschaft offenbar ein Gerichtsurteil zugrundelag und er nicht eine Art ‚vergessener Soldat' war, irgendwie administrativ übersehen, wie ich gemeint hatte.

Von dem zufällig mitangehörten Gespräch schrieb ich Herbert Kappler nichts. Wenn er über die Vergangenheit nicht sprechen mochte, hatte ich es zu akzeptieren. Wir hatten in unseren Briefen so viele andere Themen. Mich interessierte der Mensch Herbert Kappler in der Gegenwart und was ihn jetzt bewegte, was er jetzt erlebte.

Wir tauschten die ersten Fotos aus. Die seinen, amtlich genehmigt, zeigten einen gutaussehenden Mann, ernst und sympathisch. Doch seine äußere Erscheinung war mir nicht wichtig, weil ich ihn seiner inneren Werte wegen mochte.

Längst wußte ich, daß er in Stuttgart aufgewachsen war, wo seine hochbetagte Mutter und seine Schwester Gretl lebten. Aus gelegentlichem Grußwechsel in unseren Briefen wurden Telefongespräche zwischen Soltau und Stuttgart, die zu einer herzlichen Verbindung führten.

Wir schickten einander auch Familienfotos, denn inzwischen nahm meine ganze Familie Anteil an meiner Brieffreundschaft mit Herbert Kappler.

Es war ein warmer Junitag 1964, als ich zum erstenmal zu Mutter Kappler nach Stuttgart fuhr. Sie war damals schon 82 Jahre alt, eine zierliche Dame, die mich mit großer Herzlichkeit empfing. Ich fühlte mich dort gleich wie zu Hause. Es wurde eine nette Plauderstunde, in der ich auch Herbert Kapplers Schwester Gretl kennenlernte. Sie las die jüngste Post aus Gaeta vor, und wir hatten das Gefühl, als sei Herbert Kappler mitten unter uns. Als ich mich verabschiedete, mußte ich versprechen, bald wiederzukommen, und richtete es bei Tagungen und Kongressen im Stuttgarter Raum so ein, immer auf einen Sprung Mutter und Schwester Kappler zu besuchen. Da hörte ich dann „der Anwalt will wieder intervenieren" oder „es geht einfach nicht voran" oder „wir haben wieder ein bißchen Hoffnung auf Heimkehr" und konnte mit diesen Formulierungen wenig anfangen, weil ich über den „Fall Kappler" nichts wußte und auch nicht fragen mochte.

Als ich wieder einmal zu einem Täßchen Kaffee bei Mutter Kappler weilte, brachte sie selbst das Gespräch auf vergangene Zeiten: „Was damals alles in Rom passiert sein soll, - ich verstehe das nicht. Ich bin nun so alt geworden und weiß nur, daß mein Bub nichts getan haben kann, wofür man ihn sein Leben lang einsperren dürfte. Er war immer ein so guter Sohn, immer hilfsbereit und rücksichtsvoll. Nicht nur mit uns in der Familie, nein, er war mit allen so. Er wollte, daß wir zu ihm nach Rom ziehen, mein Mann und ich haben dort längere Zeit gelebt. Er hat's so gut gemeint, und es war wunderschön in Rom. Aber was rede ich da, das wird Sie nicht interessieren."

Sie wischte sich über die Augen und bot mir dann von dem feinen Gebäck an: „Nehmen Sie nur, das hat der Herbert uns vor ein paar Tagen geschickt."

Ich sah sie verwundert an: „Wer backt ihm denn in Gaeta so gute Kekse?"

„Ja, wissen Sie, es gibt da noch Menschen, die sich um ihn kümmern und so wie wir auch Päckchen schicken, und dabei kann es passieren, daß mehrere Päckchen mit Kuchen, Süßigkeiten oder Gebäck gleichzeitig eintreffen. Er verschenkt ja immer auch viel an die italienischen Mithäftlinge und schickt uns gelegentlich auch ein Päckchen. Das ist ihm gestattet. Und dieses Gebäck hier haben ihm sicher Freunde aus Deutschland selbst gebacken, ich kenne nämlich das Rezept! Aber dieser Karton mit Maron Glacé, das sind kandierte Maronen, die es hier nicht gibt, haben ihm sicher italienische Freunde geschenkt, und nun hat er den Karton weitergereicht an seine Mutter", schmunzelte die alte Dame.

„Sehen Sie, Frau Doktor, wir werden also eigentlich von Herbert bewirtet!"

Herzhaft langte ich nach den Köstlichkeiten und dachte bei mir, jeder denkt, man müsse Gefangenen mit Naschereien das Leben versüßen, denn mir selbst war's ja auch so ergangen mit meinen ersten Päckchenserien.

„Ich habe keinen Doktortitel", klärte ich Mutter Kappler auf, „ich wollte zwar Ärztin werden, aber das Schicksal hat es immer wieder ganz eigenartig verhindert. Ich bin Heilpraktikerin, wissen Sie, das liegt in der Familie, denn auch mein Vater hatte diesen Beruf, weil er sein Medizinstudium nach einer schweren Augenverletzung im ersten Weltkrieg nicht vollenden konnte. - Aber es interessiert mich, alles über Ihren Sohn zu erfahren, wir schreiben uns viel, zwei-, dreimal jede Woche und - wie soll ich sagen - er ist mir sehr sympathisch."

„Gelt, er schreibt so schöne Briefe! Es ist immer so, als wenn er unmittelbar mit einem sprechen würde. Uns schreibt er auch oft. Nur ich selbst kann nicht mehr so gut schreiben, früher hat das immer mein Mann gemacht", und nach einem Weilchen fuhr sie fort: „... er hat es ja nicht mehr erleben dürfen, daß unser Sohn heimkommt, wir warten nun schon so lange."

„Wann ist Ihr Mann denn verstorben?" fragte ich.

„Ach, das liegt schon lang zurück, 1952 war's, im April. Ohne krank zu sein, starb er plötzlich an einem Herzschlag."

„Wie schwer muß das für Sie gewesen sein, Mutter Kappler."

„Oh ja, das war es. Und sehr schwer auch für meinen Sohn, der seinen Vater nicht mehr wiedergesehen hat. Ich weiß noch, wie oft die beiden im Schönbuch gewandert sind, ein Waldgebiet nicht weit von hier. Und wie froh mein Mann war, weil Herbert ein guter Schüler war und studieren konnte. Diplom-Ingenieur ist er geworden. Wenn er nur dabei geblieben wäre, dann wäre alles anders gekommen. Er ging dann zur Polizei, besuchte die ehemalige Preußische Akademie in Berlin, ach ja, wie lange das alles zurückliegt."

Polizei?

Ich wurde vor Schreck kreidebleich, das hatte ich ja gar nicht gewußt! Bloß nichts anmerken lassen, dachte ich eben noch, als Mutter Kappler aufblickte und fragte:

„Ist was?"

„Wissen Sie, seit meiner frühesten Kindheit rannte ich vor jedem Polizisten weg, daran mußte ich eben denken, denn wir hatten als Kinder immer fürchterliche Angst vor Schupos, wie wir die Polizei nannten.

Über ganz persönliche Dinge spricht Ihr Sohn in seinen Briefen ja nicht, wissen Sie, und ich weiß kaum etwas aus seinem früheren Leben. Unsere Briefe sind wie richtige Unterhaltungen, er kann sich so wundervoll ausdrücken und selbst die trockensten Wissensgebiete interessant darstellen. Ich habe oft das Gefühl, als würde er bei mir im Wohnzimmer sitzen und mit mir sprechen. Ich habe viel von ihm gelernt und nicht nur aus seinen Lehrbriefen für die Spastiker."

„Ach Anneliese, es ist schon ein Elend, daß er nicht daheim ist", sagte Mutter Kappler leise, „ich bin nun so alt geworden, aber vielleicht muß ich noch auf der Erde bleiben, um auf meinen Sohn zu warten. Er hat doch sonst niemanden mehr. Wo soll er hin, wenn er freigelassen wird?"

Was hätte ich darauf antworten können? Daß ich ganz automatisch dachte, er hat doch mich, zu mir kann er kommen, erschreckte mich selbst für einen Moment. Denn soweit hatte ich noch gar nicht gedacht, und es war auch kein Anlaß dazu.

Tiefes Mitgefühl mit der alten Dame erfaßte mich, die so sehr auf ihren Sohn wartete, und ich sagte:

„Man muß doch etwas für seine Freilassung tun können! An die Regierung müßte man sich wenden! Oder direkt an den italienischen Staatspräsidenten! - Ich kenne in Bonn einen Abgeordneten, und von früher kenne ich hohe Bundeswehr-Offiziere, wir sind doch gemeinsam in der NATO!"

Mutter Kappler unterbrach mich: „Sie meinen es gut! Aber es ist schon so viel versucht worden, die Rechtsanwälte kümmern sich um den Fall und stellen immer wieder Anträge. Aber bis jetzt hat noch nichts genützt. - Wenn Sie nur weiter an meinen Sohn schreiben, das hilft ihm schon sehr! Vielleicht können Sie ihn ja auch mal besuchen? Das würde ihn ganz sicher freuen!"

„Besuchen? Oh doch, ich würde ihn gern besuchen", antwortete ich, obwohl ich mit Herbert Kappler darüber noch gar nicht brieflich gesprochen hatte.

„Ich kann ja nicht mehr zu ihm fahren, ich bin zu alt. Aber vielleicht sehe ich meinen Sohn doch noch einmal wieder!"

Wie gern hätte ich Mutter Kappler getröstet und ihr den Sohn zurückgebracht! Aber damals war's unmöglich.

Und wenn sich der Schleier, der damals noch über der Zukunft lag, für einen Augenblick gelüftet haben würde und ich Mutter Kappler hätte sagen können: „Ich hole Ihnen Ihren Sohn heim!", für sie wäre es zu spät gewesen, sie hat ihren Sohn nicht mehr wiedergesehen.

Später, als sich die alte Dame zurückgezogen hatte, sprach Gretl darüber, was zwanzig Jahre zuvor in Rom geschehen war. Sie beschrieb die Ereignisse jedoch nur in großen Zügen und bruchstückweise. Es sollte noch Jahre dauern, bis ich den genauen Ablauf des Geschehens kannte und die Zusammenhänge begriff, die zu Herbert Kapplers Verurteilung führten.

„Im März 1944 verübten italienische Partisanen ein Bombenattentat auf eine deutsche Polizeikompanie, bei dem viele Menschen getötet wurden. Meinem Bruder, der damals Polizei-Kommandeur von Rom war, wurde befohlen, eine Vergeltungsmaßnahme durchzuführen. In diesem Zusammenhang wurde er nach dem Kriege von einem italienischen Militärgericht zu lebenslanger Kerkerhaft verurteilt. Hohe Offiziere und auch einige Generale wurden wegen dieser furchtbaren Sache zum Tode verurteilt, aber später begnadigt. - Nur meinen Bruder wollen Sie nicht entlassen.“

Nachdenklich fuhr ich wieder zurück nach Soltau.

Wenn andere wegen dieser Geschehnisse ursprünglich zum Tode verurteilt, dann aber begnadigt und freigelassen worden waren, - warum hielt man dann Herbert Kappler noch immer fest? Er hatte doch ‚nur‘ lebenslänglich bekommen! Warum waren die Generale begnadigt worden und Herbert Kappler nicht?

Vielleicht war doch noch nicht genug getan worden, um seine Begnadigung zu erreichen. Konnte das nicht der Grund sein?

Und Polizei! Ich mußte mich erst langsam mit dem Gedanken vertraut machen, daß Herbert Kappler bei der Polizei gewesen war. Und was wußte ich überhaupt von der Polizei? Man war froh, mit ihr nichts zu tun zu haben. Und jetzt hatte ich einen Brieffreund ‚von der Polizei‘, der bisher nichts aufgewiesen hatte, das einem Unbehagen bereiten mußte. Das ist schon eine seltsame Sache, dachte ich und sagte mir, ich werde mich über die ganze Angelegenheit informieren. Fünf Jahre währte nun schon meine Brieffreundschaft mit Herbert Kappler, und ich wußte soviel wie nichts von den Ereignissen aus seinem Leben.

Wir schrieben uns täglich, wenn auch die Post wegen der Zensur in der Festung nur an bestimmten Wochentagen eintraf. Die äußere Entfernung von nahezu zweitausend Kilometern nahmen wir kaum wahr, weil wir uns innerlich immer näher kamen. Wie friedvolle Inseln waren die Stunden, die ich über meinen Briefen an Herbert Kappler verbrachte. Inseln, auf die ich mich aus dem Wirbel des Alltags mit allen seinen Anforderungen zurückzog.

14

Aus dem Wunsch, einem einsamen Gefangenen mit Päckchen und Briefen eine Freude zu bereiten, war mein eigenes Bedürfnis geworden, ihm zu schreiben, über alles, was mich bewegte. Ich offenbarte ihm meine Gedanken, schrieb von alltäglichen Freuden und Kümmernissen, Hoffnungen und Problemen.

Doch seine Briefe blieben irgendwie reserviert, und ich hatte das Gefühl, daß er mich trotz aller herzlichen Freundlichkeit nicht in sein Innerstes blicken lassen wollte. Ich rührte auch nicht daran und dachte manchmal, er hatte einen Wall aus Selbstschutz um sich herum aufgebaut, den er mich nicht durchdringen ließ. Nie fand sich ein Wort der Klage in seinen Zeilen, nie war Verbitterung zu spüren.

Aber dann kam jener Tag, an dem sich alles ändern sollte. Es war Herbert Kappler erlaubt, nicht nur Päckchen zu empfangen, sondern in bescheidenem Maße auch selbst welche abzuschicken, die wie die Briefpost ebenso nur in Gegenwart eines Wachhabenden geöffnet werden mußten. Es wurde kontrolliert, ob nicht etwa eine Bombe oder eine Pistole oder ein Brief hineingeschmuggelt wäre. Dieser Kontrolle unterlagen auch die aus Gaeta abgehenden Päckchen. Herbert Kappler schickte mir gelegentlich Bücher, über die wir uns dann brieflich unterhielten. Auf diese Weise wurde mir Aldous Huxley ebenso vertraut wie Konrad Lorenz. Die Bücher hatte er von Freunden bekommen. Er schickte mir auch Leerdosen zurück, die ich mit Gemüsen und anderen Sachen gefüllt hatte.

Ich hielt mich strikt an das Gebot, nichts Geschriebenes den Päckchen beizulegen, und versah dafür die Etiketten der Dosen mit origineller Beschriftung. Anstatt ‚zarte‘ Kohlrabi zu kennzeichnen, bot ich ihm ‚zärtliche‘ Kohlrabi an und wartete ab, ob er den Unterschied bemerken würde. Bei den ‚herzlieb-frischen‘ Karotten war's ebenso.

Eine knappe Woche später traf ein Karton Pralinen aus Gaeta ein. Fieberhaft begann ich, Packpapier, Karton und Pralinenschachtel zu durchsuchen in der heißen Hoffnung, irgendwo ein verstecktes Blättchen mit ein paar Worten zu finden, die dem wachsamen Auge des Zensors verborgen geblieben waren. Aber ich entdeckte nichts. Dafür futterte ich dann alsbald die Pralinen auf, weil sie aus seiner Hand gekommen waren. Ich dachte, hier hätte er doch ein klitzekleines und ganz persönliches Briefchen hineinmogeln können!

Die Festung Gaeta vom Meer aus gesehen.

Ich schickte weiter ‚innige Linsen' und ‚ganz zauberhaft lieben Blumenkohl', schrieb meine regulären Briefe in Ton und Stil unverändert wie bisher und fragte mal so nebenbei, ob ihm das Gemüse auch gut bekommen wäre.

Sein nächstes Päckchen hatte wieder einen erstaunlichen Inhalt: zwei Tafeln Schokolade. Vermutlich dachte jeder Päckchensender, daß es ihm daran fehle. Wie schon bei den Pralinen zerlegte ich auch diesmal alles in seine Bestandteile, vielleicht würde ich ja doch ein paar heimliche Zeilen finden. Aber nichts! Nach vier Tagen trudelte wieder Schokolade ein, diesmal gleich drei Tafeln. Instinktiv griff ich nach der mittleren mit Mokka-Sahne und löste die Verpackung. Als ich eben noch dachte, ...da hätte er aber doch..., fiel ein eng zusammengefaltetes, in feinster Schrift dicht beschriebenes Luftpostpapier-Blättchen heraus, das zwischen dem Silberpapier und der Außenverpackung eingesteckt war.

Mir pochte das Herz bis in die Schläfen, als ich las: „Hoffentlich bin ich Ihnen nicht zu nahe getreten, weil ich die Förmlichkeit der Anrede per ‚Sie' übersprang und einfach das vertrauliche ‚Du' wählte in meinem kleinen Brief!...ich hatte Sie nicht kränken wollen. Oder haben Sie das Pralinenkästchen weggeworfen und jene Zeilen, die ganz unten im Boden eingeklebt waren, nicht gefunden?"

Ich sprang auf, holte die leere Pralinenschachtel aus dem Nachttisch, wo ich sie verwahrte, und grub mich durch die Schutzpapierhüllen hin bis zum Boden: Da lag noch unberührt und unversehrt das eingeklebte Blättchen seiner ‚Geheimpost'. Ich schloß die Wohnungstür ab, niemand sollte mich stören können, und setzte mich auf meinen Lieblingsplatz, von dem aus man durch die Trauerweide in Nachbars Garten in den Himmel sehen konnte. Dann las ich, was er für mich niedergeschrieben hatte: „Ich lege meinen Arm um deine Schulter, führe du uns an deinen Lieblingsplatz. Ich gebe dir die Geborgenheit, die deinem Leben fehlt..."

Am Schluß des langen Briefes las ich: „Wenn du magst, dann schreib' mir doch auch auf solch dünnem Papier und verstaue es im Knäckebrotkarton hinter der dritten Scheibe von unten und klebe die Packung wieder zu."

Ein unbeschreiblicher innerer Jubel ließ mich gleich ein ganzes Briefbuch verfassen, es waren wohl an die zwanzig Seiten. Zum Glück hat-

16

te ich sowohl Luftpostpapier als auch Knäckebrot vorrätig. Und als ich alles verpackt hatte, saß ich schon wieder über einem Bogen Papier.

An nächsten Morgen fand ich unter der eingegangenen Post wieder einen offiziellen Brief von ihm, in dem er sich entschuldigte für die reichlichen Süßigkeiten, mit denen er mir keineswegs den Magen verderben wollte und daß es ihn sogar schlaflose Nächte gekostet hätte. Jetzt begriff ich den Zusammenhang, er sollte keine schlaflosen Nächte mehr haben.

Die Worte, die ihm da in die Feder geflossen waren, schenkten mir endlich Einblick in sein innerstes Wesen, der mich zutiefst bewegte und aufwühlte. Erstaunt sah ich in eine Seelenlandschaft, die alles das in sich barg, wonach ich mein ganzes Leben lang mehr oder weniger bewußt und durch manches Mißgeschick hindurch gesucht hatte.

Worte, die die Harmonie unserer Seelen offenbarten und die bis heute nur mir gehören.

Ich fragte ihn: „Kannst du bei Nacht aus dem Fenster gucken? Siehst du den Sternenhimmel? Den Orion und die Plejaden? Wir bauen uns in Gedanken eine Himmelsleiter, die weit von der Erde fort nach oben führt, dort treffen wir uns dann!"

„Fidelio" - dachte ich, und, man kann seinem Schicksal nicht entrinnen.

Als Mädchen von siebzehn Jahren hatte ich die einzige Oper Ludwig van Beethovens zum erstenmal gehört und den Text immer wieder nachgelesen, als ließe sich damit jenes unergründliche Gefühl bewältigen. Lange Zeit hatte ich mich abzulenken versucht, doch immer wieder wanderten meine Gedanken zurück in die Kerkerszene, zu Florestan. Mir war, als sei es ein Stück aus meinem Leben. Solch ein Schicksal wollte ich nicht, es sollte in seiner Oper bleiben. Ich fürchtete mich auch davor, wollte jung sein und leben, wehrte mich gegen dieses eigenartige Gefühl und schob es beiseite. Und plötzlich war es wieder da.

Alles schrieb ich mir aus dem Herzen, aus der Seele; was ich fühlte, was ich dachte. Und ich gelobte diesem Mann, den ich noch nie gesehen hatte: „Ich hole dich heim" und „ich werde dich nie verlassen", und schwor's bei meinem Leben.

Ein paar Tage später hielt ich seine Antwort in der Hand und mir war, als lächelte er in seinen Briefzeilen zurück: „... ich weiß, du meinst es gut, dessen bin ich sicher, aber..." und las dann weiter:

„Du erfüllst mich mit etwas, das ich gar nicht kannte, das mich zwar etwas weniger leicht als vorher, also über sehr viele Jahre meinen Status ertragen läßt, das mir gleichzeitig aber doch auch wieder einen auf mich selbst bezogenen Lebenssinn gibt, den für unser Wir! - (Was hier geschrieben steht, nimm bitte als – Beichte eines Mannes, der weiß, was er sagt!)."

Ein Prozeß ganz eigenartiger Natur setzte ein, wir spürten es beide: unsere Gedanken verflochten sich miteinander. Von diesem Tage an wurde alles anders, über Raum und Zeit hinweg begann eine Verbindung, die ich auch heute mit Worten kaum zu beschreiben vermag.

Schließlich sprach ich das Thema an, das er mied: einen Besuch in der Festung von Gaeta. Sein Foto war mir nicht mehr genug. Ich wollte ihn sehen, dem Klang seiner Stimme lauschen, ihm gegenüberstehen, seinen Händedruck fühlen. Ich wollte einfach bei ihm sein.

„In dieser Umgebung möchte ich dich nicht empfangen müssen", bat er.

Das wollte mir nicht in den Kopf, Mutter Kappler auch nicht, sie brachte den Sohn von seiner Haltung ab.

„Ich freue mich unsagbar! Aber ich wollte dir dieses Institut nicht zumuten, es wird dich erschrecken", schrieb er in seinem Samstagbrief. Dann blieb die Post aus.

Ich schrieb und wartete, wartete und schrieb: keine Antwort. Auch Mutter Kappler in Stuttgart wartete vergeblich.

„Es wird ihm doch nichts passiert sein, krank war er ja schon öfter! Und nirgends kann man nachfragen!"

Krank! Daran hatte ich noch gar nicht gedacht! Ob wohl die ärztliche Versorgung in der Festung ausreichend war? Auch darüber hatten wir noch gar nicht gesprochen.

Endlich wieder ein Brief! Ich sah es seiner Schrift gleich an, daß da etwas nicht in Ordnung war und las, was geschehen war: Kreislaufkollaps, Herzstörungen, die Leber, der Darm - eine niederschmetternde

Nachricht! Ich schlug ihm die biologische Therapie aus meiner Praxis vor und schickte Medikamente.

Vier Wochen später erfuhr ich: Seit Jahren hatte er erhöhte Temperatur, deren Ursache man auch im Marinelazarett in Neapel nicht ergründen konnte.

„Ich wollte dich nicht beunruhigen, aber heute kann ich dir sagen, daß ich zum erstenmal seit langer Zeit fieberfrei bin und froh wäre, wenn du mir von den wertvollen Tropfen Nachschub senden würdest."

„Wenn ich bei dir bin, werde ich dich gleich untersuchen", versprach ich ihm, „und dich gesundheitlich betreuen. Aber ohne Sorgfalt in der Ernährung geht es nicht. Ich werde eine gesunde Kost für dich zusammenstellen und schicke sie dir täglich."

Die Sorge um ihn während seiner Krankheit, die Ohnmacht, nichts für ihn tun zu können, ließ mich seine Gefangenschaft und Hilflosigkeit erst richtig begreifen.

Ich kochte weiter frisches Gemüse für ihn ein und Pilzgerichte. Meine Päckchenfabrik nahm immer größere Ausmaße an und wurde auf den Dachboden verlegt. Unsere Geheimkorrespondenz blühte. Er hatte es leicht, weil meine ‚Privatbriefe' für ihn ja immer im Knäckebrot untergebracht waren. Ich hingegen mußte oft das ganze Päckchen auseinandernehmen, um irgendwo dann endlich seinen Brief zu finden. Es führte natürlich auch dazu, daß sich bei ihm ein riesiger Vorrat an Knäckebrot stapelte, den er unmöglich aufessen konnte. Er bot den Wachhabenden davon an. Die dankten höflich und aßen lieber Weißbrot.

Um mit seinem Vorrat nicht etwa aufzufallen, zerbröckelte er eine ganze Menge und nahm sie beim nächsten Luftschnappen in seinem ‚Auslauf' mit, um die Vögel damit zu füttern. Als er mir das berichtete, schaltete ich von Knäckebrot um auf Käsepackungen. Camembert in größeren Schachteln war vorzüglich dazu geeignet, in Silberpapier gewickelte Briefblättchen diskret zu transportieren. Seitdem nannten wir unsere verschwiegenen Privatbriefe „Käseblättchen". Wir sind nie aufgefallen mit dieser Art Post, es blieb „dicht" und geheim bis zuletzt.

Als ich wieder in Stuttgart zu tun hatte und auf ein Plauderstündchen bei Mutter Kappler weilte, sah sie mich mit ihrem feinen Lächeln lange an, nahm meine Hände und drückte sie.

KAPITEL 2

Mein erster Besuch in der Festung von Gaeta

Mein erster Besuch in der Festung Gaeta stand bevor. Herbert Kappler erwartete mich mit großer Freude.

Voraussetzung für die Erteilung der Besuchsgenehmigung war ein formeller Antrag, der in italienischer Sprache etwa drei Monate vor dem beabsichtigten Besuch an den Verteidigungsminister in Rom gestellt werden mußte. Die Personalien des Antragstellers wurden überprüft.

Die Formalitäten zogen sich hin. Wochen, die kein Ende zu nehmen schienen, bis die Genehmigung eintraf. Das Herz klopfte mir bis zum Halse.

Der erste nüchterne Gedanke führte mich an den Kleiderschrank: „Ich hab' nichts anzuziehen", prüfte dies und das und stellte fest, daß Garderobenfragen von mir vernachlässigt worden waren. Denn Briefeschreiben konnte man auch in bequemer Hauskleidung. Mir fiel eine Freundin ein, die gut nähen konnte. Noch am selben Abend war ich bei ihr und entwarf eine „Serenade in Blau-weiß": dunkelblauer Feincord, der gerade Mode war, dazu eine schlichte Seidenbluse mit kleinem Spitzenjabot.

Schön wollte ich sein, ‚für ihn'; elegant, aber nicht zu auffallend, denn schließlich durfte ich nicht vergessen, wo unsere erste Begegnung stattfand: in einer Militärfestung.

Ich rief gleich Mutter Kappler an, die unsere Freude teilte. „Ich darf Ihnen doch den Flug nach Rom schenken, Anneliese", sagte sie liebevoll, „Sie fahren doch auch für mich zu Herbert, ich kann ja nicht mehr reisen."

Es war an einem naßkalten Märzdienstag 1968, als ich zum erstenmal von Hamburg nach Rom flog. Obgleich ich bis dahin viel gereist und häufig im Ausland gewesen war, kannte ich Italien noch nicht und sprach auch kein Wort italienisch. Doch das machte mir keine Sorgen, denn für alle Fälle hatte ich ein Wörterbuch dabei.

Von Rom aus fuhr ich mit der Bahn nach Formia, wo der freundliche Hotelier des ‚Mirasole‘ wartete. Am Meer entlang, ein paar scharfe Kurven, ich hielt den Atem an, wie fuhr der denn? Er sauste zwischen Orangenkarren und Fischwagen hindurch, ich preßte mich in die Wagenpolster, umklammerte meine Tasche und blickte starr hinauf auf das alte Gemäuer, die Militärfestung von Gaeta, vor Jahrhunderten als ‚Schloß‘ auf das Eiland gebaut, und die nun vor mir lag.

So begrüßten wir einander, die Festung, in deren Kerker seit mehr als 20 Jahren der Mann dahinvegetierte, und die Frau, die ihm gelobt hatte, ihn nie zu verlassen.

Um mich herum ein verwirrendes Bild von Fischerkähnen, Markttreiben, Straßenhändlern und Meer, weites Meer unter einer noch kühlen Sonne. Eh' ich mich versah, brauste der Wagen im Endspurt an den Hoteleingang des ‚Mirasole‘. Als routinierte Autofahrerin einiges gewöhnt, entstieg ich dankbar aufatmend dem Fahrzeug und staunte, nicht nur mein Chauffeur hatte solch atemberaubenden Fahrstil, nein, so fuhren sie hier alle. Und ich sagte mir, in diesem Lande wirst du nie selbst ein Auto steuern.

Hilfreich sprangen die Hotelbediensteten herbei, besorgten das Gepäck, geleiteten mich ins reservierte Zimmer, und ich lernte zum erstenmal italienische Mentalität kennen mit ihrer Freundlichkeit und Hilfsbereitschaft, ihren geräuschvollen Unterhaltungen.

Spontan dachte ich, wie nett und freundlich die Italiener doch sind! Warum aber halten sie diesen Mann da oben in der Burg seit so vielen Jahren gefangen? Immer noch, obwohl alle Welt von Frieden und

Freundschaft redet.

Herbert Kappler hatte mir ein paar Wochen vorher einen Reiseführer über Gaeta geschickt; ich hatte ihn sofort studiert und entdeckt, daß, der Festung vorgelagert, das höhere Felsmassiv des Monte Orlando liegt, eine Serpentinenstraße mußte zur Kuppe führen. Ich hatte ihm gleich geschrieben: „Ich wandere dort hinauf und blicke dann zu dir in die Festung hinüber."

Im nächsten Brief beschwor er mich: „Bitte, tu's nicht, dort passiert so viel, das Gelände ist unübersichtlich, die Hänge fallen steil ins Meer ab, bitte versprich es mir."

Weil dieser Brief mich aber erst zwei Tage vor meinem Abflug erreichte, konnte ich ihm nicht mehr antworten und nichts versprechen.

Nach einer kurzen Erfrischung im Hotel machte ich mich auf den Weg, um das Gelände zu erkunden. Fast wie von selbst führte mich mein Weg zu diesem Monte Orlando auf eine schmale Straße, die sich in engen Windungen wie ein Band um einen Hut schlängelt bis hinauf zum Plateau. Ich stand vor dem Grabmal des römischen Konsuls Plancus.

Wohin ich sah, Meer, das Tyrrhenische Meer im herrlichsten Blau, - ein überwältigender Anblick. Aber wo war die Festung? Man müßte sie doch von hier aus sehen können, auf den Fotos schien das so einfach. Da fiel mein Blick auf einen schmalen Pfad, der seitlich leicht abwärts führte. Ich war auf der richtigen Fährte, durchstreifte duftende Lavendelhecken und schaute auf ein Panorama, das schöner nicht hätte sein können, dann sah ich die Festung.

Ich traute meinen Augen kaum: oben auf dem Wehrgang bewegten sich Menschen. Aus Herbert Kapplers Briefen wußte ich, daß ihm erlaubt war, sich dort oben aufzuhalten. Eine der fernen Gestalten blieb stehen und schien mich gesehen zu haben. Ich trat vor bis ans äußerste Ende des Felsens, klammerte mich an einen Lavendelstrauch und rief: „Hallo!". Immer wieder. Er schien mich zu hören, denn er winkte herüber; ich winkte mit beiden Armen zurück - und wäre ums Haar ins Meer abgestürzt. Ich rief noch einmal, doch es kam keine Reaktion mehr.

Hatte ich ihn verärgert, gekränkt oder erzürnt, weil ich doch auf den Berg gestiegen war? Meine Freude war dahin.

Niedergeschlagen ging ich den Weg zurück ins Hotel und fand in der Nacht kaum Schlaf.

Am nächsten Morgen half auch ein erfrischendes Bad nicht, ich sah erbärmlich aus! Um zehn Uhr mußte ich am Hauptportal der Festung sein. Bis dahin wandte ich alle weiblichen Künste an, mich doch noch ansehnlich zu gestalten.

Hilfsbereit fuhr mich der Hotelier den holprigen Weg zur Burg hinauf. Den Eingang versperrte ein großes, eisernes Tor, in das eine kleine Tür mit Guckloch eingelassen war.

Auf mein Klingeln öffnete eine Ordonnanz die Tür, verlangte mit „dienstlichem" Blick meinen Ausweis und hieß mich vor dem Tor warten.

Dort wurden gerade neue Gehwegplatten verlegt; ein höherer Offizier stand dabei. Er sah vertrauenerweckend aus, ich sprach ihn an. Er antwortete in Englisch, daß der Zensor-Oberst noch nicht anwesend sei, aber er werde mir gestatten, im Besuchsraum zu warten. Er war der Kommandant der Festung.

Das entsprach nicht der militärischen Dienstvorschrift, der die Besuche bei dem letzten deutschen Kriegsgefangenen unterlagen.

Eine Ordonnanz führte mich in jenen Raum, der so wichtig werden sollte in unserem Leben.

Es war ein großer, hoher Raum, in dem ein paar schlichte Holztische standen mit einer Anzahl Stühle ringsum; der Tür gegenüber befand sich der Tisch des Zensors und je zwei weitere an den Seiten rechts und links.

Zwei hohe vergitterte Fenster, die auf der linken Seite in der meterdicken Mauer lagen, gingen auf den Golf von Gaeta zu. Hinter den Fenstern stand ein Baum auf dem Streifen „Niemandsland", an den eine Mauer anschloß; dahinter befand sich ein leicht ansteigender öffentlicher Weg hinauf zum Hochplateau. Von den Fenstern aus konnte man Leute dort gehen sehen; Karren wurden geschoben, Kinder spielten, denen Herbert Kappler mit Hingabe zusah, weil er Kinder liebte.

Die Wände des Besuchsraumes waren in hellem Seegrün angestrichen, doch überall dort, wo sie großflächig abblätterten und der Putz rieselte, sah man frühere Schichten anderer Farbtöne. Das Mauerwerk war feucht. Mantel oder Jacke, die man an dem Kleiderbord an der Wand aufhing, nahmen Farbflecken mit, die sich nur schwer wieder entfernen ließen.

Zwei Deckenleuchten mit nackten Birnen hingen in großer Höhe in diesem armseligen, kalten Gemäuer.

Niemand war anwesend. Erstaunt setzte ich mich an einen der Tische in Türnähe, plötzlich waren meine Aufregung und Unsicherheit verflogen. Die Stille des Raumes übertrug sich auf mich, und ich empfand nur noch Freude auf die erste Begegnung, die nun unmittelbar vor mir lag.

Gleich würde ich seine Hände halten, in seine Augen sehen, seine Stimme hören. Ob ich ihn wohl umarmen durfte?

Hinein in diese Gedanken fielen Schritte, ein leichter Gang. Er federte sich ab, der da kam, und er stand vor mir: Herbert Kappler.

Alles, was ich spontan wahrnahm, waren seine strahlenden Augen, sein feingeschnittenes Gesicht. Unsere Hände hatten sich wie von selbst gefunden und behielten das in all den Jahren bei.

Ein Soldat kam herein und sagte, daß sich der Zensor-Oberst verspäte und auch der Wachposten noch nicht bereit sei. Weil wir aber nun beide schon im Besuchsraum seien, dürften wir auch hierbleiben; nur das Sprechen sei untersagt, da es ja noch nicht kontrolliert werden könne. So hatte mir Herbert Kappler die Worte des Wachpostens übersetzt.

Wortlos schob er mir einen Stuhl zurecht, wortlos setzten wir uns an den Tisch, sahen uns an und hielten unsere Hände. Und wir bedurften in diesen Momenten der Worte auch nicht; wir fühlten, wir gehören zusammen. Alles, was wir einander in zahllosen Briefen während der vergangenen Jahre offenbart hatten, war nichts gegen dieses beseligende Gefühl der unmittelbaren Gegenwart.

In dieser ersten Stunde im kahlen Besuchsraum versank die Welt um uns; eine Stunde des Du und Ich, aus der unser UNS, unser WIR geboren wurde. Wir begannen, ineinander zu denken und zu fühlen.

Und dabei saßen wir uns nur schweigend gegenüber und hielten unsere Hände. Es war wie ein Wunder und doch auch wie etwas Selbstverständliches.

Mitten hinein in unsere Versunkenheit knallten hastige, forsche Schritte, sie hallten nach im Atrium. Die Tür wurde aufgestoßen, da stand er, der Zensor-Oberst, eben aus Rom angekommen, um unsere Begegnung zu überwachen. Mittelgroß, mit Kavalleristenschenkeln und einem scharfgeschnittenen Gesicht, in dem hellblaue Augen blitzten.

Der sieht alles, schoß es mir durch den Kopf, und das tat er dann auch, und keineswegs nur in dieser ersten Stunde. Förmliche Vorstellung, höfliche Begrüßung, mit kurzen, schnellen Schritten ging der Oberst an den Tisch zum Kopfende des Raumes und nahm seine Position als Zensor und Überwacher ein.

Er schob die Brille vorn auf die Nase, legte den Kopf leicht schief, stellte die Ohren auf und besorgte zwei Dinge gleichzeitig und gewissenhaft. Pflichtgemäß las er die ein- und ausgehende Post des Kriegsgefangenen, versah sie mit den bekannten Häkchen ‚gesehen' und hatte uns zugleich im Ohr. Ich dachte erst, er schiele, ein Auge huschte über die Blätter, das andere lag auf uns.

Wie wach er unserem Gespräch lauschte, merkte man an den Fragen, die er in unsere Unterhaltung warf. Jetzt war das Schweigegebot aufgehoben.

Unverfänglich harmlos plauderten wir. Unsere Hände hatten sich vorsorglich gelöst, das sollte ja nicht gleich ins Protokoll. Aber mit den kleinen Fingern lagen sie dann doch wie zufällig aneinander. Ich wurde erfinderisch und sollte das im Laufe der Jahre noch oft werden.

Als sich der Oberst kräftig schnäuzte, schob ich rasch meinen linken Fuß neben Herbert Kapplers rechten. Er lächelte sanft zurück, der Oberst hatte nichts bemerkt. Ich wollte ja nicht nur meine Seele wärmen, ich wollte auch den Körper des geliebten Mannes fühlen überall da, wo es möglich war. Ob sich nun unsere Füße aneinanderschoben, sein Arm wie zufällig hautnah neben meinem lag oder seine Schulter mich streifte. Und ich paßte schon bei diesem ersten Besuch genau auf, was-wann-wie der Zensor-Offizier besonders beobachtete. Zuhören würde er ja sowieso, also mußte ich liebevolle Worte geschickt elegant umhüllt in unser Gespräch einbauen.

Wie kurz zwei Stunden sein können, wurde uns klar beim Blick auf die Uhr. Die Zeit war im Fluge vergangen. Der Zensor sprang auf, ein sportlicher Mann: „Zu Ende!"

Wir packten die Tassen ein, die Thermoskanne, in der Herbert Kappler Espresso mitgebracht hatte, und erhoben uns.

Ich fragte: „Warum hast du denn gestern meinen zugewinkten Gruß vom Monte Orlando aus hinüber zum Wehrgang auf der Festung nicht mehr erwidert?"

„Gestern? Gestern war ich doch gar nicht auf dem Wehrgang. Dort oben ziehen die Wachposten ihre Runden, das ist ihnen so befohlen. Ich habe dort oben nur ein kleines Rechteck, um frische Luft zu schnappen. Es ist ungefähr dreißig Schritte lang und liegt seitlich dem Meere zu. Aber gestern war ich nicht dort oben."

„Wie bin ich froh", fiel mir ein Stein vom Herzen, „ich glaubte, dich verärgert zu haben, weil ich doch auf den Berg gegangen war, obwohl du es nicht wünschtest. Ich konnte dir nicht mehr antworten, weil der Brief erst so kurz vor meiner Abreise ankam. Dort oben auf dem Monte Orlando wollte ich dir räumlich ein wenig näher sein."

Ich legte meinen Arm auf seine Schulter und sagte: „Dann habe ich also den Wachposten zugewinkt", und nach einer Gedankenpause: „...wegen deiner Heimkehr möchte ich mich mit den Regierungen in Bonn und Rom in Verbindung setzen." Aber Herbert Kappler blockte ab: „Die Anwälte werden weiter intervenieren."

Der Zensor trat neben uns und nickte zur Tür. Uns blieben ja noch zwei Stunden für den kommenden Samstag.

Ich blickte mich noch einmal um in diesem Raum mit den beiden vergitterten Fenstern, die die Gefangenschaft so finster demonstrierten. Am liebsten hätte ich Herbert Kappler gleich unter meiner Pelerine hinausgeschmuggelt.

Wir folgten dem Oberst durch den Vorraum, der den italienischen Militärhäftlingen als Besuchsraum zur Verfügung stand, traten von dort in einen langen Innenhof, der zur Hälfte in der Sonne lag, und dehnten nach dem langen Sitzen die Glieder.

Da fiel mein Blick auf Herbert Kapplers Anzug. Wie abgetragen er war, hatte ich bis dahin gar nicht bemerkt. Plötzlich schämte ich mich meiner eleganten Kleidung, die mit so viel Sorgfalt entstanden war.

Als wir noch letzte Worte tauschten, dachte ich, wie man es nur anstellen könnte, ihm einen neuen Anzug zu verschaffen, ohne ihn zu beschämen. Nichts Elegantes zu meinen Spitzen, nein, nur eben einen neuen Anzug.

Wir mußten weitergehen, voran der Oberst und hinter uns der Wachposten. Am Ende des Atriums gelangten wir durch eine Tür in den engen Hof hinter dem Haupttor, wo uns ein Trupp Wachsoldaten empfing.

Bis hierher hatte mir Herbert Kappler seinen Arm geboten, und mir war, als durchwanderten wir Arm in Arm den Englischen Garten irgendwo, irgendwo in Freiheit. Wie lange hatte ich das nicht erlebt. Oft sind es ja nur kleine Begebenheiten, an denen wir unser Glück ermessen. Wie reich waren wir beschenkt in dieser ersten Begegnung, und beide empfanden wir es intensiv.

Dann folgte ein strenges Reglement, das in allen den Jahren gleich blieb, von höchster militärischer Stelle anbefohlen. Ein Soldat schloß eine dicke, oben abgerundete Holztüre auf, die dem eisernen Eingangstor gegenüberlag. Man sah tiefausgetretene Treppenstufen hinter dieser Holztüre, die nach oben führten. Herbert Kappler wurde hier weggesperrt und betrat den engen Treppengang, ein letzter Blick - und schon zogen zwei Soldaten die Holztür zu, verschlossen und verriegelten sie.

Der Oberst war verschwunden. Verloren stand ich da und kämpfte mit den Tränen. Was wird denn nun mit mir? Für mich mußte es doch auch irgendeinen Befehl, eine Bestimmung, eine Anordnung geben! Sie konnten mich doch hier nicht einfach stehen lassen. Hatten sie mich vergessen? Es dauerte eine ganze Weile. Die Soldaten scherzten und rauchten, bis sich einer von ihnen bequemte, mir ein „Signora, passoporto" zuzurufen und mir meinen Ausweis zurückgab. Ein anderer entriegelte die kleine Tür im großen Eisentor und verschloß sie krachend hinter mir.

Ich stand im Freien, atmete tief durch, blinzelte in die Mittagssonne aus strahlendem Himmel, ging ein paar Schritte, drehte mich um und besah mir erst einmal dieses Eingangstor, das ich bei meinem Eintreffen vor ein paar Stunden kaum wahrgenommen hatte.

Die alte Burg, die im Laufe der Zeit wohl so manchen Sturm erlebt hatte, trug sogar ein Namensschild!

Stabilimenti

Militari di Pena

Reclusorio Militare

Gaeta

war da auf einer schweren Metallplatte zu lesen. Über dem Portal ein kurzes Schrägdach, darüber Mauern; in der Tür ein Guckloch, so groß, daß man gerade hindurchsehen konnte. Bullauge nannte ich es, das Bullauge im Taubenschlag, denn wie im Taubenschlag ging es in dem kleinen Eingangshof hinter dem Portal auch zu.

Ich ging noch nicht zurück in mein Hotel, wollte in der Nähe der Burg bleiben, - in seiner Nähe, und schlenderte den Weg hinauf zum Hochplateau, auf den man vom Besuchsraum blicken konnte. An der Festungsmauer entlang führte der Weg hinauf zu einem großen, freien Platz, wo viele Wagen parkten, Kinder spielten, behäbige Katzen in der Sonne vor sich hindösten und seitlich dem Meere zu Wohnhäuser standen. Blühende Gärten, Wäsche trocknete in den Fenstern, Feigenbäume, Zitronen- und Orangenhaine! Mein Gott, war das schön! Südliche Idylle, die ich so liebte, und ich mitten drin...

Langsam bummelte ich den Weg zurück, blieb stehen bei den vergitterten Fenstern, hinter denen wir eben noch gesessen hatten. Nur ein Streifen Brachland mit reichlich Unrat darauf trennte den Raum von diesem Weg, der in der Freiheit lag. Jetzt sah ich auch den mächtigen Baum, der den Besuchsraum verschattete. Walnuß, wie alt der wohl sein mochte, was hatte er alles in seiner stummen Anwesenheit erlebt? Wer mag die Nüsse ernten?

Ich sah die Festung an, fühlte ihr feuchtes Mauerwerk geradezu und

Teilansicht der Festung Gaeta mit Eingangstor.

Mit Dackel Fritz nach einem Besuch bei Herbert Kappler.

wußte, daß unsere Liebe das Gemäuer durchdringen würde, es hatte keinen Schrecken für mich. Wie im Mittelalter, dachte ich, als die Ritter ihre Gefangenen in das Turmverlies warfen, aus dem es kaum je ein Entrinnen gab.

Mein Blick ging über die Dächer, hinauf zum Felsmassiv des Monte Orlando, aufs Meer. Ohne Ziel wanderte ich dahin und fand mich auf der Serpentinenstraße zur Kuppe des Berges, entdeckte, daß man sie leicht abkürzen könnte, wenn man die Steilhänge erklomm und hing auch gleich fest im dornigen Gestrüpp. Ein richtiger Dschungel war das ja! Und was es alles zu entdecken gab! Scheue Geckos huschten mir fast über die Füße, ich kannte sie nur aus Büchern. Und Alpenveilchen, zauberhafte, wildwachsende Alpenveilchen mit Blättern nicht größer als mein Daumennagel. Ich war hingerissen von all den Schönheiten.

Um nicht abzustürzen, hangelte ich mich durch die dichtwachsenden Sträucher, rutschte ab, verlor den rechten Schuh, angelte ihn wieder herbei und war inzwischen alles andere als elegant. Die Strümpfe zerrissen, das Kleid arg mitgenommen; nur gut, daß ich etwas zum Wechseln dabei hatte, auch wenn es nicht so schick war wie die erste Garnitur.

Staunend entdeckte ich bei diesem Abenteuer viele unterirdische Gänge. In manche wagte ich mich hinein, soweit noch Tageslicht war. Getier entfleuchte, Rinnsale zogen ständig träufelnd die bemoosten roten Ziegelsteinmauern hinunter. Ganze Rattengenerationen stoben auseinander. Nur eine dicke Ratte blieb kühn sitzen in diesem Gemoder, witterte, sah mich mit ihren blanken Augen forschend an. „Ich tu dir nichts, hörst du, und du mir auch nicht", das dachten wir wohl wechselseitig.

Wann war hier wohl zuletzt ein Mensch gewesen! Wie ein riesiger Maulwurfhügel kam der Berg mir vor mit seinen unzähligen Gängen, nur den, der in die Festung führen mußte, fand ich nicht.

Es wäre ja auch zu schön gewesen! Immer wieder dachte ich: Ich hole dich heim, obwohl es zu jenem Zeitpunkt keine realen Grundlagen zu solcher Hoffnung gab.

Gedankenbeladen stieg ich auf die Anhöhe des Monte Orlando, beglückt von der Aussicht, und erspähte jenes kleine Rechteck auf dem Wehrgang der Festung, das Herbert Kappler als Auslauf diente. Ein weißes Laken blähte sich im Winde, ob er dort auch seine Wäsche trocknete? Mit bloßem Auge konnte man nicht mehr unterscheiden. Ein Fernglas müßte man haben! Das war die Idee! Ferngläser müßten her, für jeden von uns eines. Dann könnten wir einander zuwinken, nur eine Meeresbucht und etwa zweihundert Meter Luftlinie zwischen uns.

Mit einbrechender Dunkelheit trippelte ich auf meinen Stöckelschuhen die Straße wieder hinunter, aß im Hotel nur eine Kleinigkeit und sank erschöpft in mein Bett. Welch ein schöner Tag lag hinter mir, und schon am Samstag würde ich Herbert Kappler wiedersehen. Zwei Tage blieben mir für Wanderungen in die Umgebung von Gaeta.

Die erste führte wieder auf den Monte Orlando und beanspruchte den ganzen Tag. Die zweite zog mich zum herrlichen Strand von Serapo, dessen Bucht in weitem Halbrund das Meer säumt. Schöner, heller Sandstrand, wenn man nicht gerade in Teer trat. Der Hafen mit all den Fischerbooten nahm die andere Seite des Ortes ein, der Golf von Gaeta dehnt sich fast bis Neapel aus. Bei klarer Sicht sieht man in der Ferne Ischia liegen und auf der anderen Seite die Inselgruppe Ponziane mit Ventotene, Ponza, Palmarola, Zannone.

Die westliche Seite des Monte Orlando schmückt ein Pinienhain, in dem sich eine Fülle an Wildwuchs herrlichsten Lavendels eingebettet hatte. Zur Blütezeit füllte berauschender Duft die Lüfte, der sich mit keinem Flair vergleichen ließ. Montagna Spaccata, der gespaltene Felsen, grenzt nach Westen hin zum Meer ab. Von dort ging der Blick hinüber nach Sperlonga und bei klarem Wetter zum Felice Circeo, jenem Fels, wo der Sage nach Odysseus den Circen begegnet sein sollte. Nach ihnen war das Felsmassiv benannt.

Ich konnte nicht ahnen, daß Gaeta und seine schöne Umgebung auf lange Zeit so etwas wie eine zweite Heimat für mich werden würde.

Bevor ich zum nächsten ‚Colloquio' - so wurden die Besuche in der Festung offiziell genannt - , ging, rief ich Mutter Kappler in Stuttgart an. Erst vor kurzem hatte sie erfahren müssen, daß ihr Gnadengesuch, dem Bundespräsident Heinrich Lübke ein befürwortendes Schreiben beigefügt hatte, vom italienischen Staatspräsidenten Saragat abgelehnt worden war.

31

„Der Brief von Frau Kappler habe ihn tief betroffen und aufrichtig gerührt, wenngleich der Schmerz einer Mutter die Schuld des Sohnes nicht tilgen könne", schrieb Staatspräsident Saragat an Bundespräsident Lübke und versicherte, daß er nicht versäumen werde, die Frage nach einiger Zeit erneut zu prüfen.

Die Schuld des Sohnes, war sie nach 22 Jahren nicht gebüßt?

Ich kannte die damaligen Geschehnisse nur in groben Umrissen. Die Schuld der anderen Beteiligten, die so ungleich höher, nämlich mit Verhängung der Todesstrafe, bewertet worden war, warum hatte deren Schuld schon nach wenigen Jahren Haft als verbüßt gegolten?

Samstagmorgen. Diesmal ging ich zu Fuß den Weg zur Festung hinauf und versuchte unterwegs, meine Gedanken zu ordnen. Ich läutete, doch auf mein Klingeln rührte sich nichts. Ich erschrak, für zehn Uhr war mir doch heute ein zweiter Besuch genehmigt worden. Endlich, nach dem dritten Klingeln öffnete sich das Bullauge, ach ja, da war ja wieder die Deutsche. Ein Arm fuhr heraus, die Hand wies in die Ecke, mein Blick folgte. Dort befand sich hinter einer offenstehenden Tür ein kleiner Raum, der früher vermutlich als Wachstube gedient haben mochte. Tische und Stühle standen da, ich ging hinein. Fand unser Colloquium denn heute hier statt? Die Gepflogenheiten dieses Institutes waren mir noch fremd. In banger Sorge wartete ich, man würde mich doch nicht vergessen haben?

Italienische Familien mit Kind und Kegel sah ich läuten, sie wurden eingelassen und besuchten offenbar einen Angehörigen unter den italienischen Militärhäftlingen, von denen oft bis zu hundert ihre Strafe in der Festung verbüßten.

Plötzlich schoß ein Wagen um die Ecke, stoppte mit quietschenden Reifen, „unser Oberst" sprang heraus und stand mit ein paar langen Sätzen vor mir:

„Da sind Sie ja! Ich habe mich verspätet, verzeihen Sie!"

Ich war so erleichtert, daß ich ihm gern verzieh, außerdem hatte ich selbst seit eh und je meine liebe Not mit der Pünktlichkeit.

Das Tor zum Taubenschlag wurde geöffnet, ein Soldat nahm meinen

Ausweis entgegen und geleitete uns zum Besuchsraum, wo Herbert Kappler bereits am Tisch saß. Ich sah ihm gleich an, daß er ebenso in Sorge gewesen war wie ich.

Und staunend sah ich noch etwas: er trug einen guten, dunkelblauen Anzug. Diesmal hatte ich mich bewußt bescheiden gekleidet und fühlte mich nun als Aschenputtel.

Lächelnd gestand er mir: „… ich wollte nicht, daß du dich in meine äußere Erscheinung verliebst, deshalb trug ich am letzten Mittwoch meine ältesten Sachen."

Als kriegsgefangener Offizier durfte Herbert Kappler seine eigene Zivilkleidung tragen.

Unsere zwei Stunden verflogen ebenso rasch wie die vorigen, doch diesmal mußten wir uns für längere Zeit verabschieden. Wir wußten nicht, wann wir uns wiedersehen würden.

Wieder bot mir Herbert Kappler seinen Arm, als wir durch das Atrium zurückgingen. Hinter dem Gefangenen wurde die Holztür mit einem großen Schlüssel verriegelt. Ein Soldat gab mir meinen Paß zurück, und schon schloß sich hinter mir das Tor der Festung.

Mein Rückflug war für den nächsten Tag gebucht. Dann hatte der Alltag mich wieder und stellte seine Forderungen. Noch am gleichen Abend setzte ich das unterbrochene Gespräch auf dem Papier fort und füllte Bogen um Bogen; lernte mit meinen Augen zu sehen und ihm die Eindrücke weiterzugeben, so daß er eigentlich mit meinen Augen sah. Ich ging, und er ging mit, wie angeschlossen an einen gemeinsamen Kreislauf, bei dem die Entfernung keine Rolle spielte. Im Laufe der Zeit verschmolzen wir zu jener Einheit, in der der eine nichts zu tun vermochte, ohne den anderen zu beteiligen.

Endlich schrieb er mir auch von den Kleinigkeiten, die er brauchte. Doch wenn sein Brief mit Wunsch oder Bitte eintraf, waren die entsprechenden Päckchen bereits unterwegs. Wir hatten Stunden vereinbart, in denen wir uns zurückgezogen aufeinander konzentrierten. Tagtägliche Briefe und Päckchen gingen ab. Ich kam mit immer weniger Schlaf aus.

Selbst unsere Schriftzüge, die sich ähnelten, paßten sich im Laufe der Zeit unserem ‚Uns' derart an, daß wir sie oft selbst nur mit Mühe unterscheiden konnten. In Bonn führte das später zu Bestürzung, als Herbert Kappler einen handschriftlichen Brief an den Bundestagsabgeordneten Adolf Scheu richtete und dieser mich anrief: „… aber das haben doch SIE geschrieben!" Zum Schriftvergleich sandte ich eine Karte mit meiner Schrift. Er konnte es nicht fassen. Wir auch nicht.

Nach meiner Rückkehr aus Gaeta berichtete ich Mutter Kappler telefonisch und in langen Briefen über meinen Besuch. Aber ich hatte den Eindruck, daß sie gern selbst mit mir über ihren Sohn gesprochen hätte, und fuhr an einem der folgenden Wochenenden wieder nach Stuttgart.

Herbert Kapplers Schwester Gretl begrüßte mich herzlich und sagte dann niedergeschlagen: „Mutter ruht noch. Wir hatten eine große Aufregung, denn heute Vormittag war Dr. Aschenauer, der Rechtsanwalt meines Bruders, bei uns. Stellen Sie sich vor, das Auswärtige Amt hat ihm den Auftrag entzogen. Sein Gnadengesuch ist nicht vorgelegt worden. Als Mutters Gnadengesuch vor kurzem abgelehnt wurde, hatten wir so sehr auf den Anwalt gehofft. Als Jurist kann er so ein Gesuch doch ganz anders untermauern und begründen. Und jetzt soll er keine Gnadengesuche mehr stellen."

Der Münchner Rechtsanwalt Dr. Rudolf Aschenauer war im Dezember 1963 von der Zentralen Rechtsschutzstelle des Auswärtigen Amtes „mit der Wahrnehmung der Interessen des Herbert Kappler, z. Zt. in Haft in Italien" beauftragt worden.

Er hatte im Einvernehmen mit der Bundesregierung im Herbst 1966 ein Gnadengesuch ausgearbeitet, das Präsident Saragat zusammen mit dem Gnadengesuch von Mutter Kappler vorgelegt werden sollte. Das war nicht geschehen.

Während Dr. Aschenauer auf Veranlassung des Bundesministers für Gesamtdeutsche Fragen Herbert Wehner sein Gesuch abänderte (Feststellungen zum damaligen Urteil des italienischen Militärgerichtshofes sollten unterbleiben), waren Ende Dezember 1966 Mutter Kapplers Gnadengesuch und ein befürwortendes Schreiben des Bundespräsidenten Lübke an den italienischen Staatspräsidenten weitergeleitet worden.

Als Ende 1967 die Ablehnung des Gesuchs vorlag, wurde das Gnadengesuch des Anwalts vom Auswärtigen Amt zurückgehalten.

Darüber hinaus bat das Auswärtige Amt Dr. Aschenauer, weitere Gnadenbemühungen für seinen Mandanten einzustellen und hob seine Bestallung auf.

Hatte Präsident Saragat der Mutter Herbert Kapplers nicht mitteilen lassen, er werde die Frage der Begnadigung nach einiger Zeit erneut prüfen?

Warum entzog das Auswärtige Amt dem Anwalt den Auftrag, Herbert Kapplers Interessen wahrzunehmen?

Ich begriff das so wenig wie Mutter und Schwester Kappler. Wollte die Bundesregierung damit jede offizielle Unterstützung einstellen?

Und das, obwohl dem Auswärtigen Amt seit 1955 durch eine Mitteilung des italienischen Justizministeriums bekannt war, daß die italienische Regierung einer Begnadigung nur aufgrund eines Gesuchs der deutschen Regierung nähertreten könne. Daß also Gnadengesuche von Anwälten, Einzelpersonen, Verbänden oder auch von Mutter Kappler von vornherein aussichtslos sein mußten, wenn sie nicht von einer befürwortenden Note der Bundesregierung begleitet waren.

Hatte man Herbert Kappler aufgegeben?

„Dr. Aschenauer will Herbert auch weiterhin vertreten, also ohne Auftrag des Auswärtigen Amtes. Er verzichtet auf ein Honorar, das ist gütig und großherzig von ihm. Wir sind ganz gerührt", sprach Gretl weiter, „der Anwalt hat sich in den letzten Jahren sehr bemüht und viele wichtige Leute angesprochen und war ständig unterwegs, auch in Italien. Wenn die Bundesregierung ihm jetzt den Auftrag entzogen hat, heißt das, daß sie nichts mehr für meinen Bruder tun wird?"

„Wenn der Anwalt kein Mandat mehr vom Auswärtigen Amt hat, muß das nicht unbedingt ein Nachteil sein, denn dann ist er doch freier und braucht vielleicht auch nicht mehr so viele Rücksichten zu nehmen auf die zuständigen Behörden. Sie können ihm dann nicht mehr dazwischenreden. Ich war bisher der Meinung, die Bundesregierung sei bemüht zu helfen", entgegnete ich.

Ich wußte viel zu wenig von den früheren Vorgängen. Aber mir wurde klar, daß es nötig war, mich selbst zu informieren und der Sache auf den Grund zu gehen, mit Fragmenten konnte ich nichts anfangen.

Als am späteren Nachmittag Mutter Kappler zu uns gekommen war, versuchte ich, sie zu beruhigen.

Sie hatte den Kopf auf die linke Hand gestützt und uns zugehört, dann meinte sie: „...ich verstehe von Politik nichts, ich kümmerte mich um Familie und Haushalt, wissen Sie. Mein Mann war Stresemann-Anhänger und gehörte auch einer kirchlichen Loge an. Ich habe große Mühe, das alles zu verstehen, was mit meinem Sohn gemacht wird. Wenn die Regierung ihm wirklich helfen wollte, müßte er längst daheim sein. In den fünfziger Jahren wollte die italienische Regierung ihn entlassen und wartete auf eine Demarche aus Bonn, ohne die sie nicht handeln konnte. Die traf aber viel zu spät, mit großer Verzögerung in Rom ein, da hatte bereits wieder ein Regierungswechsel stattgefunden und andere Leute saßen an der Spitze. Es ist so viel versäumt worden", resümierte die alte Dame, „... damals warteten wir stündlich auf die Heimkehr meines Sohnes, und heute warten wir immer noch."

Was sollte ich darauf nur antworten? Mir fiel nichts anderes ein als: „... Einflüsse müßte man haben, an einflußreiche Leute muß man sich wenden!"

„Wir sind keine einflußreiche Familie, Gretl und ich leben nur vom Warten und Hoffen", sagte Mutter Kappler wie zu sich selbst.

Vater Kappler war Städtischer Oberrechnungsrat gewesen, die Familiengeschichte wies auf Beamte, Rechtsanwälte, Ärzte, Theologen, Weingärtner, Bauern, - eine angesehene, solide schwäbische Familie. Aber einflußreich im politischen Sinne war sie nicht.

Mutter Kappler stand all diesen Fragen hilflos gegenüber, nicht nur, weil ihr Wirkungskreis auf Haus und Familie beschränkt war, sondern weil sie einer Generation angehörte, in der es unvorstellbar war, an die Öffentlichkeit zu gehen. Sie war eingezwängt in die Rolle, in der sie über 80 Jahre gelebt hatte.

Um so mehr ist die Haltung des damaligen Oberbürgermeisters von

Stuttgart Dr. Arnulf Klett zu würdigen, der sich mit großherziger Güte der Familie Kappler annahm. In einer langen Reihe von Jahren hat er nicht nur die an ihn gerichteten Bitten erfüllt, sondern von sich aus in regelmäßigen Abständen angefragt, wie die Sache des Stuttgarter Bürgers Herbert Kappler stünde. Ein Politiker, dem man nicht erst die Tür einlaufen mußte, der sich persönlich informierte und sich um die Nöte der Familie Kappler kümmerte.

Auf der Rückfahrt von Stuttgart nach Soltau stürmten viele Gedanken auf mich ein: Wo konnte ich mich über den Fall Kappler informieren? Wer kannte alle Einzelheiten? Der Anwalt? Oder Freunde? Und was war da alles geschehen vor dreiundzwanzig Jahren? Ursache und Wirkung wollte ich ergründen. Wie in meiner Praxis, dachte ich, wo es auch nicht nur auf das Symptom ankommt, sondern auf die Ursache.

Vielleicht konnte ich auch direkt Herbert Kappler bei meinem nächsten Besuch befragen? Er hatte mir zwar eine Art Merkblatt verfaßt mit Verhaltensmaßregeln für die Besuchsstunden, über die der Zensor-Offizier regelmäßig ein Protokoll abzugeben hatte. Aber vielleicht ließ sich doch diese oder jene Frage in unser Gespräch einbauen, ohne aufzufallen.

Im September 1968 wagte ich meine erste Autofahrt von Deutschland nach Gaeta. Die Zeit zur Übernachtung wollte ich einsparen, und wenn mir die Augen zufielen, reichten eine kleine Pause am Lenkrad auf dem nächstgelegenen Parkplatz und ein frischer Kaffee in einer Espresso-Bar. Ab Florenz brannte die Sonne sengend heiß.

Ich wohnte in Gaeta wieder im Hotel ‚Mirasole‘, wo man mich gleich wiedererkannte und herzlich begrüßte.

Drei Colloquien waren uns genehmigt worden, mittwochs und samstags, den für Besuche in deutscher Sprache reservierten Tagen.

Zwei Ferngläser hatte ich mitgebracht, ging schon früh am nächsten Morgen auf den Monte Orlando und suchte den Wehrgang der Festung nach Herbert Kappler ab. Ich konnte ihn nirgends entdecken, denn er wußte nicht, daß ich gerade jetzt Ausschau nach ihm hielt. Wir werden feste Zeiten vereinbaren, um uns zuzuwinken, sagte ich mir.

Um zehn Uhr mußte ich an der Festung sein, das Reglement war mir vom ersten Besuch her noch geläufig. Ein Wachposten brachte mich in den Besuchsraum, der Zensor war bereits anwesend, dann wurde Herbert Kappler hereingeführt.

Nach der Begrüßung sah er mich verschmitzt an: „Na, du wolltest doch nie in diesem Lande Auto fahren! Wie ist es dir denn dabei ergangen?"

Ich lachte ihn an: „Ich hätte nicht für möglich gehalten, daß es so gut geht! Die Leute hier haben einen ganz anderen Fahrstil, als bei uns üblich. Wenn man den Bogen erst heraus hat, kommt man sogar gut zurecht."

Was wollte ich in dieser Gesprächsstunde nicht alles unterbringen und hatte mir viele Notizen gemacht, um nichts zu vergessen. Nach einer halben Stunde versuchte ich, das Gespräch auf die Gnadengesuche zu bringen, aber Herbert Kappler bat: „Jetzt bitte nicht, unsere Zeit ist so kurz, ich möchte über etwas ganz anderes mit dir sprechen."

„Aber das gehört doch auch zu deinem Leben", warf ich ein, „und ich weiß viel zu wenig."

„Setz' dich mit Dr. Aschenauer in Verbindung, ruf ihn an, er kann dir vieles erklären." Einen Augenblick später schlug er vor: „Wie wär's, wenn du aus deinem Leben erzählen würdest, hm? Ich kann dich nicht gut um einen Lebenslauf bitten, aber ich möchte gern alles wissen, was du erlebt hast, - in deiner Kindheit, im Elternhaus, überhaupt in deinem ganzen Leben. Weißt du, das ist für mich dann wie ein Film, den ich abspule, wenn du wieder fort bist."

Ich versuchte, es mir vorzustellen, doch es blieb nur ein Versuch, und ich fragte: „Jetzt? Meinst du, jetzt soll ich dir davon erzählen? Einfach so?"

„Ja, wie es dir gerade in den Sinn kommt und was dir einfällt, ich baue mir das Ganze dann später zusammen."

„Das ist gar nicht so einfach," überlegte ich, „...wo soll ich denn da anfangen!"

„Greif' einfach zurück, soweit du zurückdenken kannst", er nahm meine Hände und sah mich erwartungsvoll an. Ich schenkte jedem noch ein Täßchen Kaffee ein und begann von meiner Kindheit zu erzählen, die voll Geborgenheit und Nestwärme war. Wir waren eine große Familie. Gütigernst war unser Vater, liebevollbesorgt die Mutter und oft ein wenig zu streng die Großmutter, die für die Hausordnung sorgte. „Ich habe das Sagen", nannte sie das. Von uns Kindern, drei Mädchen und drei Jungen, war ich das älteste. Die Zwillinge, zehn Jahre jünger, bildeten den Abschluß des Halbdutzends. Zur Entlastung der Eltern nahm die Großmutter die Zügel in die Hand und kommandierte Hausmädchen, Waschfrau, Flickfrau und einmal im Monat die Weißnäherin. Mutter achtete darauf, daß wir Kinder frühzeitig häusliche Pflichten erfüllten. Verwöhnt wurden wir nicht. Es gab viel Arbeit in einer so großen Familie und kaum technische Erleichterungen.

Vater wuchs als Klosterschüler im Schwäbischen auf, liebte die Natur und führte mich schon in früher Kindheit in die Zusammenhänge zwischen Natur-Mensch-Kosmos ein.

Die Grundschuljahre wurden eine schöne Fortsetzung der Familien-Atmosphäre, denn Klassenlehrer Hein verhielt sich uns gegenüber wie ein Vater. Und was brachte er uns nicht alles bei! Seine gutmütigen Belehrungen ignorierte niemand:

„Wenn Euer Haus brennt, greift zum Mantel, nicht zum Regenschirm!" „Hilflosen Menschen müßt Ihr helfen" und „Werft kein Schulbrot fort, gebt's denen, die noch Hunger haben."

Das war so um 1931. Ein paar Jahre später bekam ich zu Weihnachten eine Violine, der Unterricht begann noch vor Neujahr bei Kapellmeister Möhrmann in ‚Meyn's Hotel', was mich regelmäßig mit einer gewissen Andacht erfüllte und ebensoviel Respekt. Das alte Haus in der Kirchstraße 8 hallte oft wider von unseren mehr oder weniger gelungenen Familienkonzerten, denn musikliebend waren wir alle. Vater spielte wundervoll Orgel, doch daheim benutzte er sein Harmonium, das wir Kinder geradezu ehrfürchtig anhimmelten. Bei seinem Zitherspiel war das nicht der Fall, er jodelte dazu und bereitete uns damit einen Heidenspaß. Mutter sang die schönsten Lieder mit glockenhellem Sopran, der nie eine Ausbildung erfahren hatte.

Eine wohltuend heimelige Atmosphäre, würde man heute sagen, und wir alle denken gern an diese Zeit in unserem Elternhaus zurück.

Nach Abschluß der Elementarschule entstanden heiße Familiendebatten. Vater hatte vorgesehen, mich im Alter von zehn Jahren in eine Klosterschule zu schicken. Doch Mutter wollte mich nicht ‚weggeben‘. Und Großmutter wußte da ein hervorragendes, strenges Internat! Mir wurde heiß und kalt bei dem Gedanken, wo ich denn bleiben würde. Und weil sie sich nicht einig wurden, blieb ich ein weiteres Jahr in der Grundschule. Es gab zwar eine höhere Privatschule in unserer kleinen Stadt, die aber fand vor Großmutters Augen keine Gnade.

So kam ich dann in die ‚Städtische Mittelschule‘, war schnell heimisch und ebenso erleichtert. „Klosterschule später“, entschied Vater „so ab vierzehn“. Wir trugen noch eine flotte Schülermütze, hellgrün, mit einem Bändchen, an dem man die Klasse erkannte.

Das Lehrerkollegium wirkte auf uns wie eine große Elternfamilie; keiner, den wir nicht mochten. Adolf Heine, sportlich, Pädagoge aus Passion, von allen geliebt, war gerecht und verlor nie die Geduld. Hänschen Müller mit seiner Güte, Schulzen Erich war da schon etwas strenger, Koopmanns Heinrich, Schorse Böger und ‚Chef‘ Dada Baurichter, der sich noch bis in seine letzten Lebenstage - fast hundertjährig - um wertvolle archäologische Studien und Sammlungen unserer Region kümmerte und als Heimatforscher großes Ansehen genoß.

Trieben wir unseren Schabernack mal ein bißchen zu weit, verwarnte er uns: „Wenn ihr nicht artig seid, gibt's Haue.“ Doch körperliche Züchtigungen fanden nicht statt, unsere Lehrer verschafften sich mit Güte Respekt. Ohrfeigen waren selten und die große Ausnahme. Nur ein einziges Mal fing ich mir eine, als ich während der Geographiestunde meine Armbanduhr aufzog. Das ging so schnell, daß alle ganz verdattert guckten. Und Hibu, der ‚lütte Meyer‘ aus Bispingen, kriegte da mal eine gelangt, weil er aus Schillers ‚Wilhelm Tell‘ grinsend rezitierte: „… Deine Uhr ist übergedreht“ anstatt ‚abgelaufen‘. Wir fielen vor Lachen fast unter die Bänke, der Lehrer hingegen fand das gar nicht lustig.

Harmlos waren unsere Scherze, grobe Untaten gab's nie, auch wenn wir scheinheilig Dada Baurichter irgendeinen wertlosen Feldstein mit wichtigtuerischem Gehabe als kostbaren Fund aus Urzeiten zwecks Ablenkungsmanöver unter die wissenschaftliche Nase hielten.

Unvergessen und immer ergreifend die Musikstunden bei Schorse

Böger und besonders dann, wenn er auf dem alten Klavier Beethovens Hymne ,Die Himmel rühmen des Ewigen Ehre' intonierte.

Lebenskapital gaben sie uns mit, unsere Lehrer, und jeder auf seine eigene Weise. Lehrer, zu denen man Vertrauen haben konnte und denen wir Schüler ein ernstes Anliegen waren. Güte und Liebe wurden die wichtigsten Bezugspunkte in meinem Leben, und ich bin dankbar, in jungen Jahren davon umgeben gewesen zu sein. Natürlich gab's auch „Rauhreiftage", und oft genug hing der Segen schief, aber auch die seltsamsten Begebenheiten kamen immer wieder bald ins rechte Lot, wie Großmutter das nannte.

Rassenprobleme oder irgendwelche Voreingenommenheiten waren meinem Elternhaus fremd. Durch Vaters Zugehörigkeit zu damals blühenden Zirkeln internationaler Couleur verkehrten in unserem Haus Inder, Chinesen, Araber und viele andere. Es wurde über die großen Religionen der Welt gesprochen. Gesinnungsweite und Großherzigkeit meiner Eltern sind mir beispielhaft geblieben.

Da gab es auch einen Kreis um Graf Knesebeck, dem Vater angehörte. Der führte besonders geheimnisumwitterte Abende durch, die manchmal auch bei uns stattfanden. Hierzu eignete sich vorzüglich die große Wohndiele, die in der Mitte des alten Hauses lag. Auch die Tür zu unseren Schlafzimmern ging von dort ab.

Wenn sich Vaters vertraute Freunde trafen, drang lediglich unter der Tür ein schmaler Spalt Licht zu uns herein. Und weil man so wenig verstehen konnte, klatschten wir Kinder uns dicht nebeneinander auf den Boden in der Hoffnung, daß - wo Licht sei, man auch etwas hören müsse. Es muß wohl 1932 gewesen sein, denn etwas später wurden sämtliche Zirkel dieser Art verboten.

Wenn es spannend zu werden schien, lagen wir Kinder oft hinter der Tür und drückten die Ohren an den Türspalt. Roch es nach Tabaksqualm, war uns klar, daß Vati wieder mal genüßlich aus einer seiner Porzellanpfeifen schmauchte. Drei hatte er davon, bodenlang, der Kopf aus Porzellan, in den der Tabak hineingestopft wurde, war mit handbemalten Landschaften verziert und mit ebenfalls handgefertigtem Silberdeckel verschlossen. Von „Experimenten" erzählte Vati dann manchmal, die sie in ihrem „magischen Zirkel" durchführten, von „Levitation" und „Bilokation". Wir Kinder sahen uns staunend an, wußten damit natürlich nichts anzufangen und wollten im „Brockhaus" nachlesen, was das denn alles bedeutete. Regelmäßig unterbrachen wir in solchen Stunden die gelöste Stimmung mit der Beichte unserer Untaten. Unser Ulli hatte in dieser Hinsicht immer das größte Konto auf Lager.

Ein Zauberwort geisterte umher, mit dem wir Kinder natürlich nichts anzufangen wußten: Hypnose. Ich hatte Satzfetzen aufgeschnappt und später, als es mir wieder einfiel, Vater befragt:

Bei einer Zusammenkunft des Zirkels im Hause des Grafen fand sich eine junge Dame, die weder Noten kannte noch jemals Klavier gespielt hatte, zu einem Experiment bereit. In Hypnose versetzt, spielte sie fehlerfrei Mozart, Schubert, Beethoven, und was das Erstaunlichste daran war, die Stücke aus diesem Experiment behielt sie geradezu in den Fingern und gab sie in späterer Zeit wieder.

Ich war ein schwächliches Kind und wurde mit Kalktabletten und Mineralstoffen gefüttert. Englische Krankheit nannten sie das, aber es sei nicht beängstigend. Ich fand's toll, deshalb Vaters Freunden aus aller Welt vorgeführt zu werden, weil darunter viele Ärzte waren.

Bis mir die Vorführungen eines Tages zu dumm wurden und ich unter dem Tisch verschwand, in mein liebstes Versteck, weil die vier Beine unterwärts mit einem massiven Holzgestänge verbunden waren, auf dem ich so gern saß. Meine Kalktabletten hatte ich dort aufgereiht.

Wenn Mutter ein großes Tischtuch auflegte, fühlte ich mich besonders wohl und genoß mein ‚Zelt', in dem ich oft auch einschlief, wenn die Tischgespräche nicht fesselnd genug verliefen. Wenn die Mediziner bei uns weilten, die Vater noch aus seiner Studienzeit kannte, wurde natürlich über Krankheit und Gesundheit gesprochen, und in diesem Zusammenhang schnappte ich die Formulierung auf: „... der Zellaustausch findet nicht statt". Ich hörte das oft, und als ich lesen und schreiben gelernt hatte und in ähnlicher Form wieder einmal einen solchen Satz mitkriegte, faßte ich mir ein Herz und fragte Vater nach der Bedeutung. „Mein Kind, du bist noch viel zu klein, um das Wunder einer einzigen Zelle zu begreifen! Jede einzelne Zelle lebt und hat ihren eigenen Stoffwechsel, sie unterliegt einem einzigartigen Ordnungsprinzip, sie nimmt den lebensnotwendigen Sauerstoff auf, der im wohlgeordneten Verhältnis mit Stickstoff vermischt in unserer Atemluft vorhanden ist und scheidet Verbrauchtes und Belastendes aus, wie es auch der Körper als Ganzes tut. Das ganze nennt man Zellaustausch, Stoffwechsel, und das gilt für alle Zellen, für alle Organe, die ja aus zahllosen Zellen bestehen, dies gilt für den ganzen Körper, für die gesamte Natur."

„Und wer regelt denn das?" wollte ich später wissen.

„Ja, Kind, du fragst einem die Seele aus dem Leib! Gott ist der Herr der Schöpfung, nach seinem Plan läuft alles ab!"

Ich habe diese für mein Leben so wichtigen Worte meines Vaters nie vergessen.

Irgendwann hatte Vater sein unterbrochenes Medizinstudium vollenden wollen, was damals Ende der zwanziger Jahre problematisch war, weil er inzwischen eine Familie hatte. Freunde aus dem Bremer Club waren wegen der besseren Zukunftsaussichten nach Südamerika ausgewandert. Das schien auch für uns die richtige Lösung zu sein. Mutter war auch gleich einverstanden. Wir zwei Mädels (die anderen vier Kinder wurden später geboren), Jahrgang 1925 und 1926, hatten bereits unsere Puppenwagen getauscht bekommen in nette kleine Dinge, mit denen wir während der Überfahrt auf Deck spielen sollten. Die Schiffskarten waren gebucht, alle Vorbereitungen getroffen. Die Freunde erwarteten uns in Sao Paolo, wo einer eine große Klinik hatte, in der Vater wirken sollte.

Da traf Großmutter ein, angeblich zur Verabschiedung. Wir zwei Mädels wurden unserem Kindermädchen übergeben, ich ergriff die nächste Gelegenheit und flitzte unter meinen Tisch. Sie suchten mich und beruhigten sich, entdeckten mich glücklicherweise nicht, und so wurde ich Zeuge jener schicksalsschweren Ereignisse.

Wenn Großmutter sich ereiferte, sprach sie zunächst gepflegtes Hochdeutsch, das dann Stufe um Stufe hinüberglitt ins Mundartliche, sie ‚schnackte platt'! Der Zustand ihres inneren Engagements war daran exakt meßbar. Diesmal befand sie sich beim zweiten Satz bereits mitten drin!

„Dat könnt ji nich moken! Dat gift dat nich! Ick för mit! Ick bliev hier nich! Ji mööt mi mitnemen!" (Das könnt Ihr nicht tun! Das gibt es nicht! Ich fahre mit! Ich bleibe hier nicht! Ihr müßt mich mitnehmen!)

„Oh", sagte Vater, „das war nicht vorgesehen! Es ist alles genau kalkuliert! Jetzt können wir dich nicht mitnehmen! Doch wenn du unbedingt möchtest, komme im nächsten Jahr nach, das müßte dann möglich sein!" Es wurde ernst: „Dann lasse ich Euch nicht fort, ich bleibe hier sitzen und stehe nicht wieder auf", womit sie in frühzeitigen Sitzstreik trat. Da muß ich wohl eingeschlafen sein auf meinem Holzkreuz, sie zerrten mich hervor: „Hier ist sie ja" und packten mich ins Bett. Am nächsten Tag war Großmutter immer noch da, sie blieb ungewöhnlich lange und lebte später ganz bei uns. Über Auswanderung wurde nie mehr gesprochen.

Herbert Kappler hatte mir aufmerksam zugehört, ohne mich zu unterbrechen. Der Zensor hatte sich zu uns an den Tisch gesetzt und sagte: „... eine schöne Kindheit".

In der Thermoskanne war gerade noch für jeden ein bißchen Kaffee. Der Wachposten saß müde auf seinem Stuhl, und auch der Kaffee machte ihn nicht munterer.

„Du hast eine schöne und interessante Kindheit gehabt, so etwa hatte ich es mir auch vorgestellt", sagte Herbert Kappler, „ich werde noch oft an deine Erzählung denken, und es gibt sicher noch mehr zu berichten, nicht wahr."

Der Zensor zeigte auf die Uhr, unsere Besuchsstunde war zu Ende, wir mußten uns verabschieden.

Im Hinausgehen fragte ich noch: „Wie war's bei euch zuhause? Darüber mußt du mir am Samstag erzählen!"

„Es war vieles anders als bei euch. Ein gutes Elternhaus hatte ich auch, ganz sicher. - Aber versteh' bitte, wie wichtig mir deine Erlebnisse und Erinnerungen sind, ich sagte dir schon, sie sind für mich wie ein Film, den ich einfach anstellen kann! Denk' nach, dir wird bestimmt noch vieles einfallen, hm?"

Ich nahm seinen Arm und schmiegte mich an ihn, wir konnten gerade noch vereinbaren, zu welcher Zeit wir uns mit unseren neuen Ferngläsern „treffen" würden, er auf dem Wehrgang von seinem kleinen Auslauf aus und ich vom Monte Orlando, als wir auch schon den Innenhof erreichten, wo Herbert Kappler wieder weggeschlossen wurde.

Vor dem Hotel traf ich deutsche Touristen, die mich zum Schwimmen im Meer überredeten. Es war mittags gegen eins. Ein kräftiger Wind blies um die Klippen, hüfthohe Wellen brandeten an den Strand.

An dieser Stelle, nahe der Felsen - jener Spaccata Montagna - war ich sonst nie ins Meer gegangen, weil mir der Untersog der Wellen irgendwie unheimlich war.

Wir liefen ins Wasser. In Sekunden drehte der Wind. Helga, eine Urlauberin, sprang mit langen Schritten ans Ufer. Helmut, ihr Verlobter - ein Marine-Offizier - wurde von dem sich aufbäumenden Wasser erfaßt und hinausgerissen, ich hinterher. Wir prallten aneinander. „Festhalten!" schrie er ins Tosen und schnappte meine Hand. Die nächste Welle donnerte heran, riß uns auseinander, ich schleuderte wieder hoch und hing in einem tobenden Strudelkessel fest. An Schwimmen war nicht zu denken.

Ich schrie wie wild, entsetzt, entgeistert, das war kein Scherz mehr. Ich schrie um mein Leben. Die nächste Welle peitschte mich wieder hoch, die folgende riß mich in die Tiefe. Hin- und hergeschleudert war ich dem Meer preisgegeben wie ein Plastikball im Springbrunnen. Und wie das schmerzte! Wie durchgepeitscht. Wieder hochgeschleudert sah ich mit weitaufgerissenen Augen am Strand Helga an Helmuts Schulter lehnen. Viele Menschen waren zusammengelaufen, Strandwächter hantierten mit Rettungsbooten. Nur zu mir in die kochende Gischt konnten sie nicht.

„Herrgott", schrie ich in höchster Not, „hilf mir!" und dachte an meine Kinder, an meine Mutter, an den geliebten Mann, der eben um die Klippen herum in seiner Klause saß.

Mir schwanden die Kräfte, ich schrie mit letzter Energie „NEIN" und wurde mit der nächsten Gischtwoge in gewaltigem Bogen strandwärts geschleudert, riß die Augen auf, versuchte, mich aufzurichten. Der Meeresboden wurde mir unter den Füßen weggerissen, ein starker Arm packte zu, ich fühlte eine Leine in der Hand, umklammerte sie und ließ nicht mehr los.

Wie lange die Helfer das Wasser aus mir herauspumpten und meinen Brustkorb preßten, erfuhr ich später. Mal riß der Schleier der Ohnmacht auf, und ich blickte in zwei schwarze Augen. „Non morire, Signora, non morire", flehte der Mann und pumpte weiter.

Sie schleppten mich in die Strandhalle auf den langen Tisch, an dem wir vor zwei Tagen noch Spaghetti gegessen hatten. Der Schleier riß auf und war gleich wieder zu. Ich lag in tiefer Ohnmacht. Endlich begann das Hirn zu funktionieren, ich begriff: atmen und bewegen. Nur die Glieder gehorchten noch nicht.

Ein Urlauberarzt zum anderen neben mir: „Wasser im Pleuraraum, jetzt die Herzspritze!"

„Nein", lallte ich und kam ein wenig zu mir, war aber gleich wieder weg. Sie zogen mir die Träger des Badeanzuges von den Schultern, da wurde ich wach und schaltete, hob die Hände und wollte die entblößte Brust bedecken. Doch meine Hände fielen seitlich herunter. Helga deckte mich zu.

Ich fing an zu denken: Ich muß doch noch so viel denken! Und gegen Abend würde Herbert Kappler in seinem Auslauf auf den zugewinkten Gruß von mir warten!

Jemand flößte mir Wein ein, andere massierten Arme und Beine, da schrillte ein Martinshorn. Sie wollten mich zum Transport ins Hospital auf die Trage heben, da ließ ich mich zur anderen Seite fallen, Helga und Helmut griffen zu, ich stotterte: „Nicht ins Hospital, in mein Hotelzimmer!" Sie schleppten mich mit nachschleifenden Füßen ins ‚Mirasole‘.

Der Krankenwagenfahrer sprang um uns herum, er hatte aus Solingen ein bißchen Deutsch mitgebracht: „Sie müssen, Frau, muß nach Ospedale, sonst morire! Mausetott!"

Zita, das Zimmermädchen, wartete schon am Hoteleingang und schob mich samt Begleitpulk in den Lift und dann ins Zimmer. Ich hörte noch: „Mamma mia, sonst mausetott! Diese verruckten Deutschen", und sank aufs Bett. Helmut drückte dem Krankenwagenfahrer für seine Mühe eine Geldnote in die Hand und schob ihn aus der Tür.

Einer der Urlauberärzte, die ich im Hotel kennengelernt hatte, meinte nachdenklich: „Wollen Sie doch nicht lieber in die Klinik?" Ich schüttelte den Kopf, bat Helga, meine Reiseapotheke aus dem Auto zu holen und Zita um einen großen Cognac. Eine heiße Dusche, zwei Stunden erholsamen Schlafs, dann fuhr ich zur vereinbarten Zeit im Schrittempo die Serpentinenstraße zum Monte Orlando hinauf.

Herbert Kappler ging bereits in seinem Viereck auf und ab. Mit dem Fernglas konnte ich sogar die Uhr an seinem Handgelenk erkennen, nur nicht, wie spät es war. Wir fuchtelten uns unseren Gutenachtgruß zu. Ein Dankgebet in den blauen Himmel über mir, dem ich von dieser Stelle aus ja noch ein wenig näher war.

Eine halbe Stunde später saß ich im Speisesaal vor einer Salatplatte. Fünfzig Augenpaare starrten mich an, es war mir peinlich. Die beiden Ärzte, drei Tische weiter, riefen herüber: „Sie wissen ja, wenn Sie uns brauchen!"

„Danke-danke", rief ich zurück, „Sie sehen ja, es ist schon fast vergessen!"

In der Hotelhalle sprach mich eine Dame an: „Dort ertrinken jedes Jahr Urlauber. Einheimische gehen an dieser Stelle nie ins Meer!"

Ein strahlender Sonntagmorgen brach an, es war der 23. September, Herbert Kapplers 61. Geburtstag. Ich pflückte einen Waldblumenstrauß für ihn und dachte: er war erst 37 Jahre alt, als sich sein Schicksal besiegelt hatte.

Zaghaft läutete ich an der Festung, denn es war kein Besuchstag. Ein freundliches Gesicht erschien in der Türöffnung. In mühselig zusammengesetzten italienischen Worten trug ich die Bitte vor, ob man Herrn Kappler das Blumensträußchen überbringen würde, als ich aus dem Hintergrund die bekannte Stimme des Festungskommandanten hörte: „Come in, Signora, bitte serr and per favore."

Ich wurde eingelassen, der Kommandant fuhr fort: „Meno male und Gott sei Dank mit yesterday, Madame, and oggi Colonnello Kappler has birthday! Momento, he is coming subito!"

Dann hatte sich also mein Unfall schon bis hierher herumgesprochen, dachte ich, und hatte ich recht verstanden? Er würde gleich kommen?

Dann durfte ich ihm meine Handvoll Blumen an diesem Tage selbst überreichen?

Eine Ordonnanz schob mir einen Stuhl zurecht und brachte auf einen Wink des Kommandanten ein Täßchen Kaffee. Ich dankte dem Kommandanten für seine europäische Sprache und hörte die vertrauten Schritte.

Die kleine Holztür wurde geöffnet, kreidebleich stand Herbert Kappler vor mir: „Ich war so unruhig, fand keinen Schlaf, bis mir vorhin ein Soldat erzählte, was gestern passiert ist. Mein Gott, bin ich froh, daß du lebst!"

Ich nahm seine Hände und drückte sie. Ein paar Minuten später wurde er wieder weggeschlossen. Aber ich hatte ihn wenigstens gesehen an diesem Tage und war dem Kommandanten von Herzen dankbar.

Unser letztes Colloquium während dieser Reise, pünktlich war ich in der Festung. Wir hatten einen Menschenfreund als Zensor. Er saß an seinem Tisch und arbeitete die Post durch, ohne uns weiter zu beachten. Der Wachposten hatte sich mit dem Stuhl in die Ecke gesetzt und ein Buch aufgeschlagen. Schon nach wenigen Minuten waren wir in unser Gespräch vertieft, und die Welt um uns herum versank.

Ich wies auf die Mensurnarbe an Herbert Kapplers linker Wange: „Du warst in einer schlagenden Verbindung?"

„Ja, nach dem Abitur studierte ich Mathematik und Physik an der Technischen Hochschule in Stuttgart und trat schon in den ersten Semestern einer schlagenden Verbindung bei, es war die ‚Saxonia'. Es war für uns junge Studenten eine Vorbereitung auf das Leben, es galt, innere Schwächen zu überwinden. Und wenn wir den Cantus sangen: „Stehen, wenn die Hiebe fallen", hatte das gar nichts mit Gewalttätigkeit zu tun. Die Mensur war eine Mutprobe, und es war auch nicht unehrenhaft zu verlieren. Fünf Durchgänge waren Pflicht, ich habe sieben geschlagen. Viele Freundschaften von damals haben die Jahrzehnte überdauert, wir sind in Kontakt geblieben."

Freudig sprach er von dieser zurückliegenden Zeit, als sein ganzes Leben mit allen Hoffnungen noch vor ihm gelegen hatte; der ganze Stolz des zwanzigjährigen schwang in seinen Worten mit.

„Du wolltest von deinem Elternhaus erzählen", bat ich, „aus deiner Kindheit!"

Ein Lächeln huschte über sein Gesicht :"…so? Ich wollte nicht erzählen, sondern du wolltest hören, gelt? Denn ich bin ja viel lieber Zuhörer, du weißt ja!"

Er legte eine kurze Pause ein und begann:

„Ich sagte ja schon, bei uns war vieles anders als bei euch. Mein Vater war Beamter, korrekt, ruhig und sparsam. Er hat keine bodenlange Pfeife geraucht, nur ab und zu mal eine gute Zigarre. Das durfte er nur im Herrenzimmer, weil meine Mutter den Qualm nicht mochte. Bei uns mußte alles seinen geordneten Gang nehmen. Vater war der Herr im Haus, wir hatten das alle zu respektieren, auch meine Mutter, - wie's damals halt war.

Er gehörte dem ‚Wandervogel‘ an und war sehr naturverbunden. An Wochenenden und in den Ferien war er immer mit mir unterwegs, in den Schönbuch und viele andere Gegenden. Er öffnete mir die Augen für die Beobachtung der Natur, erklärte mir Pflanzen, Bäume, Tiere, und ich hatte hier Zeit genug, oft daran zu denken.

Ich war Bastler, mein erstes selbstgebautes Teleskop ging ausgerechnet durch das Toilettenfenster hindurch, weil es die beste Aussicht bot. Die ganze Familie hat mich stirnrunzelnd angesehen, aber Vater hat es dann doch erlaubt.

Weißt du, meine Kindheit war nicht etwa ohne Wärme und Geborgenheit. Seine Pflicht zu erfüllen, stand für meinen Vater im Vordergrund, und er war so sparsam, wie man uns Schwaben oft karikiert. Die Arbeitersöhne in meiner Klasse bekamen mehr Geld zum Schulausflug als ich, der höhere Beamtensohn. Meine Mutter hat mir dann immer mal ein Zehnerle zugesteckt, von dem Vater nichts wußte.

Einmal ging ich mit ihm in Stuttgart spazieren, als er mich zur Seite zog und sagte: „Lupf dei Mütz, Bub, dem Herre dort müsset mir unsere Reverenz erweise. Des isch der König von Württemberg!"

Staunend unterbrach ich ihn: „Der König ging so einfach in der Stadt spazieren?"

„Ja, und er hatte immer seinen Spitz dabei. Man hat sich in Stuttgart erzählt, daß der Spitz einmal einem Buben die Hose zerrissen hat und der Bub hinging und sagte:„König, die Hos muscht du mir zahle!"

„Hat er sie bezahlt?" lachte ich.

„Ich denke schon, sonst hätten die Stuttgarter das sicher auch erzählt.

Natürlich war es eine Kindheit voller Sicherheit, in der nichts Überraschendes passieren konnte. Später besuchte ich die Kaiser-Wilhelm-Oberrealschule und legte 1925 dort mein Abitur ab."

Ich unterbrach ihn wieder: „Das Jahr, in dem ich geboren wurde." Er nahm meine Hand und küßte sie.

„Meine Mutter war der gute Geist in unserem Hause, sie wußte alles zu lenken, auch wenn ich unangemeldet einen ganzen Haufen Studenten zum Essen mitbrachte, ach ja, und was ist dann daraus geworden!"

Es schmerzte ihn, von seiner Mutter zu sprechen. Um ihn abzulenken, fiel mir ein zu fragen: „Gab's denn bei Euch daheim nie Streit? In unserer großen Familie war immer was los, und Vater hatte oft zu schlichten."

„Richtigen Streit gab's eigentlich nie. Nur einmal kurz vor dem Abitur klopfte es nachts an meine Tür: samt Bettzeug stand meine Mutter da. ‚Kann ich heut' nacht bei dir schlafen, Bub? Da unte schlaf i heut nimmer!" Doch am nächsten Morgen saßen wir alle wieder friedlich vereint am Frühstückstisch, und es fiel kein Wort darüber, was in der Nacht gewesen war."

„Nett", schmunzelte der Zensor-Oberst von seinem Tisch herüber, „... Sie müssen sich allmählich vorbereiten, Ihre Zeit ist bald vorüber."

Stunden, die wie im Fluge vergingen und von denen man nicht wußte, wo sie geblieben sind.

Herbert Kappler legte seinen Arm um meine Schulter, in Gegenwart des Wachpersonals hat er mich nie umarmt. Bevor er wieder weggeschlossen wurde, beschwor er mich: „Fahr um Himmelswillen vorsichtig! Vergiß deinen Unfall nicht, schone dich!" Dann ein letzter Blick, ein letztes Winken.

50

Am nächsten Morgen fuhr ich zurück nach Soltau, obwohl ich mich in einem hyperglykämischen Zustand befand. Was ich auch aß, es schmeckte süß, ob Käse oder Gemüse. Es war mir unheimlich, einer Polizeikontrolle in Deutschland auch, die fragte: „Haben Sie Alkohol getrunken?"

„Nein, wenn ich Auto fahre, trinke ich keinen Alkohol. Aber vor wenigen Tagen wäre ich beinahe ertrunken, und was man jetzt riecht, ist die Folge davon." Ich hatte registriert: Aceton.

Nach meiner Rückkehr rief ich von Soltau aus Herbert Kapplers Anwalt Dr. Aschenauer an. Er wollte mich über seine Bemühungen auf dem laufenden halten und berichtete, daß Dr. Imle, Mitglied des Präsidiums des Heimkehrerverbandes und langjähriges Mitglied des Deutschen Bundestages, im Einvernehmen mit dem Auswärtigen Amt ein Gnadengesuch aufsetzen und sofort nach Neubildung der italienischen Regierung einreichen werde.

Eine neue Hoffnung! Vielleicht konnte sie die Freiheit bedeuten.

Beiläufig hatte Herbert Kappler in einem unserer Colloquien erwähnt, daß nur die Besuche in deutscher Sprache durch den Verteidigungsminister in Rom genehmigt werden müßten, diejenigen in italienischer Sprache könne der Festungskommandant gewähren, sofern die Personalien des Besuchers keinen Anlaß zu Beanstandungen gäben.

Ich überlegte, ob das wenige Italienisch, das ich sprach und verstand, ausreichen würde, um damit eine Besuchsstunde bei Herbert Kappler auszufüllen. Ich wußte, daß er die Möglichkeit der Colloquien nie überzog und fragte etwas schüchtern bei ihm an. Er antwortete im nächsten Brief: „Wo und wann willst du diese Sprache denn noch lernen? Deine Zeit ist doch ohnehin restlos ausgefüllt!"

Aber er hatte dann doch mit dem Festungskommandanten gesprochen, und die „italienischen Gespräche" wurden genehmigt.

„Kein Wort Deutsch", hatte er mir noch ausdrücklich geraten. Im Spätherbst 1968 entschloß ich mich zu einer Bahnfahrt nach Gaeta, sah Herbert Kappler in der Festung strahlend an, hielt seine Hände und sprach italienisch, das lediglich aus „si" und „no" und „grazie" bestand und ließ ihn reden.

Wenig später schrieb er mir: „Sehr unterhaltsam war es gerade nicht, aber es ist wunderbar, bei dir zu sitzen, denn ich fühle deine Gedanken ja geradezu!"

Meine Lieben daheim wollten alles wissen, hatten Fragen. Ich hielt sie auf dem laufenden. Als ich von unserem „italienischen Colloquium" erzählte, lächelte meine Mutter mich an: „Ich kann dich gut verstehen. Er muß ein wertvoller Mensch sein, die Briefe, die er mir schreibt, sind mir jedesmal eine besondere Freude. So schön sind sie und so fein empfunden."

Meine Schwester war anderer Meinung und sagte schlicht: „Du spinnst! Für sowas fährt man doch nicht nach Italien, wenn man sich nicht mal vernünftig unterhalten kann. Warte doch, bis du wieder deutsch mit ihm sprechen kannst."

So lange konnte ich nicht warten, schrieb wie seit Jahren täglich meine Briefe, schickte Päckchen mit allem, was man zum Leben braucht. Und zwei Monate später war ich wieder zu einem „italienischen Colloquium" in der Festung. Diesmal mit etwas erweiterten Sprachkenntnissen. Beileibe noch lange nicht brillant, aber ich gab auch keinen Anlaß zu Beanstandungen seitens des Wachpersonals.

Als in einem dieser Colloquien unser Wachposten für einen Moment den Besuchsraum verließ und ich mit Herbert Kappler allein war, durchzuckte mich der Gedanke: Kann ich mir erlauben, ihn ganz behutsam zu fragen, ob er mich mit dem Gefangenen vielleicht ein Weilchen länger alleinlassen könnte? Nur ein paar Minuten für uns haben, ein paar Minuten ohne Kontrolle und Aufsicht! Ich dachte es nur, sagte Herbert Kappler aber nichts davon.

Zwei Monate später ergab es sich fast von selbst: Der Wachposten verließ mit eiligen Schritten den Besuchsraum, kam ebenso eilig nach etwa drei Minuten zurück, setzte sich wieder an den Tisch uns gegenüber und sprang wenig später erneut auf, um den Raum zu verlassen.

Herbert Kappler und ich waren aufgestanden, wir umarmten uns innig, zum ersten Mal allein.

Nach fünf Minuten kam der Wachsoldat zurück und lächelte uns leicht verlegen an. Ich faßte mir ein Herz, bedankte mich bei ihm für den kostbaren Augenblick, den ich mit Herbert Kappler allein verbringen durfte und fügte hinzu, daß er sich keineswegs beeilen müßte, um sich die Füße zu vertreten.

Er hatte verstanden, sah auf die Uhr und nickte freundlich-wohlwollend: „Im Nebenraum sind heute keine Besucher für die italienischen Häftlinge. Ich werde mich dort hinsetzen und lasse Sie zwanzig Minuten allein." Sachte zog er die Tür hinter sich zu.

Wir vergaßen, wo wir uns befanden. Zwanzig Minuten, die uns allein gehörten.

So leise, wie er gegangen war, kam der Wachposten zurück. Herbert Kappler erzählte mir, daß dieser Soldat in einer sehr glücklichen Familie lebte und vier Kinder hätte. Als unser Colloquium beendet war, zog ich schnell einen Fünfzigmarkschein aus meiner Tasche hervor und drückte dem Wachposten mit dankbarem Lächeln den Schein in die Hand.

Aber das Glück und die Seligkeit, allein zu sein, hatten wir nicht immer.

KAPITEL 3

Das Attentat – Die Vergeltung – Urteile

Nach einem vierjährigen Studium an der Technischen Hochschule Stuttgart trat Herbert Kappler 1933 als Anwärter für den leitenden Kriminaldienst beim Polizeipräsidium Stuttgart ein und legte 1937 an der Polizeiakademie Berlin das Kriminalkommissar-Examen ab.

Im Frühjahr 1939 bat Mussolini den deutschen Bündnispartner, an der italienischen Botschaft in Berlin einen Polizeiattaché einstellen zu dürfen. Hitler und Himmler waren einverstanden unter der Bedingung, ihrerseits ebenfalls einen Polizeiattaché an die Deutsche Botschaft in Rom zu überstellen. Diese Aufgabe fiel Herbert Kappler zu, der dafür durch seinen gesellschaftlichen Schliff und seine Bildung prädestiniert zu sein schien.

Nach dem Abfall Italiens aus dem Bündnis mit Deutschland im September 1943 war plötzlich aus dem Freund ein Feind geworden. In Süditalien landeten alliierte Truppen. Ein großer Teil des Landes wurde deutsches Besatzungsgebiet, auch Rom wurde von deutschen Truppen besetzt.

Der neue italienische Regierungs-Chef war Feldmarschall Badoglio, er war derjenige, der mit den Alliierten Verhandlungen aufgenommen hatte, um den Abfall Italiens aus der Gemeinschaft mit Deutschland zu beschließen.

Am 10.September 1943 wurde General der Flieger Stahel Stadtkommandant von Rom, Herbert Kappler als Kriminalrat und Polizeiattaché im Range eines SS-Obersturmbannführers zum Polizeichef für Rom und Mittelitalien ernannt und mit polizeilichen Sicherungsaufgaben betraut, ehe er noch dem danach eingesetzten Befehlshaber der Sicherheitspolizei unterstellt wurde. Als Angehöriger der Polizei stand er ab dem 7. Oktober 1939 unter Kriegsrecht. Ihm übertrugen Generalfeldmarschall Kesselring und General Stahel die Verantwortung für die innere Sicherheit der Stadt Rom, mit dem Auftrag, zu erkunden, ob die schlagartig einsetzenden zahlreichen Überfälle italienischer Zivilisten auf deutsche Soldaten Einzelhandlungen oder bereits organisierte Aktionen waren.

Da dem Polizeikommandeur Kappler aber lediglich drei Assistenten sowie italienische Miliz unterstanden, war der durch Generalfeldmarschall Kesselring erteilte Auftrag undurchführbar, zumal Kappler mit zweien seiner Assistenten bereits bei ihren ersten Klärungsversuchen durch Pistolenschüsse aus dem Hinterhalt verwundet wurde. Seine zweite schwere Verwundung veranlaßte ihn, den Generalfeldmarschall um Verstärkung zu bitten. Statt der von Kesselring angeforderten 200 deutschen Polizisten setzte Berlin zunächst nur eine Abteilung unter Führung des Kriminalrates Schütz und eine andere unter Führung des Hauptmanns Seeling nach Rom in Marsch. Am 15. September 1943 meldete sich eine Gruppe unter Leitung des Regierungsrates Dr. Domizlaff bei General Stahel und Polizeichef Kappler zum Dienst.

Der vorsorglich von Feldmarschall Kesselring und dem Stabschef der Legion Centaure, Leandro Giacomo, veranlaßte Mauerplakatanschlag, wonach Saboteure und Freischärler erschossen würden, blieb ohne Wirkung. Am 29. September 1943 erschoß ein kleiner, buckliger Mann drei deutsche Soldaten, die in einem Restaurant saßen und völlig ahnungslos waren. Am 1. Oktober 1944 wurden General Stahel, Marschall Graziani, Staatssekretär Barracu und General Ricci beim Verlassen einer Besprechung im Teatre Adriano mit Handgranaten beworfen. Die Täter wurden von der deutschen Sicherheitspolizei festgenommen und dem deutschen Kriegsgericht vorgeführt. Die Vernehmungen ergaben, daß bereits festgefügte Partisanen-Organisationen bestanden.

Die deutsche militärische und polizeiliche Führung waren zunächst der Ansicht, es handele sich lediglich um eine Wichtigtuerei der Italiener, mußten aber ihre Auffassung ändern, als Marschall Badoglio von Brindisi aus über alle süditalienischen Sender seinen Befehl verbreiten ließ: „Partisanen, tötet die Deutschen aus dem Hinterhalt, damit sie sich nicht wehren können; tötet die Deutschen erbarmungslos!"

Diesem Beispiel folgte am 7. Oktober 1943 der Aufruf des Generals Fenulli: „Partisanen, streift durch die Straßen der Stadt und tötet die Deutschen, wo immer sich eine Gelegenheit bietet!"

Am 22. Januar 1944 erhielten die italienischen Widerstandsgruppen vom alliierten Oberkommando die Anweisung: „Die Stunde des erbarmungslosen Kampfes mit allen Mitteln ist gekommen. Sabotiert, blockiert und zerstört alle Einrichtungen der Deutschen; schlagt überall ohne Erbarmen zu!"

Generalleutnant der Flieger, Mältzer, der inzwischen den General Stahel als Stadtkommandant abgelöst hatte, forderte Kappler auf, seine italophile Einstellung zu revidieren und durch Repressalien abschreckend zu wirken. Kappler hingegen vertrat mit Billigung des Generalfeldmarschalls die Ansicht, durch kriminalistische Kleinarbeit die Partisanenbrigaden zu erfassen und ihre Führung festzunehmen, ohne durch Kurzschlußreaktionen den Haß eines Teiles der römischen Bevölkerung auf die Deutschen zu schüren.

Die Partisanentätigkeit wurde jedoch unterschätzt, denn Anfang 1944 meldete Kappler dem Generalfeldmarschall, daß Kriminalrat Schütz und seine Mitarbeiter im Raum der offenen Stadt Rom 110 Partisanen-Einheiten mit 12.000 aktiven Kämpfern festgestellt hätten. Weiterhin trug Kappler dem Feldmarschall vor, daß nach den Ermittlungen des Kriminalrates Schütz und seiner Polizeitruppe die kommunistischen Partisanen von KPI-Chef Palmiro Togliatti, der sich des Decknamens ‚Herkules der Herkulesse' bediente, geführt würden, während als Haupt der Badoglio-Partisanen Oberst Graf von Montezemolo festgestellt sei, dem sich 14 Generale, darunter die Generale Garibaldi, Simonis, Di Simeni, Martelli, Lordi und Fenulli sowie die Obersten Sorrentino und Gelsomini mit ihren Einzelorganisationen unterstellt hätten.

Es gelang der deutschen Polizei, fast alle wichtigen Partisanen-Brigaden aufzurollen. Ihre Arbeit wurde, wie Kappler im Hauptquartier des Oberbefehlshabers Südwest (OBSW) meldete, dadurch erleichtert, daß die Stabsabteilungen der Partisanen die aktivsten Mitglieder ihrer Organisation karteimäßig erfaßt hatten. Hinzu kam, daß die als erste festgenommenen Generale Garibaldi und Fenulli sowie Oberst Sorrentino alles verrieten, was für den 1c beim Oberbefehlshaber Südwest, Oberst Zellig, von Bedeutung war.

Von besonderer Wichtigkeit war auch die Tätigkeit des Barons Parilli, der alle Verschwörungs-Ambitionen des Adels gegen die Deutschen für Überlassung von Benzinscheinen verriet. Kesselring glaubte die Gefahr durch die Festnahme aller wichtigen Partisanenführer gebannt. Auch Kappler war dieser Ansicht.

Als versöhnliche Geste kam er dem Wunsch der Priorin des unweit der Villa Wolkonsky gelegenen Klosters nach, die Armen des Stadtviertels in der Polizeiunterkunft zu verpflegen. Seine Hoffnung auf Einsicht der Italiener war falsch. Zwei in der Polizeikaserne von den betreuten Italienern gelegte Bomben mit Zeitzünder entschärfte Kappler selbst unter den Augen seiner mit solchen Betreuungsmaßnahmen unzufriedenen Untergebenen.

Unverständlich für die Polizei aber war die Auswirkung der Tätigkeit des Padre Pancrazio, den Pius XII. zum Verbindungsmann zwischen dem Vatikan und dem deutschen Polizeichef ernannt hatte. Nach jeder Festnahmeaktion gegen Partisanenverbände erschien Padre Pancrazio mit Namenslisten von Personen, deren Entlassung Pius XII. auf Bitten der Angehörigen der Festgenommenen wünschte. Ohne Widerspruch zu dulden, verfügte Kappler die Entlassungen, wissend, daß er beim Generalfeldmarschall volle Rückendeckung hatte. Als Dank erhielten Kappler und Kriminalrat Schütz Bildbände des Vatikans mit Widmungen. Kapplers Verhalten wird im folgenden Schreiben eines Pfarrers Ascher vom Juni 1970 an Herbert Kapplers Mutter bestätigt:

„... hörte ich vom Schicksal Ihres Sohnes Herbert Kappler. ... war Ihr Sohn ... letzlich Verantwortlicher für das Schicksal Roms kurz vor der deutschen Kapitulation 1945. Der Generalsuperior der Patres Salvatorianer in Rom, Via Coonciliazione 51, war damals P. Pankratius Pfeiffer. Der Vatikan verhandelte lfd. über ihn mit H. Kappler.

Mir wurde von einem der Patres folgendes erzählt: Als der Befehl zur Räumung der Stadt Rom gegeben war, sei Kappler zum letzten Mal zu

P. Pankratius Pfeiffer gekommen und habe diesem den Abzug der deutschen Truppen mitgeteilt. Dabei habe Kappler Pfeiffer die sichtbare Erleichterung angesehen. Pfeiffer, der sich mit Kappler sehr gut verstanden habe, habe dann gesagt: Wenn Freunde auseinandergehen, machen sie sich ein Geschenk. Kappler habe sofort verstanden. Schon länger hatte sich der Vatikan um die Befreiung und Rettung italienischer Politiker und Senatoren aus dem römischen Gefängnis Regina Coeli bemüht. Nur die Unterschrift Kapplers konnte sie vor der Exekution retten. Pfeiffer habe Kappler ein DIN-A-4-Blatt gereicht, das Kappler am untersten Rande blanko unterschrieb, wohl wissend, was P. Pfeiffer damit zu tun gedachte. Ohne weitere Worte auszutauschen, habe sich dann Kappler verabschiedet. Pfeiffer setzte sich dann an die Schreibmaschine und setzte engzeilig die Namen der Häftlinge ein, welche gerettet werden sollten. Unmittelbar nach Überreichung der Liste im römischen Gefängnis seien alle italienischen Persönlichkeiten auf freien Fuß gesetzt worden. Die Unterschrift Kapplers hatte ihnen das Leben gerettet. Wenn diese Mitteilung der Freilassung Kapplers dienlich sein sollte, würde mich das sehr freuen. Man sollte dem Vorkommnis nachgehen. Näheres könnten Sie aus dem Archiv des Generalrats der Patres Salvatorianer in Rom, Via Conciliazione 51, erfahren. Ich war selbst dort von 1938-42 und schloß dort meine theologischen Studien ab, bevor ich zum Krieg eingezogen wurde. Ich halte dafür, daß ein Mann wie Kappler nach so vielen Jahren bedrückender Haft und nachweisbar großmütigen Verhaltens auf freien Fuß gesetzt gehört. Ich schreibe Ihnen das nicht nur aus menschlichem Mitgefühl, sondern auch um der Gerechtigkeit willen..."

gez. G. Ascher
Pfarrer
Katholisches Pfarramt
Nenningen

Dann trat aber das ein, was Generalleutnant Mältzer befürchtet hatte: Die entlassenen Partisanen tauchten - trotz schriftlicher Verpflichtung, sich künftig aller Terrorakte zu enthalten - in anderen Organisationen unter. Besonders kritisch wurde die Situation von dem Augenblick an, als slawische Partisanen zur Ausbildung und Koordinierung der italienischen Freischärler nach Rom eingeschleust wurden. Sie bauten Netze von absolut verschwiegenen und zu allem bereiten Kommunisten auf, deren Aktionsgruppen, GAP (= Gruppi d'Azione Patriottica) genannt, größtenteils aus Nicht-Römern bestanden. Zwar gelang der deutschen Polizei noch die Aushebung mehrerer Bombenwerkstätten, die Verhinderung eines Attentats auf Marschall Graziani, die Vernichtung eines Partisanen-Hauptquartiers in den Katakomben von St. Agnose und die Festnahme vieler Spionage-Agenten, die von US-Major Tompkins ausgebildet worden waren. Die deutsche Polizei war mit intensiver Klärungsarbeit befaßt.

Auf der anderen Seite besorgte der Funkpeiltrupp Giorgio Amendola die Heranführung einer Aktions-Sondergruppe mit der Aufgabe, die Deutschen durch ein spektakuläres Attentat endlich zu einer Repressalie und damit gleichzeitig die Italiener zum allgemeinen Aufstand zu zwingen. Als Opfer wurde die Rekruten-Kompanie des Polizeimajors Dobrik bestimmt, da sie jeden Tag dieselbe Marschroute zu ihrer Unterkunft nahm.

So marschierte auch am 23. März 1944 gegen 14.30 Uhr das 2. Bataillon des Polizeiregiments Bozen durch die Via Rasella in Rom zur Wachablösung. Als die 11. Kompanie sich auf der Höhe des Hauses Nr. 155 befand, geschah das Furchtbare: Ein Müllwagen, der in der Straße stand, explodierte. Er zerriß in einer Breite von zehn Metern das Band der marschierenden Leiber und schleuderte sie hinauf bis zum dritten Stockwerk des Hauses. Nach der ersten Detonation gab es in Sekundenschnelle drei weitere. Danach erst flogen die geballten Ladungen in die Luft. Befehle gellten, Verwundete schrien. Die Polizeisoldaten öffneten gewaltsam die Häuser und gingen mit ihren MGs in Stellung. Gewehrschüsse peitschten durch den stillen Mittag. Niemand wußte, was geschehen war. Im ersten Augenblick glaubte jeder an einen Überfall. Die Fenster der Häuserfront wurden unter Feuer genommen.

Die Schrecksekunde der Deutschen aber war nur kurz. Als der italienische Partisan Rosario Bentivegna an der Kirche Santa Maria Maggiore vorbeikam, wurde hinter ihm von italienischer Polizei die Straße abgeriegelt: Der Attentäter war entkommen. Er, damals noch Student und Angehöriger der Kommunistischen Partei Italiens, hatte, als Straßenkehrer verkleidet, also in Zivil, eine in dem Müllwagen versteckte Bombe, drei 17-cm-Granaten, zwei Bündel Handgranaten und sechs Kilogramm hochexplosiven Sprengstoff zur Entzündung gebracht. Der Befehl zu diesem Attentat kam von den Partisanenführern Togliatti über Amendola zu Carlo Salinari, der ihn an die Ausführenden Rosario

Bentivegna, Carla Capponi, Franco Calamandrei und Mario Fiorentini weitergab.

Da sich das Hauptquartier des Stadtkommandanten in der Nähe befand, eilte Generalleutnant Mältzer als erster unmittelbar nach dem Attentat in die Via Rasella. Ihm folgte der Vertreter des Deutschen Botschafters in Rom, Konsul Moellhausen, dem der General zurief, er werde 1000 Geiseln erschießen und das ganze Stadtviertel in die Luft sprengen lassen. Die anrückende italienische Finanzwache nahm sämtliche sich in den anliegenden Häusern der Via Rasella befindenden Menschen fest - weit über hundert Personen - und stellte sie Generalleutnant Mältzer zur Erschießung zur Verfügung.

26 südtiroler Polizisten wurden bei dem Attentat auf der Stelle in Stücke gerissen, sechs weitere starben in unmittelbarer Folge. Mehrere italienische Passanten und ein Kind wurden getötet. Es war die Hölle eines Infernos. Wegen der angedrohten Maßnahmen kam es zu einem heftigen Streit zwischen Generalleutnant Mältzer und Konsul Moellhausen. Als Herbert Kappler und Kriminalrat Schütz hinzukamen, tobte der General noch immer; er erklärte, sein Befehl sei noch gemäßigt im Vergleich zu den italienischen Repressalien anläßlich eines erfolglosen Attentats auf Marschall Graziani in Addis Abeba im Februar 1937, als die Italiener 3000 Abessinier als Geiseln erschossen und Hütten und Häuser in Brand gesteckt hätten.

Es war Herbert Kappler, der beruhigend auf Generalleutnant Mältzer einwirkte. Was weder Konsul Moellhausen noch dem ebenfalls anwesenden Standartenführer Dollmann gelungen war, brachte Herbert Kappler zustande: Mältzer stellte seine bereits erteilten Befehle zur Sprengung der Häuserblocks zurück und nahm Kapplers Vorschlag an, zunächst das Attentat und die vorgesehene Repressalie dem Oberbefehlshaber Südwest zu melden und dessen Ansicht zu hören. In Abwesenheit des sich auf einem Frontflug befindlichen Generalfeldmarschalls Kesselring nahm General Beelitz die von der Stadtkommandantur aus fernmündlich erstattete Meldung des Generalleutnant Mältzer entgegen und gab sie an das OKW (Oberkommando der Wehrmacht) weiter. Der Hinweis auf den OKW-Befehl vom 16. 9. 1941, der eine Repressalquote von 50:1, unter Umständen 100:1 bestimmte, veranlaßte General von Butlar beim OKW zu bitten, er möge sich bei Generaloberst Jodl für eine Herabsetzung der Repressalquote einsetzen.

Auch Generaloberst von Mackensen vertrat die Ansicht einer Quote von 10:1. Nach 17 Uhr ging beim OBSW der Befehl aus dem Führerhauptquartier ein, daß für jeden ermordeten Deutschen 10 Italiener zu erschießen seien. Der Stabschef des Generalfeldmarschalls, General Westphal, gab den Befehl an den Chef der 14. Armee, Generaloberst von Mackensen, dieser an Generalleutnant Mältzer weiter. Mältzer seinerseits beauftragte Kappler, Listen über alle von der Sicherheitspolizei festgenommenen Spione, Saboteure, Terroristen und Partisanen erstellen zu lassen und vorzulegen sowie Major Dobrik davon in Kenntnis zu setzen, daß er die Exekution als Repressalie durchzuführen habe. Dobrik konnte den General jedoch davon überzeugen, daß seine Leute wegen ihres durchweg hohen Alters absolut ungeeignet seien. Da sich der Hauptmann Seeling mit seiner Gruppe außerhalb Roms im Bandenkampf befand, ordnete Mältzer an, daß Kappler persönlich mit seinen in Rom befindlichen Männern den Befehl ausführe. Der zweimalige Protest Kapplers wurde von General Mältzer mit dem Hinweis, im Krieg werde nicht protestiert, sondern geschossen, zurückgewiesen. Andererseits billigte der General seinem Polizeichef die Ausnutzung aller Möglichkeiten zu, die Täter zu fassen und dadurch eine Repressalie im befohlenen Sinne zu vermeiden.

In aller Eile wurden Plakate gedruckt und an Häuserwänden angebracht, auf denen die Attentäter aufgefordert wurden, sich zu stellen, um Repressalien gegen ihre Landsleute zu vermeiden. Den gleichen Inhalt verkündeten Lautsprecherwagen und ab 20 Uhr der Sender Rom, der halbstündlich den Aufruf ausstrahlte. Weiterhin setzte Kappler seine Polizei und deren italienische Vertrauensleute während der ganzen Nacht ein, um die Täter ausfindig zu machen. Am Morgen des 24. 3. 1944 meldete Kriminalrat Schütz die Erfolgslosigkeit aller Bemühungen. Herbert Kappler hatte die öffentliche Sicherheit in Rom aufrechtzuerhalten. Er wußte, daß die Situation nach Repressalmaßnahmen nicht einfacher werden würde. Er versuchte, diesen Weg zu umgehen, um Reaktionen in der breiten Bevölkerung zu vermeiden. Aber es wäre auch sehr außergewöhnlich gewesen, wenn er ohne Repressalien ausgekommen wäre.

Kappler startete einen letzten Versuch, Unglück und Aufruhr von der Stadt abzuwenden. Nunmehr legte er dem General vorbereitete Listen vor, auf denen sich eine große Anzahl von solchen Personen befand, die das deutsche Feldgericht bereits rechtskräftig zum Tode verurteilt hatte. Dagegen verwahrte sich der zuständige Kriegsgerichtsrat mit der Erklärung, bereits zum Tode Verurteilte dürften nicht für eine Repressalie benutzt werden, da deren Tod rechtmäßig bevorstünde.

Nach eindringlichen Bitten gab der Kriegsgerichtsrat nach. Als Generalleutnant Mältzer sah, daß die vorgesehene Zahl dennoch nicht erreicht würde, befahl er Kappler, die tags zuvor von der italienischen Finanzwache festgenommenen Personen auf eine Liste zu setzen. Dabei stellte sich heraus, daß Kappler diese Personen nach Rücksprache mit General Umberto Presti, dem Kommandeur der italienischen Streitkräfte der Freien Stadt Rom, eigenmächtig entlassen hatte. Nachdem Generalleutnant Mältzer seine Wut durch Beschimpfung Kapplers abreagiert hatte, gab er ihm den Befehl, den Polizeipräfekten von Rom, Pietro Caruso, um Gestellung von 50 Häftlingen aus dem Gefängnis Regina Coeli zu ersuchen.

Kurze Zeit später rief Major Böhm, Ia im Stab Mältzer, das Kommando der Sicherheitspolizei an und teilte mit, daß der 33. deutsche Polizist seinen schweren Verletzungen erlegen sei und der Tod des 34. unmittelbar bevorstehe. „Damit erhöht sich die Zahl der Repressalopfer um weitere 10." Kriminalrat Schütz lief dem Polizeichef, der die Unterkunft bereits verlassen hatte, nach und setzte ihn vom Anruf des Majors Böhm in Kenntnis.

Bevor sich Kappler mit dem Polizeipräfekten in Verbindung setzte, fuhr er erneut zu Generalleutnant Mältzer. Nach einer erregten Diskussion über den Exekutionsbefehl als solchen und die nunmehrige Erhöhung der Opfer rief Generalleutnant Mältzer die 14. Armee an und forderte unter Erklärung der Situation die Gestellung einer Wehrmachtseinheit zur Durchführung der Repressalie. Oberst Hauser lehnte unter Hinweis auf den Charakter Roms als Offener Stadt ab, gab aber die Bitte Mältzers und Kapplers über den OBSW an das Führerhauptquartier weiter. Das OKW reagierte mit einem einzigen Satz: „Polizei ist betroffen, Polizei sühnt, Vollzugsmeldung bis 19 Uhr des nächsten Tages."

Herbert Kappler blieb nun keine andere Möglichkeit mehr, als die befohlene Exekution durchzuführen. Kriminalkommissar Köhler schlug die Fosse Ardeatine als Exekutionsort vor, an deren Eingang er kurz zuvor einen erdrosselten deutschen Soldaten gefunden hatte. In aller Eile wurden zu diesen Katakomben sowohl die für die deutschen Dienststellen einsitzenden Häftlinge als auch die vom Direktor des italienischen Gefängnisses Regina Coeli, Dr. Donato Caretta, überstellten Häftlinge transportiert und erschossen, wobei symbolisch ein Major und fünf Soldaten die Wehrmacht vertraten. Dr. Caretta handelte stellvertretend für den italienischen Polizeikommissar Dr. Allianello, der sich mit einer vorbereiteten Liste um eine halbe Stunde - ob absichtlich oder unabsichtlich, ist nicht bekannt - verspätet hatte.

Diese Tatsache wirkte sich in mehrfacher Hinsicht furchtbar aus. Am Tage nach der Exekution meldete der mit der Kontrolle der Listen beauftragte Kriminalkommissar Priebke an Kriminalrat Schütz und dieser an den Polizeikommandeur, Dr. Caretta habe nicht 50, sondern 55 Häftlinge zu den Fosse Ardeatine schicken lassen, ohne daß dies wegen fehlender Numerierung der übergebenen Liste bemerkt worden sei.

Kappler setzte sofort Generalleutnant Mältzer und den General der Waffen-SS Wolff in Kenntnis. Als sich diese Generale mit Generaloberst von Mackensen zur Beerdigung der ermordeten deutschen Polizeisoldaten trafen, stellten sie fest, daß Kappler wegen der vermeintlich „fünf Opfer zuviel" nicht pflichtwidrig gehandelt habe, weil bereits bei Beginn der Repressalie der 34. Polizist verstorben war und sich die Zahl der ihren schweren Verwundungen erlegenen Polizisten gemäß den bei Generalleutnant Mältzer eingegangenen Meldungen bis 19 Uhr auf 35 erhöht hatte. In den folgenden Stunden erlagen weitere sieben Schwerverletzte ihren tödlichen Verwundungen, so daß insgesamt 42 Polizeisoldaten ihr Leben verloren hatten.

General Westphal schreibt in seinem Buch „Erinnerungen" auf Seite 257 zu den damaligen Vorgängen: „Wir hatten nur 32 Tote an das Führerhauptquartier gemeldet. Daß deren Zahl auf 42 tote Polizeisoldaten anstieg, behielten wir für uns, um dem Zorn des Diktators keine weitere Nahrung zu geben."

Der von Generaloberst Jodl übermittelte Befehl Hitlers lautete: „Repressalquote 1:10", eine Zahlenangabe „von oben" erfolgte nicht! Laut Führerbefehl hätten 420 Italiener erschossen werden müssen. Kappler hat also die Repressalie um 85 Personen unterschritten. Da dem OKW jedoch schon Vollzugsmeldung - lakonisch: Befehl ausgeführt - erstattet war, glaubten die Generale von weiteren Berichten Abstand nehmen zu sollen, um nicht den Befehl zur Erschießung von weiteren 85 Italienern zu erhalten, damit die befohlene Quote von 1:10 auch tatsächlich erreicht werde. Zwar wurde auf diese Weise der Tod von 85 Geiseln verhindert, dennoch ist die Bilanz des heimtückischen Attentats der Partisanen erschütternd:

Der völkerrechtswidrige Anschlag forderte den Tod von 42 deutschen Polizisten, neun italienischen Zivilisten und mindestens einem Kind.

Die deutsche Repressalie brachte 335 italienischen Partisanen, Spionen, Terroristen, Saboteuren, aber auch unschuldigen Geiseln den Tod.

Der Direktor des Gefängnisses Regina Coeli Dr. Donato Caretta wurde wegen der Befolgung eines deutschen Befehls am 19. 9. 1944 von den Italienern gelyncht und im Tiber ertränkt.

Der italienische Polizeipräfekt von Rom Pietro Caruso wurde wegen seiner Zusammenarbeit mit der deutschen Standortkommandantur am 23. 9. 1944 von den Italienern standrechtlich erschossen.

Die Attentäter Bentivegna, Capponi, Calamandrei und Fiorentini erhielten die goldene Tapferkeitsmedaille und zogen als kommunistische Abgeordnete in das italienische Parlament ein.

Generalfeldmarschall Kesselring, Generaloberst von Mackensen und Generalleutnant der Flieger Mältzer wurden zum Tode verurteilt, später jedoch begnadigt, während das Urteil gegen den Polizeikommandeur Kappler auf lebenslängliche Haft lautete. Die genannten deutschen Generale wurden zum Tode verurteilt, weil sie zur Anordnung von Repressalien die Truppe „angereizt" hatten.

Zehn erschossene Italiener wurden Kappler angelastet, weil er im Range eines Oberstleutnants dem Befehl gehorchte, der ihm von einem Major, also einem Rangniederen, übermittelt worden war, obgleich der Major mit der befohlenen Weitergabe des Generalbefehls als Ia im Stab des Generalleutnants Mältzer gehandelt hat. Es bedarf keines weiteren Wortes, was diese Anlastung bedeutete: eine juristisch nicht haltbare Konstruktion. Was übrigblieb, waren die angeblichen „fünf zuviel".

Die bereits in den fünfziger Jahren erfolgten Bekundungen des Konsuls Moellhausen und des Kriminalrats Schütz wurden nachträglich durch die Ermittlungen von Dr. Aschenauer, aber auch von den italienischen Publizisten Pisano und Cucoli sowie dem israelischen Schriftsteller Katz vollinhaltlich als richtig bestätigt. Hinsichtlich dieser fünf Personen genügte dem Gericht die Behauptung, „der Polizeikommandeur habe seine Aufsichtspflicht mißachtet". Herbert Kappler hatte für alle vorgesetzten Generale fernmündlich, fernschriftlich oder durch Funk erreichbar zu sein.

Nach dieser Sachverhaltsschilderung stellt sich zwangsläufig die Frage, ob das Verhalten deutscher Generale und des Polizeikommandeurs völkerrechtswidrig war und damit eine Verurteilung rechtfertigte. Es ist zu bemerken, daß Repressalien während eines Krieges in der Haager Landkriegsordnung vom 18. 10. 1907 keine Regelung gefunden hatten. Im Genfer Abkommen vom 27. 9. 1929 ist die Anwendung von Repressalien gegen Zivilisten nicht erwähnt. Für die Zeit des Zweiten Weltkrieges bestand also eine Lücke in den Konventionen für die Behandlung von Zivilpersonen.

Es stellte sich die Frage, wann eine Repressalie zulässig war:

1. es muß sich um einen illegalen Akt des Gegners handeln,

2. die Handlung, die Veranlassung für eine Repressalie bildet, muß völkerrechtswidrig sein,

3. der Anwendung der Repressalie hat nach Möglichkeit eine angemessene Untersuchung des Vorfalls und eine Suche nach dem Täter vorauszugehen,

4. die Repressalie soll durch eine öffentliche Androhung angekündigt werden, wobei es sich jedoch um eine Kann-, nicht um eine Mußvorschrift handelt,

5. die Repressalie muß militärisch notwendig sein.

Im konkreten Fall muß das Vorliegen der erforderlichen Kriterien bejaht werden:

1. Wenn sich Zivilisten als Straßenkehrer verkleiden und im Krieg eine uniformierte Einheit in solch brutaler Weise angreifen und mit Anschlägen zu vernichten trachten, liegt eine illegale Handlung vor.

2. Die Handlung der GAP war völkerrechtswidrig. Hinsichtlich der Partisanen ist gem. Art. 1 der Haager Landkriegsordnung ausschlaggebend, ob die Freischärler einen Führer haben, der für alle Untergebenen verantwortlich ist, ob sie ein bestimmtes, aus der Ferne sichtbares Abzeichen tragen und ob sie ihre Waffen offen führen. Ist das nicht der Fall, dann handelt es sich um illegitime Kombattanten.

3. Vor Anwendung der Repressalie wurde nach hinweisenden Spuren gesucht und die Fahndung nach den Tätern unter Einsatz der gesamten zur Verfügung stehenden Polizei und der italienischen Vertrauensleute betrieben.

4. Angekündigt war die Repressalie für Freischärler und Saboteure am 1. 10. 1943 von Generalfeldmarschall Kesselring. Am Abend des Attentats wurden zusätzlich Plakate an Hauswänden angebracht, auf denen an die Attentäter die Aufforderung erging, sich zu melden, um den Tod ihrer Landsleute vermeiden zu können. Ab 20 Uhr strahlte der Sender Rom halbstündlich die gleiche Ankündigung aus, die durch Einsatz von Lautsprecherwagen weitere Unterstützung fand.

5. Die militärische Notwendigkeit ergab sich aus entsprechenden mündlichen und fernschriftlichen Darlegungen, die ausschließlich von Wehrmachts-Generalen, die den Überblick über die Gesamtlage hatten, ausgingen. Im übrigen wußte jeder, daß sich die Nettuno-Front in knapp 20 km Entfernung befand.

Obgleich nicht der geringste Zweifel an der rechtmäßigen Befehlsgebung bestand, unternahm Kappler noch einen Schritt, die Repressalie überhaupt zu vermeiden. Durch Dr. Dollmann ließ er den Vatikan bitten, unverzüglich zu intervenieren, weil er der Auffassung war, die deutsche Führung würde auf einen Einspruch Papst Pius XII. positiv reagieren. Padre Pancrazio nahm die Bitte zwar entgegen, ließ aber Dr. Dollmann keine Nachricht zukommen. So war auch der letzte Versuch des Polizeikommandeurs, die Repressalie zu verhindern, gescheitert. Es stellt sich die Frage, wer zur Anwendung der Repressalie befugt war. Unbestritten waren Hitler, das OKW, das Hauptquartier des OBSW, die 14. Armee und Generalleutnant Mältzer als Stadtkommandant Roms diejenigen, die den Repressalbefehl erlassen oder weitergeleitet haben, wobei sich jede Dienststelle auf die nächst höhere berief und Kappler zum Sündenbock werden ließ.

Aber selbst Kappler hätte als Polizeikommandeur von Rom die Repressalie anordnen können, da er nach britischem Recht „commander", nach italienischem Recht „commandante" war. Nach einhelliger Rechtsauffassung ist darunter der Kommandierende einer Einheit zu verstehen, „der die Möglichkeit der Initiative für den Einsatz seiner unter seinem Befehl operierenden Abteilung hat." Dem Polizeichef Kappler unterstand nicht nur die Kriminalpolizei, er konnte auch über die deutsche Ordnungspolizei verfügen und gültige Einsatzbefehle geben. Wie schon an anderer Stelle erwähnt, lagen Generalfeldmarschall Kesselring bindende Befehle vor, denen auch er nicht ausweichen konnte, so schmerzlich es ihm war, sie seinem „jungen Freund" - wie er Kappler nannte - auferlegen zu müssen. Man wird einen derartigen Befehl als verwerflich empfinden. Doch alle kriegführenden Staaten drohten Repressalien an und führten sie durch: Feldmarschall Montgomery erließ 1943 in Bengasi den Befehl, daß für jeden getöteten englischen Soldaten 10 Italiener zu erschießen seien.

Bei Ferrara wurden 10 deutsche Bahnbeamte, die Gleise reparieren wollten, an eine Grube gestellt und erschossen.

Am 2. 9. 1944 sind in Annzey 40 deutsche Soldaten und in Hatore ebenfalls 40 deutsche Kriegsgefangene als Repressalie für „Greuel eines in deutschen Diensten stehenden Russen-Bataillons" erschossen worden.

Am 24. 4. 1945 wurden in Reutlingen vier deutsche Repressalgefangene wegen der Ermordung eines französischen Soldaten erschossen.

Am 28. 4. 1945 wurde in Leutkirch bekanntgegeben, daß eine Repressalquote von 1:100 festgesetzt worden sei.

In Markdorf betrug die Quote zunächst 1:4, dann 1:30.

Für Saulgau wurde bestimmt: Für die Ermordung eines Franzosen werden 200 deutsche Geiseln erschossen und ein Stadtviertel niedergebrannt.

In Treseburg erschossen die Amerikaner für einen getöteten US-Offizier 10 deutsche Geiseln.

In Stuttgart galt das Verhältnis 1:25.

Für Birkenfels wurde eine Repressalquote von 1:10 angeordnet.

Im Harz betrug die von den Amerikanern angeordnete Quote 1:100.

Am 1. 7. 1945 bestimmte der erste demokratische Bürgermeister Berlins, Werner, daß für jeden ermordeten Besatzungssoldaten 50 Nationalsozialisten als Geiseln erschossen würden.

Am 25. 11. 1944 wurde in Straßburg eine Repressalquote von 1:5 festgesetzt. Am 1. 7. 1945 bestimmte die französische Besatzungsmacht für Deutschland eine Erschießungsquote von 1:10.

In Griechenland führten die Italiener Erschießungen bei einer Quote von 1:100 durch.

Für Albanien ordneten die Italiener eine Erschießungsquote 1:200 an und handelten entsprechend.

Besonders abscheulich war die Ermordung von 2500 deutschen Kriegsgefangenen in einem Lager einige Kilometer von Bozen. In diesem Fall wurde nicht einmal eine völkerrechtswidrige Handlung der Deutschen als Grund angegeben.

In Addis Abeba erschossen und erhängten die Italiener als Repressalie für ein erfolgloses Attentat auf Marschall Graziani - sage und schreibe - 3000 Abessinier und steckten ihre Häuser in Brand.

Nach einem dem Generalfeldmarschall Kesselring vorliegenden Bericht wurden in drei Monaten 7000 Deutsche in Italien ermordet.

Diese Aufzählung belegt, daß im Zweiten Weltkrieg auf allen Seiten Geiseln erschossen worden sind. Daher ist nicht verwunderlich, daß das Militärgericht in Nürnberg Repressalmaßnahmen einschließlich Tötungen als nicht völkerrechtswidrig bezeichnet hat. Auch das belgische Militärgericht in Brüssel betonte ebenso wie das italienische Tribunale Supremo Militare, daß „ungeordnete Repressalhinrichtungen als nach dem Völkerrecht gerechtfertigt angesehen werden müssen." Damit erhebt sich dann aber auch die Frage, warum denn eigentlich Generalfeldmarschall Kesselring, Generaloberst von Mackensen und Generalleutnant Mältzer zum Tode und Polizeichef Kappler zu lebenslänglicher Haft verurteilt worden sind.

Kappler wurde monatelang vom CIC und dem US-ND zur „Affäre Rom" vernommen und als unschuldig an den Brenner gebracht. Das aber paßte der neuen italienischen Regierung nicht, die vorwiegend aus Partisanen bestand, die Kappler bekämpft hatten. Sie wollten „ihren" Prozeß haben.

Im Prozeß gegen Herbert Kappler befragt, von wem der Befehl kam, der 42 deutschen Soldaten, neun Zivilisten, einem Kind und 335 Italienern das Leben und darüber hinaus weiteren 52 Menschen die Gesundheit kostete, antwortete Bentivegna mit verschiedenen Darstellungen. Zuletzt erklärte er dem Gericht: „Ich weiß nicht, von wem der Befehl kam und an wen er gegangen ist. Ich habe ihn erhalten und ausgeführt."

Aber während das Gericht in 34 Verhandlungstagen feststellte, daß die Geiselerschießungen als Vergeltungsmaßnahmen nach internationalen Kriegsgesetzen rechtmäßig seien, unterblieb die logische Schlußfolgerung, daß zivile Bombenwerfer außerhalb der Gesetze stehen und deshalb bestraft werden müßten.

Eine solche Bestrafung forderten im Jahre 1950 dann die Italiener selbst. Die Angehörigen der Geiselopfer, die im Jahr 1948 als Zeugen gegen Kappler aufgetreten waren, verlangten 1950 die Bestrafung der Rädelsführer und die Heranziehung ihres Vermögens zur Unterstützung der Geschädigten.

In der Anklageschrift wurde festgestellt, daß das Attentat gegen die Deutschen das Verbrechen einer kleinen Gruppe gewesen sei und mit dem Krieg nichts zu tun gehabt habe. Die Ausführung des Bombenanschlages lasse das Attentat als einen illegitimen Akt erkennen. Er sei von Freiwilligen ausgeführt worden. Diese hätten nach den Bestimmungen des Völkerrechts weder offen ihre Waffen getragen noch über eine frei getragene Uniform oder erkennbare Abzeichen verfügt. Es hätte auch eine bekannte und anerkannte Persönlichkeit an ihrer Spitze gefehlt. Aus diesen fehlenden Erfordernissen ergebe sich einwandfrei die zivile Herkunft des Anschlages. Das Ganze sei, nach Auffassung der hinterbliebenen Angehörigen der Geiselopfer, ein terroristischer Akt gewesen, da die Verwendung von Kriegsmaterial nach Völkerrecht nur Mächten gestattet sei, die das Recht hätten, Krieg zu führen. Die Strafhandlung als solche wäre zwar durch eine nachträgliche Amnestie gedeckt, eine Klage gegen die Bombenwerfer gehöre aber einwandfrei vor ein Zivil- und nicht vor ein Militärgericht.

Die Klage der Hinterbliebenen wurde am 9. Juni 1950 vom Gericht abgewiesen. Das Bombenattentat wurde in öffentlichen italienischen Erklärungen und in den Öffentlichkeitsmedien stets als Teil des italienischen Widerstandes gegen die deutsche Besetzung des Landes gesehen und gerechtfertigt.

Erst Mitte 1972 wurde in einer der führenden italienischen Tageszeitungen, in der römischen „Il Messaggero", einer Reihe von gegensätzlichen Meinungen Gehör verschafft und diese in Form einer Leserbriefdiskussion veröffentlicht. Ausgelöst wurde diese Diskussion durch ein Interview der Zeitung vom 19. Mai 1972 mit der im Zuge der letzten Wahlen als kommunistische Abgeordnete ins Parlament eingezogenen Frau Carla Capponi, worin sie sich selbst und ihren späteren Ehemann Rosario Bentivegna als für das Attentat verantwortlich bezeichnete und nähere Angaben über den Verlauf machte. Auf die Frage des Interviewers: „Warum haben Sie sich nach dem Attentat den Behörden nicht gestellt, bevor es zu dem Massaker in der Ardeatinischen Höhle kam?" antwortete die Abgeordnete: „Zunächst einmal, ein Partisan darf sich nach einer Aktion nicht melden, weil er sonst die ganze Bewegung in Gefahr bringen könnte. Und außerdem wußten wir damals noch nichts über die geplanten Repressalien, denn diese wurden unter großer Geheimhaltung durchgeführt, wohl weil man fürchtete, daß wir sonst die Gefangenen hätten befreien können."

Vor allem gegen die Behauptung der Abgeordneten „ daß man von den angedrohten Repressalien nichts gewußt habe" - richtete sich die Mehrzahl der Leserbriefschreiber. So schreibt eine Signora A. Rossetti, die sich als Verwandte eines Opfers der Geiselerschießung bezeichnet: „Warum hat sich die ehrenwerte Frau Capponi damals nicht den Behörden gestellt, bevor 335 unglückliche Menschen umgebracht wurden? Hat sie nicht gewußt, daß in ganz Italien Plakate von Generalfeldmarschall Kesselring angeschlagen worden waren, auf denen angekündigt wurde, daß für jeden durch Verrat getöteten deutschen Soldaten zehn Italiener mit ihrem Leben bezahlen müßten...?"

Eine Frau L. Manca schreibt: „Es stimmt einfach nicht, daß die Repressalien der Deutschen sich unter großer Geheimhaltung vollzogen haben. Ich wohnte zu jener Zeit in einer weit von Rom entfernten Stadt und weiß, daß alle sogleich von schwerwiegenden Repressalien sprachen und erwarteten, daß sich einer der Verantwortlichen stellen würde. Aber die Verantwortlichen zogen es vor, im Dunkel zu bleiben, nicht akzeptierbare Entschuldigungsgründe vorzubringen und 335 Unschuldige wie Hunde sterben zu lassen".

Ein Professor A. Dangelo findet es „höchst erstaunlich, daß so viele Verwandte der 335 ermordeten Personen noch immer nicht diejenigen vor Gericht verklagt haben, die durch anonyme und unverantwortliche Handlungen ein nutzloses Massaker provoziert und die Widerstandsbewegung entehrt haben." Schließlich richtet Signora B. Tomasi, eine Augenzeugin, die Frage an die Attentäter:"Wie bringen Sie es fertig, Ihr Gewissen zum Schweigen zu bringen? Wenn es damals nicht die ehrenwerte Capponi und ihren sauberen Ehemann gegeben hätte, wäre es nicht zu der Geiselerschießung in den Ardeatinischen Höhlen gekommen." Unter anderen zitierten Leserbriefen wird auch der des damals zuständigen Präfekten, eines Rechtsanwalts G. M. Formica, abgedruckt, der sich den von den Einsendern ausgedrückten Empfindungen anschließt und sein Bedauern darüber ausdrückt, daß „bei den alljährlichen Erinnerungsfeiern stets die 36 deutschen Opfer ihrer militärischen Pflichterfüllung und die 7 unschuldigen römischen Bürger, darunter ein kleines Mädchen, die dem Attentat zum Opfer fielen, ignoriert werden".

In „Beantwortung" dieser Vorwürfe bezichtigt der inzwischen von Frau Capponi getrennt lebende Mitattentäter und führende KPI-Abgeordnete Professor R. Bentivegna die Leserbriefschreiber „der nutzlosen Wiederholung von Allgemeinplätzen der faschistischen Propaganda" und erklärt, daß das Attentat von 1944 heute allgemein als gültiger Bestandteil des italienischen Widerstandes anerkannt sei. Er vermeidet jegliche Stellungnahme auf die Frage der Leser, warum er nicht seinerzeit die Geiselerschießung durch ein „Sich-Stellen" verhindert habe. Herr Bentivegna ist heute leitender ärztlicher Berater der kommunistischen Gewerkschaft CGI.

Herbert Kappler hat sich aus dem Bewußtsein der Unantastbarkeit seines Verhaltens zu seiner Verantwortung bekannt.

Voruntersuchung und Hauptverhandlung gegen ihn wickelten sich in einem politischen Klima ab, das noch völlig unter dem Zeichen der Nachkriegswirren stand - kurz vorher war Togliatti noch Justizminister - und unter dem starken Druck der durch das kommunistisch gesteuerte „Befreiungs-Komitee" gelenkten öffentlichen Meinung.

„Zeugen" und „Sachverständige" der Anklage waren großteils führende Kommunisten, und so begab sich ein Schauprozeß östlicher Prägung, dem nur - trotz vorangegangener Dunkelhaft und nachfolgender greller Beleuchtung des Angeklagten - die übliche Selbstbezichtigung fehlte.

Die maßgeblichen Zeugen der Verteidigung waren vom Gericht unterschlagen worden, d. h. man hatte, soweit sie überhaupt zugelassen waren, ihre Vorladung nur fingiert, indem man die Vorladungen gar nicht verschickt, deren Kopien aber zu den Gerichtsakten geheftet hatte.

Die Richter waren befangen, vermochten sich der auf Hochtouren laufenden Nachkriegs-Haßpropaganda kaum zu entziehen und waren überdies bemüht, sich ein politisches Alibi für ihre persönliche Vergangenheit im Dienst des Faschismus und des mit Deutschland verbündeten Staates zu schaffen, dies um so mehr, als der damalige Verteidigungsminister Pacciardi ehemaliger Kommandeur einer Roten Brigade des Spanischen Bürgerkriegs war.

Trotz aller dieser Umstände konnte auch ein so beschaffenes Gericht die Anklage in vielen wesentlichen Punkten nicht aufrechterhalten. Von der gesamten Riesenanklage wurden lediglich zwei Punkte herausgeschält, und sie mußten dies auch, sollte ein so groß aufgezogener Prozeß nicht zu einer Bloßstellung der Anklage führen.

Die drei Hauptbeteiligten in der Via Rasella waren Rosario Bentivegna, der in Verkleidung eines Straßenkehrers das Dynamit zündete; Franco Calamandrei, der beim Attentat den Befehl führte und Bentivegna das Zeichen gab, die Zündschnur anzuzünden, und Carla Capponi, die mit dem Regenmantel auf den flüchtenden Bentivegna wartete.

Carla Capponi wurde 1949 vom italienischen Staatspräsidenten mit der Medagla d'Oro für militärische Tapferkeit ausgezeichnet und später ins Parlament gewählt.

Franco Calamandrei erhielt 1950 zusammen mit Rosario Bentivegna von Ministerpräsident de Gasperi die Medaglia d'Argento für militärische Tapferkeit. Bei Bentivegna wurde insbesondere seine Teilnahme an einem Anschlag auf deutsche Soldaten vor dem Kino Barberini sowie am Attentat in der Via Rasella hervorgehoben.

Erst vor wenigen Jahren wurden erneute Medaillen an die ehemaligen

Partisanen verliehen: Am 13. Januar 1982 verlieh der italienische Verteidigungsminister Lagorio an Prof. Rosario Bentivegna die Tapferkeitsmedaille in Silber und Bronze, was nicht etwa nur Beifall, sondern ebenso auch heftige Entrüstung hervorrief. Altgediente, ehrenhafte Offiziere wie General Palumbo, Emilio Pucci und Carlo Nunziante reichten ihrerseits ihre in Kriegszeiten verliehenen Tapferkeitsmedaillen unter Protest an Staatspräsident Pertini zurück. Die allgemeine Stimmung in Italien war auch früher schon geteilt. In den Jahren seit 1944 wurde immer wieder die Meinung laut, die Attentäter hätten sich stellen müssen, um so die Repressalie zu verhindern. Es ließ sich feststellen, daß nach zahlreichen Anschlägen der Partisanen in Rom von Januar bis Anfang März 1944 etwa ab Mitte März in der Innenstadt Roms Plakate ausgehängt wurden mit Androhung von Repressalien für den Fall künftiger Attentate. Darin war bereits die Rede von einer Quote 1:10, die mehrfach in Oberitalien durchgeführt worden war. Die Partisanen mußten also wissen, was geschehen würde. Und es konnte ihnen nicht unbekannt sein, daß Repressalerschießungen von sämtlichen kriegführenden Nationen durchgeführt worden waren - auch von Italien selbst. Daraus ergibt sich eindeutig, daß die Repressalie zur Aufhetzung der Bevölkerung gewollt und provoziert war.

Generaloberst Eberhard von Mackensen, Befehlshaber der 14. Armee, wurde im November 1946 zusammen mit dem Stadtkommandanten Generalleutnant Kurt Mältzer in Rom vor einem britischen Militärtribunal wegen der Geiselerschießungen angeklagt und zum Tode verurteilt. Doch die Todesurteile wurden nicht vollstreckt, wenig später in lebenslange Freiheitsstrafen umgewandelt und nach einigen Jahren aufgehoben, Generaloberst von Mackensen wurde 1952 freigelassen, Generalleutnant Mältzer verstarb noch in der Haft.

Auch der Oberbefehlshaber über das italienische Kriegsgebiet, Generalfeldmarschall Albert Kesselring, wurde vor Gericht gestellt. Der Prozeß gegen ihn fand im Januar 1947 vor dem britischen Militärtribunal in Venedig statt. Er war u. a. angeklagt, „an einer Repressalie beteiligt gewesen zu sein, die Hitler anläßlich eines Attentats auf eine deutsche Polizeikompanie in Rom am 23. 3. 1944 befohlen hatte."

Generalfeldmarschall Kesselring wurde schuldig gesprochen. Das Gericht sah in der Repressalie keine legale Kriegshandlung, sondern ein Kriegsverbrechen. Er wurde zum Tode verurteilt. Doch auch in seinem

Fall wurde die Todesstrafe in lebenslängliche Haft umgewandelt und schließlich aufgehoben. Trotz heftiger Proteste der Italiener wurde er im Herbst 1952 von den Engländern entlassen. Sämtliche mitangeklagten Untergebenen Kapplers wurden dank seiner Haltung, die alle Kameraden deckte, freigesprochen.

Der letzte in der zeitlichen Reihe, der angeklagt wurde, war Herbert Kappler. Zunächst schien es, daß ihm nichts passieren würde, denn er befand sich bereits im amerikanischen Entlassungslager Dachau. Doch dann wurde er im Herbst 1946 als Zeuge für den Prozeß gegen Generalfeldmarschall Kesselring angefordert und nach Venedig gebracht. Im Juli wurde er von den Engländern an die Italiener ausgeliefert.

Der Prozeß gegen Herbert Kappler begann am 3. Mai 1948. Das Territoriale Militärgericht von Rom, bestehend aus einem Brigadegeneral als Vorsitzenden, einem Oberstleutnant als berichterstattendem Richter und drei Obersten als beisitzende Richter, beschuldigte „Herbert Kappler... sowie fünf seiner Untergebenen der Straftat... aus Gründen, die mit dem Krieg verbunden sind, und insbesondere in Ausführung von kollektiven Sanktionen wegen eines Attentates, das am 23. März 1944 auf der Via Rasella in Rom von zwei Personen verübt wurde, die unbekannt blieben. ... insgesamt den Tod von 335 Personen verursachten..." Es ging zunächst um die Rechtsfrage, ob die deutschen Militärbehörden berechtigt waren, überhaupt eine Repressalie zu verhängen. Das setzte voraus, daß „nur im Gefolge einer ungesetzlichen Handlung, die direkt oder indirekt auf die Aktivität eines Staates gerichtet ist, für den anderen, durch diese Handlung geschädigten Staat sich das Recht ableitet, auf dem Wege von Vergeltungsmaßnahmen zu handeln." Das Attentat in der Via Rasella mußte also eine „ungesetzliche Handlung" darstellen. Eine materiell legitime Kriegshandlung wäre es nur dann gewesen, wenn der hinter dem Attentat stehende Partisanenverband bestimmte Erfordernisse erfüllt hätte, nämlich, „wenn er an seiner Spitze eine verantwortliche Person für die Untergebenen hat, wenn er ein festes und von weitem erkennbares Zeichen besitzt und die Waffen offen getragen werden." Diesen Erfordernissen entsprach die römische Partisanenbewegung im März 1944 nicht; das Gericht kam zu dem Ergebnis, „daß das Attentat der Via Rasella eine illegitime Kriegshandlung darstellte" und „daß im Gefolge der rechtswidrigen Handlung auf der Via Rasella die Besatzungsmacht das Recht hatte, Repressalien anzuwenden."

Die durchgeführte Repressalie jedoch wurde vom Gericht in mehrfacher Hinsicht für rechtswidrig erklärt. Für die Zeit des Zweiten Weltkrieges bestand keine kriegsrechtliche Regelung in bezug auf Repressalien gegen Zivilpersonen. Es hatte sich aber eine Art Gewohnheitsrecht herausgebildet, das festlegte, welchen Erfordernissen die Repressalie als Antwort auf einen illegalen Akt des Gegners entsprechen mußte.

Zu diesen Erfordernissen zählt, daß die Vergeltungsmaßnahme in einem angemessenen Verhältnis zur Rechtsverletzung steht. Dazu stellte das Gericht fest, daß „zwischen dem Attentat auf der Via Rasella und der standrechtlichen Erschießung bei den Ardeatinischen Gräben ein gewaltiges Mißverhältnis sowohl hinsichtlich der Anzahl der Opfer als auch hinsichtlich des festgestellten Schadens" bestehe. Dieser „festgestellte Schaden" wurde im Rahmen „kriegerischer Operationen" gesehen, d. h. die getöteten deutschen Soldaten erfuhren eine höhere, Kriegszeiten angepaßte Bewertung. Dennoch wurde im Verhältnis zu den Repressalopfern ein Mißverhältnis deshalb festgestellt, weil „unter den standrechtlich Erschossenen der Ardeatinischen Gräben fünf Offiziere im Generalsrang, elf Offiziere höheren Ranges, ... zwanzig Offiziere niedrigeren Grades und sechs Unteroffiziere" sich befanden, während die insgesamt 42 getöteten deutschen Polizeisoldaten sämtliche nur Mannschaftsgrade waren. Den nächsten Grund, warum die Repressalie rechtswidrig sei, sah das Gericht darin, daß die „erschossenen Personen sich in ihrer Mehrheit nicht als solidarisch haftbar mit den Attentätern betrachten konnten." Es sei nämlich „notwendig, daß eine enge Beziehung des Standortes, des Verkehrs oder der Aufgabe zwischen den Urhebern eines Attentats und der Zivilbevölkerung besteht". Mit anderen Worten: die Opfer hätten in keinerlei Beziehung zum Ort, der Tat und ihren Urhebern gestanden.

Das wäre allerdings der Fall gewesen, wenn man die etwa 200 aus den Häusern der Via Rasella zusammengetriebenen Männer, Frauen und Kinder als Repressalgeiseln genommen hätte, die Herbert Kappler aus eigener Initiative wieder nach Hause entließ, weil er sie für völlig unschuldig hielt. Die schließlich ausgewählten Opfer waren zum größten Teil politische Häftlinge, die der Partisanenbewegung zugerechnet werden mußten.

Weiter stellte das Gericht fest, daß „keine schwere und aktuelle Gefahr" durch das Attentat bestanden habe. Daß die militärischen Vorgesetzten

Herbert Kapplers angesichts der nahen Front eine solche Gefahr sehr wohl sahen und sogar in dem Attentat den Auftakt eines alliierten Vorstoßes auf Rom vermuteten, berücksichtigte das Gericht nicht.

Das Gericht untersuchte auch noch das „Rechtsgebilde der kollektiven Repression", kam jedoch zu keinem anderen Ergebnis als dem, in der Repressalie fortgesetzten Mord zu sehen. Demnach sei der Befehl zur Durchführung der Repressalie ein Befehl zu fortgesetztem Mord gewesen. Zum selben Ergebnis waren auch die britischen Richter in den Verfahren gegen den Oberbefehlshaber, Generalfeldmarschall Kesselring, den Befehlshaber der 14. Armee, Generaloberst von Mackensen und den Stadtkommandanten von Rom, Generalleutnant Mältzer, gekommen. Die Generale waren verurteilt worden, weil sie den Befehl als verbrecherisch hätten erkennen und sich ihm hätten widersetzen müssen. Bei Herbert Kappler konnte „das Richterkollegium nicht mit Sicherheit sagen, daß er bewußt und willens war, einen rechtswidrigen Befehl zu befolgen." Er wurde daher des „Mordes an 320 Repressalgeiseln" freigesprochen.

Aber es waren ja 335 Menschen in den Ardeatinischen Höhlen gestorben, und das Gericht konnte die Frage, ob auch Herbert Kappler, wie seine vorgesetzten Generale, die Rechtswidrigkeit des Befehls hätte erkennen müssen, unbeantwortet lassen; dies betraf nach Ansicht des Gerichts nur 320 Geiselopfer, Herbert Kappler wurde wegen der weiteren 15 Erschossenen verurteilt.

Das Gericht ging davon aus, daß die Erhöhung der Opfer um 10 nach dem Tode des 33. deutschen Soldaten von Herbert Kappler „angeordnet" wurde. Während im Prozeß gegen Kesselring und die Generale stets nur vom Führerbefehl 1:10 die Rede war und auch im Prozeß gegen Herbert Kappler eine andere Formulierung nicht auftauchte - weil ganz einfach eine andere Formulierung nie gefallen und ein anderslautender Befehl nie weitergegeben worden war -, sah das Gericht Herbert Kappler plötzlich an die Zahl 320 gebunden. Seiner Aussage, daß ihm der Tod des 33. Soldaten mit der Aufforderung, weitere 10 Opfer bereitzustellen, übermittelt worden war, wurde kein Glauben geschenkt. Kriminalrat Schütz, der die entsprechende Mitteilung an Kappler weitergab, war als Zeuge nicht gehört worden. Major Böhm, Ia des Stadtkommandanten Mältzer, der Hauptmann Schütz die Nachricht vom Tode des 33. Soldaten samt Zusatzbefehl über weitere zehn

Geiseln übermittelt hatte, ist vermißt. Herbert Kappler ließ jahrelang über das Rote Kreuz nach ihm suchen.

Auch Oberst Beeltiz, 1. Generalstabsoffizier des Oberbefehlshabers Südwest Kesselring, war im Prozeß als Zeuge nicht gehört worden. In einer eidesstattlichen Erklärung sagte er später aus: „Im Befehl des OKW war keine bestimmte Anzahl für die Erschießung der Italiener festgelegt. Es wurde nämlich im Befehl gesagt, welcher von Hitler persönlich kam, zehn Italiener für jeden ermordeten deutschen Soldaten zu erschießen. Damit hatte Kappler überhaupt keine Möglichkeit, nach eigenem Ermessen die Anzahl der italienischen Opfer zu bestimmen; er mußte lediglich Anordnung gemäß dem Verhältnis 1:10 geben. Und wenn die Anzahl der ermordeten deutschen Soldaten bzw. derer, die infolge der Verwundungen starben, nun zum Zeitpunkt der Vollstreckung 33 betrug, mußte Kappler laut Befehl von Hitler 33 x 10 = 330 Italiener erschießen lassen." Diese „prozentuale" Auflage des Befehls findet eine Bestätigung in der Tatsache, daß in der „Tagesmeldung vom 23. 3. 44" vom „OB Suedwest (Obkdo. HGr. C)" per Fernschreiben „An OKH / GenSt. d. H. / Op Abt (aufgenommen am 24. 3. 1944 um 6.50 Uhr)" mitgeteilt wurde:

„In Rom wurde 15.45 Uhr ein Bombenanschlag auf eine KP des SS-Pol Btl Bozen III beim Durchmarsch durch die Stadt verübt. Aus den umliegenden Häusern wurde ferner auf die KP geschossen, so daß nach bis jetzt vorliegenden Meldungen 27 Tote und 15 Verwundete an Verlusten entstanden. Als Sühnemaßnahme werden am 24. 3. zunächst 270 Italiener erschossen." Aus dem Wort „zunächst" ergibt sich, daß sich die Zahl bei jedem weiteren Toten erhöhen würde. Da aber im deutschen Pressecommuniqué über die Repressalerschießung die Zahl 32 bzw. 320 genannt wurde, gelangte das Gericht zu dem Schluß, „daß Kappler gegen den Willen seiner Vorgesetzten 330 Personen" habe erschießen lassen.

Auch der Zeuge, der das Zustandekommen des Pressecommuniqués hätte erläutern können, Presseattaché Dr. von Borch, wurde vor Gericht nicht gehört. Er erklärte später, daß er „selbst die Zahl 32 bzw. 320 in den von Berlin diktierten Wortlaut des Communiqués einsetzte", nachdem er sich „diese Zahl gerade bei Kappler am Vormittag des 24. 3. geholt hatte, als eben erst 32 Deutsche tot waren". Die Feststellung des Gerichts, daß „die offiziellen Mitteilungen bei der Zahl 320 geblieben sind und sich daraus das eigenmächtige Handeln Kapplers bezüglich der weiteren 15 Opfer" ergebe, ist unrichtig. In der Tagesmeldung über den 24. 3. 1944 an das Oberkommando des Heeres heißt es: „Als Suehnemasznahme fuer den gestrigen Bombenanschlag auf das SS-Pol Btl roem. 3/Bozen wurden am 24. 3. nachm. 328 Italiener erschossen." Daß es später unterblieb, die endgültige Zahl der Repressalopfer an das Oberkommando zu melden, hatte den Grund darin, daß dann die nicht korrekte Ausführung des Befehls zutage getreten wäre; am Abend des 24. 3. wären nämlich 37 tote Polizeisoldaten zu melden gewesen gegenüber 335 Erschossenen.

Auch die weiteren fünf Soldaten, die in den folgenden Stunden ihren Verletzungen erlagen, wurden nicht mehr gemeldet, um nicht einen erneuten Befehl bzw. einen Hinweis auf vollständige Erfüllung des vorangegangenen Befehls herauszufordern. Bezüglich der fünf Opfer, die aufgrund eines Irrtums erschossen worden waren, geht das Gericht „nicht von einer eigenmächtigen Aktion Kapplers" aus. „Diese fünf Personen... wurden erschossen, weil SS-Hauptsturmführer Schütz und SS-Hauptsturmführer Priebke, die für die Leitung der Exekution und zur Kontrolle der Opfer zuständig waren, im Ungestüm, die Exekution mit größter Schnelligkeit durchzuführen, nicht gemerkt hatten, daß diese fünf Personen nicht auf der vorher angefertigten Liste standen." Sie konnten es gar nicht bemerken, weil die ursprünglich vom italienischen Polizeichef Caruso mit 50 Namen angefertigte Liste nie in ihre Hände gelangte; sie war direkt an das Gefängnis Regina Coeli gesandt und dort abgeändert worden. Es wurden also nicht fünf Personen erschossen, die nicht, sondern die zuviel auf der den Deutschen ausgehändigten Liste standen.

Das Gericht rechnete das Verschulden Herbert Kappler zu: „Ihre Tötung war auf unzureichende und unangebrachte Anweisungen von Kappler für die Exekution zurückzuführen... Kappler empfahl seinen Untergebenen, mit äußerster Schnelligkeit bei der Exekution vorzugehen, aber er kontrollierte nicht das Wirken seiner Untergebenen, und er vergewisserte sich auch nicht, daß fatale Unterlassungen nicht eintraten; auf diese Unterlassung bezieht sich auch der Irrtum, der zum Tode dieser fünf Personen führte." Das Gericht ging vor allem davon aus, daß die fünf Opfer auf einer deutschen Häftlingsliste gestanden hätten, die Kappler selbst kontrolliert hatte. Nach Aussagen von Zeugen, die wiederum vor Gericht nicht gehört wurden, steht jedoch fest, daß die fünf Häftlinge von der italienischen Polizei übergeben worden waren, von der Herbert Kappler ein solches Zuviel nicht erwarten konnte.

Wenn man zudem berücksichtigt, daß die mit der Leitung und Kontrolle beauftragten Offiziere leitende Kriminalbeamte waren, kann Kappler kein Verschulden am Tod dieser fünf Opfer beigemessen werden. Er war zum fraglichen Zeitpunkt nicht am Exekutionsort und erfuhr erst am nächsten Morgen davon. Zum beschleunigten Tempo der Durchführung der Erschießungen machte Kappler geltend „daß noch vor der Beendigung der Exekution zweimal die Erstattung der Vollzugsmeldung durch Major Böhm im Namen des Generalleutnants Mältzer telefonisch angemahnt wurde und daß die letzten Erschießungen bei Einbruch der Dunkelheit stattfanden."

Herbert Kappler wurde nicht verurteilt wegen der Tötung von 320 Geiseln, da er - im „Irrtum über die Rechtswidrigkeit des Befehls" - einen ihm erteilten Befehl ausführte. Schuldig gesprochen wurde er des eigenmächtigen Befehls zur Tötung von zehn Geiseln sowie wegen Verletzung seiner Aufsichtspflicht hinsichtlich der Tötung von fünf Geiseln.

Herbert Kappler wurde zu einer lebenslangen Zuchthausstrafe verurteilt, außerdem wurde „die Tageseinzelhaft des Verurteilten für vier Jahre angeordnet". Dabei ist zu bedenken, daß das Urteil gegen ihn in einer Zeit der Massenpsychose gefällt wurde und das Gericht unter dem Einfluß einer sachlich um den Namen Kappler nicht berechtigten Kriegspropaganda und einer durch eine besondere Organisation gesteigerten Volkserregung stand. 1948 wurde von Faschisten ein Attentat auf den italienischen KP-Führer Palmiro Togliatti durchgeführt, bei dem dieser schwer verletzt wurde. Der Pflichtverteidiger Herbert Kapplers sagte daraufhin seinem Mandanten: „Jetzt können sie nicht anders, jetzt müssen sie Sie verurteilen!"

Während des Schauprozesses rief der Verteidiger in den Saal: „Als Jurist müßte ich Kapplers Freispruch fordern, aber als Italiener verlange ich seine Bestrafung!"

Oberstleutnant a. D. (als angeglichener Dienstgrad eines Obersturmbannführers) Herbert Kappler wurde am 8. Juli 1948 vom Römischen Militärgericht zu lebenslänglicher Zuchthausstrafe verurteilt wegen seiner Beteiligung an der Repressalie in der Fosse Ardeatine sowie zu 15 Jahren Zuchthaus wegen „willkürlicher Requisition" von 50 kg Gold bei der Israelitischen Kultusgemeinde Roms.

Die ursprüngliche Anklage wegen „Erpressung" des Goldes wurde fallengelassen. Die deutschen Zeugen, die hätten belegen können, daß die von Kappler angeratene „Freiwillige Kriegskontribution" einzig bezweckte, die bereits von Himmler befohlene Judenrazzia in letzter Minute abzuwenden, waren vom Gericht unterschlagen worden.

Die ehemalige Sekretärin Herbert Kapplers in Rom, Frau Käthe Schwartzer, führte Protokoll, als Kappler mit den Präsidenten der israelitischen Kultusgemeinde zusammentraf, um über die Abgabe von 50 kg Gold zu verhandeln.

Auch diese Zeugin erhielt nie eine Ladung zum Prozeß und gab deshalb später eine eidesstattliche Versicherung vor einem Notar ab, in der sie ausführte, Kappler sei zu den jüdischen Präsidenten ausgesprochen liebenswürdig gewesen und hätte sie geradezu beschworen, das Gold aufzutreiben.

Herbert Kappler erklärte mir später: „... ich versuchte damit, die in Berlin zum Schweigen zu bringen, denn ich hatte bereits den Geheimbefehl zur Deportation der Juden in meinem Schreibtisch liegen und dachte nicht daran, diesen Irrsinnsbefehl auszuführen. Einem meiner Kollegen war es in Tunis gelungen, auf diese Weise die Deportation der Juden zu verhindern."

Die Jüdische Gemeinde Roms trieb unter größten Schwierigkeiten das Gold auf. Es wurde in eine Kiste gefüllt und durch einen Offizier mit einem Schreiben von Kappler an Dr. Kaltenbrunner nach Berlin gesandt.

Nach dem Krieg wurde das Gold an die Jüdische Gemeinde Roms zurückgegeben.

Das Gericht stellte in seinem Urteil fest, daß Herbert Kappler an der „Juden-Aktion", nämlich der Verhaftung und Deportation von 1007 römischen Juden keinen Anteil hatte, für die Straftat des Goldtributs wurde „eine Strafe von 15 Jahren Zuchthaus verhängt." Zu den Feststellungen des Gerichts kam es in beiden Anklagepunkten, weil die von der Verteidigung benannten Zeugen bei der Verhandlung nicht erschienen waren. Das Gericht stellte fest, daß bei einigen Zeugen die Ladung zum Prozeß nicht zugestellt werden konnte, sie seien unauffindbar gewesen, andere Zeugen seien trotz zugestellter Ladung nicht erschienen.

Erst Jahre später erfuhr Herbert Kappler, daß dies nicht zutraf. Einer der von der Verteidigung benannten Zeugen schrieb ihm in die Haft nach Gaeta; es entstand ein Briefwechsel, in dessen Verlauf Herbert Kappler fragte, warum der Zeuge damals nicht zum Prozeß erschienen sei. Der Zeuge antwortete darauf, daß er weder von dem Prozeß gewußt noch eine Ladung als Zeuge erhalten habe. Daraufhin befragten Kapplers Anwälte sämtliche benannten und nicht erschienenen Zeugen und erhielten überall die gleiche Antwort, denn niemand hatte eine Vorladung erhalten, obwohl dem Gericht die Anschriften genannt worden waren, nämlich Kriegsgefangenenlager, alliierte Haftanstalten, Privatpersonen. Die Zeugen gaben für die Anwälte eidesstattliche Versicherungen ab für das Geschehen, zu dem sie vor Gericht hätten befragt werden müssen, sowie über die nicht erfolgte Ladung zum Prozeß.

Die eidesstattliche Erklärung des Dr. Borante Domizlaff erläutert, wie Kappler es fertigbrachte, die Evakuierung der gesamten männlichen Bevölkerung Roms zu verhindern.

Konsul E. F. Moellhausen bestätigte in einer eidesstattlichen Erklärung, daß Kappler alles tat, das schwere Schicksal der römischen Bevölkerung zu erleichtern und die Judenrazzia in Rom zu verhindern; daß das Attentat in der Via Rasella eine deutsche Vergeltungsmaßnahme provozieren sollte, um den Haß gegen die Deutschen zu entfachen; daß der Prozeß gegen Kappler nur geführt wurde, um dem Wunsche einflußreicher Partisanen nachzukommen und daß die Prozeßführung eine Vielzahl „schwacher Punkte" aufweise.

Die Anwälte rieten Herbert Kappler, gegen das Gericht wegen „Urkundenfälschung oder Unterdrückung von Urkunden im Amt" vorzugehen, doch Herbert Kappler lehnte dies ab. Es war ihm klar, daß es sich nur um eine Einzelheit handelte, die seine Verurteilung erleichtern sollte.

Doch dies hatte fatale Folgen für Herbert Kappler. In der Berufungsinstanz, dem Obersten Militärgericht, wurden keine neuen Zeugen zugelassen. Das Berufungsgericht ist im italienischen Militärrecht keine

Tatsacheninstanz, sondern lediglich befugt, Rechtsfragen zu prüfen; den vom Erstgericht festgestellten Sachverhalt muß es als wahr unterstellen. Eine Berufung, in der die neuen Zeugenaussagen hätten berücksichtigt werden können, wurde nicht zugelassen. So kam das Oberste Militärgericht mit seinem Urteil vom 25. Oktober 1952 zu keinem anderen Ergebnis.

Entgegen den Gepflogenheiten wurde das Revisionsverfahren abgelehnt und Kappler so um ein Recht betrogen, das jedem italienischen Staatsbürger, auch jedem Raubmörder, von italienischem Gericht verurteilt, zusteht. Die Bundesregierung erhob gegen diese Entrechtung eines deutschen Staatsbürgers keinen Einspruch, und das Urteil wurde so in Italien rechtskräftig.

Obwohl sich Herbert Kappler zu keiner Zeit einer juristisch abzuurteilenden Schuld bewußt sein mußte und eine solche auch nie anerkannt hat, war seine Verurteilung keine Überraschung für ihn. Als er sich im Mai 1945 in Bozen freiwillig stellte, hatte er, der mit bemerkenswertem Weitblick die Nachkriegs-Haßpropaganda und ihre Auswirkungen auf die Rechtsprechung voraussah, mit der Todesstrafe gerechnet. Trotzdem war er bei Kriegsende nicht geflohen wie so viele andere. Herbert Kappler wollte sich der Verantwortung nicht entziehen, ganz gleich, in welcher Form ihm zudiktiert werden würde, sie zu tragen.

Als die Kommandos britischer Truppen unter Feldmarschall Montgomery am 24. April 1945 Bozen erreicht hatten und das provisorische Gebäude der Deutschen Botschaft betraten, eilte ein höherer Offizier auf die anwesenden Polizeioffiziere zu und formulierte wörtlich: „Bitte halten Sie sich zu unserer Verfügung. Sie gehen jetzt gemeinsam mit uns gegen Rußland, Ihr seid der Sauerteig der Armee. Das ist der Wunsch von Feldmarschall Montgomery." Doch General Eisenhower identifizierte sich nicht mit diesem Plan seines britischen Kollegen und vertraute der Verbündung mit Sowjetrußland.

Noch befand sich Herbert Kappler in Freiheit. Als er hörte, daß britische Militärs ihn suchten, überlegte er eine Nacht lang, Fluchtpläne an irgendeinen Ort der Welt ins Auge zu fassen. Es wäre ihm ein leichtes gewesen, Europa zu verlassen und unterzutauchen. Aber er stellte sich freiwillig und meldete sich am 9. Mai 1945 bei dem Britischen Kommando in Bozen. Er fragte den Kommandanten: „Sie suchen Kappler?"

„Ja, wissen Sie, wo er sich aufhält?"

„Er steht vor Ihnen, ich bin Kappler", sagte er und legte seine Dienstpistole und Ausweispapiere auf den Schreibtisch des Offiziers. Der Brite stellte sich vor, begrüßte Kappler mit Handschlag, gab ihm Dienstpistole und Ausweispapiere zurück mit den Worten: „Bitte, kommen Sie morgen um 12.00 Uhr zum Flughafen Bozen."

Er gab ihm vierundzwanzig Stunden Vorsprung, in denen Herbert Kappler mühelos hätte verschwinden können. In der Nacht besprach er sich mit seinen Kameraden. „Wenn ich mich der Verantwortung entziehe, werden meine Untergebenen erschossen. Das kann ich nicht verantworten, ich werde pünktlich am Flughafen sein." Er fuhr allein. Sein Wagen blieb dort stehen.

Zunächst wurde Herbert Kappler nach Florenz in ein Gefängnis gebracht. Mehrere Gefangenenlager unter britischer Oberhoheit hatte er durchlaufen, darunter auch den berüchtigten Hungerhügel Rimini. Als in Venedig der Prozeß gegen Generalfeldmarschall Kesselring eröffnet wurde, befand sich Herbert Kappler im Entlassungslager Dachau und wurde als Prozeßzeuge nach Venedig zitiert. Bis dahin in englischer Gefangenschaft, hatte er in Italien seinen eigenen Prozeß zu erwarten. Der britische Hauptmann, der ihn den italienischen Behörden übergab, verabschiedete sich mit Tränen in den Augen.

Wie ist dieses Kunststück an „Sprachregelung" zustandegekommen? Die nachträgliche Auslegung nimmt von der Vergünstigung aus: 1. Personen, denen das politische Moment bei Begehung der Straftat nicht zugebilligt werden kann (entfällt bei Kappler und allen Kriegsverurteilten); 2. Angehörigen der italienischen Südtruppen (Badogliotruppen), die zur Zeit des Amnestie-Erlasses gar nicht mehr begnadigt werden konnten, da sie bereits sämtlich begnadigt waren; 3. Personen, die bewaffneten alliierten oder deutschen Formationen angehört hatten (wobei unerwähnt bleibt, daß für die Angehörigen alliierter Formationen gar keine Möglichkeit bestand und besteht, sie einem italienischen Gerichtsverfahren überhaupt nur zu unterstellen!).

Was sich hier so harmlos und objektiv liest, schließt in Wirklichkeit eine einzige Person vom Genuß der Amnestie aus, einen Menschen, der als einziger unter vielen deutschen Formationen angehört hatte - Herbert Kappler. Es geschieht dies unter dem Scheine einer objektiven Begründung, welche den primären Grundsatz jeglicher Rechtsprechung, nämlich den des gleichen Rechts für alle, mißachtet und eine schwerste Entrechtung des Verurteilten darstellt. Folgerichtig ist also Kappler der Genuß der Vergünstigungen des Amnestiedekrets nicht etwa deshalb versagt worden, weil seine angeblichen Verfehlungen schwerer waren als die der amnestierten Italiener, unter denen sich weit schwerere Fälle nicht rein politischen Massenmords befinden, sondern seine Benachteiligung durch das Gesetz ist einzig und allein die Folge seiner deutschen Staatsangehörigkeit.

Ist schon der juristische Aspekt einer solchen Auslegung als untragbar gekennzeichnet worden, so sind die daraus abzuleitenden politischen Schlußfolgerungen noch viel schwerwiegender. Die italienische Regierung erklärte, daß dieses Gesetz ausdrücklich zum Zwecke der sozialen Befriedung geschaffen wurde, und es hat diesen Zweck im eigenen Land auch erreicht: viel Bitterkeit, Zerrüttung und Mißverstehen konnten beseitigt und an ihre Stelle das Gefühl der Geschlossenheit gesetzt werden. Nun, da wir bemüht sind, das geeinte Europa zu bauen, hätte das Bemühen um Versöhnung nicht auch auf den befreundeten Bundesgenossen ausgedehnt und die letzten Trennungsgräben zugeworfen werden können?

Wie ließ sich die dauernde Diskriminierung eines deutschen Staatsbürgers nur um seiner Staatsangehörigkeit willen vereinbaren mit der angestrebten und vollzogenen Waffenbrüderschaft, den abgeschlossenen Freundschafts- und Wirtschaftsverträgen usw.? Mußte es nicht nachdenklich stimmen, daß ausgerechnet einem Manne die Gerechtigkeit vorenthalten wird, der nichts anderes tat als das, wozu das vereinte Europa und die westliche Welt sich heute anschicken: eben dieses Europa mit legalen Mitteln zu verteidigen? Konnte man nicht erwarten, daß Jahre und Jahrzehnte nach Beendigung des unseligen Krieges und der durch ihn gestifteten Verwirrungen endlich der Zustand des Rechtes und der gegenseitigen Achtung wiederhergestellt wurde, und zwar nicht in billigen Worten, sondern de facto, d. h. durch Taten?

Es scheint in der Tat, als hätte die italienische Staaatsführung selbst solche Erwägungen angestellt, als sie im Frühjahr 1955 den Anwalt Kapplers mehrfach in privater Form wissen ließ, daß sie einer Entlassung des letzten deutschen Kriegsgefangenen positiv gegenüberstehe, und dies im Zeichen der erneuten deutsch-italienischen Bündnispolitik und als ihren Beitrag zur Festigung der europäischen Einheit. Der damalige italienische Justizminister Di Pietro wiederholte diese Bereitwilligkeit mehrfach und unter Hinzuziehung namhafter deutscher und italienischer Zeugen. Er wünschte - und er betonte hierbei, daß er nicht seine private Meinung, sondern die der damaligen italienischen Regierung zum Ausdruck bringe -, das Problem rasch und unauffällig durch die positive Erledigung eines Gnadengesuches zu lösen, welches die Bonner Regierung zu stellen hätte.

Leider kam man deutscherseits seinem wiederholten und dringenden Rate nur zögernd und erst dann nach, als durch eine inzwischen erfolgte italienische Regierungsumbildung die Voraussetzung zu dieser Lösung erschwert war. Man leistete dem bereits im März erteilten Rat und Wunsch erst am 31. 7. 1955 (am Tage vor Beginn der italienischen Parlamentsferien) Folge, als man durch den damaligen deutschen Botschafter in Rom ein Gnadengesuch der Bundesregierung überreichen ließ. Dieses Gesuch blieb unerledigt.

Bei dieser Lage der Dinge ist es verständlich, daß in der Folge zahlreiche deutsche und italienische Persönlichkeiten und Organisationen sich dieses krassen Unrechtsfalles annahmen. Doch ihrer aller Bemühen erreichte nicht, dem Verurteilten die Freiheit wiederzugeben.

Von besonderer Bedeutung erscheint auch die Einstellung des Vatikans zum Kriegsgefangenenproblem im allgemeinen und die hoher kirchlicher Würdenträger zum Fall Kappler im besonderen. Eindringlich und oft ermahnte der Heilige Vater die Völker in aller Welt, endlich die letzten Gefangenen des unseligen Krieges freizugeben.

Wie steht nun die italienische Regierung zum Problem der Aburteilung ihrer eigenen Staatsbürger durch fremde Gerichte und wie zum Kriegsverurteiltenproblem?

Sie hat es zu allen Zeiten abgelehnt, ihre eigenen Staatsangehörigen fremden Rechten zu unterstellen. Sie hat keinen einzigen ihrer Staatsangehörigen an fremde Mächte (Jugoslawien, Griechenland, Albanien, Äthiopien) ausgeliefert. Wo Italiener bereits in fremdem (englischem) Gewahrsam saßen, hat sie in beispielgebender Weise mit allen Mitteln sich unablässig bemüht, die Freilassung ihrer Staatsangehörigen zu erwirken, und hat dieses Ziel auch in schwierigsten Fällen erreicht. Als letzter wurde der in England zum Tod verurteilte Hauptmann Gottardi bereits vor langer Zeit aufgrund hartnäckiger italienischer Interventionen in Freiheit gesetzt.

Um die Zerrissenheit im eigenen Lande zu beenden, alle Ressentiments zu beseitigen und so die innere Befriedung herbeizuführen, hat die italienische Regierung bereits am 19. Dezember 1953 durch ein weitgehendes Amnestiedekret unter das italienische Kriegsverurteilten-problem einen großzügigen und endgültigen Schlußstrich gezogen. Durch dieses Gesetz sind alle italienischen Kriegsverurteilten begnadigt und in Freiheit gesetzt worden. Zu ihrer Verurteilung waren dieselben Paragraphen, die gleichen Gerichte herangezogen worden wie für die Verurteilung Kapplers; die ihnen angelasteten oder tatsächlich begangenen Straftaten waren die gleichen oder schwerere als jene, die zur Verurteilung Kapplers führten; denn unter die Strafnachlaßbestimmungen fallen nach dem Text des Gesetzes „alle Vergehen, die im Zusammenhang mit dem Kriegsgeschehen von Angehörigen bewaffneter Formationen" begangen worden sind.

Nach menschlicher Vernunft und nach normalem Rechtsempfinden müßte diese Amnestie in gleicher Weise allen unter den gleichen Anklagepunkten verurteilten Angehörigen bewaffneter Formationen zugutekommen, deren tatsächlich begangene oder nur angelastete Straftaten „im Zusammenhang mit dem Kriegsgeschehen" erfolgten, ohne Ansehen der Person; denn man kann billigerweise einen Menschen nicht vom Genuß einer Amnestiebestimmung ausschließen, wenn man ihn zuvor nach einem Gesetzesparagraphen verurteilt hat, der unter diese Amnestiebestimmung fällt! Es sei denn, man weiche von dem Grundsatz der Unteilbarkeit des Rechts (der doch Fundament jeder Rechtsprechung sein müßte!) ab. Dann ist das aber kein Recht mehr, sondern ein Un-Recht.

Leider suchte und fand die spätere Auslegung des Gesetzestextes durch den Obersten Kassationshof jedoch den Winkelzug, der es ihr unter dem Schein des Rechtes ermöglichte, eine Person von der Anwendung des Amnestiedekretes auszunehmen, und zwar unter den vielen Kriegsverurteilten den einzigen Verurteilten deutscher Staatsangehörigkeit: Herbert Kappler.

Einige Dokumente zur Entlastung Kapplers sind von besonderem Interesse:

Generalfeldmarschall Kesselring gab eine eidesstattliche Erklärung ab, die bezeugt, daß Kappler bemüht war, eine Repressalienquote vorzuschlagen, die durch bereits inhaftierte und verurteilte Todeskandidaten erfüllt werden konnte; daß er dem OBSW verantwortlich war für die Sicherheit Roms im Rücken der Truppe; daß er am 22. 1. 1944 vom Generalfeldmarschall persönlich mit dieser Aufgabe betraut und ihr gerecht wurde; daß zu diesem Zeitpunkt der organisierte und „wilde" Widerstand im Untergrund Roms zahlenmäßig stärker war als die kämpfende Truppe; daß kommunistische Terroraktionen zu diesem Zeitpunkt an der Tagesordnung waren; daß die Judenrazzia in Rom gegen den Willen Kapplers und der militärischen Führung von einem Berliner Sonderkommando auf Befehl Himmlers und General Wolffs hin z. T. durchgeführt wurde; daß Kapplers verantwortungsbewußte Mäßigung der Stadt Rom und ihrer Bevölkerung unermeßliches Leid erspart hat.

Der Journalist G. Blasi gehörte bis Mai 1944 einer kommunistischen Aktionsgruppe an, kehrte dieser aber den Rücken, als er Gewißheit erlangte, daß die kommunistischen Attentate weniger der deutschen Besatzungsmacht schadeten, als vielmehr Vergeltungsmaßnahmen provozieren sollten. Er berichtete in der Tageszeitung „Il Secolo d'Italia", daß von seiner Aktionsgruppe in kürzester Zeit 200 Attentate - darunter das von Via Rasella - durchgeführt wurden. Togliatti habe es befohlen als Antwort auf die Bekanntmachung der Besatzungsmacht, nunmehr ernste Repressalien zu ergreifen. Ferner hätten die italienischen Attentäter auf Vorstellungen ihrer Kampfgefährten, sich zur Verhütung eines Blutbades zu stellen, zynisch entgegnet: „Unser Blut ist wichtig für Welteroberungspläne der kommunistischen Idee, dagegen fällt das Leben einiger hundert Italiener nicht ins Gewicht."

Der Kriminalrat a. D. Schütz gab eine eidesstattliche Erklärung ab über Kapplers Erfolg, daß überstürzte Maßnahmen Generalleutnant Mältzers zunächst aufgeschoben und dann überhaupt nicht mehr durchgeführt wurden. Kappler habe kein Mittel unversucht gelassen, den Attentäter zu finden, um die Sühnemaßnahme überhaupt zu verhindern, sogar Haftentlassungen von Personen aus dem vermuteten Attentäterkreis. Die eidesstattliche Erklärung besagt ferner, daß es ihm gelang - entgegen dem Willen des zuständigen Kriegsgerichtsrates - rechtskräftig zum Tode Verurteilte auf die Liste zu setzen, um Menschenleben zu sparen; daß ein ausdrücklicher Befehl aus dem Stab des

Generalleutnants Mältzer die Erhöhung der Opfer um zehn Personen forderte beim Tode des 33. deutschen Soldaten; daß die „offizielle" (aber nicht tatsächliche) Vorverlegung der Exekution 20 weitere Menschenleben verschonte; daß die Kappler angelasteten „irrtümlich" zuviel erschossenen Personen auf italienisches Konto gebucht werden müssen und ihn an deren Tod nicht einmal fahrlässiges Verschulden trifft; daß es nur Kappler zu verdanken ist, daß die befohlene Sprengung des Stadtviertels unterblieb; daß die nach dem erhaltenen Befehl erforderliche Erschießung weiterer 85 Personen überhaupt unterblieb.

Im schriftlichen Bericht über die Audienz des MdB Heinrich Hoefler beim italienischen Justizminister am 26. April 1955 kommt zum Ausdruck, daß Minister Di Pietro seitens der damaligen italienischen Regierung die rasche Vorlage eines Gnadengesuches wünschte und anempfahl und die positive schnellste Erledigung desselben zusagte.

Diese Dokumente und weitere Berichte unserer Anwälte wurden 1969 an die Bundesregierung und alle Abgeordneten des Deutschen Bundestages sowie der Deutschen Botschaft in Rom gesandt.

KAPITEL 4

„...jetzt bleibt er drin!"

Im Januar 1970 wurde ein neues Gutachten-Gnadengesuch der italienischen Anwälte Kapplers, Professor Cuttica und Professor Messina, an den italienischen Staatspräsidenten eingereicht. Aber auch da passierte viel Unverständliches.

Monatelang hatte die Regierung auf dieses Gesuch gewartet, immer wieder hieß es, die Abgabe stünde unmittelbar bevor. Als ich auf die Bitte Herbert Kapplers im November 1969 einen Brief an Prof. Cuttica schrieb, mit der Frage, was die Vorlage des Gutachtens beim Staatspräsidenten behindere, antwortete er mir: „Die Verzögerung ist wegen der fehlenden, aber erforderlichen Zustimmung der Bundesregierung in Bonn zum Inhalt des Gesuches entstanden, die aber jetzt mündlich erfolgt ist."

Die Anwälte übergaben das Gnadengesuch dem Abteilungsleiter im Präsidialamt von Präsident Saragat in jener Fassung, die vom Auswärtigen Amt in Bonn genehmigt worden war.

Das Gesuch enthielt jedoch keine schriftliche Einverständniserklärung der Bundesregierung, ohne deren Fürsprache jedes Gnadengesuch von vornherein aussichtlos sein mußte. Was umso unverständlicher war, als die Bundesregierung dieses Gutachten-Gnadengesuch bei den Anwälten selbst in Auftrag gegeben hatte.

Auf Rückfrage teilte die deutsche Botschaft in Rom mit: „Bei der Übergabe" haben die Verteidiger zum Ausdruck gebracht, das Gutachten werde auch im Auftrag der Regierung der Bundesrepublik Deutschland eingereicht.

Danach hatten die Anwälte vermutlich dem Abteilungsleiter im Präsidialamt das Gesuch in die Hand gedrückt und dem Staatspräsidenten der Republik Italien ausrichten lassen, die deutsche Regierung stünde auch dahinter. Ich dachte mir, war der deutschen Botschaft in Rom das Papier ausgegangen für ein schlichtes Begleitschreiben oder mangelte es im Auswärtigen Amt an Briefporto?

Diese Frage wurde schließlich fünf Monate später, im Mai 1970, durch die deutsche Botschaft geklärt: „Dem italienischen Außenminister war schriftlich mitgeteilt worden, daß das Gnadengesuch auch im Namen der Bundesregierung eingereicht worden ist." Außerdem habe Bundesaußenminister Walter Scheel bei seinem kürzlichen Besuch in Rom „die Gnadensache Kappler persönlich und ausführlich mit dem italienischen Außenminister erörtert und damit erneut bekundet, daß auch die Bundesregierung die Begnadigung Kapplers anstrebt".

Warum diese verschlungenen Wege, fragte ich mich, warum nicht ein kurzer Zusatz im Gesuch oder ein einfaches Begleitschreiben zur selben Zeit und an den selben Adressaten? Damals verstand ich das nicht. In den folgenden Jahren sollte ich noch so manche geheimnisvollen Pfade der Diplomatie - wenn auch nicht verstehen - so doch kennenlernen.

In den Zeitungen wurde über den von der deutschen Botschaft zitierten Besuch Scheels bei seinem italienischen Kollegen Aldo Moro berichtet: „Blitzreise Scheels nach Rom". Es seien eine ganze Reihe europäischer und bilateraler Probleme besprochen worden - es ging um Weingesetzgebung bis hin zu der Frage des Baus von Gas-Ultra-Zentrifugen, und schon am nächsten Tag sei er zu einem Besuch Guatemalas abgeflogen. Wo war da wohl die „ausführliche Erörterung der Gnadensache Kappler" eingeschoben worden?

Trotz allem - es war Bewegung in der Angelegenheit, und wir hatten Hoffnung.

Mitte des Jahres 1970 lag ein Gutachten des Rechtsanwalts und Ordinarius für Strafrecht an der Universität Mailand, Prof. Nuvolone, vor, den Dr. Aschenauer mit der Beantwortung der Frage beauftragt hatte, ob aufgrund des seit der Verurteilung Herbert Kapplers neu beigebrachten Beweismaterials eine Revision des Urteils möglich sei? Prof. Nuvolone kam in seinem Gutachten zu dem Schluß, daß die neuen Beweise „es als wahrscheinlich erscheinen lassen, daß der Angeklagte freigesprochen werden könnte", und daher eine Revision möglich sei.

Diese Ansicht hatte der deutsche Anwalt Dr. Aschenauer seit Jahren schon vertreten; er wurde nun auch von seinem italienischen Kollegen darin bestätigt. Doch die Bundesregierung lehnte es ab, ein Gnadengesuch zu befürworten, das sich auf dieses Gutachten stützte. Man befürchtete in Bonn, ein solches Vorgehen könnte in Italien als „Urteilsschelte" aufgefaßt werden.

So wurde dieses Gnadengesuch, das erstmals neben rein humanitären Gesichtspunkten auch begründete rechtliche Argumente darlegen konnte, nicht eingereicht. Es wäre schon deshalb keine Urteilsschelte gewesen, weil die Anwälte von neuen Beweismitteln ausgehen konnten, die erst nach dem Urteilsspruch beigebracht worden waren.

Unsere Betroffenheit und Enttäuschung wurde wenig später von einer neuen Initiative, die uns alle sehr hoffnungsfroh stimmte, abgelöst: Im August 1970 sandte Kirchenpräsident i. R. D. Dr. Hans Stempel, Beauftragter des Rats der Evangelischen Kirche in Deutschland zur Seelsorge an den deutschen Kriegsverurteilten in ausländischem Gewahrsam, ein Gnadengesuch an Staatspräsident Saragat, dem sich führende Vertreter beider Konfessionen angeschlossen hatten:
Kardinal Frings, Alt-Erzbischof von Köln;
Bischof Hengsbach von Essen;
Bischof Tenhumberg von Münster;
Dr. Carl Josepf Leiprecht von Rottenburg;
Landesbischof D. Dr. Dietzfelbinger, München, Vorsitzender des Rates der evangelischen Kirche in Deutschland;
Bischof D. Hermann Kunst, Bonn;
Landesbischof D. Dr. Lilje in Hannover;
Bischof D. Kurt Scharf in Berlin;
Kirchenpräsident D. Dr. Martin Niemöller.

Ein Gnadengesuch, getragen von hohen und höchsten Würdenträgern der deutschen Kirchen - das mußte doch Gewicht haben? Es hatte keines. Nicht einmal so viel, daß es der italienischen Regierung Wert gewesen wäre, es abschlägig zu bescheiden. Auch die anderen Gnadengesuche, mit Ausnahme dessen von Mutter Kappler Ende 1966, erfuhren niemals eine Antwort.

Wir warteten und hofften, hofften und warteten.

Noch nie war so viel geschehen und getan worden, wie in den vergangenen drei Jahren. Der „Fall Kappler" war durch Mühe und Einsatz mancher Freunde auf Regierungsebene und in wichtigen Personenkreisen ins Gespräch gebracht worden. Es liefen auch Versuche, dies in Italien zu erreichen. Doch dort prallte jede Initiative, jeder Versuch eines Gesprächs, jede Bitte auf eine Mauer des Schweigens. Die verantwortlichen italienischen Politiker fürchteten die Öffentlichkeit, erklärten, das italienische Volk sei unversöhnlich. So wurde Herbert Kappler zum lebenden Mahnmal einer Vergangenheit, die man nicht vergessen und nicht verzeihen wollte. Er wurde zum „deutschen Sündenbock", an dem alles ausgelassen wurde und auf dessen Schultern man alles abladen konnte.

Wo lag seine Schuld, die keine Gnade zuließ?

Im Bekanntenkreis hörte ich, daß Robert Katz, ein amerikanischer Journalist, ein Buch zu den damaligen Vorgängen in Italien herausgegeben habe. Es war in deutscher Sprache unter dem Titel „Mord in Rom" erschienen. Ich ließ es mir kommen, vertiefte mich sofort in die Lektüre und rief entsetzt Dr. Aschenauer an: „... aber das ist doch nur die eine Seite des Geschehens! Warum sprach Robert Katz nicht persönlich mit Herbert Kappler? Das wäre doch unerläßlich gewesen. Und warum nimmt Herr Kappler nicht Stellung dazu? Er müßte ebenfalls ein Buch schreiben!"

„Wir haben das inzwischen erörtert. Er kann weder Robert Katz empfangen, noch Stellung dazu nehmen, geschweige denn ein Buch schreiben. Vergessen Sie nicht, daß er in einer Militärfestung eingesperrt ist und damit zwangsweise gewissen Gepflogenheiten unterliegt, nicht wahr, Sie verstehen mich?"

Ich hatte gar nichts verstanden, ich wollte mehr wissen. Sollte ich nicht

Kontakt zu Robert Katz aufnehmen? Aber über den Kopf Herbert Kapplers hinweg konnte ich es nicht. Und so befragte ich ihn in einem meiner nächsten Briefe zwischen den Zeilen.

„Die Anwälte kümmern sich darum, halte du dich bitte im Hintergrund," las ich in seiner Antwort und wunderte mich. Ich hatte so viele Ideen und Pläne, den Fall Kappler anzugehen, der mir wie ein Schicksalsbuch mit sieben Siegeln vorkam. Ich meinte nicht von der juristischen Seite aus, dafür waren die Anwälte zuständig, sondern von der menschlichen Seite her.

Ich lernte immer mehr Freunde und Bekannte Herbert Kapplers kennen, die in Kontakt mit Bundestagsabgeordneten und Politikern standen, fragte nach Einzelheiten der früheren Geschehnisse und Zusammenhänge. Aber ich wurde abgewehrt: „Kümmern Sie sich um seine Gesundheit, halten Sie ihn bei Laune", hörte ich verwundert.

Es wurde Weihnachten, Neujahr. Alle zwei Monate besuchte ich Herbert Kappler. In der Zeit zwischen meinen Besuchen wurden die täglichen Briefe immer noch länger. Mit einem Päckchen pro Tag kam ich auch nicht mehr aus, oft wurden es drei oder vier. Daneben durfte meine Praxis nie vernachlässigt werden, denn es gab häufig kritische Fälle.

Herbert Kappler war in mein Leben hineingewachsen, als sei er immer dagewesen. Jeden Winkel meiner Wohnung fotografierte ich und wurde nie ein Meister darin. Ich schilderte ihm, wo in welchen Schränken Porzellan oder Gläser standen. Er brauchte sich nur noch hineinzufühlen und war heimisch geworden.

„Hier befindet sich nur noch eine Attrappe, so sehr lebe ich dort bei uns mit dir", schrieb er.

Oft rief ich Mutter Kappler in Stuttgart an, die immer brennender auf die Heimkehr ihres Sohnes wartete. „Ich habe doch nicht mehr viel Zeit!" Und oft wollte es mir nicht gelingen, auch nur einen winzigen Hoffnungsschimmer zu vermitteln.

Dr. Aschenauer gab eine zweite Schrift als Nachtrag zu seiner ersten Kappler-Dokumentation heraus, die sich auf neue Erkenntnisse stützte und die er ebenso wie die erste Veröffentlichung an sämtliche Mitglieder der Regierung, an Bundestagsabgeordnete, kirchliche Würdenträger und einen Kreis weiterer Persönlichkeiten des öffentlichen Lebens verschickte. Immer begleitet von der Hoffnung, daß sie auch gelesen würde.

In diesen Sommerwochen arrangierte eine Bekannte für mich ein Treffen mit Dr. Eddi Turner in Berlin, der während des Krieges alliierter Kriegsberichterstatter in Italien gewesen war. Ich hoffte, daß er vielleicht durch seine weitverzweigten Verbindungen mir in irgendeiner Weise behilflich sein könnte. Nach einem langen Gespräch, in dem ich ihn über alle Fakten des „Falles Kappler" informiert hatte, sagte er „Ich möchte Herbert Kappler persönlich kennenlernen. Ich fahre nach Italien." Aber Eddi Turner erhielt keine Besuchserlaubnis in der Festung.

In kurzer Folge lernte ich durch Freundesvermittlung weitere Journalisten kennen; sie gaben sich alle interessiert, jedoch weniger am „Fall Kappler" als vielmehr an meiner Beziehung zu ihm.

Dr. Eddi Turner meldete sich nach Wochen wieder bei mir, schlug vor, mit mir gemeinsam die Gräfin York von Wartenburg in Berlin aufzusuchen, deren Gatte im Dritten Reich dem Widerstand angehört hatte und im Zusammenhang mit dem Attentat auf Hitler am 20. Juli 1944 hingerichtet worden war. Es war bekannt, daß die Gräfin sich vieler Probleme auf sozialer Ebene annahm.

Ich flog nach Berlin. Dr. Turner und ich fuhren gemeinsam zum Haus der Gräfin in Dahlem. Die Gräfin empfing uns freundlich und stellte uns auch einem Amerikaner vor, der bei ihr anwesend war. Zur besseren Information legten wir die beiden Schriften von Dr. Aschenauer vor. Der Amerikaner blätterte kurz darin, stieß auf das Zitat mit dem Hinweis auf die Haager Landkriegsordnung, in der die Repressalmaßnahmen im Falle eines Attentats geregelt sind. Er schüttelte den Kopf, gab mir die Broschüren zurück, sagte: „.... damit ist nichts zu machen."

„Aber der 'Fall Kappler' ist doch auch ein menschliches Problem", wagte ich einzuwenden, „der Mann sitzt seit 25 Jahren in Gefangenschaft!"

„Wir können Ihnen nicht helfen."

Doch im Hinausgehen drückte die Gräfin meine Hand: „Nehmen Sie meine besten Segenswünsche mit." Allein dafür war ich ihr schon dankbar.

In den sonnendurchglühten Tagen Ende August 1970 saß ich wieder bei Herbert Kappler im kühlen Besuchsraum der Festung. Wir hatten unsere Hände ineinandergefaltet und schwiegen. Der Zensor hatte verwundert zu uns herübergeblickt und notierte offenbar etwas fürs Protokoll, das über jeden Besuch geführt werden mußte.

Wir verstanden uns ohne Worte, dachten beide in dieser Minute an die vielen Gnadengesuche der vergangenen fünfzehn Jahre. Man hatte sich auf humanitäre Aspekte zu beschränken. Ich sagte mir, war nicht Italien die Wiege des Rechts? Warum durften nicht auch italienische Juristen über das Urteil zu Wort kommen? Warum wurde immer nur um Gnade für Herbert Kappler gebeten und nicht auch um Gerechtigkeit? Er war es, der immer wieder nur zu Geduld riet und mir alles zu erklären versuchte: „So viel wie jetzt ist eigentlich in all den Jahren noch nie getan worden", wollte er mich aufmuntern.

„Der Staatspräsident kann die Eingaben doch nicht einfach ignorieren", überlegte ich, „... es muß eben etwas ganz Besonderes geschehen, um Anstoß für die Bearbeitung der Gesuche zu geben..."

Herbert Kappler schwieg eine ganze Weile und fragte dann fast scheu: „Du meinst ... heiraten?"

„Heiraten? Aber nein, daran habe ich noch nie gedacht! Ich werde dich nie verlassen, ich bleibe an deiner Seite. Ein Astrologe hat mir vor Jahren einmal gesagt, 'du hast die zweite Scheidung im Horoskop'... und dich will ich nie verlieren! Wir gehören doch auch ohne Trauschein zusammen."

Ich sah ihm in die Augen und drückte liebevoll seine Hand: „... verzeih', ich wollte dich nicht verletzen", und wünschte gleich, ich könnte meine Worte zurücknehmen.

Einem Mann, der einem in einer Mondscheinnacht an der Alster oder zu Hause bei Kerzen und Sekt einen Heiratsantrag macht, kann man auf diese Weise antworten, er würde es lachend wegstecken und seinen Antrag bei nächster Gelegenheit wiederholen. Einem Mann aber, der im armseligen Besuchsraum einer Militärfestung von Heirat sprach, hätte ich so nicht antworten sollen, er würde mich nicht wieder fragen.

Und hatte ich denn auch wirklich gemeint, was ich gesagt hatte? Jedenfalls hätte ich das „Nein" anders formulieren müssen, warum hatte ich nicht gesagt: was für ein wundervoller Gedanke zu heiraten! Aber wäre das hier nicht sehr schwierig? Es würde sich doch für uns gar nichts ändern! Oder irgend so etwas hätte ich sagen sollen.

Ich hatte wirklich nicht an eine Heirat gedacht. Doch in den folgenden Wochen ertappte ich mich immer wieder bei dem Gedanken: Heiraten, das würde vieles erleichtern!

Wie war es denn gewöhnlich, wenn ich irgendwo vorsprechen und für Herbert Kappler um etwas bitten wollte, wurde ich als erstes gefragt, „Wer sind Sie denn?" Und die Antwort: „Eine Bekannte" oder „Eine Freundin von Herbert Kappler (meist mit hinzugefügtem) und seiner Familie." Das öffnete keine Türen. Wenn ich aber sagen könnte, „ich bin seine Frau", hätten meine Worte Gewicht, und ich hätte eine Legitimation.

Aber auch ein anderer Gedanke ließ sich immer weniger verdrängen, warum den Mann nicht heiraten, den ich liebte? Daß ich mich nie von ihm trennen würde, ob in Haft oder in Freiheit, stand fest.

Merkwürdigerweise stellte mir ein paar Wochen später Rechtsanwältin Albrecht am Telefon dieselbe Frage: „Warum heiraten Sie eigentlich nicht? Sie wollen doch ohnehin zusammenbleiben. Es wäre auch der größte Wunsch von Mutter Kappler, und Sie hätten dann auch eine rechtliche Grundlage für Gnadengesuche!"

Ich erzählte ihr von dem Gespräch in Gaeta. Lachend rief sie ins Telefon: „Suchen Sie sich einen anderen Astrologen!"

Kurz darauf, im September 1970, fand in München ein Informationstreffen mit Herbert Kapplers römischen und deutschen Anwälten und einem kleinen Freundeskreis statt. Mit Verspätung traf ich bei der Konferenz ein. Dr. Aschenauer hatte gerade seinen Vortrag beendet, Prof. Cuttica ergriff das Wort, wurde synchron übersetzt und formulierte wörtlich: „Kapplers Entlassung steht unmittelbar bevor. In spätestens sechs Wochen wird er in Deutschland sein. Das Gesuch liegt beim höchsten italienischen Militärrichter. Wir erwarten nicht, daß es erneut auf Eis gelegt wird."

Mein Stichwort! Ich sagte: „... das darf nicht geschehen, das darf einfach nicht geschehen, nach fünfundzwanzig Jahren Festung! Das würde auch Mutter Kappler nicht überleben. Also müssen wir doch heiraten! Und schnell! So schnell wie möglich! Vielleicht kann ich als seine Frau verhindern, daß die Gesuche erneut in den Aktenschränken verstauben."

Ich bat die Dolmetscherin, meine Worte zu übersetzen, fügte noch hinzu: „Ich danke dem Himmel, daß nicht alle edlen Römer ausgestorben sind", und sah in lauter entgeisterte Gesichter.

Alle Anwesenden waren Herbert Kapplers Freunde, die sich seit Jahr und Tag für seine Freilassung einsetzten. Ich hatte gehofft, sie würden sich mit uns freuen, wenn wir heirateten. Aber sie waren entsetzt. Alle hatten ihre eigenen Familien, ihr eigenes Leben. Man durfte doch gar nicht von ihnen erwarten, daß sie sich ausschließlich für Herbert Kappler einsetzten, so wie es ein Ehepartner tun könnte.

Seine Gegner in ihrer Unversöhnlichkeit betrachteten Herbert Kappler als ihr Eigentum. Aber manche seiner Freunde, oder die, die sich dafür hielten, taten es auch.

Ich berichtete alles Herbert Kappler, und nun war ich es, die sagte: „Laß uns heiraten! Wir müssen sogar heiraten!" Dann rief ich Mutter Kappler an, sie war überglücklich, und ich begann zu ahnen, was unsere Heirat für sie bedeuten mußte: Immer der Gedanke, „Was wird aus meinem Sohn, wenn ich nicht mehr da bin?" Und es war, als wage sie nicht zu sterben.

Wie groß der Freundeskreis Herbert Kapplers war, wie viele Menschen an seinem Schicksal teilnahmen, an seinem tragischen Geschick, erfuhr ich im Laufe der Zeit. An manchen Tagen trafen ganze Briefstapel in Gaeta ein. „Aber deine Briefe sind die wichtigsten", lächelte er mich in einer Besuchsstunde an. Um seine Freunde kennenzulernen, legte er mir zum Mitlesen immer mal wieder Briefe bei. Mein Gefühl für das geschriebene Wort als Trost oder Zeitvertreib, Anregung oder Anteilnahme wurde immens geschärft, und ich erfaßte den Briefpartner in seiner Mentalität aus meiner Situation in Freiheit rasch und oft besser, als es ihm in seinem Kerker möglich war.

Viele liebenswerte Menschen lernte ich auf diese Weise kennen, später oft auch persönlich. Selten täuschte ich mich. Auch wenn Herbert Kappler manchmal zweifelnd den Kopf schüttelte.

'Freuen' sollte ich mich über die 'nette' Post einer Dame, die immer auch mal Briefpapier und Zigaretten schickte. Nur, zu freuen vermochte ich mich nicht! Die erste scheinbar harmlose Postkarte versetzte mich in jenen Alarmzustand, den niemand mag. Es war ein merkwürdiges Gefühl, weniger Eifersucht, als vielmehr die Witterung einer undefinierbaren Gefahr.

Die Dame hatte ihm geschrieben, sie wünschte Kontakt zu Personen, die ihm nahestehen. Er hatte mich vorgeschlagen, weil seine Mutter und seine Schwester nicht mehr bei bester Gesundheit wären. Mir hatte er gesagt, die Dame würde sich bei mir melden. Ich wartete auf ihren Anruf, der jedoch nicht kam und rief sie dann meinerseits zu einem höflichen Gespräch an.

Später las ich im Tagebuch Herbert Kapplers: ...die Dame G.H. sprach mit Willy Brandt, Alex Möller und anderen führenden Politikern in Bonn, sie informiere sich auch in Italien bei wichtigen Parteifunktionären zunächst aus der zweiten Garnitur. Wo liegt das Gnadengesuch jetzt, wollte sie wissen und sie sei bereits mehrfach in Italien gewesen.

Sie suchte auch Mutter und Schwester Kappler in Stuttgart auf: „Ich habe die nötigen Beziehungen in der Hand! ... Er könnte längst frei sein, seit Wochen könnte er in Freiheit leben, ich brauche nur mit dem Finger zu schnippen, aber auf mich geht er ja nicht ein!"

Sie hinterließ zwei Frauen in großer Panik; Mutter Kappler erlitt prompt einen Herzanfall, Gretl rief mich aufgelöst an.

Kaum hatte ich das Gespräch mit Gretl beendet, griff ich erneut zum Hörer, rief Frau G.H. an, um zu beschwichtigen: „Mutter Kappler ist fast 90, man darf sie nicht aufregen. Und Kapplers Schwester hat erst vor kurzem eine schwere Krebsoperation durchgemacht, jeder nimmt Rücksicht darauf. Warum haben Sie die beiden Damen denn so aufgeregt mit Ihrer Erklärung, Herbert Kapplers Freiheit erwirken zu können?"

Da fuhr sie mich an: „Wer sind denn Sie überhaupt? Was wollen Sie denn? Sind Sie die Verlobte von Kappler?"

„Nein", erwiderte ich mit fester Stimme und nahm die Zukunft vorweg. „Nein, ich bin seine Frau!"

„So, jetzt bleibt er drin! Fünfundzwanzig Jahre sitzt er schon, jetzt kann er noch zwanzig Jahre sitzen", schrie sie ins Telefon.

Mir fiel vor Schreck der Hörer aus der Hand, Stiche im Kopf, Druck in der Herzgegend, heftige Übelkeit, ich erbrach mich. Wer war diese Frau? Welchen Einfluß hatte sie? Und, hatte ich da etwas verdorben? Hatte ich Herbert Kappler geschadet?

Um einen möglichst klaren Kopf bemüht, telegrafierte ich noch am selben Abend nach Gaeta: „Erbitte dringendes Gespräch", veräußerte ein Schmuckstück aus Großmutters Schatulle, weil ich Geld brauchte, konnte vor Aufregung kaum arbeiten und buchte zwei Tage später den Flug.

Wild jagten meine Gedanken durcheinander. Was war mit dieser Frau G.H.? Bohrend hatte sie mich gefragt: „Sind Sie die Verlobte?"

Tatsächlich hatten in den letzten Monaten wiederholt verschiedene Damen sowohl in der deutschen Botschaft in Rom als auch im Auswärtigen Amt in Bonn vorgesprochen, um Informationen gebeten und sich als Kapplers Verlobte ausgegeben. Das war mir nicht angenehm.

Ich hatte Herbert Kappler darauf angesprochen und gescherzt: „Da wartet ja ein ganzer Damenflor auf dich!" Er hatte mir ernst geantwortet: „Niemand hat Anlaß dazu, sich so zu bezeichnen. Du bist meine Frau!"

Wenn aber G.H. aufgrund ihrer Verbindungen Herbert Kappler die Freiheit bringen könnte, durfte ich nicht im Wege stehen. Ich würde ihm sein Wort zurückgeben. Aber ich wollte das persönlich mit ihm klären und in seinen Augen lesen.

Während des Fluges nach Rom rannen mir pausenlos Tränen über das Gesicht, unmöglich, sie unter Kontrolle zu bringen. Es war mir peinlich, die Leute sahen mich an, aber es weinte einfach weiter. Eine mütterlich wirkende Italienerin neben mir fragte teilnahmsvoll: „Ist jemand gestorben?" Ich stutzte, sagte automatisch „Ja" und dachte an unsere Liebe, die mir zu sterben schien. Auge in Auge will ich ihm gegenüberstehen in dieser Entscheidung, ging es mir immer wieder durch den Kopf. Doch irgendwo tief in mir war eine unbeschreibliche Gewißheit. Aber konnte ich mich nicht doch getäuscht haben, fragte der Verstand.

Frau G.H. habe mit den wichtigsten Politikern gesprochen, hatte sie zu Gretl gesagt. Ich aber sollte nicht hervortreten, hatte Herbert mich gebeten. Mir drehte sich alles vor Augen, als die Maschine endlich in Rom-Fiumicino zur Landung ansetzte.

Ich riß mich zusammen so gut es ging und trieb in der Menge zur Paßkontrolle. Es dauerte und dauerte. Und es dauerte mir immer zu lange! Plötzlich hörte ich durch den Lautsprecher des Flughafens auf italienisch: „Frau Wenger, bitte zur Information!" Wenn nur diese dummen Tränen nicht wären, mein Gesicht war total verquollen. Ich setzte mir meine größte Sonnenbrille auf, lief zum Informationsstand. Dort wurde mir eine Notiz überreicht: „Bitte sofort in die Kanzlei von Prof. Cuttica kommen!"

Welch ein Zeitverlust, welch ein Umweg. Ich mußte doch noch am gleichen Tag nach Deutschland zurückfliegen, prüfte, ob mein Geld fürs Taxi reichte und winkte mir einen Wagen herbei. Wie unter einer schweren Last stieg ich die Treppen zur Kanzlei des Rechtsanwaltes empor und klingelte. Erst nach mehrmaligem Läuten wurde die Tür geöffnet. Eine Angestellte empfing mich, und ich hatte den Eindruck, als sei sie abweisend. Sie bat mich in einen Raum und sprach so gut deutsch wie ich italienisch. Der Anwalt sei nicht anwesend, erklärte sie und: „Herr Kappler wird Sie nicht heiraten!"

Ich fiel ihr ins Wort: „Aber darum bin ich ja gekommen, ich will ihm mein Wort zurückgeben, ich trete zurück."

Sie ließ sich gar nicht irritieren, wiederholte ihren vermutlich mühsam einstudierten Satz: „Herr Kappler wird Sie nicht heiraten!"

„Grazie", sagte ich, verabschiedete mich, lief die Treppe runter und sprang ins nächste Taxi. Ich war neben dem Fahrer eingestiegen und konnte nur mühsam „Stazione Termini" hervorbringen. Der brave Mann am Lenkrad reichte mir gütig sein blaues Taschentuch „per lei, Signora" und strich mit seiner abgearbeiteten Hand mitfühlend über meine Schulter.

Den Eilzug nach Formia erreichte ich gerade noch; nahm den Weg von Formia nach Gaeta zu Fuß und ließ mir den frischen Wind vom Meer her ins Gesicht blasen.

An der Festung wurde ich bereits erwartet. Ein großherziger Verteidigungsminister hatte mir die Sondergenehmigung für diesen Besuch erteilt. Herbert Kappler kam mir schon im Atrium entgegen: „Was ist? Wie schaust du denn aus?"

Er fiel aus allen Wolken, als ich der Begrüßungsumarmung auswich und hervorstieß: „Ich bin doch nur gekommen, um dir dein Wort zurückzugeben. Ich will, daß du frei wirst! Und wenn dir G.H. dazu verhelfen kann, darf ich dir nicht im Wege stehen."

Liebevoll nahm er meinen Arm: „Hier muß ein großes Mißverständnis vorliegen! Was hat dir Professor Cuttica gesagt?"

„Ich sah ihn gar nicht; im Studio erwartete mich nur eine Angestellte, die immer wieder sagte, 'Herr Kappler wird Sie nicht heiraten'." Und nachdrücklich setzte ich hinzu: „Ich wollte ja überhaupt nie wieder heiraten!"

„Es wäre unklug, die behördlichen Bemühungen um meine Heimkehr zu diesem Zeitpunkt mit unserer Eheschließung in der Festung zu komplizieren. Diese Worte hätte dir der Anwalt übermitteln sollen. Es war meine Bitte an den Freund."

„Das meine ich ja gar nicht. Ich bin doch wegen Frau G.H. gekommen, mit ihr habe ich vor zwei Tagen telefoniert", entgegnete ich und berichtete ihm das Ganze. Er sah mir ernst in die Augen.

Ich nahm seine Hände und fühlte: „Du hast ja Fieber!" „Na ja", sagte er, „seit ein paar Tagen, aber ich mache mir keine Sorgen und du bitte auch nicht." Er führte mich in den Besuchsraum und sagte: „Vergiß bitte die letzten Stunden, es ist nichts anderes als ein großes Mißverständnis!"

Unsere Hände hatten sich wie von selbst wieder gefunden. Wir saßen nahe beieinander. Der Wachposten ließ uns nicht aus den Augen. Jetzt erst merkte ich es richtig, erschrak und fühlte ihm den Puls, die Stirn: „Du hast ja hohes Fieber, bitte, laß sofort den Arzt kommen, ich habe keine Medikamente dabei."

„Der Sanitäter macht mir heute abend einen Wickel. Der Arzt ist noch jung und unerfahren, läßt dir übrigens seine Empfehlung übermitteln und bittet dich, ihn beim nächsten offiziellen Besuch zu untersuchen, er sei Anhänger von natürlichen Heilmethoden", und nach einer Weile des Schweigens brach es aus ihm heraus: „Wenn meine Freiheit von dieser Frau abhängen sollte, bleibe ich hier drin, aber dich möchte ich nie verlieren!"

Die Wache war neben uns getreten, und Herbert Kappler mußte zurück durch den zugigen, finsteren Aufstieg, dessen Steinstufen so tief ausgetreten waren. Ich hörte noch das Klappern des großen Schlüssels, als der Wachsoldat das eisenbeschlagene Tor hinter ihm verschloß und fand mich einen Augenblick später in der gleißenden Tageshitze auf dem Weg nach Formia. Ein leiser Wind ging durch die Orangenbäume.

Wenn man mit der Bahn von Formia nach Rom fährt, sieht man nach wenigen Minuten am Horizont die alte Festung liegen, wie zu einer letzten stummen Zwiesprache. Ach ja, und dann durfte ich nicht vergessen, zum nächsten Besuch eine Reihe Medikamente mitzubringen: der Gefängniskaplan hatte es im Kreuz, der Feldwebel wurde seine Magenbeschwerden nicht los, der Adjutant hatte es am Herzen und der Putzer brauchte dringend etwas für seinen Kreislauf. Es baute sich da eine regelrechte Sprechstunde auf, und all das ging von unseren so kostbaren Stunden ab.

In jener Zeit empfing Herbert den Besuch einer alten Dame, die ihn Jahrzehnte kannte: „So frisch und verjüngt hatte ich ihn noch nie zuvor angetroffen", schrieb sie mir. Aber wie lange würde es halten unter den gegebenen Umständen?

Es war die einzige Heimreise aus Gaeta, auf der ich ihm nicht schrieb. Ich versuchte, Gedanken zu ordnen. Wie kompliziert hatte sich alles entwickelt. Es war mir ernst mit der Absicht, nach der Scheidung meiner ersten Ehe nicht wieder zu heiraten. Eigentlich war ich, seit ich denken konnte, immer auf der Suche nach der inneren Erfüllung eines Gefühls. Durch meine Kindheit hatte mich jenes Suchen begleitet, durch die Mädchenjahre, auch durch meine erste Ehe hindurch, bis ich es fast vergessen hatte. Die wenigen Worte Herbert Kapplers vor vier Jahren in jenem Brief waren der eigentliche Beginn unserer Gemeinsamkeit, die zu einer Einheit wurde. Der Mann stellte das erst später, jedoch nicht weniger erschüttert fest. Er sagte und schrieb's mir immer wieder: „Wir sind ein Herz und eine Seele, wir zusammen sind ein Ganzes! Wenn du lachst, lache ich mit, wenn du weinst, weine ich mit. Ich wußte gar nicht, daß es das gibt!" Ich antwortete ihm: „Ich bin immer bei dir, wir werden ein Stück Himmel in deinen Kerker herunterholen."

Worte im Abschiedsbrief Helmut von Moltkes aus dem Gefängnis fielen mir ein, Worte, die er kurz vor seiner Hinrichtung an seine Frau geschrieben hatte: „Nur wir zusammen sind ein Mensch. Wir sind ein Schöpfungsgedanke, ohne dich, mein Herz, hätte ich der Liebe nicht. Du kannst gar nicht von mir getrennt werden."

Ich hatte den tiefen Sinn dieser Worte erfaßt und sprach lange mit Herbert Kappler darüber. War unser Uns, unser Wir nicht ebenso? Ich war mit Amt und Siegel zwar noch nicht seine Frau, und er stand nicht vor seiner Hinrichtung - aber er war lebendig begraben.

Bald durfte ich ihn rundum versorgen. Aus Platzmangel fand die Päckchenpackerei in meinem Schlafzimmer statt. Da stand der Packtisch, daneben das Regal mit Papieren, Servietten und Kleinkram, der sein Auge erfreuen sollte. Ein kleiner Papierladen hatte sich angesammelt: Bedrucktes Geschenkpapier in allen nur denkbaren Variationen mit Blumen, Ornamenten, farbenfrohen Mustern. Die kleinen Gläser mit Würzgurken wickelte ich in Papier mit Wildkräuteraufdruck, die Butter wurde in Kinderservietten gehüllt, auf denen weidende Kühe zu sehen waren, und Brot packte ich in 'Kornährenpapier', das ich beim Bäcker in der Nachbarstraße entdeckt und erbeten hatte. Mir kamen immer wieder neue Ideen, und kein Päckchen glich dem anderen.

Wenn ich ihm selbsteingemachte Pilze in Dosen schickte, suchte ich so lange, bis ich Einwickelpapier mit Waldmotiven gefunden hatte, und schrieb ihm dann aufs Blättchen in unserer Geheimkorrespondenz: „Du brauchst dir nur noch vorzustellen, daß unter diesen Bäumen die Pilze gewachsen sind!"

Die Ecken in den Päckchen schmückte ich mit Trockenblumen aus oder faltete Blüten aus Servietten, wie wir sie als Kinder gemacht haben. Für die kleinen Heidekartoffeln, die er so gern verspeiste, nähte ich richtige kleine Säcke und band sie oben zu. Er schrieb mir: „Das ist ja immer eine Augenweide! Und der Wachhabende, der die Päckchen bringt und auch ihren Inhalt kontrollieren muß, schmunzelt jedesmal erwartungsvoll mit mir: „Was wird sie sich jetzt wohl wieder ausgedacht haben?"

Kartons in den verschiedenen Größen standen in einem Regal mit allen den Dingen, die abgeschickt werden sollten. Damals kroch ich noch in Supermärkten auf hohen Stapeln herum, um das geeignete Kartonformat zu ergattern. Und manchmal sahen mich die Leute kopfschüttelnd an, wenn ich wieder einen Arm voll davon mit mir schleppte; sie konnten ja nicht wissen, wofür. Später brachten mir Soltauer Kaufleute hilfreich nicht nur Kartons und Schachteln, sondern auch gleich Holzwolle und Folie zum Verpacken ins Haus; oft waren auch ganze Taschen voll Nahrungsmittel dabei.

Im Herbst 1970 fuhr ich nach Bonn, um im Auswärtigen Amt vorzusprechen; der Leiter der Rechtsabteilung war nicht anwesend oder für mich nicht zu sprechen, und es war mir klar, daß ich mit meinen Konsultationen auf der untersten Sprosse der Leiter jeder Hierarchie zu beginnen hatte.

Ein Bonner Politiker berichtete mir, Prof. Horst Ehmke und Helmut Schmidt hätten ihn darüber informiert, im Moment sei im „Fall Kappler" nichts zu machen. Man könne die Lösung des Falles dem italienischen Verteidigungsminister Tanassi nicht zumuten.

Also wurden die Gnadengesuche doch eingefroren?

„Laß uns hoffen, immer neu hoffen", hatte ich gesagt. „Weißt du, wer nicht allzusehr hofft, kann auch nicht allzutief enttäuscht werden", war seine Antwort. „Aber Hoffnung ist doch auch eine Kraft", rief ich ihm im nächsten Brief zu.

Aus der Deutschen Botschaft in Rom hörte ich, der Botschafter sei sehr besorgt wegen der antideutschen Presse in Italien. Dr. Aschenauer riet: „Es muß publiziert werden, wenn man nicht weitere Verzerrungen der ganzen Angelegenheit riskieren will. Was ich neulich in einer großen Illustrierten nach einem Interview mit Kappler von Enzo Biagi gelesen habe, kann unmöglich alles gewesen sein, was Kappler dazu zu sagen hatte."

Eine Fülle an Arbeit, Aufgaben, Missionen erwartete mich in Soltau. Kritische Fälle in der Praxis, die ich nicht aus dem Auge lassen durfte.

Oft schrieb ich in aller Herrgottsfrühe meine täglichen Briefe und ließ Herbert an allen Geschehnissen in der Heimat teilhaben.

Mein Taufgeschenk, ein silbernes Eßbesteck, packte ich ihm ein. In sein Tagebuch schrieb er: „Ich esse mit ihren Händen." Das hatte ich gemeint, ohne es auszusprechen. Wir verstanden uns ohne Worte.

Als ich wieder in Gaeta eintraf, waren für meinen Besuch in der Festung nur ganze drei Stunden genehmigt worden. Bevor Tanassi Verteidigungsminister geworden war, bestimmte ein anderer die Belange und entsprach der Bitte von Mutter Kappler, die ihr zustehenden Besuche bei ihrem Sohn auf mich zu übertragen, weil ich die Brücke sei und sie die Strapazen der langen Reise nicht mehr auf sich nehmen konnte.

Mein Terminkalender begann sich zu füllen. Regelmäßige Konsultationen beim Deutschen Botschafter in Rom sowie Vorsprachen bei den verschiedensten Diplomaten füllten die Zeit. Dankbar stellte ich fest, daß Botschafter Dr. Lahr jederzeit für mich zu sprechen war, auch wenn ich ohne Voranmeldung um Audienz bat. Langsam trat ich aus der bisher geübten Reserve heraus.

Vor Jahren hatte mich Herbert Kappler gebeten: „Bitte bringe mir nicht etwa große Blumensträuße mit." Ich hielt mich auch daran. Doch dann entdeckte ich an einem Stand auf der Piazza so traumhaft schöne Rosen und konnte einfach nicht widerstehen. Die Hürde seines „Verbots" war übersprungen: Er freute sich, und nun kam auch die Blumenversorgung für ihn in Gang.

Im Laufe der Zeit besuchten alte und neue Freunde die Festung. Herbert Kappler achtete darauf, die offiziellen Bestimmungen des Ministers nicht zu strapazieren. Freundesgruppen und Helferkreise, parteiübergreifend, unpolitisch, engagierten sich für ihn auch durch ihre Besuche auf Gaeta.

Gottfried Müller mit seiner Salem-Bruderschaft, einem christlich-überkonfessionellen Hilfswerk, das in der ganzen Welt Kinderdörfer gründete, viel Gutes bewirkte und ständig weiter realisierte, war jederzeit hilfsbereit. Fernab aller politischen Modalitäten stand der humanitäre Gedanke im Vordergrund.

Zahllose Menschen waren über die so endlose Gefangenschaft Herbert

Kapplers empört. Viele Helfer, die sich gar nicht alle namentlich aufzählen ließen, wurden zu Freunden aus Menschlichkeit und Anteilnahme. Immer mehr Schreiben und Anfragen gingen an die Bundesregierung. Es leuchtete nicht ein, daß es nur eine italienische Seite geben sollte, die Interessen zu vertreten hatte, es gab auch eine deutsche Seite, die in Friedensdimensionen dachte, denn der Krieg war lange genug vorbei.

Meine Tage in Soltau wurden immer länger, die täglichen Briefe nach Gaeta immer umfangreicher. In mir war eine Quelle aufgesprungen, die sprudelte und sprudelte und nie versiegte.

In Rom ereignete sich nichts. Wo lag bloß das Gnadengesuch der römischen Anwälte jetzt? Es hieß, die Kommunisten seien gegen eine Entlassung, ebenso die Nenni-Sozialisten.

Ich suchte im Bundeskanzleramt in Bonn Dr. Sanne auf und bat um erneute Intervention durch den Bundeskanzler. Das hatten mir die Anwälte in Rom geraten. Mir wurde gesagt: „Es geschieht alles, was sinnvoll erscheint."

Und so lautete auch stereotyp die Antwort, die alle Freunde, Bekannte und Helferkreise erhielten, die immer häufiger Anfragen und Bitten an die Bundesregierung richteten. Von allen Seiten wurde auf mich eingeredet: „Wenden Sie sich doch persönlich an Staatspräsident Saragat und an den italienischen KP-Chef Luigi Longo!"

Als der Kontakt zum Vorzimmer Saragats hergestellt war und ich auf den Termin zur Audienz wartete, wankte bereits sein Thron, und bald war er kein Staatspräsident mehr. Wer würde der nächste sein? Unverzüglich wollte ich wieder meine Hierarchieleiter erklimmen und keine Zeit versäumen. Als nach vielen Wahlgängen Prof. Giovanni Leone als neuer Staatspräsident in den Quirinalpalast einzog, schien alles in günstigerem Licht. Zu ihm bestanden durch Kontaktpersonen einige Verbindungen. Dann erfuhr ich, daß mit KP-Chef Longo inzwischen ein namhafter deutscher Politiker gesprochen habe und mit ihm eine Art Stillhalteabkommen für den Fall der Entlassung Herbert Kapplers ausgehandelt hatte.

Im Herbst 1970 verstarb der Präses der Evangelischen Kirche Deutschlands Dr. Stempel, der Herbert Kappler nicht nur eng verbunden, sondern auch ein väterlicher Freund geworden war. In der Person von Präses D. Ernst Wilm wurde uns ein neuer „Schutzengel" geschickt. Er führte das verwaiste Amt seines Vorgängers Stempel mit großem Herzen und zuverlässiger Güte weiter. Nie wurde ein in ihn gesetztes Vertrauen enttäuscht, nie scheute er physische Strapazen und nervliche Belastungen, nie wurde er müde, einzuspringen und zu helfen, wo immer es ihm möglich war. Und dabei verlor er nie sein erfrischendes Westfalenlachen.

In Rom herrschte Schweigen. Die Anwälte reagierten auf unsere Anfragen verlegen: „Abwarten!" Aber das taten wir ja schon die ganze Zeit! Im Oktober 1970 hatte sich „ein General" (wir erfuhren nie weitere Einzelheiten) zwecks Information die Akten und Vorgänge zur Begnadigung Herbert Kapplers aushändigen lassen. Monatelang blieben die Akten verschwunden, niemand konnte sagen, wo sie waren. Ich protestierte bei meinem nächsten Besuch in der Deutschen Botschaft. Dort wurde mir gesagt: „Er hat das Recht dazu, das durfte er." Ich fragte mich, wie sollte es nun weitergehen?

Ende November 1970 sprach Bundeskanzler Willy Brandt mit Ministerpräsident Colombo und dem römischen Politiker De Martino sowie in der Plenarsitzung der beiden Delegationen über den „Fall Kappler". Um Näheres zu erfahren, erbat ich ein Gespräch mit dem Deutschen Botschafter, fuhr zwischen zwei Besuchstagen in Gaeta nach Rom - und hatte Pech: Zwanzig Kilometer hinter Formia hielt der Zug plötzlich auf offener Strecke an. Streik! Die Reisenden stiegen aus, sprangen auf den Schotter der Böschung, ich auch, was blieb mir übrig. Wir machten uns auf den Weg zur nächsten Station, ein Fußmarsch von etwa einer halben Stunde. Die Italiener nahmen das nicht weiter tragisch, sie schimpften zwar, begannen aber an der Station sogleich, Fahrgelegenheiten nach Rom zu organisieren. Ich war nicht so gelassen, denn ich hatte einen Termin beim Botschafter, den ich auf keinen Fall verpassen wollte.

Autos wurden mit Reisenden vollgestopft, Fahrpreise vereinbart, um ein paar Lire gefeilscht, das gehörte dazu, und dafür hatten auch die ganz Eiligen Zeit. Ich reichte meine Lira-Scheine einem Fahrer und fand mich zwischen zwei stattlichen Herren im Fond eines Fiats eingezwängt. Die Herren stellten sich als Rechtsanwälte vor und fragten, wo ich denn herkäme, wohin ich wollte und ob ich „Tourista" sei. Vielleicht Deutsche? Als ich Gaeta erwähnte, errieten sie mehr, als ich sagen wollte. Sie gaben mir prompt hundert Ratschläge, wie man „mit denen da in Rom" umgehen müsse. Im übrigen sei es eine Schande, daß der Kappler fünfundzwanzig Jahre nach dem Krieg immer noch in dieser Festung sitze.

An der Kreuzung zur Via Po, dem Amtssitz der Deutschen Botschaft, stieg ich aus, mit mir einer der Herren, der mich noch ein paar Schritte begleitete und sagte: „Hier in dieser Straße haben Italiener zwei deutsche Soldaten zu Tode getreten. Sie hatten Verbände um und waren hier in Rom wohl im Lazarett. Als die beiden sich nicht mehr rührten, sind alle davongelaufen. Aber jetzt ist Frieden, Signora, wir müssen alle viel vergessen."

Der Empfang beim Botschafter fiel kühl aus, denn ich hatte mich um mehr als zwei Stunden verspätet. „Verzeihen Sie bitte, Exzellenz, aber ..." Weiter kam ich nicht. „Also so was, also so was", zischte Exzellenz durch die Zähne. Streik hin oder her, eine Exzellenz läßt man nicht warten.

Aber dann berichtete mir Botschafter Lahr doch in allen Einzelheiten über die jüngsten Interventionen der deutschen Regierung: „Also Bundeskanzler Brandt hat so energisch und nachdrücklich geredet und jeden einzelnen Teilnehmer der Gesprächsrunde eindringlich angesehen, das hat ihm niemand zugetraut, sie waren alle beeindruckt!" Das waren gute Nachrichten. Dankbar verabschiedete ich mich, war bald am Bahnhof und erreichte Formia ohne weitere Zwischenfälle.

In Soltau hatte mich die Arbeit wieder. Ich merkte nicht mehr, wie die Zeit verstrich, die kaum noch ausreichte, alles zu bewältigen. Und schon waren wieder Koffer zu packen für die nächste Fahrt in den Süden, die ein Fiasko wurde. Die Autobahn im Alpengebiet war verschneit und vereist; ich kam nur mühsam voran.

Aber neue Hoffnungen keimten: Am 18. Dezember informierte mich der Botschafter, daß Staatsminister Prof. Ehmke sich persönlich telefonisch nach dem Stand der Dinge erkundigt habe; für den nächsten Tag sei ein Gespräch mit dem römischen Abgeordneten Mancini vorgesehen. Noch von Gaeta aus rief ich Mutter Kappler an, um diese neue Nachricht gleich weiterzugeben: „Vielleicht ist er ja doch schon zu

Weihnachten daheim, dann sind wir alle bei dir in Stuttgart."

Doch auch 1970 gingen die festlichen Tage vorüber. Das Tor der Festung von Gaeta hatte sich nicht für Herbert Kappler geöffnet. Seine Mutter rief mich an, tröstete mich mit dem Charme und der Weisheit ihres Alters, die sie mit einem Schuß feinen Humors verband und sie so liebenswert machte. Am Ende unseres langen Gesprächs fragte sie noch: „... wann heiratet ihr denn endlich? Es wird Zeit, ich möcht's noch erleben!"

„Es ist viel komplizierter als man ahnen konnte", erwiderte ich. „Das dachte ich mir", kam's vom anderen Ende der Leitung.

Sylvester 1970, meine Mutter hatte ein kleines Abendessen vorbereitet, und die ganze Familie traf sich, um den Jahreswechsel gemeinsam zu erleben. Kurz vor Mitternacht verabschiedete ich mich, um an Herbert Kappler ins Neue Jahr hinüberzuschreiben. Als die Kirchenglocken den ersten Januar einläuteten, schrieb ich: „Du müßtest sie eigentlich hören können, so nahe bist du mir!"

Für den 3. Februar war der nächste Besuch in der Festung genehmigt worden. Bei klirrendem Frost, Schnee- und Eisglätte war es unmöglich, die Fahrt mit dem Auto zu machen; ich buchte einen Flug. Wenn die Reisekasse arg strapaziert war, half Mutter Kappler aus.

Als ich am Flughafen in Hamburg ankam, streikte die Lufthansa. Rasch telegrafierte ich Herbert Kappler in der Hoffnung, daß der Text ihm vorgelesen würde, weil ja auch Telegramme der Zensur unterlagen und kein Zensor in der Festung an diesem Tag anwesend war. Es war mit großer Verspätung zu rechnen, und zusätzliche Sorgen durfte ich dem Gefangenen nicht aufbürden. Denn bereits am Nachmittag wollte er in seinem „Auslauf" auf den vereinbarten zugewinkten Gruß vom Monte Orlando herüber warten. Diese Vereinbarung war zu einem wichtigen Bestandteil unserer Gemeinsamkeit geworden.

Mit einer anderen Fluggesellschaft, langen Wartezeiten, mehrfachem Umsteigen kam ich am späten Abend in Rom an und war erst gegen Mitternacht in Gaeta. Dort wurde ich wie immer im 'Mirasole' freundlich aufgenommen und warmherzig umsorgt.

Am nächsten Tag rief ich in der Deutschen Botschaft an, um wieder eine

Audienz mit dem Botschafter zu vereinbaren und hörte beiläufig, es habe wieder eine Dame vorgesprochen und um Informationen über den Stand der gegenwärtigen Bemühungen gebeten. Sie sei die „Verlobte" Herbert Kapplers.

Ich erzählte es ihm gleich in unserem nächsten Colloquium. Er schüttelte nur verwundert den Kopf. Ich fragte: „Die oder ich?"

„Also ich begreife das nicht! Es ist mir wirklich unerklärlich ..." Er preßte meine Hand, „... ich will, daß du jetzt meinen Ring trägst, du bist meine Frau! Du ganz allein! Bring bitte zum nächsten Besuch eine Auswahl an Ringen mit, ich kann sie ja von hier aus nicht besorgen."

Der freundliche Zensor merkte zwar auf, sagte aber nichts. Wir schwiegen. Nur das Rascheln des Papiers war zu hören, wenn der Zensor die zu kontrollierenden Briefe in seinen Händen bewegte.

„Die deutschen Anwälte raten dringend zu Veröffentlichungen. Dr. Aschenauer beschwor mich geradezu, es dir zu sagen, weil der wahre Sachverhalt gar nicht bekannt ist", hob ich unser Schweigen auf. „Und die römischen Anwälte raten händeringend davon ab, man fürchtet geradezu Publikationen", reagierte Herbert. Ich kannte diese Bedenken. Rechtsanwalt Prof. Cuttica hatte seinem deutschen Kollegen erst vor kurzem erneut auseinandergesetzt, daß man zurückhaltend sein müßte.

Schon wieder war unsere Besuchsstunde zu Ende: „Schnell, wenn du noch etwas sagen willst, wir haben eben noch zwei Minuten." Herbert nochmals nachdrücklich: „Vergiß unsere Ringe nicht, wenn du wiederkommst."

„Eine größere Freude kannst du mir gar nicht bereiten, das ist für mich schon so viel, als wären wir richtig verheiratet", sagte ich im Hinausgehen.

Vor meiner Abreise nach Soltau machte ich noch einen Besuch beim Botschafter in Rom und bei Rechtsanwalt Prof. Cuttica. Aber es gab keine Neuigkeiten. Es hieß: Abwarten, wie die Dinge laufen. In Soltau erwartete mich Herberts vorausgesandte Post. Und mir war, als würde er mich selbst begrüßen.

KAPITEL 5

Drei rote Rosen

Die Ankündigung, daß ein hoher Militärrichter Anfang März 1971 zu einer Aussprache in die Festung Gaeta kommen sollte, schlug bei uns wie eine Bombe ein. War das die letzte Erörterung vor der Freilassung Herbert Kapplers?

Doch in dem Gespräch ging es um die „fehlende Reue". Reue ist in Italien für jeden Gnadenakt eine gesetzlich festgelegte Grundvoraussetzung. Wer seine Schuld nicht anerkennt, schließt sich wegen offensichtlich mangelnder Reue von der Möglichkeit einer eventuellen Begnadigung aus. Herbert Kapplers Reue war immer wieder in Zweifel gezogen worden.

Im Jahr 1959 hatte er einen Antrag an die italienische Regierung gestellt, ihn ohne Aufhebens und in aller Stille in die Fosse Ardeatine zu führen, um den Opfern der Repressalie seine Ehrerbietung zu erweisen und an ihren Gräbern zu beten. Diese Bitte, die ein aufrichtiges Bedürfnis Herbert Kapplers war, wurde jedoch in die Medien lanciert. Damit war es den zuständigen Behörden unmöglich, sie zu erfüllen.

Immer wieder wurde ich von Bekannten und Freunden informiert, was durch Flüsterpropaganda verbreitet und in der Gerüchteküche zusammengebraut wurde. Es hieß: Für Kappler setzten sich nur alte Nazis ein, das könne die Lösung des Falles in Frage stellen.

115

Die Quelle dieser Formulierung war nicht zu ermitteln. Ich hörte mich auch in politischen Kreisen Bonns um. Auch hier waren solche Sätze im Umlauf. Ich fragte verschiedene Politiker: „Waren Sie damals denn nicht in der Partei?" Und bekam zur Antwort: „Ja, ja, doch, aber ich bin kein alter Nazi!" Ich wunderte mich und sollte mich noch oft wundern.

Die mir bekannten Personen, die sich für Kappler engagierten, setzten sich überparteilich wie auch über-konfessionell zusammen. Und von mir konnte niemand sagen „alter Nazi". Ich war kein Mitglied der NSDAP. Nach seinen frühen Erfahrungen mit dem Hitler-Regime, nach dem Mord an Ernst Röhm, Hitlers SA-Chef, hatte sich mein Vater aus der Politik zurückgezogen und uns Kindern verboten, in die Partei einzutreten.

„Uhren und Kalender gehen nicht richtig, wo sind nur die Wochen geblieben? Ich muß schon wieder Koffer packen", rief ich meiner Mutter zu. Es blieb keine Zeit mehr, langjährige Freundschaften zu pflegen, zu Ausritten in die Heide kam es nicht mehr. Fritz, mein Dackel, mußte mit immer kürzeren Spaziergängen zufrieden sein und wurde bald nur noch von meiner Haushilfe ausgeführt.

Kurz vor der Abreise nach Gaeta hatte ich noch eine wichtige Besorgung zu machen: unsere Trauringe. Ich ging zu einem Juwelier und bat, mir eine Auswahl an Ringen mitzugeben, damit ich gemeinsam mit meinem Verlobten die Wahl treffen könne.

„Ach", staunte der Juwelier, „Sie wollen heiraten? Wird Herr Kappler entlassen?"

„Man weiß noch nichts Genaues, aber es könnte jeden Tag sein. Auf alle Fälle wollen wir heiraten, auch wenn er noch nicht freikommen sollte."

Auf einem dunkelroten Samttuch wurde ein ganzes Sortiment an Ringen vor mir ausgebreitet. „Für Sie ist es ja kein Problem, die richtige Größe zu finden, aber für Herrn Kappler?"

„Ich habe vorgesorgt, hier, sehen Sie, in dieser Größe muß der Ring für ihn sein", sagte ich und holte das Blatt Papier aus der Tasche, auf das wir die Fingerstärke gezeichnet hatten. Ein ganzes Dutzend Ringe

116

verpackte der Juwelier in einer kleiner Kassette und gab mir seine Glückwünsche mit auf den Weg.

Zwei Tage später saß ich Herbert Kappler wieder gegenüber, nahm die Kassette mit den Ringen aus meiner Tasche, öffnete sie und sah ihn erwartungsvoll an. Ohne daß wir es vereinbart hätten, griffen wir beide nach den gleichen Ringen.

Wir sahen uns lange an und schwiegen. Worte waren überflüssig. Auch in dieser Stunde unserer Verlobung waren wir nicht allein.

Unser Schweigen fiel dem Zensor auf und auch dem Wachposten, die nach einer Weile verlegen zu uns herüberschielten. Dann kam der Adjutant des Festungskommandanten, um irgend etwas mit Herbert Kappler zu besprechen, sah die Ringe an unseren Fingern, und bevor er fragen konnte, erklärte Herbert Kappler: „Ja, … wir haben uns heute offiziell verlobt." Alle gratulierten uns.

Kurz darauf kam noch ein Unteroffizier ins Besuchszimmer, entdeckte ebenfalls die blitzenden Ringe. Ihm traten Tränen in die Augen: „Als ich nach Gaeta kam in diese Festung, war ich gerade neunzehn Jahre, ich hatte noch nicht einmal einen Bart. Heute wird mein Haar schon langsam grau und Sie, Colonnello, sind immer noch hier. Ich hoffe für Sie, daß die italienische Regierung bald einen Staatspräsidenten haben wird, der Courage hat und Sie endlich nach Hause schickt. Wir hier als Bewacher haben doch auch unsere Befehle. Wenn jemand fliehen würde, müßten wir schießen, ob wir wollen oder nicht."

Wir hofften auf unsere Trauung in Freiheit.

Ein Blick auf die Uhr: „Ach ja, ich wollte Dir noch schnell sagen, daß ich in die SPD eingetreten bin." Erstaunt fragte er: „Du bist in eine Partei eingetreten? Ich wüßte keine Partei, in die du hineinpassen würdest!" - Zehn Jahre später trat ich aus der SPD wieder aus.

„Ja, vor ein paar Wochen trat ich ein, um das Gerede aus Bonn über die alten Nazis, die sich angeblich nur für dich einsetzten, zu entkräften. Wer das in die Welt gesetzt hat, war nicht herauszukriegen, aber es war überall bekannt."

„Du hast doch sicher auch ein Parteibuch bekommen, bringst du es mir bitte das nächste Mal mit?", brach der alte Kriminalrat durch. Wir mußten uns verabschieden.

Heimreise - Arbeit - Briefe - Päckchen - Interventionen - Beratungen - dann wieder die Reise in den Süden.

Im Frühsommer suchte ich wieder Botschafter Lahr auf und hoffte auf eine Art vertraulichen Gesprächs. Doch er war außer sich, weil in italienischen und deutschen Zeitungen über unsere Verlobung geschrieben worden war.

Die Anwälte walteten ihres Amtes. Keines der eingereichten Gnadengesuche war beantwortet worden. „Auf der Stelle treten", sagten die Römer. „Nicht weiter schweigen", sagten die Deutschen. „Geduld, Geduld", hieß es aus Bonn.

Und in Geduld übten wir uns weiter, auch als der Zensor zum nächsten Colloquium verspätet erschien. Wir wurden geradezu Experten in Geduldsfragen und waren froh, als wir im Besuchsraum wieder beieinandersaßen.

Ich legte mein SPD-Parteibuch auf den Tisch. Herbert Kappler nahm meine Hand und küßte sie. Nicht „altmodisch", das meinten nur die, die sich nie um Fragen der klassischen Form der Etikette gekümmert haben. Herbert Kappler jedenfalls umgab mich trotz der Mauern dieser Festung mit jener Höflichkeit, die seiner Mentalität und seiner Erziehung entsprach. Jeder verehrende Handkuß war wie ein Geschenk für mich.

Er blätterte in meinem Parteibuch: „Schöne Worte haben sie hier hinten eingefügt", und las vor: „Freiheit und Gerechtigkeit bedingen einander, denn die Würde des Menschen liegt im Anspruch auf Selbstverantwortung."

Wir sahen uns stumm an. Wie wahr, daß Freiheit und Gerechtigkeit einander bedingen. Wäre Herbert Kappler endlich nach sechsundzwanzig Jahren Haft Gerechtigkeit widerfahren, würde er längst in Freiheit leben. Und wie war das mit seiner Würde als Mensch?

Inzwischen hatte sich unsere Verlobung herumgesprochen. Wenn wir früher gemeint hatten, alle Freunde nähmen Anteil an unserer Freude, sahen wir uns jetzt enttäuscht. Manche waren engstirnig „einge-

118

schnappt", andere fühlten sich übergangen. Sie wiegelten sich gegenseitig auf, wie es auch die Gegner taten, die noch immer nicht verzeihen wollten.

Am schlimmsten aber war, daß sie die schwerkranken Angehörigen Herbert Kapplers, deren Kräfte zusehends nachließen, gegen mich beeinflußten. Erst eine offene Aussprache in der Familie klärte alles auf, und die vertraute Herzlichkeit war neu belebt. Aber nun wußten wir auch, wo unsere echten Freunde zu finden waren. Ich dachte, als ob es nicht schon genug Probleme gäbe.

Meine Freunde sind deine Freunde, das hatte sich ohne jede Ausnahme in meinem Kreis erwiesen, doch zu Bestürzung und Entgeisterung blieb keine Zeit, an künstlerisch gestaltete Rivalitäten konnten wir keine Gedanken verschwenden.

Soltau - Gaeta, Gaeta - Soltau. Der nächste Italienbesuch stand mir wieder bevor.

Nach fünfundzwanzig Stunden Autofahrt im Urlauberverkehr stand ich vor der Festung und wurde nicht eingelassen. Mit eisiger Miene reichte jemand aus dem Guckloch in der Tür ein Blatt Papier mit italienischem Text.

Seine Schrift!

Ich lief zu meinem Wagen und fuhr zum Hochplateau hinauf, suchte mein Wörterbuch hervor und übersetzte: Der Verteidigungsminister sei wegen der Zeitungsartikel über die Verlobung erzürnt und habe die Sonderbesuchserlaubnis entzogen. Wie früher müßten nun wieder für jeden Besuch Einzelgenehmigungen beantragt und abgewartet werden.

Mir wurde heiß und kalt. Wie mußte Herbert dort oben in der Festung zumute sein?

Der Botschafter! Vielleicht könnte er sich einschalten und vermitteln? Ich fuhr ins Hotel und rief die Botschaft an; doch seine Exzellenz war nicht anwesend.

Ich dachte noch darüber nach, was jetzt zu tun wäre, als es heftig an die Tür klopfte. Ich schrak auf und öffnete. Vor mir stand ein freundlicher Korporal und reichte mir ein weiteres Briefchen von Herbert, das wiederum auf italienisch geschrieben war. Offenbar war kein deutschsprechender Zensor in der Festung, weshalb Herbert auch nicht deutsch schreiben durfte.

Ich suchte nach meinem Wörterbuch, kramte fieberhaft in meinen Taschen und fand es nicht. Ich mußte es vor Schreck über den nichtgenehmigten Besuch auf dem Plateau liegengelassen haben. Ich lief den ganzen Weg zurück und schwor mir, jetzt wirklich ernsthaft italienisch zu lernen, um nicht länger auf Wörterbücher angewiesen zu sein. Zwischen Grasbüscheln fand ich das Büchlein und übersetzte Wort für Wort, bis mir klar wurde, daß für den nächsten Tag doch noch eine Besuchsgenehmigung erteilt worden war. Welche Erleichterung!

Als wir uns dann wieder gegenübersaßen, besprachen wir die Formalitäten unserer Eheschließung. Das Heiratsgesuch war an den italienischen Verteidigungsminister zu richten. Noch vor meiner Heimreise schrieb ich von Gaeta aus an Verteidigungsminister Tanassi wegen der eingeschränkten Besuchserlaubnis und bat den Minister um eine Audienz. Ich hoffte, im persönlichen Gespräch vieles klären zu können.

„Eine Audienz ist nicht möglich", antwortete das Ministerbüro, aber Bundeskanzler Brandt habe dem Minister geschrieben, wurde mir aus der deutschen Botschaft berichtet, und wir hörten, die Angelegenheit sei sehr delikat, man müsse eine Kabinettssitzung einberufen. Eine Kabinettssitzung? Wegen unserer Heirat? Na sowas, dachte ich, das ist doch sonst nur in Königshäusern üblich. Aber amüsiert hat mich das damals nicht.

In dieser Kabinettssitzung der italienischen Regierung wurde nicht nur unsere Eheschließung diskutiert, sondern der gesamte „Fall Kappler". Ich hatte begriffen, daß wir nun auch um unsere Heirat kämpfen mußten und fuhr nach Bonn, um im Bundeskanzleramt und Außenministerium vorzusprechen. Ich argumentierte: „Zu heiraten, das ist doch die natürlichste Sache der Welt! Ich bleibe auch an seiner Seite, wenn er nicht entlassen werden sollte. Aber das kann ich nicht glauben." Ich merkte, irgendwie hatte man auch unsere bevorstehende Heirat zum Politikum gemacht.

Unsere Mütter wollten wissen: „Bald ist wieder Weihnachten, glaubt

Ihr, bis dahin heiraten zu können?" Ich versuchte, Zuversicht zu verbreiten, was nicht unbedingt glaubwürdig gelang. Der Minister hatte unser Heiratsgesuch noch nicht beantwortet.

Der nächste Reisetermin. Nach einem Sprechstundentag voller Strapazen fuhr ich los, die Nacht hindurch und erreichte Gaeta am nächsten Morgen gegen 10 Uhr. Unsere Besuchszeit war knapp bemessen. Der Zensor achtete peinlich auf jedes Wort, das wir sprachen. Wir scheuten uns, in dieser Atmosphäre einander die Hände zu halten. Unbehagen lag in der Luft. Wir beschränkten uns auf sachliche Fragen.

Am Nachmittag fuhr ich nach Rom in die Kanzlei unseres Anwalts, der mich leicht ungehalten empfing: „Bonn macht sich die italienische Version der damaligen Vorgänge zu eigen! So geht das nicht! Du mußt mir ein persönliches Gespräch mit dem Staatsminister im Bundeskanzleramt, Professor Ehmke, verschaffen und zwar noch vor der Ministerratssitzung hier in Rom im Oktober", beschwor mich Prof. Cuttica.

Da konnte nur Dr. Imle vom Präsidium des Heimkehrerverbandes helfen. Noch von Rom aus rief ich ihn an und bat, ihn aufsuchen zu dürfen. Gegen halb drei Uhr nachts traf ich in Bonn ein und erfuhr trotz der späten Stunde großherzige Aufnahme in seinem Hause. Am Frühstückstisch sagte er: „Ich werde die Verbindung zu Ehmke herstellen." Jemand, bei dem ich nicht lange bitten mußte. Ich genoß den hübsch gedeckten Frühstückstisch, war ich doch seit langem daran gewöhnt, zwischen Tür und Angel zu essen. Gegen Mittag wußte ich schon: Wir werden den Termin bekommen! Sofort telegrafierte ich die gute Nachricht nach Gaeta.

Doch aus dem persönlichen Gespräch zwischen Staatsminister Ehmke und Prof. Cuttica wurde nichts. Botschafter Lahr hatte auf diplomatischem Weg davon erfahren, fühlte sich übergangen und war erzürnt. So kam diese wichtige Unterredung nicht zustande.

Der Hierarchienweg!

Die Instanzen!

Und jede Leiter hatte so viele Sprossen! Persönliches Ehrgefühl, verletzte Eitelkeiten und all die vielen Fettnäpfchen, die so oft in gefährlicher Nähe standen und denen ich manchmal nur im letzten Moment gerade noch ausweichen konnte. Das alles mußte erst gelernt werden - und alles ging auf Kosten Herbert Kapplers, der hilflos in seiner Festung saß.

Wieder reiste ich nach Bonn. Dieses Mal konnte ich zwischen zwei Plenarsitzungen Staatssekretär Moersch sprechen und erfuhr von ihm, daß Italiens Ministerpräsident Emilio Colombo zwar nichts Konkretes zugesagt habe, aber man dürfe hoffen.

Durch Freunde hatte ich einen Reserveoffizier kennengelernt, der zur Ableistung einer befristeten Dienstzeit an die Deutsche Botschaft in Rom abkommandiert worden war. Er sagte mir sofort zu, in dem Fall zu intervenieren und seinen Einfluß geltend zu machen, eine Audienz bei Verteidigungsminister Tanassi zu erreichen. Um Herbert Kappler persönlich kennenzulernen, stellte er bei dem Minister einen Besuchsantrag für ein Gespräch. Es dauerte Wochen, bevor er aus dem Ministerium überhaupt etwas hörte, und dann war es auch nur eine Ablehnung seines Antrages. Damit war auch die Hoffnung auf eine Audienz bei Tanassi vergeblich.

Ein Journalist rief mich an: „Herbert Kappler soll krankspielen; auf irgendetwas müssen die Italiener doch eingehen." Und die Deutsche Botschaft empfahl: „Wenn er schon nicht gesund ist, sollte er sich doch ins Lazarett verlegen lassen, dann hat er auch mal wieder ein weißes Bett."

„Aber, Herr Botschafter, das trifft doch nicht des Pudels Kern! Weiße Bettwäsche schicke ich ihm regelmäßig in Päckchen und halte sein Befinden, so gut es die Umstände erlauben, therapeutisch unter Kontrolle. Aber tragen Sie das doch bitte meinem Verlobten selbst vor." Den Vorschlag mit dem Lazarett mußte der Botschafter Herbert Kappler auch direkt gemacht haben, denn später las ich in Herberts Tagebuch:

„Lazarett? Wozu? Versuch der Lebensverlängerung? Unter den Umständen für mich ohne Interesse! Feststellung, ob Lebensgefahr? Interessiert mich auch nicht, weil ich ohnedies einen Gnadenakt im Angesicht des Todes zurückweisen würde. Es ist mir gleichgültig, wo ich sterbe, und ich habe keinerlei Veranlassung, Italien oder einer italienischen Regierung die kleine Unannehmlichkeit für mein Ableben in diesen Mauern abzunehmen."

Doch als sein Zustand sich Jahre später weiter verschlechterte, war es ihm nicht mehr gleichgültig, wo er sein Leben beenden würde; er wollte in der Heimat sterben.

Inzwischen kochte ich weiter Gemüse ein, putzte die ersten frischen Karotten, verpackte alles und brachte es auf die Reise zu Herbert Kappler. Dann wieder eine Nacht ohne Schlaf, bei Tagesanbruch fuhr ich ab, um pünktlich am Flughafen zu sein. Freunde hatten mir das Ticket geschenkt. Die Besuchszeit war sparsam bemessen und unsere zwei Stunden so unglaublich schnell vorüber. Am Nachmittag fuhr ich mit der Bahn nach Rom. In der Botschaft sprach mich ein Diplomat an: „So, bei dieser Einstellung des Botschafters, kommt Kappler niemals raus!"

„Aber ich bitte Sie, es gibt doch Weisungen aus Bonn", warf ich ein.

„Gewiß, aber vergessen Sie nicht, daß die diplomatischen Vertreter überall dort, wo sie akkreditiert sind, auch ihre eigenen Kontakte entwickeln, ihre Kreise haben, die zumindest in einem solchen Fall berücksichtigt werden, ich meine ganz persönlich berücksichtigt werden."

Verstört eilte ich von der Via Po den langen Weg über den Corso, dann durch die Via Borghese, die Spanische Treppe hinunter. Via Condotti, über die Tiberbrücke, dann in die Via Crescenzio in das Studio unserer Anwälte: Es mußte über die ausstehende Heiratserlaubnis gesprochen werden. Prof. Cuttica konnte mir aber noch keine konkreten Hinweise auf eine Heiratserlaubnis geben.

Öffentliche Debatten über den „Fall Kappler" wurden im Bundestag diskutiert. Der Prinz zu Sayn-Wittgenstein und der Abgeordnete Häfele wollten sich nicht mit schriftlichen Bemerkungen durch Staatssekretär Moersch zufriedengeben, sie drängten auf öffentliche Debatten.

Ein Anruf bei Mutter Kappler ergab, daß Herberts Schwester Gretl schwer erkrankt in der Klinik lag. Ich dachte, auch das noch, mein Gott, wie sage ich ihm das nur? Die Sorge um seine Lieben ließ mich nicht mehr los.

Immer wieder die Fragen der Mütter: „Wann heiratet Ihr denn endlich?" „Bald, so bald wie möglich." Doch die Heiratserlaubnis zu erlangen, war weitaus komplizierter als man vermuten konnte. Und rückblickend muß ich sagen, daß nichts unterlassen wurde, sie zu verhindern.

Erst Jahre später wurde mir klar, was ich damals nicht begreifen konnte und welches Spiel die Verantwortlichen getrieben haben.

Im Mai 1971 besuchte der Deutsche Botschafter in Rom, Dr. Lahr, Herbert Kappler in der Festung. „Ein menschlich sehr angenehmes, offenes Gespräch", schrieb der Gefangene in sein Tagebuch und „der Botschafter hat mich seiner Sympathie versichert."

Jahre später mußte ich dann in Dr. Lahrs Buch „Zeuge von Fall und Aufstieg" etwas ganz anderes lesen. Für ihn war dieser Besuch ein „unerfreuliches Unternehmen" und Herbert Kappler der „blinde Nazi".

Wie Millionen andere auch geriet Herbert Kappler als junger Mann in die Reihen des Nationalsozialismus, dessen attraktive Seite ja nicht etwa nur ihn trog! Er war kein Fanatiker und hatte seine Lehren aus dem System gezogen, bevor andere überhaupt daran dachten.

Hinsichtlich seiner eigenen Entnazifizierung schreibt Dr. Lahr: „... mal wieder Glück gehabt". Herbert Kappler hatte solches Glück nicht, im Gegenteil, er hatte ganz ausgesprochenes Pech! Hineingezwungen in die Pflicht von Befehl und Befehlsausführung während des Krieges, blieben ihm zumindest im Falle der Fosse Ardeatine keine Möglichkeiten, sich der Ausführung des Befehls zu entziehen - trotz zweimaliger Weigerung. Aber man liest weiter: „... eine unbedeutende Erscheinung". Ist das nicht so mancher unter uns, ohne es selbst zu bemerken? Herbert Kappler jedenfalls freute sich, als sich der Botschafter seines Heimatlandes zum einmaligen Besuch in der Festung entschloß. In ‚strammer Haltung'? Ja, militärisch korrekt wie in allen Armeen der Welt, denn er lebte als kriegsgefangener Offizier seit 26 Jahren unter lauter Militärs.

Aber was ist das denn, unser Schicksal? In dem der eine Glück hat und der andere Pech und - der mit dem vermeintlichen Glück den Stab zu brechen wagt über den anderen!

Aktenstudium und Kenntnis über die wirklichen Vorgänge, die belegt sind durch eidliche Aussagen und juristische Recherchen, müßten auch Botschafter Lahr bekannt gewesen sein. Das ausführliche Memorandum von Rechtsanwalt Prof. Cuttica an den italienischen Staatspräsidenten befaßte sich mit sämtlichen Anklagepunkten zum „Fall Kappler" und wurde auch Botschafter Lahr vorgelegt. Hat er es denn nicht gelesen?

Stattdessen schreibt der Botschafter in seinem Buch: „Der Fall wird noch viel Verdruß schaffen!" Darin kann ich dem Botschafter nur zustimmen.

Und auch seine so liebenswürdigen und wohlgesetzten Worte zum Schluß der Briefe an Herbert Kappler aus seiner Feder: „Ihr Ihnen herzlich verbundener Lahr", klangen mir jetzt als höhnische Floskeln in den Ohren. Die Lektüre dieses Botschafter-Buches blieb Herbert Kappler erspart.

Und doch war es der Botschafter, durch dessen Vermittlung mir im Dezember 1971 an vier aufeinanderfolgenden Tagen Besuche in der Festung genehmigt wurden, wozu der Zensor-Oberst also täglich von Rom nach Gaeta zu kommen hatte. Als dem Zensor die Besuchsgenehmigung vorgelegt wurde, bat er den Adjutanten des Festungskommandanten: „Lassen Sie für mich im ‚Mirasole' für vier Tage ein Zimmer reservieren auf der gleichen Etage, in der auch Frau Anneliese Wenger wohnt."

Als der Zensor die Festung verlassen hatte, suchte der Adjutant Herbert Kappler in seiner Klause auf und erwähnte beiläufig augenzwinkernd, was ihm soeben aufgetragen worden war. Herbert Kappler setzte sofort ein Telegramm an mich auf: „Komm' bitte nicht allein-stop-bringe irgendjemanden aus Familie oder Freundeskreis mit-stop-komm' bitte nicht allein."

Ich wunderte mich über den Inhalt dieses Telegramms und bemühte mich sofort um eine Begleitperson für die bevorstehende Reise nach Gaeta. Doch niemand war so spontan loszueisen, alle hatten etwas vor. Aber meine jüngste Tochter konnte dann doch zwei Tage später nachkommen, ich telegrafierte dies nach Gaeta. Als der Zensor die Telegramme kontrollierte, befahl er dem Adjutanten: „Melden Sie das für mich reservierte Zimmer im ‚Mirasole' wieder ab. Ich werde täglich von Rom hierher kommen."

Große Poststapel trafen täglich in Gaeta ein; sie waren kaum zu beantworten. In Soltau sah es nicht anders aus. Zahllose Menschen wollten wissen, warum es diesen letzten deutschen Kriegsgefangenen noch gab. Auch die Präsidenten des Heimkehrerverbandes, Dr. Imle und Generalstaatsanwalt a.D. Heimeshoff, bemühten sich weiter um Herbert Kappler. Sie führten zu dieser Zeit eine Art Adventsbesuch in der Festung durch.

Zum vereinbarten Termin stand ich am 1. Dezember-Besuchstag am Festungsportal und klingelte. Meine italienischen Sprachkenntnisse hatten sich erweitert, und ich verstand den Soldaten, der mich durch das Bullauge ansprach und in die Ecke außerhalb der Mauer in den Warteraum verwies. Es war ein ungewöhnlich naßkalter Tag, der Golf lag in trübem Dunst.

Ich mußte auf den Zensor-Oberst warten. Nach einer halben Stunde war ich durchgefroren, zog den Mantel enger um mich, trat mir die Füße warm, ich schlug mit den Armen, setzte mich wieder und begann erneut, mich zu bewegen. Wenn das nur gutgeht, dachte ich in meine chronische Übermüdung hinein.

Nach einer Stunde klingelte ich noch einmal am Tor der Festung. Ein höflicher Korporal reichte mir sein Täßchen mit heißem Espresso durchs Fenster: „Nehmen Sie den, Signora, tut gut! Oberst noch nicht da! ... Ich war mal in Deutschland bei Daimler."

Dankbar nahm ich den Kaffee und suchte Schutz in dem Warteraum. Nach einer weiteren Stunde war ich steif gefroren und klingelte noch einmal am Haupttor: „Darf ich den Herrn Kommandanten sprechen? Hier muß ein Irrtum vorliegen!"

„Kommandante nicht da."

Es blieb mir nichts anderes übrig, als weiter zu warten. Bewegung half nicht mehr. Ich war unterkühlt. Motorengeräusch. Ein Jeep heulte auf und fegte um die Ecke; der Oberst sprang heraus, blitzte mich an: „Pardon, Madame!" Endlich wurde ich eingelassen. Der Verzweiflung nahe saß Herbert Kappler bereits im Besuchsraum und mahlte mit den Kiefern, das hatte ich noch nicht erlebt. In der Ecke stand ein kleiner Elektroofen, der genehmigt worden war. Ich kauerte mich davor, aber es half nicht viel.

Dann kam es zu einem heftigen Wortgefecht zwischen Herbert Kappler und dem Oberst. Die italienischen Sätze flogen nur so hin und her. Herbert Kappler war sichtlich aufgebracht, der Oberst schmetterte seine Argumente ab. Die Herren waren so beschäftigt, daß ich fix mein Wörterbuch ergriff, weil ich die vielen neuen Vokabeln nicht verstand.

Erstaunt sah Herbert Kappler auf: „Was machst du denn da?" „Nachschlagen, weil ich nichts verstehe!"

Das muß so komisch gewirkt haben, daß beide Männer in schallendes Gelächter ausbrachen; es war wie eine Erlösung. Was sie sich da gegenseitig „gesagt" haben, dürfte sich kaum zum Nachschlagen geeignet haben. Ich lächelte Herbert an.

Die Stimmung war wieder harmonisch, allmählich wurde mir warm. Wir sprachen über die Heiratsgenehmigung, die noch nicht eingetroffen war; ob man außer Warten nicht doch noch etwas tun könnte? Die erforderlichen Papiere waren längst eingereicht, aber seit Wochen stand die Antwort aus.

Abends hatte ich Fieber mit Schüttelfrost und war voll banger Sorge wegen der nächsten, so kostbaren Besuchstage. Aber Zita war da, die treusorgende Seele im Hotel. Sie ließ mir ein heißes Bad ein, packte mich ins Bett und brachte verschiedene Tees „Hausmarke Abbruzzen", die ich alle tapfer austrank. Dann schlief ich wie ein Murmeltier und war am nächsten Morgen wieder wohlauf.

Die weiteren Besuchstage verliefen ohne Zwischenfälle. Endlich hatten wir mal wieder Zeit für persönliche Gespräche.

Aber auch Weihnachten 1971 ging still vorüber, ohne daß wir der Entlassung Herbert Kapplers auch nur einen Schritt nähergekommen waren. Es war ein friedvolles Fest. Wir alle brauchten diese Pause der Besinnung. Aber immer wieder mußte ich daran denken: während wir in tiefstem Frieden lebten, mit Italien in NATO und EG freundschaftlich verbunden, war für Herbert Kappler der Krieg noch immer nicht aus.

Jeden Samstag überbrachte die freundliche Floristin in Gaeta in meinem Auftrag drei rote Rosen mit mühsam aufgesetztem italienischem Begleitbillett als Freude zum Sonntag in die alte Burg. Herbert Kappler empfand es längst nicht mehr als Sentimentalität, war es doch eine zusätzliche Möglichkeit, ihm eine bescheidene Freude zu bereiten, die ja auch ein Bindeglied zwischen uns beiden war.

Aus Bonn erfuhr ich, daß am 30. Januar ein Abgeordneter mit einem italienischen Politiker sprach, der sich kurz zuvor mit dem italienischen Staatspräsidenten unterhalten habe. Er übermittelte wieder: „Man dürfe hoffnungsvoll sein."

Am 8. Februar waren die Anwälte in der Festung. Auch sie intervenierten nochmals auf höchster Ebene, Herbert Kappler richtete einen Brief an Staatspräsident Leone wegen unserer Heirat. Die Anwälte und Herbert Kappler besprachen viele noch offene Fragen.

In Stuttgart erlitt Herbert Kapplers einzige Schwester Gretl einen Kollaps und mußte ins Krankenhaus gebracht werden. Eine neue große Sorge, denn was würde aus Mutter Kappler werden, die auf die Pflege durch die Tochter angewiesen war? Täglich rief ich in Stuttgart an, um dann Herbert Kappler telegrafisch über das Befinden der Schwester zu berichten.

Ende Februar wurde mein Besuch in Gaeta nicht genehmigt. Über die deutsche Botschaft beantragte ich eine Besuchserlaubnis für ein „Colloquium" in italienischer Sprache. Doch auch das wurde abgelehnt. Wir hatten uns zu fügen.

Endlich war für März wieder ein Besuch erlaubt worden: unsere Heiratsgenehmigung lag vor!

Aber an eine Heirat war noch lange nicht zu denken. Die Anwälte kamen in die Festung, um noch offene Fragen zu klären, weil sich viele Stellen einmischten und ob der Staatspräsident endlich die Akten anforderte?

Hoffnung? Wo war Hoffnung? Ich hatte sie nicht verloren, aber ich wußte oft auch nicht, aus welchem Winkel sie hervorzulocken war.

Deutsche Interventionen erfolgten, die man solcherart in früheren Jahren vergeblich erhofft hatte, und sie boten Möglichkeiten genug, den „Fall Kappler" unauffällig zu bereinigen.

Die deutsche Botschaft mußte sich für die Hochzeitspapiere eine treffende Übersetzung für meine Berufsbezeichnung „Heilpraktikerin" einfallen lassen, die es in Italien nicht gibt. Schließlich machte man

„Fisioterapista" daraus - was immer das heißen mag - und so stand es später auch in der Heiratsurkunde. Der Beruf von Herbert Kappler ist dort aber klar angegeben: „Gefangener".

Am 7. März war das Gesuch für den Bürgermeister zum Vollzug der Trauungszeremonie in der Festung formuliert und mit Kurier nach Rom gesandt worden. Direkt zum Kabinettschef des Justizministers. Wir hofften auf eine Entscheidung innerhalb von zwei Tagen, was vermessen war; es dauerte Wochen.

Der Märzbesuch stand im Schatten von Gretls Befinden, wir beteten mehr als wir uns unterhielten. Meine Heimreise war dramatisch, denn im Alpengebiet hatte Schneefall eingesetzt, und der Brenner war vereist. Ich schlitterte durch die Landschaft und vertraute meinem Schutzengel mehr als meinen Fahrkünsten. Und so kam ich heil in Soltau an.

Doch dort erwartete mich eine neue tragische Nachricht: „Gretl ist seit Tagen bewußtlos, es gibt keine Hoffnung mehr." Sofort telegrafierte ich Herbert, wir trugen den Kummer gemeinsam.

Eine Woche später wurde dann eine neue Besuchserlaubnis in Gaeta verfügt „zwecks Formalitätenregelung für die Heirat". Es ging um die Bestellung des Aufgebots. Prof. Cutticas Mitarbeiter Dr. Celebrano - auch er war längst zu einem persönlichen Freund geworden - begleitete mich zum Rathaus in Gaeta. Dort mußten wir längere Zeit warten. Wir wunderten uns, denn wir waren angemeldet. Endlich wurden wir vom Bürgermeister empfangen, die Formalitäten des Heiratsaufgebotes waren rasch erledigt. Die Eheschließung wurde für den 19. April festgelegt.

Als wir das Rathaus verließen, empfing uns mit gezückter Kamera der Ortsfotograf. Aha, dachte ich, deshalb hatten wir so lange warten müssen. Erst mußte der Fotograf herbeigerufen werden.

Auf unsere Freude über die bevorstehende Heirat fiel ein dunkler Schatten: am 5. April verstarb Gretl. Zum Schmerz über den Verlust der Schwester gesellte sich nun die bange Sorge, was aus Mutter Kappler werden würde, die seit vielen Jahren auf Gretls Betreuung angewiesen war. Wieder griff Stuttgarts Oberbürgermeister Dr. Klett großherzig ein und sorgte für ihre Unterbringung in einem geeigneten Pflegeheim.

Dankbar atmeten wir erleichtert auf.

Herbert Kappler hatte inzwischen die endgültige Heiratserlaubnis des Verteidigungsministers erhalten. Ein Vordruck, der wieder einmal deutlich machte, daß sich der Gefangene immer noch im Krieg befand. Die Genehmigung bezog sich nämlich auf „Matrimonio per procura" - zu deutsch „Ferntrauung".

Ich konnte es nicht glauben und starrte Herbert entgeistert an: „Aber von Ferntrauung ist doch nie die Rede gewesen. Das ist doch ein Witz! Ferntrauung gab's doch nur im Krieg, und unsere Trauung soll doch hier im Besuchsraum stattfinden. Es wurde doch extra die Genehmigung des Standesbeamten eingeholt! Also wirklich, das will mir nicht in den Kopf!"

Herbert Kappler lachte. „Da siehst du es wieder, der Krieg dauert an. Vielleicht hatten sie kein anderes Formular für einen solchen Fall wie mich."

Ich konnte es einfach nicht fassen und schlug deshalb später im Wörterbuch die Formulierung noch einmal nach; da stand es wirklich: „Matrimonio per procura - Ferntrauung".

Der Verteidigungsminister hatte in der Woche vor der Eheschließung noch Besuche genehmigt, deshalb traf ich in Begleitung meiner Tochter schon am 13. April 1972 wieder in Gaeta ein. Wenn ich gemeint hatte, mich dort in aller Ruhe innerlich auf die ernste Zeremonie in wenigen Tagen vorbereiten zu können, sah ich mich getäuscht. Seit der Aufgebotsbestellung war unser Heiratstermin kein Geheimnis mehr. Scharen von Fotoreportern und Journalisten belagerten das Hotel und mich, sobald ich mein Zimmer verließ.

Das Telefon klingelte pausenlos. Fernsehen, Rundfunk, Journalisten von Illustrierten und Tageszeitungen; sie alle bestürmten mich, ich war bestürzt über den ganzen Rummel und ließ mich auf kein Gespräch ein. Ich konnte keinen Schritt aus dem Hotel tun, um einzukaufen oder zu den Besuchsstunden in die Festung gehen, ohne regelrecht verfolgt zu werden.

Gegen Mittag wollten wir, meine Tochter und ich, frisches Obst besorgen und stiegen arglos die Treppe hinab. Da hagelte es Lichtblitze, wir rannten fort, in die Hotelküche, den Heizungskeller, die Waschküche, eine Tür nach außen. Ins Freie. Dachte ich. Da warteten sie schon. Wir sprangen ins Auto und um die nächste Ecke, kreuz und quer durch Gassen und Gäßchen. Erleichtert vertraten wir uns nach einer halben Stunde die Füße, wir hatten die Verfolger abgeschüttelt und sogen die frische Meeresluft in die Lungen, kauften köstliche Früchte und wurden von dem Straßenhändler entgegenkommend versorgt. „Signora Kappler", sprach er mich an. Ich dankte dem guten Mann, der mir „auguroni" in die Hand wünschte (große Glückwünsche).

Wir kehrten ins Hotel zurück, da standen noch mehr Reporter und auch ein Aufnahmewagen von Radio Rom. Ich versuchte, mich diskret in die große Menschenmenge zu mischen, die im Speisesaal versammelt war.

Doch eine Dame folgte mir und sprache mich an: „Sind Sie Frau Wenger?" Es gab kein Entkommen mehr. „Marcello Morace bittet Sie um fünf Minuten Ihrer Zeit."

Da stand er auch schon vor mir. Ich bat und flehte: „Lassen Sie mich bitte in Ruhe, ich kann Ihnen nichts sagen, ich gebe keine Interviews!" Doch ich wurde mitgezogen und in eine ruhigere Ecke des Fernsehzimmers gedrängt.

„Nur ein paar Fragen, bitte!"

„Vor ein paar Tagen starb die einzige Schwester meines Verlobten. Sie müssen doch verstehen, daß ich nicht in der Lage bin, auf Ihre Fragen zu antworten!" versuchte ich mich zu wehren.

„Wirklich nur ein paar Fragen!"

Selten hat mich eine Stimme so beeindruckt wie die des Marcello Morace. Aber wie hätte ich ihm Fragen in wenigen Minuten beantworten sollen? Was ich unter Liebe verstehe? Wie ich über den Tod dächte? Und natürlich, warum sich Herbert Kappler nicht geweigert habe, jenen furchtbaren Befehl auszuführen?

Mir schoß es in den Kopf, was damals General Mältzer zu ihm gesagt hatte: „Kappler, im Krieg wird nicht debattiert, im Krieg wird geschossen." Die Nichtausführung des Befehls hätte seinen sicheren Tod bedeutet, und trotzdem wäre keine einzige Geisel gerettet worden.

„Und was soll ich denen sagen, die das nicht glauben wollen?" fragte Morace.

„Sie sollen hingehen, mit Herbert Kappler sprechen und ihn kennenlernen", erwiderte ich.

Die Tragik lag jedoch darin, daß auch diejenigen, die diesen guten Willen aufgebracht haben, die ihn hätten kennenlernen wollen, keine Möglichkeit dazu hatten. Ihnen allen wurde keine Besuchserlaubnis erteilt.

Schon bei der ersten Frage war ich in Tränen ausgebrochen, und während ich diese Worte formulierte, wurde mir klar, was es eigentlich mit dieser Wortprägung auf sich hat: man weint gleichsam aus allen Poren ohne die Möglichkeit, der Tränen Herr zu werden.

Nach einer Stunde trennten wir uns, und vor mir stand ein Mann, dem rannen die Tränen nicht weniger als mir. Marcello Morace lief hinaus, ich strebte zum Lift.

Da holte mich die Dolmetscherin ein: „Herr Morace läßt Sie um ein Foto von sich bitten." Ich stotterte: „Die haben mich hier so oft fotografiert, aber ich habe kein einziges Foto." Und er bekam's bis heute nicht. Es fällt mir erst jetzt beim Schreiben wieder ein.

Die kräftige Brise, die vom Meer herüberwehte, hatte mein Haar total zerzaust. Zita, das fürsorgliche Zimmermädchen, empfahl mir Antonio's Salon gleich oben an der Ecke bei dem Möbelgeschäft. Ich entschlüpfte den Reportern und saß bald unter der Haube. Nach einem Weilchen fragte der Figaro: „Un caffè, Signora?" Ich blickte hoch und in die Gesichter einer Schar von Reportern, deren Blitzlichter schlagartig aufflammten.

„Aber das ist ja zum Auswachsen!" nützte gar nichts, denn sie verstanden es nicht.

Zurück zum Hotel, ich wollte ausruhen, mich sammeln, innerlich vorbereiten für den nächsten, den großen Tag.

Spät in der Nacht, als die Geräusche der Straße verstummt waren, schrieb ich einen Brief an Herbert Kappler, der in wenigen Stunden mein Mann sein würde. Ich legte drei rote Rosen dazu als Symbol für Liebe, Glaube, Hoffnung.

132

19. April 1972: Zu ungewöhnlich früher Stunde brachte mir Zita den Kaffee. Ich hämmerte mir ein: Ruhe bewahren, nicht aufregen, schön ruhig bleiben; dann schrieb ich noch in meinem Tagebuch und telefonierte mit unseren Müttern.

Für acht Uhr war Antonio zum Frisieren bestellt; er klopfte auch pünktlich. Als ich ihm die Tür öffnete, drängte sich auch schon eine Schar Reporter mit ihm ins Zimmer.

„Bitte, gehen Sie hinaus, was wollen Sie in meinem Zimmer?" fruchtete gar nichts. Ich war noch im Bademantel und sah mich hilflos um, „gehen Sie bitte raus, seien Sie doch vernünftig!" Ich sah mich entsetzt um und wurde nachdrücklicher. Mein Protest nützte nichts, sie reagierten einfach nicht. Da schnappte ich meine Kleider, stürzte ins Bad und riegelte zu.

Die Zeit drängte, ich mußte mich beeilen. Als ich das Bad verließ und aus dem Zimmer wollte, wartete der nächste Pulk Reporter im Flur. Der Lift war blockiert. Starr und steif vor Schreck wurde ich mit meiner Tochter die Treppe hinuntergeschoben. Der nächste Schreck: Auch in der Hotelhalle ein Meer von Reportern, Fotografen, Journalisten. Ich dachte, wo kommen die bloß alle her?

Und wo waren unsere Anwälte? Ich sollte sie doch hier treffen!

Kurz vor der Halle ein Ruf nur: „Annaliese!" Die vertraute Stimme Prof. Cutticas.

„Franco! Oh Gott sei Dank, daß du da bist!" sprang ich ihm entgegen.

Blitzlichtgewitter und Kamerasurren, aber ich war erleichtert, Prof. Cuttica hatte schützend seinen Arm um meine Schulter gelegt und bahnte uns einen Weg zum Wagen. Eine Autoschlange folgte uns laut hupend zur Festung, wo wir um neun Uhr erwartet wurden.

Der Standesbeamte mit seinen beiden Assistenten traf um viertel nach zehn ein, sie legten ihre Schärpen an und nahmen an einem bereitgestellten Tisch Platz. Unser Besuchsraum wurde zum Standesamt.

Es war für jeden von uns die zweite Ehe, die da im kahlen Besuchsraum der Festung geschlossen wurde.

Rechtsanwalt Prof. Cuttica und Dr. Celebrano waren meine Trauzeugen, zwei Offiziere der Festung übernahmen dieses Amt für Herbert. Die allgemein übliche Zahl von insgesamt zwei Trauzeugen erschien offenbar dem Verteidigungsminister nicht ausreichend.

Nach der Trauungszeremonie beteten wir das Vaterunser.

Der Standesbeamte und seine Begleiter verabschiedeten sich.

Schweigend saßen wir an unserem Tisch, ich reichte jedem eine Tasse Kaffee, den mein Mann mitgebracht hatte. Prof. Cuttica hob die Stille auf und meinte mit einem Blick zu mir: „Du mußt ein Kommuniqué verlesen, wir werden es gleich aufsetzen." Dann schrieben wir noch einen Eilbrief an den deutschen Anwalt Dr. Aschenauer, in dem wir den tatsächlichen Sachverhalt um unsere Heirat darlegten, weil bereits wieder wilde Gerüchte sich in den Medien niederschlugen.

Mein Mann legte mir eine kleine Brosche mit winzigen Brillantsplittern in die Hand: sein Hochzeitsgeschenk. Ich reichte ihm meinen Brief mit den drei roten Rosen.

Wie auf Kommando sahen wir auf die Uhr, die genehmigte Zeit war verstrichen, Herbert nahm meinen Arm, ich lächelte ihn an: „Wie schön das ist, jetzt sagen zu können ‚mein Mann'..."

Im Vorraum zum Ausgang wartete das Wachpersonal. Unzählige Hände mußten wir schütteln und Glückwünsche entgegennehmen: „Sie werden bald heimkommen" oder „Bald sind Sie zu Haus" oder „Es kann nicht mehr lange dauern!"

Mein Mann wurde wie üblich weggeschlossen, wir hatten nichts anderes erwartet.

Dann wurde das Tor geöffnet, die Anwälte, meine Tochter und ich gingen hinaus, vor uns eine große Reporterschar. Was sie riefen, verstand ich nicht. Aber die deutschen Brocken hörte ich: „Ein Wort, Signora, sagen Sie ein Wort!"

Leise sagte ich: „Freude", um damit auszudrücken, daß ich an diesem für mein künftiges Leben so wichtigen Tag von Freude beseelt war.

Der Anwalt an meiner Seite blieb tiefernst. Wir fuhren zurück ins Hotel, noch immer war die Halle von Journalisten überfüllt.

„Das Kommuniqué", empfahl Prof. Cuttica, „du solltest es jetzt verlesen." Ich nickte zustimmend, bat um Ruhe und las den Text vor.

Der Hotelier hatte im Speisesaal einen Tisch für uns reserviert. Es wurde ein schlichtes Mittagsmahl im kleinen Freundeskreis. Die Anspannung begann sich zu lösen. Ich fragte, was denn die Reporter vor der Festung gerufen, das ich nicht verstanden hatte.

„Sie wollten wissen, wie es ist, wenn man einen Mörder heiratet."

Mir blieb der Bissen im Hals stecken.

Hilflosigkeit, Zorn, das war es, was jetzt in mir vorging. Die harmonische Stunde des Zusammenseins mit den Freunden war zerstört. Die Welt würde morgen in den Zeitungen lesen, daß da eine Deutsche den Mörder Kappler geheiratet hat. Was muß das für eine Frau sein? Die auch noch von Freude sprach! Liebe für einen Menschen, möchte er gefehlt haben oder nicht, wollten sie nicht gelten lassen.

Als ich dann die Zeitungen las, hoffte ich, daß mein Mann sie nie zu sehen bekäme. Ich hatte die Kraft, es durchzustehen; aber wie mußte es ihm ums Herz sein!

Die Anwälte fuhren zurück nach Rom.

Mir war erlaubt worden, meinen Mann am Nachmittag noch einmal zu sehen. Kaum stand ich ihm gegenüber, waren Zorn, Schmerz und Hilflosigkeit der vergangenen Stunden vergessen.

Ich wußte, daß er kein Mörder war.

Wie üblich waren Zensor und Wachposten anwesend. Aber wir waren zusammen und brauchten, wenn wir uns jetzt die Hände hielten oder uns zur Begrüßung und zum Abschied küßten, nicht mehr nach dem Zensor zu schielen, ob er gerade hersähe. Wir waren verheiratet!

Als ich ins Hotel zurückkehrte, waren immer noch Reporter da. Die Atmosphäre schien eigenartig gespannt. Trotz der Peinlichkeit am Vormittag wollten einige Journalisten mit mir sprechen, die sich sehr freundlich zeigten und ausgewogene Artikel bringen wollten, die der Situation gerecht würden.

In der Halle hinten links neben einer großen Blattpflanze stand ein

Herr in grauem Anzug im Gespräch mit der Frau des Hoteliers. Beide blickten zu mir herüber. Die Journalisten hielten sich in angemessenem Abstand. Alle!

Ich suchte mit Blicken nach den netten Leuten, die mich vorher angesprochen hatten und baten, Ihnen das Monte-Orlando-Panorama zu zeigen. Wir fuhren ab. Wieder folgte ein ganzer Konvoi, diesmal die ansteigende Serpentinenstraße hinauf.

Frische Luft! Welch eine Wohltat!

Auch jener Fremde in Grau war mitgekommen. Er hatte sich mir nicht vorgestellt. Sein Glückwunsch blieb aus. Und Glück wäre wohl das Letzte gewesen, was dieser Mann mir gewünscht hätte. Seine Identität ergab sich später, Jahre später.

Aber so viel war sicher, der Mann in Grau hatte die journalistische Richtung festgelegt. Alle Pressevertreter traten geradezu hörbar leise auf.

Am nächsten Tag durfte ich für zwei Stunden zu meinem Mann. Der Wachposten hatte sich ein kleines Transistorradio mitgebracht, weil um zehn Uhr das Morace-Interview vom Tag zuvor gesendet werden sollte.

Der Zensor zuckte die Schultern und schüttelte den Kopf, als er den Text hörte; der Wachsoldat sagte schlicht: „Idiota" und meinte den Kommentar. Weil ziemlich schnell gesprochen worden war, hatte ich nicht alles verstanden. Was war wieder entstellt worden?

Zahllose Telegramme trafen ein, bei Herbert in der Festung und bei mir im Hotel. Das erste Glückwunschtelegramm, das wir erhielten, kam von Botschafter Dr. Rolf Lahr.

Blumen über Blumen - in der Festung, im Hotel. Von überall her trafen sie ein, aus Deutschland, Amerika, Spanien, England, Frankreich und so viele aus Italien. Tagelang trafen immer neue Sendungen ein. Einen großen Arm voll dieser Blumen brachte ich am nächsten Vormittag auf den Soldatenfriedhof Pomezia, wo neben vielen Gefallenen auch die in der Via Rasella getöteten südtiroler Polizisten begraben liegen. Alle anderen Blumen verteilte ich am nächsten Tag auf die Gräber der Fosse Ardeatine, wo die Opfer der Repressalie bestattet sind und wo der schicksalschwerste Tag im Leben meines Mannes begann.

Von beiden Ruhestätten nahm ich ein sonderbares Empfinden mit, so, als fehle den Lebenden etwas von dem erhabenen Frieden der Toten.

Die Heimreise nach Soltau führte mich über Mailand. Der bekannte Journalist einer großen Zeitung hatte mich eingeladen. Doch als ich mich telefonisch anmelden wollte, war er nicht mehr zu erreichen. Mir fiel der Mann in Grau ein, nach dessen Erscheinen im Hotel die Stimmung so jäh umgeschlagen war. Hatte er womöglich auch hier seinen Einfluß ausgeübt?

Dann wieder in Soltau. Alltag. Viel Arbeit mußte nachgeholt werden, und ich mußte mich erst an meinen neuen Namen gewöhnen. Lange Zeit entstand beim zweiten p immer ein lustiger Schlenker; schön sah das nicht aus.

Herbert und ich waren uns noch näher gekommen. Auf einem Stück Papier, auf dem wir „zusammengeschrieben" waren. Unsere Mütter waren glücklich.

Der italienische Verteidigungsminister hatte festgelegt, daß ich meinen Mann zweimal pro Monat besuchen dürfte. Wir legten die Besuche in eine Woche, auf Mittwoch und Samstag, wenn der deutschsprachige Zensor in der Festung war, der auch weiterhin alles zu kontrollieren hatte.

Begründete Hoffnung auf die Heimkehr Herberts gab's im Moment nicht; aber ganz allgemein waren wir von großer Hoffnung erfüllt und zahllose Menschen mit uns.

Mutter Kappler mußte mit der Übersiedlung in das Heim „Zamenhof" ihren Haushalt auflösen, und so traf ein Bahncontainer mit Büchern, alten Offizierstruhen und vielen Sachen meines Mannes aus ihrem Hausstand bei mir ein. Dicke Aktenstapel, ganze Bündel alter Expertisen, haufenweise Kopien früherer Schriftwechsel und zurückliegender Eingaben. Ich schlug mir eine Nacht um die Ohren für den ersten Einblick.

Meine Mutter mahnte: „So geht das aber nicht! Du mußt dich jetzt um die Gegenwart kümmern, darum, was heute ist. Die alten Akten haben doch Zeit!"

„Du kannst dir gar nicht vorstellen, was ich da an Schriftstücken gefunden habe!" entgegnete ich und verbrachte auch die nächsten Nächte über den vergilbenden Seiten.

Zwei Tage nach der Eheschließung im April 1972, im Atrium der Festung.

KAPITEL 6

Ein Film - Richard Burton spielt die Rolle Herbert Kapplers

Wenn ein Staatssekretär im Auswärtigen Amt für mich zu sprechen war, brauste ich schnell nach Bonn und dann wieder nach Gaeta. Ich saß immer auf dem Sprung, weil nie zu kalkulieren war, was heute dringend und morgen wichtig sein mochte.

Bei schönstem Sonnenschein fuhr ich im Juni wieder nach Italien.

In Formia, das sich Gaeta gegenüber an der anderen Seite des Golfes entlangzieht, sah man Straßensperren und Fahnenschmuck wie zu Kaisers Zeiten. Die Schaukästen der Konditoreien prangten in höchster Kunst: ‚Viva Giovanni Leone' war auf viele Torten gespritzt, mit Krokant und Pistazien verziert.

Ich wurde informiert: Im Hafen von Gaeta fand eine Marine-Parade statt, die der Staatspräsident von einer großen Ehrentribüne aus abnehmen würde.

Ich wünschte mir den glücklichen Zufall, nur einige Minuten mit dem Staatspräsidenten sprechen zu können. Aber der Zufall blieb aus. Ich war auch gar nicht enttäuscht, denn es gab da noch einen anderen Weg zu persönlichen Kontakten.

Wenige Wochen vorher hatte bei mir in Soltau ein Rechtsanwalt angerufen: Dr. Wilhelm Dobler.

Er lebte im Remstal in der Nähe von Stuttgart. Als junger Mann hatte er an der Universität von Camerino in Italien Jura studiert.

Der ganze Ort nahm Anteil, wenn ein Professor einen neuen Doktoranden bekam. Wilhelm Dobler hatte bereits seinen Doktorvater. Peinlich war, daß Professor Leone, der seine erste Professur in Camerino innehatte, immer noch keinen Doktoranden gefunden hatte. Sein Image litt darunter.

Weil es ihm leid tat, besprach sich Wilhelm Dobler mit seinem Doktorvater, wechselte hinüber zu Prof. Leone und wurde dessen erster Doktorand. Sein Studienbüchlein samt Unterschriften ist noch vorhanden. Der freundschaftliche Kontakt Dr. Doblers zu Professor Leone überdauerte Jahrzehnte.

Und jetzt bot Dr. Dobler, den wir der Einfachheit halber Dodo nannten, seine Hilfe an. Ein Kontakt zu jemandem, der direkten und persönlichen Draht zum Staatspräsidenten hatte. Dr. Dobler wollte mich kennenlernen, zwei Tage später fuhr ich zu ihm ins Remstal und wurde rührend von seiner ganzen Familie aufgenommen.

Wir hielten enge Verbindung. Er fuhr nach Rom in den Quirinalpalast, dem Sitz des Staatspräsidenten, und trug seinem alten Doktorvater sein Anliegen vor. Er reiste wiederholt und versuchte, alle Hebel in Bewegung zu setzen.

Mit Campingstuhl und Tischchen im Gepäck war ich auf den Monte Orlando gefahren, richtete mich auf «meinem alten Platz» häuslich ein und blieb den ganzen Tag dort oben. Auf dem Schreibblock vor mir, auf den die pralle Sonne schien, hatte ich ganze Episteln verfaßt für meinen Mann. Ich gab Eindrücke von Fischern wieder, die ich bei ihrer Rückkehr vom Fang im Hafen beobachtet hatte, schilderte alles, was ich von meiner Stelle aus sehen konnte und wartete, bis mein Mann zur erlaubten Zeit auf dem Wehrgang in seinem kleinen Auslauf erschien und wir uns zuwinken konnten.

Als er wieder gegangen war, überlegte ich, wo ich noch rasch ein Oberhemd für meinen Sohn besorgen könnte. In Soltau hatte die Zeit nicht mehr gereicht. Mir fiel das Kaufhaus Orlandi in Formia ein, wo man immer gut bedient wurde.

Ich kaufte ein paar Kleinigkeiten, fand ein passendes Oberhemd und stand an der Kasse, um es zu bezahlen.

„Chiusa", (geschlossen) sagte die Kassiererin und verwies mich an eine andere Kasse, auch dort hieß es „chiusa, Signora". An der dritten Kasse in der Nähe der Treppe wiederum „cassa chiusa". Man schob mich zur Rolltreppe, die abwärts führte, ich guckte suchend umher. Unten empfing mich ein älterer Mann und bugsierte mich in einen hinteren Raum. Ich dachte, daß ich bei ihm das Hemd bezahlen könne. Aber er bedeutete mir, meine Tasche auszupacken. Ich legte alles auf den Tisch, hielt ihm das Hemd hin und versuchte, mich verständlich auszudrücken: „… das muß ich noch bezahlen, aber drei Kassen waren geschlossen." Der Mann war der Hausdetektiv und hörte mir gar nicht zu, rang die Hände und schubste mich mit theatralischen Gesten aus der Tür. Es strömte alles herbei, was Beine hatte. Fassungslos stand ich da, in der einen Hand das Hemd, in der anderen den Geldschein. Ich wäre am liebsten im Erdboden versunken.

Endlich kam der Chef, jung und sympathisch, vielleicht konnte ich ihm alles erklären. Aber ich war so aufgeregt, daß mir die richtigen Vokabeln in italienisch nicht einfielen. Mein Wörterbuch lag im Auto, das ich unter der Brücke abgestellt hatte.

Ich versuchte es noch einmal: „Bitte, lassen Sie mich mein Wörterbuch holen", aber niemand verstand Deutsch.

„Avanti, avanti", die Treppe nach oben, ich stolperte in einen großen Raum mit wandhohen Fenstern zur Straße hin. Obwohl es taghell war, knipste jemand das Neonlicht an. Auf der Straße war ein Menschenauflauf.

Seit den Veröffentlichungen um meine Heirat mit Herbert Kappler war ich in ganz Italien bekannt und natürlich auch in diesem Kaufhaus. Irgend jemand mußte da schnell die Aufmerksamkeit der Passanten auf der Straße auf einen Ladendiebstahl der Anneliese Kappler gelenkt haben, denn alle Leute blickten nach oben in denjenigen Raum, in den man mich hineinbefördert hatte und dann auch noch Licht einschaltete! Wer hatte das denn so schnell organisiert?

Ich war preisgegeben. Eine Angestellte riß mir meine Handtasche weg und wollte sie ausleeren, da riß ich sie zurück und breitete selbst den Inhalt aus.

„Passoporto!"

Ich zeigte meinen Ausweis vor. „Natürlich, Signora Kappler", taten sie erstaunt.

Jemand drehte die Telefonscheibe, bis sich die Ortspolizei meldete. „Ein Ladendieb, ein Ladendieb", schrie der Hausdetektiv. Wie versteinert stand ich da, wurde angegiftet und schloß die Augen.

Ein Martinshorn, mein Gott, wie schrill!

Ich wurde aus der Tür geschubst. Carabinieri brachten mich zu ihrem Wagen. Stocksteif setzte ich mich nach hinten, und ab ging's durch den Menschenauflauf in die Polizeidienststelle.

Jetzt reichte es mir aber! Ich verlangte, sofort einen Offizier zu sprechen. Ein gutmütiger, älterer Polizist wollte Vertrauen erwecken und stellte sich vor: „...Marescallo..." und ich dachte, ein Marschall in solch einer Dienststelle, bis mir erklärt wurde, daß es sich um einen Feldwebel handelte.

Die Stunden liefen dahin, die Gedanken auch. Im Geiste funkte ich meinem Mann über den Golf in die Festung zu: „Nur nicht aufregen, ruhig bleiben, ich stehe das schon durch!"

Das Telefon klingelte, es wurde gemeldet: „Der Capitano ist auf einer Party." Na klar, dachte ich ärgerlich, wo denn sonst, so ist es eben überall und wartete weiter.

Da kam der Hausdetektiv vom Orlandi, sich seiner Bedeutung bewußt, gab sein Protokoll ab und verschwand.

Und endlich kam der Capitano; frisch, sympathisch, Salonlöwe - und er sprach englisch.

Ich bat erneut, mein Wörterbuch holen und meinen Wagen unter der Brücke wegnehmen zu dürfen, weil es inzwischen dunkel war. Das wurde nicht gestattet.

Ich schilderte dem Offizier (in englisch) den Vorfall im Kaufhaus, der übersetzte weiter ins Italienische, was der Feldwebel dann ins Protokoll in die Maschine tippte. Es war fast Mitternacht geworden, als ich das Geschriebene als Buch mit sieben Siegeln überflog. Sie drückten mir einen Stift in die Hand, und ich unterschrieb in der Hoffnung, daß ... doch das stellte sich erst später heraus.

Sie hatten formuliert: „Ich habe vergessen zu bezahlen" anstatt „man wies mich von einer Kasse zur anderen und ließ mich nicht zahlen."

Endlich durfte ich gehen und tappte hinaus in die Nacht, dann die gewundene Straße hinunter zur Brücke. Mein Wagen stand noch da, aber er war aufgebrochen und ausgeräumt worden. Alles war weg, ausgeraubt.

Was für ein Tag! Und er hatte so friedlich begonnen. Ich war empört und voller Zorn.

Die häßlichen Italiener? Oder: Alle Italiener sind schlecht und böse? So habe ich nicht gedacht. Ein Mißverständnis war's, bedingt durch Sprachschwierigkeiten. Oder hatte man mich absichtlich in eine Falle gestoßen?

Müde hatte der Hotelier im ‚Mirasole' seinen letzten Gast abgewartet, wünschte freundlich ‚Gute Nacht' - die wünschte ich mir auch. Wie soll ich das bloß meinem Mann erklären, dachte ich, und wie wird er sich sorgen! Endlich war auch die durchgrübelte Nacht vorüber, und ich mußte mich zu unserem Colloquium auf den Weg machen. Auch mein Mann hatte keinen Schlaf gefunden und konnte sich seine Unruhe nicht erklären.

Am frühen Nachmittag begleitete mich der Zensor in die Polizeidienststelle nach Formia, denn meine Anzeige wegen des ausgeraubten Wagens mußte aufgegeben werden.

Unsere Anwälte nahmen die Angelegenheit nicht ernst: Die klaut doch nicht!

Im Geiste sah ich schon Schlagzeilen in der Presse, die prompt erfolgten und nach Deutschland überschwappten.

Der Militärkaplan wollte helfen und empfahl uns einen Anwalt aus der Nähe Formias. Vonseiten der Militärs jedoch wurde dem Kaplan jede Hilfestellung untersagt.

Es gab ein gerichtliches Nachspiel, das sich über Jahre hinzog, bis der Vorfall bereinigt war.

Kaum war ich nach den verwirrenden Ereignissen wieder in Soltau, wurde ich ans Telefon gerufen. Freunde aus Bonn hatten den Kontakt zu dem italienischen Senator Rosati hergestellt, der sich auf internationaler Ebene für die Belange der ehemaligen Kriegsgefangenen einsetzte und Verbindungen mit dem deutschen Verband der Heimkehrer unterhielt.

Mit dem Präsidenten des Verbandes hatte ich wiederholt darüber gesprochen, von welcher Seite aus unsere so eingeschränkten Colloquien in der Festung, die für Herbert Kappler als Haftverschärfung anzusehen waren, wieder erweitert oder in die früheren Gepflogenheiten zurückgeführt werden konnten.

Ich fuhr nach Essen, um den Senator auf dem Heimkehrer-Kongreß zu sprechen und wies auf die vielen Falschmeldungen zum „Fall Kappler" hin. Senator Rosati sprach Deutsch und hatte mir aufmerksam zugehört, er wiegte seinen Kopf und sah mich an. Fettnäpfchen schoben sich in gefährliche Nähe, als ich sagte: „... wenn mein Mann nicht bald entlassen wird, sehe ich mich veranlaßt, mein Buch zu schreiben, um aufzudecken, was in Wirklichkeit mit dem ‚Fall Kappler' los ist!"

Links neben mir der Aufschrei meines Begleiters: „...aber Frau Kappler!"

Vor mir entgeisterte Gesichtszüge.

Durfte man das denn nicht sagen? Ich las doch immer wieder in allen möglichen Zeitungen die unglaublichsten Beleidigungen gegen meinen Mann, die gröbsten Verzerrungen und Entstellungen der damaligen Vorgänge in Rom. Nicht Tatsachen, sondern Meinungen und Lügen wurden nicht etwa hinter vorgehaltener Hand weitererzählt, sie wurden publiziert.

Ich hatte viel nachzudenken über Wahrheit und Dichtung im „Fall Kappler". Mitten hinein in meine Gedanken platzte ein Anruf von Dr. Dobler, der erneut nach Rom fuhr, um mit seinem alten Freund Leone zu sprechen. Der Staatspräsident hatte sich in diesen Unterredungen jedoch ausweichend und nicht kooperativ verhalten. Dobler kehrte bedrückt und ohne Gesprächsresultat zurück.

Ich traf mich wieder mit unseren deutschen Anwälten, die beharrten:

„Der Fall muß an die Öffentlichkeit, er ist juristisch nicht haltbar!"

Post- und Bahnstreik in Italien, die Nachrichten aus Gaeta blieben aus. Ich telegrafierte, erhielt auf gleiche Weise Antwort über die Darmkoliken meines Mannes und schickte sofort Medikamente ab in der Hoffnung, daß sie schnell den Empfänger erreichten.

Dann fuhr ich mal eben nach Stuttgart, um mit einem Bundestagsabgeordneten zu sprechen und Mutter Kappler wiederzusehen; anschließend noch zwei Tage Sprechstunde in Soltau und wieder Abreise nach Gaeta.

Zwischen den beiden genehmigten Besuchen in der Festung fuhr ich nach Rom und suchte Freunde aus Adelskreisen auf, in deren Salons viele Politiker verkehrten, und traf mich mit Bekannten und Freunden aus Ministerien und Behörden. Die Vorsprache in der Deutschen Botschaft ergab nichts Neues. Doch ich wurde von dem zuständigen Legationsrat sehr freundlich empfangen, nahm das wieder einmal als gutes Zeichen und war dafür schon dankbar.

Tief in der Nacht kam ich in Gaeta an.

Über jeden Kontakt zu Personen des öffentlichen Lebens, ob direkt oder indirekt, und sei es auch nur durch Denkanstöße oder kurze Hinweise hier und dort, war ich froh. Denn ,Herbert Kappler als Mensch' war totgeschwiegen; er selbst konnte sich nicht äußern, weil er es nicht durfte, aber ebenso totgeschwiegen waren auch sämtliche Details zum „Fall Kappler", die die wirklichen Vorgänge während des Krieges in Rom betrafen.

„Einfluß nehmen und Bewegung in die Angelegenheit bringen", rieten nicht nur die deutschen Anwälte, sondern immer wieder auch Journalisten aus den USA und Großbritannien.

Wirklich Einfluß nehmen, das heißt ihn begnadigen, konnte dem Buchstaben des Gesetzes nach nur der italienische Staatspräsident. Aber in der Praxis hat auch ein Staatsoberhaupt Rücksicht auf die politischen Strömungen seines Landes zu nehmen. Er wird eine Entscheidung nicht gegen die Stimmen seiner Regierung oder des Parlaments treffen; wobei ihm unbenommen bliebe, eine solche Entscheidung zu vermeiden. Eine Begnadigung „im stillen" wäre nie möglich gewesen, denn der „Fall Kappler" wurde von jeher hochpolitisch behandelt und war von großem Interesse für die Öffentlichkeit.

Daher mußte nicht nur der italienische Staatspräsident „gewonnen" werden, sondern das italienische Volk: Die Regierung, das Parlament, die Öffentlichkeit.

Unter diesem Aspekt waren alle Bemühungen zu sehen, die Konsultationen bei vielen Politikern und Persönlichkeiten des öffentlichen Lebens, die Kontakte zu Journalisten, die mit ihren Berichten die Öffentlichkeit so oder so beeinflußten. Das galt für Italien als auch für Deutschland.

Ich saß noch am Frühstückstisch in der Hotelhalle und machte mir Notizen über die Punkte, die ich mit meinem Mann besprechen wollte, als der Kellner mir freundlich die Morgenzeitung reichte. Ich blätterte darin und starrte auf einen kurzen Bericht: „Richard Burton in Taormina gelandet zu Aufnahmen für den neuen Kappler-Film. Er wird die Rolle des Polizeichefs spielen." Ich ließ alles liegen und stehen, ging erstmal an die frische Luft. Es blieb mir nicht viel Zeit zum Grübeln, denn in einer halben Stunde mußte ich an der Festung sein. Ich wollte noch schnell in Teresas Blumenladen einen Rosenstrauß für meinen Mann holen, da hielt mich ein Junge auf und lief mir nach: „Signora, Signora", er hielt mir im Laufschritt ein Blatt hin mit einem Roten Kreuz darauf und redete auf mich ein: „...Sie sehen so wohl aus, Sie kommen doch sicher mit zur Blutspende, bitte, Signora, bitte!"

Außer Atem fragte ich: „Wo?"

„Dort in dem Wagen", wies er auf ein Fahrzeug und lief weiter neben mir. Er riß die Wagentür auf: „Dottoressa!" Eine junge Ärztin sah hoch: „Ah Sie, Signora Kappler, legen Sie sich bitte ruhig hin!"

Ich hielt ihr meinen Arm entgegen: „Da, nehmen Sie, was Sie brauchen, ich habe gutes Blut. Und dem, der's bekommt, soll's guttun!"

„Erstmal Blutdruck, Blutgruppe, Herzabhorchen...", es dauerte nicht lange, dann zapfte sie sich eine Retorte voll Blut ab, durchstach bei meiner Eile die Vene und empfahl dann fürsorglich: „So, und jetzt ruhen Sie schön aus!"

„Ausruhen?" sagte ich, „... ausruhen kann ich erst später." Und ahnte nicht, wie lange ich bis zum Ausruhen noch warten sollte.

Ich war gerade noch pünktlich zum Colloquium an der Festung. Schlimm sah der Arm aus, ich zog den Ärmel über das Hämatom und versuchte ein Lächeln. Doch der Kommandant bemerkte, daß ich meinen Arm nicht bewegen konnte und schickte den jungen Arzt, der mir eine Kompresse auflegte und dabei zuflüsterte: „Ihr Gatte, Signora, das Herz!"

Ich untersuchte meinen Mann auf einem Tisch des Besuchsraumes, horchte das Herz ab und sagte beiläufig, was ich in der Zeitung gelesen hatte.

Mein Mann war bestürzt. Es war uns klar, was daraus werden konnte. Ein neuer Kappler-Film, in dem wieder einmal mein Mann nicht zu Wort kommen würde.

Zum Abschied umarmten wir uns lange: „Es sind ja nur ein paar Wochen bis zum Wiedersehen!" Diesmal fiel uns beiden der Abschied sehr schwer.

Während der Heimfahrt kreisten meine Gedanken immer wieder um die Sache mit dem Film. Aber es gab noch mehr zu überlegen: Präses Wilm, der Beauftragte der EKD für die Gefangenenbetreuung, hatte uns jede ihm mögliche Hilfe angeboten. Er wollte in Kürze Herbert Kappler in der Festung aufsuchen. Ich rief den Präses spätabends von Soltau aus an. „Ich möchte Sie persönlich kennenlernen", sagte er, „es läßt sich dann doch viel besser sprechen." Ein paar Tage später fuhr ich zu ihm nach Thesen in Westfalen und wurde herzlich in seinem Hause aufgenommen.

Italienische Gastarbeiter in Deutschland boten sich an, bei den Regierungen in Bonn und Rom zu intervenieren. Freunde berichteten über Aktuelles, sie hatten gute Kontakte zu einem Duz-Freund Andreottis.

Dr. Dobler wartete auf Nachrichten seines Freundes Staatspräsident Leone. Es war allgemeine Urlaubszeit, Parlamentsferien in Bonn und Rom. Die Wochen zogen dahin.

Unsere Mütter wurden schwächer. Aus Soltau tauschte meine Mutter liebevolle Briefe mit Herbert, den sie wie einen eigenen Sohn liebte und endlich auch nicht mehr mit „Mein lieber und hochverehrter Herr

Kappler" ansprach. Mit Mutter Kappler in Stuttgart telefonierte ich oft und versuchte, sie mit Blumen zu erfreuen. Blumen als Vermittler waren wichtig geworden in unserem Leben.

Im August 1972 waren die römischen Anwälte zu langen Beratungen bei meinem Mann in der Festung. Noch wußte niemand Näheres über den geplanten Film. An der Unterredung nahm ich nicht teil, obwohl ich in Gaeta war, - sie wollten mich nicht dabeihaben.

Als ich meinem Mann wenig später gegenübersaß, bat ich ihn: „Laß' mich mit Richard Burton sprechen!"

„Die Anwälte werden die Sache in die Hand nehmen", war seine Antwort.

„Er war doch auch Offizier während des Krieges. Von Mensch zu Mensch will ich mit ihm sprechen", warf ich ein.

„Die Anwälte werden das Erforderliche tun, versprich mir in die Hand, daß du Burton nicht aufsuchst!" bat er.

Damit war ich festgenagelt.

Und dann dachte ich noch etwas, ganz still für mich: MÄNNER!

Der Rückflug war katastrophal, die Passagiere saßen kreidebleich und angegurtet. „Bitte, bewahren Sie Ruhe, wir fliegen in einer Störzone", hörte man aus dem Bordlautsprecher. Ich kritzelte weiter an meinem Reisebericht für Gaeta, als die Maschine in ein Luftloch sackte. „... an den Tod hab ich noch gar nicht gedacht! Aber wenn mir etwas zustößt, dann wisse, daß ich dich drüben erwarten werde."

Sechs Tage später las ich seine Antwort: „ICH werde auf dich warten, wo alles nur noch Geist ist."

Wieder suchten mich Freunde in Soltau auf und zeigten mir einen Brief aus Gaeta, „... die Entscheidung über meine Heimkehr liegt jetzt nur an Rom, nicht an Bonn. Die Eingaben, auf die man in früheren Jahren vergeblich wartete, liegen seit Monaten der römischen Regierung vor."

„Es sollen ja gar nicht die Kommunisten sein, die gegen eine Freilassung sind, sondern vielmehr die Internationalen Widerstandskämpfer", sagten die Freunde, und: „Darüber müßte doch in der Presse geschrieben werden!"

Irgend jemand war immer dagegen, jeder neuen Hoffnung folgte stets ein Dämpfer auf dem Fuße. Ich war daran gewöhnt, die Freunde nicht. Und so versuchte ich zu erklären:

„Wenn man zum gegenwärtigen Zeitpunkt die wahrheitsgemäßen Begebenheiten offen darlegen würde, dann würde das der italienischen Regierung die Lösung des Falles nur erschweren. Innenpolitische Schwierigkeiten werden seit Jahr und Tag als Argument angeführt, und aus Bonn wird immer wieder signalisiert: keine Presse, keine Medien."

„Ja, und dann schrieb er noch, daß seine Kräfte schwinden. Können Sie als Heilpraktikerin denn da nicht eingreifen?"

„Ich tue alles, was mir möglich ist, aber meine Besuchsstunden sind zu kurz, um meinen Mann besser behandeln zu können."

„Stimmt es, daß über die Zeitumwandlung von lebenslänglich in achtundzwanzig oder dreißig Jahre verbüßter Haft verhandelt wird und damit die Chance der Entlassung besteht?"

Natürlich wurde ständig verhandelt, auch darüber. In Italien galt eine lebenslange Freiheitsstrafe nach 28 Jahren als verbüßt. Doch das betraf, wie vor über 25 Jahren die Amnestie, nur italienische Bürger, für Herbert Kappler wurde immer eine Ausnahme gemacht, sofern die Ausnahme seine weitere Inhaftierung als Ergebnis hatte.

In der römischen Regierung kriselte es wieder, wie lange würde sie noch halten? Und wer saß dann am Ruder? In Kürze sollte ein neues Gesetz verabschiedet werden, das „lebenslänglich" in Italien grundsätzlich abschaffte und jedem Gefangenen Hoffnung auf Entlassung gab. Nur die „Militärjustizbarkeit" war davon ausgeschlossen. Als einzigen Deutschen betraf es wieder einmal Herbert Kappler, weil kein italienischer Soldat eine lebenslängliche Haftstrafe zu verbüßen hatte und alle aus dem Krieg Verurteilten mit dem Amnestiegesetz 1953 begnadigt worden waren.

Anfragen bei Politikern und Diplomaten blieben in jenen Tagen ohne Resultat, man erfuhr auch nichts über den Stand der Dinge.

Weihnachten stand vor der Tür.

Den Heiligen Abend hatte ich bei Mutter Kappler in Stuttgart verbringen wollen, es war ihr erstes Weihnachtsfest ohne ihre Tochter. Doch am 21. Dezember verstarb meine Mutter in Soltau, ich konnte nicht nach Stuttgart fahren. Sechs Tage später schloß Mutter Kappler die Augen. „Als hätten sie sich verabredet", sagte ich zu meinem Mann, als wir uns wieder gegenübersaßen und uns gegenseitig zu trösten versuchten.

Herbert Kappler bat den Verteidigungsminister um Urlaub auf Ehrenwort und mit Begleitkommando zur Bestattung seiner Mutter.

Ein Ehrenwort, zählt das noch? Und gab's das überhaupt noch: ein Wort, auf Ehre gegründet als feierliches Versprechen unter Berufung auf Ehre, - wie man im Brockhaus nachliest. Ehre, die auf der Selbstachtung beruhende, daher als unverzichtbar erlebte Achtung, die der Mensch von seinen Mitmenschen beansprucht und sie ihnen gegenüber auch einhält.

Die Bitte Herbert Kapplers wurde abgelehnt.

Emanuela Schulze, eine Dame aus unserem Freundeskreis, erbot sich, als Sicherheitsgeisel in die Festung zu gehen für die Dauer der Bestattung, um Herbert Kappler diesen letzten Abschied von der Mutter doch noch ermöglichen zu können. Eine Antwort erfolgte nicht.

Ich blieb in Gaeta, um meinem Mann nahe zu sein. In banger Sorge warteten wir, ob der Zensor an den Feiertagen zum Jahresende erscheinen würde, denn von seiner Anwesenheit hing unsere Besuchsstunde ab.

Er kam. Pünktlich traf er ein und überbrachte uns Geschenkpäckchen seiner Familie, nahm Anteil an unserem Leid und setzte sich zu uns an den Holztisch.

Ich blieb bis in den Januar 1973 in Gaeta. Die Stunde des Jahreswechsels wollten wir in gedanklicher Konzentration und räumlich möglichst nahe beieinander erleben. „Nur der Monte Orlando liegt zwischen uns" schrieb ich ihm.

Richard Burton hatte ein Gesuch für ein persönliches Gespräch mit Herbert Kappler eingereicht. Bevor er Kappler im Film darstellte, wollte er ihn kennenlernen.

Abgelehnt.

„Ihr wäret Freunde geworden, der Waliser und der Schwabe!" sagte ich meinem Mann.

Die Zeitungen brachten gehässige Äußerungen Burtons. Die Anwälte intervenierten.

„Hättest du mir nur gestattet, mit ihm zu sprechen, ich hätte vieles aufklären können", bemerkte ich.

Wir werden ihm schreiben, beschlossen wir und setzten den Entwurf gleich auf:

„Die Behauptung, ich würde weiterhin an das glauben, was ich getan habe, schmerzt mich. Sie ist völlig aus der Luft gegriffen. Ich wollte, ich könnte mich dagegen wehren. Ich ‚glaube' weder an das, was ich tat, noch an die dunkle Macht, die mich dazu führte. Ich bekenne nur, was ich tat, weil ich es bereue.

Im Laufe der langen Jahre hatte ich zwar wenig Gelegenheit, mich über den engsten Familien- und Freundeskreis hinaus zu äußern, aber die Vertreter der Deutschen Botschaft in Rom, der Überwachungsrichter dieses Instituts, mein Freundesanwalt und die drei italienischen Journalisten Enzo Biagi, Guido und Luigi Bazzoli, mit welchen ich sprechen durfte, wissen um meine innere Haltung und um meine moralische, religiöse und politische Einstellung der letzten Jahrzehnte.

Ich bekenne es auch heute: Unabhängig von der strafrechtlichen Schuld, zu der ich mich nicht äußere, fühle ich mich im Sinne höherer Gesetze schuldig. Und dieses Schuldbewußtsein wiegt für mich schwerer als das gegen mich ergangene Urteil. Meine alltäglich neu erfühlte Schuld bedrückt mich mehr als die Tatsache meiner lebenslangen Haft!

Ich rebelliere auch nicht gegen mein Geschick. Ich bin vielmehr Gott dafür dankbar, daß ich wieder zu mir selbst finden durfte, was für irgendeinen Soldaten in einem totalen Krieg ja ausgeschlossen ist. Ich versuchte nur hie und da, d. h. wenn ich damit konfrontiert wurde, mich dagegen zu wehren, daß ich ‚der Verantwortliche' jener auch für mich grauenhaften Vorgänge sein sollte, so, als ob ich jene unmenschliche Repressalie gewollt, veranlaßt oder angeordnet hätte."

Ob dieser Brief Richard Burton je erreicht hat, weiß ich nicht; eine Antwort bekamen wir nicht; auch eine Richtigstellung in der Presse erfolgte nicht.

Helferkreise verfaßten Rundbriefe und Informationsschriften:

„Im Widerspruch zum allgemein anerkannten Gebot der Rechtsgleichheit und in klarer Verletzung der Bestimmungen der Genfer Konvention von 1949 über die Behandlung von Kriegsgefangenen und die Rechte von Angehörigen fremder Streitkräfte schließt die italienische Regierung Herbert Kappler aus allen Amnestien aus, die sie nach dem Kriege für alle Kriegsverurteilten erließ.

Das ist eine glatte Diskriminierung des deutschen Offiziers. Ein urteilsfähiger Journalist hat vor einiger Zeit geschrieben: „Käme Herbert Kappler heute vor ein Gericht, so wäre er morgen frei."

Und:

„Kappler ist gemäß den Bestimmungen der Genfer Konvention de jure als Kriegsgefangener anerkannt und de facto bis heute entsprechend behandelt: er befindet sich im Gewahrsam des Verteidigungsministers, und die Militärjustiz ist sachbearbeitende Behörde.

Warum?

Die italienische Resistenza hat sich die einzige Beute Italiens aus dem Zweiten Weltkrieg, den Deutschen Herbert Kappler, durch ungeheuerliche Ausweitung der Schuldbehauptungen aufgebaut zum Symbol für alle Kriegsverbrechen in Italien als Wahrzeichen für die Bewegung und die Leistungen der Resistenza. Die Preisgabe dieses Opfers und des Symbols würde den Mythos der Resistenza wesentlich beeinträchtigen. Hier liegt der Grund für die Mißachtung der Möglichkeit der bedingten Freilassung. Und das trotz Befürwortung aller Eingaben seit 1970 durch die Militärjustiz, trotz aller Fürsprache und aller Bemühungen deutscher Bundespräsidenten, Kanzler und Minister.

Man wagt es, der Bundesregierung zu empfehlen, auf eine gesetzliche Neuregelung der Kompetenz für die bedingte Freilassung zu warten, während diese gar nicht eingeleitet wird. Auch kann eine eventuelle Neuregelung hier nicht interessieren: der Verteidigungsminister ist nach wie vor kompetent für die bedingte Freilassung des verurteilten Kriegsgefangenen, er kann im Rahmen der geltenden Gesetze handeln."

Andere schrieben: Keine Zeit für Rechtlichkeit?

„Herbert Kappler gilt heute noch für einen Teil der italienischen Öffentlichkeit als ‚Kriegsverbrecher', obwohl bereits in den Jahren 1948 und 1951 die höchsten amerikanischen und belgischen Militärgerichte bei entsprechenden Maßnahmen deutscher Kommandeure zur Partisanenabwehr keine Anklage mehr erhoben haben.

Die 1948 in Rom vom italienischen Militärgericht ausgesprochene Verurteilung Kapplers war nur möglich, weil die Tatbestände verfälscht, die Verteidiger behindert und die Artikel des italienischen Kriegsrechts gebeugt wurden."

Ich hoffte, daß die deutschen Politiker, an die die Schreiben gerichtet waren, nicht nur oberflächlich darüber hinweglesen würden.

Ein Schweizer Journalist rief mich an, der „Fall Kappler" interessiere ihn, er wolle berichten, und weil ich gerade aus Italien käme, ließe sich doch die Schilderung unserer Gesprächsstunde als Aufhänger verwerten. Bestürzt hängte ich ein, denn mit der Erteilung der Besuchsgenehmigung bei meinem Mann war gleichzeitig die Bedingung verbunden, weder über die dort geführten Gespräche zu berichten noch die Räumlichkeiten zu schildern.

Unsere monatlichen Besuchsstunden blieben die Lichter in allen Wochen der großen Nervenanspannung. Freunde hatten den Gefangenen wieder einmal besucht. Wer aus meiner Familie abkömmlich war, fuhr mit nach Italien, wo sich längst ein netter und menschlich warmer Freundeskreis mit Italienern gebildet hatte.

Präses Wilm, als Beauftragter der Evangelischen Kirche Deutschland, wandte sich an namhafte Freunde in Neapel, die signalisierten „Zeichen der Hoffnung" und rieten zu „Geduld". Wir hatten Geduld und ließen sie uns auch durch zahllose Rückschläge nicht nehmen.

Aus Bonn erfuhr ich, daß ein Staatsbesuch von Bundespräsident Heinemann in Italien vorgesehen sei und daß er wünsche, den „Fall Kappler" vom Tisch zu haben. Über das Protokoll zu diesem Besuch ließ sich nichts ermitteln. Ich sprach im Auswärtigen Amt vor und wagte die Frage: „Wird man in den Verhandlungen und Unterredungen denn auch der Mentalität des südlichen Partners gerecht? In Italien gehen die Uhren anders, man schilt uns wegen deutscher Gründlichkeit und Ordnung."

Der Legationsrat mir gegenüber lächelte: „Das ist schon richtig, aber ich kenne viele Italiener aus meiner früheren Zeit, die meinen eigenen Ordnungssinn und meine Gründlichkeit weit in den Schatten stellen. Es ist eben alles relativ."

Es war tiefe Nacht, als ich wieder in Soltau ankam. Aber trotz der späten Stunde schrieb ich noch an Bundespräsident Heinemann:

16. Januar 1973

Sehr geehrter Herr Bundespräsident,

es ist mir ein Anliegen, Ihnen aufrichtig zu danken für die Hochherzigkeit, mit der Sie sich für die Probleme meines in italienischem Gewahrsam befindlichen Ehemannes Herbert Kappler einsetzten.

Das Maß seines Leidens ist übervoll, nachdem innerhalb des letzten Halbjahres die einzige Schwester meines Mannes und unsere beiden Mütter verstarben, ohne den Langersehnten nach so vielen Jahren der Trennung wiedergesehen zu haben.

In Ehrfurcht gedenke ich derer, die Opfer des Attentats in der Via Rasella und der Repressalmaßnahme in der Fosse Ardeatine geworden sind.

Jeder Krieg schafft unermeßliches Leid auf allen Seiten der Beteiligten, und es kann nicht Sinn einer Völkerbefriedung und des Verstehens der Menschen untereinander sein, wenn nahezu drei Jahrzehnte nach Kriegsende Emotionen einseitiger Tendenz künstlich wachgehalten werden.

Die Verurteilung meines Mannes zu lebenslänglicher Kerkerhaft erfolgte:

1) unter Ausschluß beweiskräftiger Entlastungszeugen für meinen Mann;

2) unter Anlastung aller erschwerenden Momente im Prozeßgeschehen einschließlich der der Grausamkeit;

3) die Frage des ‚Befehlsnotstandes' ist weder juristisch noch menschlich gesehen eindeutig geklärt;

4) eine Strafumwandlung auf dem Gnadenwege in eventuell 30 Jahre könnte für die römische Regierung nicht zu einer wirklichen Krise führen, weil die Politiker sich auf juristische Umstände und auf die Stellungnahme der zuständigen Organe der Militärgerichtsbarkeit berufen könnten;

5) wenn Herbert Kappler Italiener wäre, würde seine Haftzeit uneingedenk der Geschehnisse spätestens mit Inkrafttreten des italienischen Amnestiegesetzes im Jahre 1953 geendet haben.

Von diesen Punkten abgesehen widerspricht eine weitere Inhaftierung meines Mannes nicht nur jeder Humanität, sondern auch Freundschaftsbeteuerungen ebenso wie dem christlichen Glauben schlechthin und weit hinaus über die Fragen von Ursache und Wirkung, von Vergebung und Einsicht.

Darf ich das Vertrauen zu Ihnen als unserem Staatsoberhaupt, das die hochbetagte Mutter meines Mannes bis in ihre letzten Lebenstage hinein bewahrte, nun meinerseits weitertragen und Sie, sehr geehrter Herr Bundespräsident, inständigst bitten, die Schicksalsfäden über das weitere Leben meines so schwergeprüften Mannes gütigst zu ordnen, wo immer Ihnen eine Möglichkeit hierzu gegeben sein mag.

Mit dem Ausdruck meiner vorzüglichen Hochachtung!

Anneliese Viktoria Kappler-Wenger

Als dann über den bevorstehenden Staatsbesuch Heinemanns in der Presse berichtet wurde, sandten zahllose Menschen Briefe an die Bundesregierung und baten für meinen Mann. Sie schickten mir häufig Durchschriften ihrer Briefe; es war mir unmöglich, allen zu antworten, doch die Solidarität berührte mich sehr.

Andere verfaßten lange Seiten von Informationsschreiben und sandten sie an Journalisten. Soldatenverbände, ehemalige Generale halfen informativ. Da las man in den Zeitungen: „Für Kappler setzen sich nur alte Soldaten ein."

Einmal waren es „nur alte Nazis", diesmal waren es „nur alte Soldaten", - ich schüttelte verwundert den Kopf. Weil ich wegen verschiedener Fragen den früheren Generaloberst Student anzurufen hatte, spielte ich darauf an. Lachend meinte er:

„Und gerade in Italien werden die Veteranen so hoch geehrt, als seien sie eine Art Nationalheiligtum, von den Russen ganz zu schweigen! Und jeder hat doch seine Orden, die so stolz getragen werden, für eine Heldentat empfangen, der ja wohl immer ein Befehl zugrundelag, nicht wahr? Und jeder hat SEINEM Vaterland gedient, Sie wissen doch, wie die Engländer sagen: ‚right or wrong, my country'."

Für uns Kapplers war dieser Krieg noch lange nicht zu Ende. Und täglich wurde ich mit „Kriegsgefangenpost" daran erinnert.

Aus den Büros deutscher Minister und Politiker hieß es: „Die Lösung des Problems liegt jetzt nur an Rom, die früheren Gesuche sind bis heute nicht beantwortet." Und aus Rom war man an den Wortlaut gewöhnt: „...aus innenpolitischen Erwägungen im Moment nicht möglich."

Als ich wieder in Italien war und über die allwöchentlichen Märkte in Gaeta und Formia streifte, blieb ich oft stehen und beobachtete Menschen, Händler und ihre Kunden, studierte ihre Gesten und dachte daran, daß die Etrusker bereits Hochkultur hatten, als sich die Germanen ihre Lager noch auf Bärenfellen in Höhlen bereiteten. Und etwas von dieser alten Kultur war auch in den Menschen noch lebendig.

Unnachahmlich graziös, wie die Bäuerin neben ihrem Eierkorb das selbstgehäkelte Schultertuch umlegte. Eine Geste mit grandezza, die sich im Hause der Prinzessin Margeritha nicht anders ausnahm.

Eine amerikanische Kunststudentin auf dem Weg nach Capri stand neben mir und sprach mich an: „... als stünden sie hier alle auf der Bühne!"

„Hervorragende Diplomaten, Schauspieler, Darsteller, Sie müssen mal ins Parlament, da können Sie Politiker studieren", meinte ihr Begleiter aus Kanada. Wir kamen ins Gespräch, sie fuhren mit mir hinauf zur Festung und schrieben für Herbert Kappler in englischer Sprache auf einen Zettel: „Wir schämen uns für die ganze Welt, weil Sie da oben noch sitzen!" Als Herbert Kappler es dem Adjutanten übersetzt hatte, wurde das Stück Papier schnell konfisziert.

Unsere italienische Freundin Amelia hatte eine Besuchsgenehmigung erhalten und erfreute den Gefangenen mit ihrer Gegenwart. Sie war Professorin und vereinigte in sich eine geradezu originelle Mischung aus Bildung, Wissen, Intellekt, Geist und Herz.

Dankbar nahm ich Anteil, denn mit Amelia konnte Herbert Kappler mathematische Höhenflüge unternehmen in Dimensionen, in die ich ihm nicht zu folgen vermochte. Amelia lebte damals auf Sardinien. Später lernte ich ihre ganze Familie kennen.

Allmählich kam eine betrübliche Angelegenheit wieder ins reine, die uns sehr bedrückt hatte. Zum engsten Freundeskreis Herbert Kapplers gehörte auch Elisabeth Prinzessin Isenburg (Mutter Elisabeth für alle, die ihre Hilfe suchten). Sie hatte die „Stille Hilfe für Kriegsgefangene und Internierte" gegründet und war Präsidentin dieser Organisation; Ehrenpräsident war Albert Schweitzer.

Mutter Elisabeth verband besonders inniger Kontakt zu Herbert Kappler. In den fünfziger Jahren hatte sie ihn in der Festung aufgesucht. In seinem Tagebuch steht: „Mutter Elisabeth, ein menschliches Erlebnis."

Nach den ersten Presseberichten über meine Person zog sich Prinzessin Elisabeth merklich von Herbert Kappler zurück. Sie stand offenbar unter dem Einfluß sogenannter Freunde, die sich als eine Art Aufsichtsbehörde aufspielten und eifersüchtig über „ihren Gefangenen" wachten. Diese Entwicklung traf Herbert Kappler tief. Mutter Elisabeths Gesundheit war zu jener Zeit schon stark angegriffen, und dieser Umstand wurde mißbraucht.

Umso dankbarer nahmen wir die sich neu belebende Herzlichkeit auf, in die sie mich nun wie selbstverständlich miteinbezog. Plötzlich sah sie alles mit anderen Augen.

Aber kommt es nicht immer und überall darauf an, mit welchen Augen man sieht?

Zwischen zwei Colloquien fuhr ich wieder nach Rom, um bestehende Kontakte zu italienischen Behörden zu erweitern und praktisch von einem Kontakt zum nächsten zu hüpfen, immer bemüht, die zuständigen Minister persönlich zu erreichen. Vor dem Hauptbahnhof in Rom sprach mich ein deutscher Korrespondent an, gab viele gute Ratschläge, ließ mich kaum zu Wort kommen und meinte: „Das ist eben alles Schicksal!"

„Was denn sonst?" entgegnete ich und ging davon.

Als ich es zwei Tage später meinem Mann erzählte, huschte ein Lächeln über sein zerquältes Gesicht: „Da fällt mir gerade ein, du wolltest neulich vom Schicksal deiner Mutter erzählen, aber unsere Zeit reichte nicht mehr. Was war denn damals, hatte sie nicht einen Unfall?"

„Ja, - aber das ist eine lange Geschichte und wirklich ein Stück Schicksal. Aber soll ich dir das jetzt erzählen?" fragte ich.

„Für mich ist das wie ein Schatzkästlein, in das ich deine Erlebnisberichte und Erinnerungen lege, weißt du, ein Bilderbuch. Wenn du wieder fort bist, kann ich es öffnen oder das Buch aufschlagen und erlebe alles nach."

Ich hatte Mühe, ihn zu verstehen, es gelang mir erst allmählich im Laufe der Zeit. Mein Mann lehnte sich zurück und sah mich erwartungsvoll an.

In Mutters Jugend hatte sich etwas ereignet, das ihr ganzes Leben überschatten sollte. Es war nach dem Ersten Weltkrieg. Meine Großeltern hatten sich getrennt, und um unserer Mutter eine praktische Ausbildung nach damaligem Muster angedeihen zu lassen, kam sie zu einem Freund meines Großvaters, dem Konsul Hinke, auf dessen Gutshof.

Dort war ein Schwarm junger Mädchen, die in sämtlichen Sparten der Haushaltung und Landwirtschaft samt feinster Küchenkunst unterwiesen wurden. Sie lernten die Ferkelaufzucht ebenso wie das Zubereiten köstlicher Braten oder die Handhabung von Küken. Monatlich wurde gewechselt, damit jede überall mal drankam. Der Höhepunkt war der letzte Monat, wenn das Ausbildungsjahr zu Ende ging: Vier Wochen direkter Familienanschluß mit Theaterbesuchen, Ausritten, Bedienung bei Tisch. Doch Mutter erlebte diesen ihren letzten Monat in jenem Hause nicht. Alles kam anders.

Zu gleicher Zeit mit Mutter befand sich auf dem Gutshof ein junger Eleve zum Erlernen der Landwirtschaft von der Pieke auf. Er kam aus gutem Hause und wollte sein eigenes Gut in der Eifel, den Stockhof, selbst bewirtschaften können und sammelte nun seine praktischen Erfahrungen. Es war Liebe auf den ersten Blick und blieb nicht verborgen. Vermutlich waren es Kränzchendamen, die Großmutter informierten. Sie eilte herbei, hob den Zeigefinger und untersagte ihrer Tochter den Umgang mit dem jungen Eleven Hartwig Schlüter.

Erna, unsere Mutter, schwieg und traf sich fortan heimlich mit dem Angebeteten, der ein passionierter Reiter war. Wenn Erna ihn auf stillen Waldwegen erwartete, preschte er mit seinem Roß daher, hob die zierliche Person mit einem Griff zu sich in den Sattel, zog das weite Cape um sie und hüllte sie ein.

Sie hatten Glück, es blieb eine ganze Weile geheim, die Freundinnen hielten dicht. Aber die Jungverliebten hatten die Rechnung ohne das Roß gemacht.

Bekanntlich scheut ein Pferd, wenn eine Maus über den Weg huscht. So könnte es durchaus gewesen sein. Das Pferd ging durch, galoppierte drauflos und stürmte heimwärts. Da schrak's erneut auf, weil just in diesem Moment Gäste eintrafen. Das Pferd scheute und landete samt Reiter Hartwig mit Erna unter dem Cape auf dem Misthaufen. Schallendes Gelächter ringsum.

Großmutter mußte das schnell erfahren haben, sie setzte sich prompt in die Kutsche oder ritt, so genau weiß man das nicht mehr, und traf noch vor Einbruch der Dunkelheit ein, um ihre Gardinenpredigt loszuwerden.

Mit rotem Kopf hörte Erna der Litanei zu, versprach nichts, hörte nur einfach zu oder auch nicht, bis Großmutter wieder abfuhr.

Gelassen hüpfte Erna dann in den Schweinekoben, weil ein Muttertier in dieser Nacht zum Wurf ansetzte, und wo Hartwig geduldig wartete, weil Erna Ferkelzuchtausbildung hatte.

Aber dann lief Hartwigs Elevenjahr ab; er kehrte zu seinen Eltern nach Mettmann zurück, wo sein Vater Generaldirektor eines großen Industriebetriebes war. Und er hatte seiner Erna gelobt: „Ich komme zurück und hole dich zu mir", daran glaubte sie und daran hielt sie fest.

Doch dann kam jener Tag im Leben unserer Mutter, der mit einem Schlage allen Träumen ein Ende setzte.

Mutter hatte Kükenmonat, und die Wirtschafterin beanstandete, daß auf dem Heuboden über dem Reitstall ein paar Hennen ihre Eier ausgebrütet hätten: „Die Küken müssen heruntergeholt werden!"

„Aber der Heuboden ist doch morsch!" wagte Erna einzuwenden. „Dein Fliegengewicht hält er aus", war die Antwort, die keine weitere Diskussion erlaubte.

Die vermoderten Bretter brachen, Mutter stürzte in die Tiefe, mitten unter die Reitpferde, die Hilfe herbeiwieherten.

Im Krankenhaus Walsrode wurde ein komplizierter Splitterbruch des linken Unterschenkels festgestellt. Monatelang schwebte sie zwischen Leben und Tod. Viermal empfing sie das Heilige Abendmahl, ohne das in geordneten Verhältnissen nicht gestorben wurde. Sie war 19 Jahre alt.

Wer Hartwig Schlüter informiert hatte, blieb ein Rätsel.

Er besuchte die Verletzte in den anderthalb Jahren, die sie im Krankenhaus verbrachte, immer wieder und aktivierte ihren Lebenswillen. Doch dann brach der Kontakt ab, weil auf Großmutters Anweisung ein- und ausgehende Post unterschlagen wurde.

Was sollte aus dem beschädigten Leben werden? Krankenschwester, war Mutters Gedanke.

Schließlich lernte sie auch ohne Stock zu gehen, doch das linke Bein blieb verkürzt. Sie litt ihr ganzes Leben darunter, verlor bei der verschobenen Statik ihre vertrautgewordenen Schmerzen nie wieder und beneidete zeitlebens alle Frauen um ihre gesunden Beine.

Um anderen Menschen zu helfen, was oft ja auch der beste eigene Trost ist, pflegte Mutter eine Kranke, die von dem Homöopathen Hans Wenger behandelt wurde.

Sie hatte ihre große Liebe in aller Stille begraben und konnte nicht ahnen, daß Hartwig Schlüter nach ihr suchte.

Im September 1924 heiratete sie Hans Wenger. Es muß wenige Wochen nach der Hochzeit kurz vor Einbruch des Winters gewesen sein, als Mutter mit mir im Leibe wie zufällig in Fallingbostel am Fenster ihrer Wohnung stand und nichts ihren Sinn kräuselte. Plötzlich wird ihr ganz merkwürdig zumute: Zwei schwere, schwarze Mercedes-Benz-Limousinen mit weißem Verdeck rollten in Richtung Hannover die leicht ansteigende Düshornerstraße hinauf.

Sie blickte den beiden Fahrzeugen mit rasendem Herzen nach, bis sie hinter der Waldecke nicht mehr zu sehen waren. Sie wußte nichts, aber ihre Ruhe war dahin. Sie schalt sich töricht.

Ein paar Tage später tauchte Großmutter auf, sie wirkte ungewöhnlich betreten und verunsichert. Auf Mutters besorgte Frage erwiderte sie: „Hartwig Schlüter und seine Eltern haben mich besucht, um dich abzuholen. Sie hatten die Hochzeit vorbereitet und kamen in zwei großen, schwarzen Autos mit weißem Verdeck. Ich mußte ihnen sagen, daß du inzwischen geheiratet hast, sie fuhren wortlos davon."

Mutter sank in sich zusammen, und ich hatte oft das Gefühl, daß sie in dieser Haltung ihr Leben lang verharrte.

Hartwig hatte lange Zeit nach Erna gesucht, bis er endlich Anhaltspunkte fand. Erna fühlte sich verlassen, sie konnte ja nichts wissen.

Hartwig Schlüter fuhr zurück, verkaufte seinen Gutshof in der Eifel, verließ Deutschland, wanderte aus nach Sibirien und vergrub sich in der Einsamkeit. Als die kommunistische Revolution sich immer mehr ausbreitete, ging er nach Alaska, später nach Kanada. Dort blieb er, heiratete irgendwann, wurde geschieden und war wieder mit seinem Herzenskummer allein.

Gewisse Zeit nach dem Tode meines Vaters begann meine Mutter zu fragen, ob Hartwig wohl noch lebe und wie man seinen Aufenthaltsort wohl finden könnte.

Ich nahm das in die Hand und fand heraus, daß er im Norden Kanadas lebte. Mutter traute ihren Augen kaum, als ich ihr die ersehnte Anschrift in die Hand legte. Vielleicht richtete sich ihre Seele zum erstenmal seit jenem Tag mit den beiden schwarzen Limousinen im Jahre 1924 überhaupt wieder auf.

Sie schrieb ihm und sang, wie sie nie zuvor gesungen hatte. Ich stieß mich daran, denn meine erste Ehe, in den Nachkriegswirren geschlossen, war gerade erst geschieden worden, und ich fühlte mich elend.

Mit unbeschreiblicher Freude hielt Mutter eines Tages Hartwigs Antwort in der Hand und war nicht mehr ihre 56 Jahre alt, nein, sie war plötzlich wieder 19 und an jenem Punkt, da der Kontakt zu Hartwig Schlüter abgerissen war.

Alte Wunden heilten. Es blieb beim Austausch liebevoller Briefe. Sie sahen sich nie wieder. Aber als Mutter verstorben war und wir den Nachlaß zu ordnen begannen, fanden wir ein bereits frankiertes Kuvert an Hartwig Schlüter. Zu einem Abschiedsbrief hatten ihre Kräfte nicht mehr ausgereicht.

Wie oft muß man sich fragen: Schicksal, was ist das denn, unser Schicksal?

Was müssen wir ertragen und erdulden?

Was können wir wirklich selbst entscheiden?

Wann sind wir ausgeliefert an Schicksalsmächte, wenn es sie gibt? An Ereignisse, die wir nicht selbst beeinflussen können?

Wo liegt Ursache, was ist Wirkung?

Mein Mann drückte mir die Hand. Der Zensor hatte sich zu uns an den Tisch gesetzt und taktvoll gefragt, ob er zuhören dürfe.

„Ich werde oft an diese Stunde denken", sagte mein Mann, dann mußten wir uns verabschieden.

Der Staatsbesuch von Bundespräsident Heinemann in Rom: Das Protokoll hatte eine Kranzniederlegung in der Fosse Ardeatine vorgesehen.

Die erklärten Gegner der Begnadigung Kapplers konnten dadurch ihre Position wesentlich stärken.

Man wunderte sich auch auf italienischer Seite darüber, daß es der Bundespräsident vermied, zu „den Seinen" zu gehen; nicht weit von der Fosse Ardeatine sind 27.000 gefallene deutsche Soldaten beigesetzt, darunter auch die deutschen Opfer aus der Via Rasella.

In abschließenden Kommentaren italienischer Zeitungen zum Staatsbesuch wurde behauptet, Voraussetzung für einen Gnadenerweis sei das „perdono"-Verfahren (Verzeihung der Hinterbliebenen der Geiselopfer). Das ist zwar gesetzlich nicht verankert, sondern wurde durch ständige Anwendung beim Gnadenverfahren in Italien zum Gewohnheitsrecht.

Diese Frage des „perdono" war schon über Jahre hinweg Gegenstand von Verhandlungen und Argumenten.

Aus meinen Kontakten mit Italienern wußte ich, daß zahllose Menschen zur Versöhnung bereit waren, jedoch wurde in politischen Kreisen unversöhnlicher Haß kreiert.

Ich habe versucht, mich in die Gedanken und Gefühle der Hinterbliebenen hineinzuversetzen und mich gefragt, wie ich heute denken und fühlen würde, wenn meine Angehörigen zu den Opfern der Fosse Ardeatine gehört hätten.

Würde sich dann mein Zorn jahrzehntelang auf diesen Mann, auf Herbert Kappler, konzentrieren, von dem ich wüßte, daß er nur ein ausführendes Organ gewesen ist, der einen Befehl zu erfüllen hatte?

Ich machte mir Gedanken über die Angehörigen, die Herbert Kappler das „perdono" versagten. Wurden sie nicht manipuliert?

Auf das „perdono" wurde vonseiten der für die Begnadigung zuständigen Institutionen nicht verzichtet.

Frau Albrecht, unsere Rechtsanwältin aus Hannover, riet beschwörend:

„Treffen Sie sich mit Hannah Arendt, wenden Sie sich an Ben Gurion, an Golda Meir, Sie müssen offene Ohren finden, wenn Sie wahrheitsgetreu darlegen, wie sich die Deportation der römischen Juden wirklich abgespielt hat und daß Herbert Kappler damit nichts zu tun hatte! Das ist doch gar nicht bekannt!"

Meine Bemühungen in dieser Richtung sind gescheitert, weil gesundheitliche Krisen bei meinem Mann auftraten, und viele, viele andere Dinge mich zeitlich daran hinderten.

Ja, das mit den Juden war wirklich nicht bekannt, wurde konstant unterschlagen und entstellt. Die Beteiligung Herbert Kapplers an der Deportation der römischen Juden war bereits Gegenstand der richterlichen

Untersuchung seines damaligen Prozesses gewesen. Er wurde für nicht schuldig befunden; es wurde festgestellt, daß er keinen Anteil daran hatte. Von seiner Amtsstellung her wäre Herbert Kappler für die Deportation zuständig gewesen und hätte sie nach damaligem Muster durchführen müssen.

Eines Tages las ich, was mein Mann einmal schrieb: „Es tut sehr weh, sich ausgerechnet darin verleumdet zu sehen, wo man Kopf und Kragen riskiert hat, um Schlimmes zu verhindern, um Schreckliches zu mildern und um zu retten, was gerade noch gerettet werden konnte."

Und als dann wieder einmal in den Journalen zu lesen war, daß Herbert Kappler auch „die römischen Juden auf dem Gewissen" habe, sprach ich ihn darauf an.

„Laß uns das bitte erörtern, ich muß es doch wissen, man liest es immer wieder", bat ich ihn, während der Zensor-Oberst auf jedes unserer Worte achtete.

Langsam sagte mein Mann wie zu sich selbst: „Es war verbrecherisch, was man aus unseren Idealen gemacht hat und wofür Menschen mißbraucht wurden. Die Verfolgung der Juden war eine politische Bestialität, eine Wahnsinnsidee. Ich habe getan, was mir möglich war und in meinen Kräften stand, um die Deportation der römischen Juden abzuwenden. Als der erste Geheimbefehl eintraf, meldete ich, für solche Maßnahmen keine Leute zur Verfügung zu haben und richtete in meiner Dienststelle trotz eindeutiger Befehle nie ein ‚Judenreferat' ein. Ich hielt diese Idee einfach für verrückt und hatte anderes zu tun, als Juden zu verfolgen."

Es war ein großes Aufgabengebiet, das der Dienststelle Herbert Kapplers vorgeschrieben war; und obwohl in diesem Aufgabenkatalog „Judenangelegenheiten" und „Behandlung von Juden" aufgeführt sind, gab es in Rom kein „Judenreferat".

Der erste Befehl, den Herbert Kappler in Zusammenhang mit den Juden erhielt, war der zur „Erfassung" der Juden in Rom. Das lehnte er mit dem Hinweis auf die knappe Personallage in seiner Dienststelle ab, obgleich es keine große Angelegenheit gewesen wäre (wie sich dann später auch zeigte), denn die Juden waren bereits im Zusammenhang mit den antijüdischen Gesetzen Mussolinis registriert worden.

Doch mit der Ausrede der fehlenden Personalkapazität war es nicht getan, Herbert Kappler wurde immer wieder auf die Judenfrage in Rom angesprochen.

Er sagte mir: „Besonders an einen Funkspruch von Himmler erinnere ich mich, mit dem an der Notwendigkeit der Lösung des Problems auch für die Stadt Rom festgehalten wurde, und ich habe auf diesen Funkspruch hin noch verschiedene Vorschläge an die Befehlsstellen gerichtet, um sie von der Notwendigkeit der Rücknahme des Befehls zu überzeugen.

Es ist wahr, daß ich bei dieser Gelegenheit den früheren Stadtkommandanten von Rom General Stahel, den ich sehr verehrte, auf meine Seite zu bringen trachtete, wie auch den Konsul Moellhausen, weil ich wußte, daß er kein Nationalsozialist war und ich seine Verbindungen zu Nichtariern kannte. Aber alles war zwecklos, der Befehl wurde nicht zurückgezogen. Trotzdem ging ich mit Moellhausen zu Generalfeldmarschall Kesselring, der versprach, nicht einen Mann für die geplante Aktion bereitzustellen.

Mit diesem Argument versuchte ich noch einmal, den Berliner Befehl hinfällig zu machen, indem ich an das Fehlen der erforderlichen Mannschaft erinnerte, die auch Kesselring nicht zu meiner Verfügung stellen konnte."

KAPITEL 7

Vergangenheit

Im Jahre 1953 war von Bonn versäumt worden, in unmittelbarem Anschluß an den Erlaß des italienischen Amnestiegesetzes ein Zusatzdekret zu erwirken. Für zwei Jugoslawen, die noch in Italien inhaftiert waren, hatte sich deren Regierung eingesetzt. Die Männer kamen sofort frei.

In der Presse las man: „... Kappler dachte sich" und „da meinte Kappler eben einfach" oder „... Kappler dachte nicht lange nach", und es handelte sich dabei oft um die verheerendsten Anschuldigungen.

Ich fragte meinen Mann: „Wer weiß denn, was du dachtest oder meintest, wer konnte denn in deinen Gedanken lesen?"

„Mir ist jede Stellungnahme verboten!"

„Aber man müßte doch richtigstellen, die Menschen werden doch immer falsch informiert!"

Er sah mich nur mitleidig an, und ich hatte ein wenig mehr von dem begriffen, was die über ihn verhängte Strafe bedeuten mußte.

Eine Soldatenzeitung schrieb, und es war kein Naziblatt: „So verkrampft ist diese Welt und so sehr ist der Mann in Gaeta zur Symbolfigur der Unversöhnlichkeit hochstilisiert, daß es mit dem Verstande

167

nicht zu fassen ist. Mein Gott, was wird jeden Tag von Humanität geredet!"

Die nächste Information aus Rom lautete: „Die Sozialisten wollen nicht" und kurz darauf: „Zum gegenwärtigen Zeitpunkt wagen die Christdemokraten eine Entlassung Herbert Kapplers nicht."

War das auch nur Flüsterpropaganda? Die Realitäten bewiesen, daß zahlreiche Politiker die Lösung des "Falles Kappler" durchaus einsahen, aber niemand die Zivilcourage besaß, einen Schlußstrich unter das Dilemma einer überlangen Kerkerhaft zu ziehen. Wie oft hörte man: „Ja, ja, das Erforderliche wird geschehen, aber ich bin nicht zuständig, wenden Sie sich an den und den", und der verbrachte dann gerade seinen Urlaub in Amalfi und lag am Strand oder befand sich auf Auslandsreise.

Unsere Freunde schrieben an die zuständigen Behörden der Bundesregierung:

„Es ist zur Gewohnheit geworden, daß auf die vielfachen Anträge auf Gnadenerweise keine Antwort erfolgt:

Gewohnheit für die Präsidenten der Republik Italien!

Gewohnheit für Regierungen in Italien, welche kamen und gingen!

Gewohnheit für Regierungen der Bundesrepublik Deutschland, ,alles zu tun, um die Freilassung zu erwirken' und nichts zu erreichen!

Gewohnheiten, schlechte Gewohnheiten!"

Anläßlich des Staatsbesuches von Bundespräsident Heinemann warteten wir, ob "unser Fall" angesprochen werden würde. Denn das war im Protokoll nicht vorgesehen. Eine offizielle Intervention unterblieb. Erst auf Fragen von Journalisten wurde bekannt, daß der Bundespräsident hinter verschlossener Tür mit Ministerpräsident Andreotti gesprochen habe.

Ich suchte Botschafter Dr. Lahr auf und versank wieder in der viel zu tiefen Ledercouch. Es war eine eigenartige Atmosphäre, als hingen Gewitterwolken gleich unter der Zimmerdecke.

„Also das kann ich Ihnen sagen, gesprächig ist unser Bundespräsident nicht! Überhaupt nicht gesprächig ist er! Mein ganzes Gremium ließ er vor der Türe, auch mich! Sogar mich! Er ließ sich dolmetschen ohne mich! Und er sprach mit Andreotti! Allein! Und beim Staatspräsidenten wiederholte sich das!"

Exzellenz hieb auf die Tischplatte. Verwundert sah ich unter den Tisch, der hielt das aus und mußte das gewohnt sein.

Der Botschafter war so erzürnt, daß ich fürchtete, der Tisch würde krachen. Ich erhob mich, dankte und sagte auf Wiedersehen.

In der Tür blickte ich mich noch einmal um und sah hinüber zum Tisch. Ja, der war heil geblieben. Nicht mit dem Lift, sondern langsam und Stufe um Stufe ging ich die Treppe nach unten, nahm in der nächsten Trattoria einen doppelten Espresso mit doppeltem Grappa und überdachte die letzte Stunde.

„Buon giorno, Signora Kappler!" kam's nett vom Kellner. Ich sah erstaunt auf, denn hier war ich noch nie gewesen. Beim Tanken war mir das auch schon öfter passiert: Ein Knirps putzte die Wagenscheibe und nahm kein Trinkgeld. „... war in Afrika dabei, soldata-camerata, Signora Kappler", rief lachend der Vater.

In abschließenden Kommentaren italienischer Zeitungen zum Staatsbesuch wurde behauptet, Voraussetzung für einen Gnadenerweis sei das "perdono"-Verfahren. Das ist zumindest formalrechtlich nicht zutreffend, denn es gibt keine gesetzliche Bestimmung. Es handelt sich um eine Meinung, die sich durch fortgesetzte Behauptung verfestigt hat, aber von Anfang an irrig ist und bleibt.

Diese Frage des "perdono" blieb über längere Zeit Gegenstand von Verhandlungen und Argumenten. Auch Aldo Moro soll dem seinerzeitigen Bundesaußenminister Scheel geantwortet haben, es fehle das "perdono" seitens der Angehörigen. Es blieb ungeklärt, ob von deutscher Seite darauf eingegangen wurde, Aldo Moro, Professor der Rechte von der Universität Bari, daraufhin zu fragen, in welchem Gesetzbuch dies denn verankert sei. Professor Cuttica verfaßte ein Promemoria zu dieser Frage.

Die Presse griff die Angelegenheit auf. Aus aller Welt wurden mir Zeitungsausschnitte zugesandt. Neben durchaus sachlicher Berichterstattung fanden sich jedoch auch solche, über die ich mit Herbert Kappler sprechen wollte.

Ich nahm die Zeitungsabschnitte mit nach Gaeta und drängte sie noch in unser Gesprächsprogramm, denn wieder war die Rede von der Requirierung von 50 kg Gold der Jüdischen Gemeinde Roms und der Deportation jüdischer Bürger.

„Bitte, wir müssen das erörtern, man liest es immer wieder", bat ich meinen Mann in der nächsten Besuchsstunde.

„Die Deportation der Juden hielt ich für eine politische Bestialität, ja für eine Wahnsinnsidee! Gestritten und gerungen habe ich in einer langen und stürmischen Unterredung mit Himmler gegen die Deportation der Juden und ebenso gegen die Arretierung der italienischen Königsfamilie. Der Erfolg war, daß über meinen Kopf hinweg ein mit Generalvollmachten ausgestattetes Sonderkommando unter dem Hauptmann Theo Dannecker nach Rom entsandt wurde. Entgegen ausdrücklichen Befehls aus Verona, in meiner Dienststelle ein ‚Judenreferat' einzurichten, wies ich den Abteilungsleiter an: Von mir bekommen Sie keinen einzigen Mann.

Ich habe das Mögliche versucht, diese Irrsinnsmaßnahme zu verhindern, und als ich sie nicht verhindern konnte, tat ich alles, um dann die Durchführung der Razzia zu behindern und zu erschweren", formulierte mein Mann eindringlich.

„Dem Dannecker wurde eine Abordnung italienischer Bürgerpolizei zur Verfügung gestellt, die als Geheimnisträger mit Wissen um die Deportation der Juden unter Verschluß gehalten wurde. Dannecker forderte die lokale Versorgung für die Männer an, die in einer unserer Unterkünfte in Klausur saßen und schloß sich selbst mit diesen Männern ein, um keine Möglichkeit eines Außenkontaktes zu geben. Sie wurden von uns versorgt. Am dritten Abend sagte ich zu Dannecker, daß die Leute als Geheimnisträger nicht mehr versorgt werden könnten, weil auch die sanitären und hygienischen Anlagen unzureichend seien. Mit diesem Vorwand wurde Dannecker gezwungen, jene Leute nach den Arbeitsstunden, in denen aus den Einwohnerkarteien die Listen der Juden zu erstellen waren, zum Essen und Schlafen in ihre Familien zu schicken, ich handelte in bewußter Kenntnis von deren geringer Neigung zur Verschwiegenheit. Wenn Dannecker in völliger

Unkenntnis italienischer Mentalität die praktisch selbstverständlichen Folgen dieses Umstandes nicht erkannte, so wußte ich umso besser, daß mit dieser italienischen Polizei die lawinenartige Verbreitung der Nachricht einer nahe bevorstehenden Aktion gegen die Juden in Rom absolut sicher war.

Was ich nicht ahnen konnte, stellte ich einige Tage später durch Zufall fest. Dannecker zeigte mir spontan und offensichtlich voller Stolz die ausgearbeitete Razzia-Kartei. Er zog ein Blatt wahllos heraus, ich warf einen Blick darauf und sah, daß die auf diesem Batt festgehaltenen Anschriften räumlich sehr weit auseinanderlagen. Die italienischen Zwangsmitarbeiter aus der Polizei hatten also auch von sich aus an Sabotage gedacht. Denn eine der verschiedenen Razzia-Gruppen Danneckers konnte nur dann wirksam agieren, wenn die ihr zugewiesenen jüdischen Familien so nahe wie möglich zusammenwohnten. Ich schwieg und gab das Einzelblatt zurück. Die Folge war, daß am nächsten Tag die geplante Deportation bekannt war und die Gefährdeten untertauchen konnten.

Nicht 8.000 jüdische Bürger, sondern 13.000 Juden (mit den Konvertiten) lebten in Rom. 1.007 Personen gerieten in die Hände der Razzia. ‚Zum Arbeitseinsatz' hieß die offizielle Version, von ‚Endlösung' und ‚Vernichtungslagern' habe ich erst nach 1945 erfahren und mich fassungslos mit diesem grauenhaften Geschehen auseinandergesetzt.'"

Ich hielt die Hände meines Mannes, wie immer. Wir schwiegen lange, dann sprach er weiter:

„Für den durch Dannecker organisierten Abtransport jener Juden erreichte ich, daß die italienischen Behörden alle nur erdenklichen Lieferungen an Lebensmitteln und Gebrauchsgegenständen zur Verfügung stellten.

Es war mir auch bekannt, daß im Hause des Konsuls Moellhausen Juden und Halbjuden ein- und ausgingen und dort versorgt und verpflegt wurden. Ich habe meine höhernorts bereits als lästig empfundenen Einwände und Interventionen für einzelne jüdische Persönlichkeiten erst eingestellt, als mir dies offiziell und auf dem Dienstwege ausdrücklich rügend untersagt wurde."

„Ist denn das nicht bekannt?" wollte ich wissen, „warum werden denn immer wieder solch unglaubliche Vorwürfe gegen dich publiziert?"

„Rechtsanwalt Mango versuchte vor Jahren, manches richtigzustellen mit dem Erfolg, daß nur noch zynischer darüber geschrieben wurde. Zweckpropaganda! Ich wurde nicht verurteilt wegen der sogenannten Judenrazzia, sondern wegen der angeblich willkürlichen Requirierung von 50 kg Gold aus der Jüdischen Gemeinde Roms. Als ich auf geheimstem Dienstweg von der drohenden Deportation wußte, ließ ich am 26. September 1943 die Vorsteher der Jüdischen Gemeinde zu mir kommen, nicht um sie zu bedrohen, sondern um Drohendes von ihnen abwenden zu können."

„Mein Gott, was für entsetzliche Geschehen, in die du hineinkamst! Sind die Anwälte über diese Vorgänge informiert?"

„Sowohl in Deutschland als auch in Italien gab ich alles zu Protokoll, in den alten Akten wirst du noch mehr finden!"

Das Zeitsignal, die Uhr am Handgelenk. Der Zensor trat neben uns: „Sie müssen sich verabschieden."

„Und ich hatte noch so viele Fragen!"

In Gedanken versunken erklomm ich gegen Abend den Monte Orlando, hockte mich ins ausgedörrte Gras und wartete, bis mein Mann in seinem Auslauf, den nur Narren ‚Terrasse' nennen konnten, erschien, um herüberzuwinken. Dann wartete ich noch, bis in seiner Klause, die dem Innenhof zugelegen war, mit einsetzender Dämmerung das Licht anging.

Langsam schlenderte ich den Weg zurück. Was waren das nur für Befehle! Wahnsinnsbefehle! Befehle mit Vollzugsmeldung zum Bombardieren offener Städte und zur Erfüllung von Repressalien als furchtbarste Belastung für die Ausführenden. "VERDAMMTER KRIEG" sagte ich laut vor mich hin.

Aber warum wurden die Tatsachen um die Deportation der Juden Roms unterschlagen? Vielleicht würde ich das entsetzliche Schicksal der Juden nicht glauben, wenn nicht eigene Erlebnisse gravierende Eindrücke hinterlassen hätten. Zu Vaters altem Bremer Klub gehörten auch Juden, die in unserem Haus verkehrten. Im Ersten Weltkrieg riß ein jüdischer Kamerad meinen Vater aus der Feuerlinie, er kam mit einer schweren Verwundung davon. Der freundschaftliche Kontakt überdauerte Jahre.

Nach der "Reichskristallnacht" griff Vater sich an den Kopf: „Haben die denn da oben den Verstand verloren?" Und dann war da jenes Ereignis, das ich nie vergaß:

1939, der Winter war vorüber, der Sommer noch nicht angebrochen und wir heizten die schweren Kachelöfen, als es eines Abends stürmisch an der Haustür schellte. Wir guckten einander verwundert an. Großmutter: „Kommt noch Besuch? Und dann so spät? Es ist nichts vorbereitet."

Kopfschütteln ringsum.

„Wohl was Akutes", meinte Vater. Großmutter schaute nach. Jeder blickte fragend in die Runde, die Zwillinge schliefen schon. Im langen Hausflur wurde getuschelt, man hörte nur undefinierbares Geflüster.

„Was ist denn da passiert?" rätselte Mutter.

Vater stand auf, als Großmutter mit vielsagendem Blick ins Zimmer kam. Flink wurden wir Kinder ins Bett verstaut.

Ein Ehepaar mit einer Tochter in meinem Alter war angekommen. Uns Kinder ärgerte diese Geheimniskrämerei, unsere Neugier blieb unbefriedigt, Fragen wurden verboten. Das hatten wir bis dahin noch nicht erlebt.

Und plötzlich war Angst da, eine ganz merkwürdige Angst, die in alle Räume und Kämmerchen unseres alten Hauses kroch und die man nicht definieren konnte: Bei unseren späten Besuchern handelte es sich um ein jüdisches Arzt-Ehepaar, offenbar in Panik und unter furchtbarem Druck. Mutter richtete noch in der Nacht eine Bleibe für Herrn und Frau Doktor, deren Namen uns Kindern gegenüber nicht genannt wurden.

Sarah, die nur ‚Herzel' gerufen wurde, kam zu mir ins Stübchen, wir mochten uns sofort. Sie spielte auf meiner Violine, wir lasen und kicherten gemeinsam und tobten erst in der Dunkelheit los in den nahen Böhmewald, der frischen Luft halber, die es damals noch gab.

Ihre Eltern verließen die schützende Geborgenheit des Hauses nie.

Nach einigen Tagen war ihre Starre gewichen. Sie saßen bis in die Nacht mit Vater in seinem "Allerheiligsten" und tauten auf. Wir Kinder begriffen damals nicht, was los war. Und auch nicht, warum auf einmal unser Hausmädchen Lisa und das Kindermädchen Hilde in Urlaub geschickt wurden. Mutter nahm mich zur Seite: „Du darfst keinem Menschen etwas sagen! Auch in der Schule nicht! Unsere Freunde sind in Not!"

Vater beschwor mich: „Laß nirgends Sarahs Namen fallen, hörst du, unser Besuch geht niemand etwas an!" Ich fand das blöd, denn "Sarah" war doch ein schöner Name.

Es müssen wohl ungefähr drei Wochen gewesen sein, die unsere Gäste bei uns blieben.

Eines Abends ließ Vater mich rufen und dann auch noch in "sein Zimmer", das wir Kinder ohne besondere Aufforderung nie betraten. Es lag seitlich im Haus, war ein relativ schmaler Raum, in dem die schönen Biedermeier-Möbel gut zur Geltung kamen. Mutter wischte dort selbst Staub, unsere Mädchen durften das nicht.

„Ich hab doch gar nichts angestellt", sagte ich, als ich vor meinem Vater stand. "Aber Kind, das ist es doch gar nicht. Unsere Freunde sind in Gefahr und müssen fort, sie müssen weg aus Deutschland und wandern aus. Wir bringen sie morgen mit der Bahn nach Cuxhaven, du darfst mitkommen."

So ein Quatsch, dachte ich, erst Not und jetzt Gefahr, was soll denn das? Es geht doch allen Leuten gut, und Arbeitslose, die früher in ganzen Haufen an Thierbachs Ecke standen, gab's nicht mehr. - Die furchtbaren Hintergründe sollten mir erst viel später deutlich werden.

Sarah und ich lachten und weinten die ganze Nacht und redeten, was Mädchen mit dreizehn so reden. Wir hielten uns an den Händen und waren traurig über das Ende unserer schönen Zeit.

Mit dem Frühzug zuckelten wir los. Sarah trug mein grünes Sonntagskleid, das ich so liebte, meine Bindeschuhe mit Lackspitze und den Mantel, den ich zu Weihnachten bekommen hatte und der mein ganzer Stolz war. Auch ihre Eltern waren ausgestattet worden, denn sie mußten daheim in Sachsen alles liegen und stehen lassen und waren nur mit einer Handtasche bei uns angekommen.

174

Irgendwo am Hafen trennten wir uns. "Macht kein Theater, kein Aufhebens", befahl Vater, und "dreh' dich nicht um, das fällt sonst auf!" Ich dachte bei mir, du meine Güte, so ein Zirkus! Ich blieb stehen, winkte, Sarah tat das auch und wurde von ihrer Mutter ebenso fortgezogen wie ich von meinem Vater. Das wiederholte sich, bis sie hinter einem Häuserblock verschwanden. Wir gingen langsam zum Bahnhof zurück.

Bis der nächste Zug abfuhr, saßen wir im Wartesaal, Vater vor seinem Sprudel, ich vor meiner Brause. Keiner sagte ein Wort. Vater, der so fesselnd erzählen konnte, schwieg. Und auch bei uns zu Hause war alles befremdlich still.

Am Abend kroch ich in das Bett, in dem sonst Sarah gelegen hatte und heulte mich in den Schlaf, weil meine Freundin nicht mehr da war.

Am nächsten Tag war wieder alles wie früher, Lisa und Hilde kamen zurück.

Im August sagte Vater eines Tages beiläufig: „Unsere Freunde sind wohlbehalten angekommen, wo sie hinwollten, das vereinbarte Zeichen ist eingetroffen." Ich war sehr froh für meine Freundin.

Später, als mein Name in Verbindung mit Kappler durch die Presse ging, hatte ich gehofft, auch Sarah würde davon hören und den alten Kontakt wieder aufnehmen. Aber ich hörte nichts von ihr.

Aber da war noch etwas, woran ich oft denken mußte: Um 1944 nicht zu Arbeiten in einer Munitionsfabrik dienstverpflichtet zu werden, meldete ich mich zum Roten Kreuz und kam ins Allgemeine Krankenhaus Hamburg-Altona. Nach Fliegeralarm und Nachtwache gab mir die Oberin zu meinem 19. Geburtstag im April drei Tage frei.

Ich wollte nach Soltau fahren und freute mich auf die Kaffeetafel daheim. Um möglichst allein zu sein im Eisenbahnabteil und ausruhen zu können, löste ich eine Fahrkarte erster Klasse, sank ins Wagenpolster und schlief ein, bevor der Zug anrollte. Plötzlich wurde die Abteiltür geöffnet, eine Dame sprach mich an: „Ach Schwesterchen, hier ist doch wohl noch frei?"

Nicht eben höflich reagierte ich: „Hier ist frei, das sieht man doch!" und schloß gleich wieder die Augen. Ich war übermüdet und wollte Ruhe haben. Aber die Dame suchte Unterhaltung. Sie war mittleren

Alters und trug schwarze Trauerkleidung. Ich dachte: Sicher die ständigen Bombenangriffe, Tausende sind umgekommen, was für ein Elend!

„Würden Sie mir helfen, die Koffer ins obere Netz zu legen, ja? Sie sind so blaß! Kommen Sie denn gar nicht an die frische Luft, Schwesterchen?"

„Ich hatte vier Wochen Nachtwache und möchte jetzt bis Soltau schlafen", reagierte ich abweisend.

„Ach, aus Soltau kommen Sie? In der Heide um Soltau sind wir früher oft gewandert, ich kenne Soltau!"

Ich antwortete nicht, die Dame fuhr fort: „...Marlies, meine jüngste Tochter, ist mit der Schule nach Schneverdingen evakuiert, wegen der dauernden Bombenangriffe, und ich will sie dort besuchen. Sie kennen doch Schneverdingen auch?"

„Klar", antwortete ich, „...sind doch nur achtzehn Kilometer bis Soltau", und machte wieder die Augen zu. Aber ich spürte, daß die Dame mich ansah und wurde unruhig.

„Herrliche Heideflächen gibt es bei Soltau, ach ja, es war eine schöne Zeit, damals war die Familie noch ganz! Mein Mann ist Zahnarzt, müssen Sie wissen, und Horst, unser ältester Sohn, ist an der Front. Walter, unser zweiter, geht gerade ins Abitur."

Allmählich gab ich meine Reserve auf. Drei Stationen weiter kannte ich bereits die letzten Briefe von Horst und hielt sein Foto in der Hand, das seine Mutter mir herübergereicht hatte. Und als wir in Buchholz umsteigen mußten, waren wir wie alte Freundinnen. Als die Dame in Schneverdingen aussteigen mußte, kritzelte sie noch rasch auf ein kleines Zettelchen die Hamburger Anschrift:

Dr. Ernst Reinecken
Ulmenstraße 12
Hamburg-Othmarschen,

und beschwor mich, sofort nach meiner Rückkehr ins Krankenhaus anzurufen und den nächsten freien Nachmittag in ihrem Hause zu verbringen.

„Trotz des Krieges haben wir noch unsere Hausdame, aber das ist eine

176

lange Geschichte, die erzähle ich Ihnen später. Petra wird Sie dann empfangen."

Trotz des Krieges war bei uns zu Haus der Kaffeetisch hübsch gedeckt, Großmutter hatte ihren altdeutschen Apfelkuchen gebacken. Noch ganz erfüllt von meiner neuen Reisebekanntschaft erzählte ich meinen Lieben von der netten Dame. Ich hatte erwartet, sie würden meine Freude teilen, aber alle schüttelten mißbilligend die Köpfe und meinten abwertend: „Reisebekanntschaften taugen nichts!"

Großmutter sah mich über ihre Brille hinweg streng an: „Vergiß deine Erziehung nicht!" und machte den Rest meiner Freude kaputt.

Als meine "freien Tage" herum waren, fuhr ich zurück nach Hamburg. Der tägliche Dienst im Krankenhaus betrug in jener Zeit oft vierzehn Stunden.

Plötzlich wurde ich zu Oberschwester Emma befohlen, mir rutschte das Herz eine Etage tiefer. Wir jungen Dinger hatten vor der Oberschwester gewaltigen Respekt, sie hatte aus dem Ersten Weltkrieg das Eiserne Kreuz 1. Klasse mitgebracht und kam uns vor wie ein Kompanie-Feldwebel, der immer im Dienst war. Wenn sie unangemeldet auf Station erschien, huschten wir flink weg, notfalls in die Besenkammer.

Und zu ihr war ich befohlen! Auf dem Weg zu ihrem Dienstzimmer ging ich in Gedanken mein Sündenregister durch, aber ich fand keine groben Verfehlungen und konnte mir nicht erklären, weshalb sie mich zu sich beorderte.

Zaghaft und schüchtern klopfte ich an ihre Tür.

„Ja, ja, kommen Sie doch rein, Annelieschen", hörte ich erschreckt und trat ins Zimmer.

„Da sind Sie ja", fuhr sie fort, „...nun setzen Sie sich mal schön hin, möchten Sie eine Tasse Tee?"

Vor Sprachlosigkeit konnte ich kaum antworten.

„Da hat mich eben eine Frau Doktor Reinecken angerufen und sich beklagt, warum Sie denn keinen freien Nachmittag bekämen! Sie hatten der Dame versprochen, sie so bald wie möglich zu besuchen. Ich ließ nachprüfen, Sie hatten letzte Woche freie Stunden, sind aber nicht nach Othmarschen gefahren! Na, was sagen Sie dazu?"

Noch immer eingeschüchtert, stotterte ich herum: „...jaa, naa, ...also..."

Oberschwester Emma nahm das in die Hand: „Also morgen nachmittag haben Sie frei! Und wir rufen jetzt gleich die Frau Doktor an und teilen ihr das mit, klar?"

Zitternd und bibbernd sagte ich "ja" und wurde zu sechzehn Uhr am nächsten Tag in das Haus Dr. Reinecken gebeten.

Den Weg zurück zur Station lief ich mit beschwingten Schritten.

Nach Dienstschluß überlegte ich, welche Blumen für diesen Besuch angebracht wären und ging zu Oma Lange, die in der Nähe des Krankenhauses ihr Blumenlädchen hatte. Tulpen und Narzissen standen zur Auswahl, damals gab es nichts anderes. Nachdenklich stand ich davor: „...das ist nicht das Richtige! Haben Sie denn sonst nichts?" Oma Lange schüttelte den Kopf. Da fiel mein Blick auf einen großen Strauß frischgeschnittener Mandelblütenzweige: „Sind die schön! Die nehme ich! Den ganzen Strauß!"

Pünktlich läutete ich am 6. Mai 1944 in der Ulmenstraße, die später umbenannt wurde in Waitz-Straße, sah auf das Praxisschild des Dr. Reinecken und entdeckte darüber ein blankgeputztes Messingschild mit dem Namen Staub, der sich mir einprägte.

Petra, die Hausdame, öffnete: „Sie werden schon erwartet! Bitte, treten Sie ein! Herr Doktor ist auch da, und Horst hat wieder geschrieben, Walter tut sich mit dem Abitur schwer und Marlies hat's im Hals!" Auf dem Weg zum Salon packte sie gleich sämtliche Familiennachrichten aus, über Jahrzehnte blieb sich das gleich.

Dann nahm sie mir meinen Strauß ab und schrie leicht auf: „Mandelblüten! Woher wissen Sie denn das?"

„Was?" fragte ich verdutzt.

„Na, die Sache mit den Mandelblüten!"

„Ich kenne keine Sache mit Mandelblüten. Ich fand sie einfach schön!"

„Wenn das Frau Doktor sieht! Und er! Er erst! Wenn Herr Doktor die

Mandelblüten sieht!" ereiferte sich Petra.

Ich schaute irritiert drein. Was war denn mit den Mandelblüten?

Da kam Frau Doktor, die nie anders angesprochen wurde, umarmte mich wie eine alte Vertraute und lächelte fein: „Ja, wissen Sie, mit den Mandelblüten hat das seine Bewandtnis, sie spielen eine große Rolle in unserem Leben: Auf der Hochzeit meiner besten Freundin war ich Brautjungfer und trug einen Kranz aus Mandelblüten im Haar. Beim Ordnen des Brautschleiers fiel eine Blüte heraus, Ernst Reinecken hob sie auf und reichte sie mir. Es war Liebe auf den ersten Blick und hielt ein ganzes Leben lang an!"

Sie nahm meine Hände: „Niemand kam auf die Idee, uns Mandelblütenzweige zu schenken! Und Sie bringen uns heute einen ganzen Strauß!"

Wir setzten uns, da stockte mir der Atem: Mein Strumpfband riß. Ich versuchte mich zu beruhigen und hoffte, das zweite würde halten.

Die Tür wurde geöffnet. Herr Doktor kam ins Zimmer: Ein blendend aussehender Fünfziger mit strahlendem Lachen: „Eine entzückende Idee, Ihre Mandelblüten!"

Total irritiert erhob ich mich zur Begrüßung und hätte ums Haar einen Knicks gemacht, wie Großmutter uns das beigebracht hatte.

Ich setzte mich wieder in den Sessel, da riß das zweite Strumpfband. Ich wagte kaum noch zu atmen oder das Bein zu bewegen aus banger Sorge, mein linker Strumpf könnte herunterrollen. Unmöglich, dem Gespräch zu folgen, ich dachte nur an meine peinliche Situation und daran, ob Herr Doktor nicht mal rasch den Salon verlassen würde. Mußte er sich denn gar nicht die Hände waschen? Oder ein Taschentuch holen? Nicht mal das Telefon klingelte ihn hinaus. Wie angewachsen saß ich da. Dreimal hatte Petra schon zur Kaffeetafel gebeten, aber ich mußte sitzenbleiben. Schließlich faßte ich mir ein Herz und bat die Dame des Hauses mit verzweifeltem Blick auf Herrn Doktor: „...mir ist da was passiert, darf ich Sie zwei Minuten unter vier Augen sprechen? Ich kann nämlich nicht aufstehen!"

„Ach Ernst, schau doch mal in der Küche nach, wo Petra bleibt", löste Frau Reinecken das Problem. Ich konnte endlich den Schaden beheben, wir mußten beide schallend lachen. Herr Doktor kam zurück und fragte verschmitzt: „...etwas Weibliches?"

„Etwas sehr Weibliches", gab seine Frau zurück.

Es wurden wundervolle Stunden und der Beginn einer Lebensfreundschaft, die bis zum Tode von Herrn und Frau Dr. Reinecken währte.

Bevor ich an diesem Abend mit der letzten S-Bahn aus Othmarschen abfuhr, winkte Frau Doktor mich schnell noch in die Küche und drückte mir wieder ein kleines Zettelchen in die Hand: „...die Feldpostnummer von Horst! Er weiß schon alles, er kennt Sie fast schon! Und er hat kein Mädchen in der Heimat und freut sich auf Ihren Brief! Schreiben Sie ihm!"

Wir schrieben einander, Briefe wurden Vermittler von Hoffnungen zwischen uns. Briefe, in denen starke Schwingungen fühlbar waren.

Ich habe ihn nie gesehen. Er ist gefallen und liegt auf dem Soldatenfriedhof Compiègne in Frankreich begraben.

Seine Schwester Marlies, die damals neun Jahre alt war, ist für mich zu einer Schwester geworden. Der innige Kontakt hat die Jahrzehnte überdauert. Und wenn sie heute vor mir steht, ist mir, als lächle Horst mich an. Die Ähnlichkeit ist unverkennbar, und ich denke, so würde Horst heute aussehen.

Das Haus Reinecken wurde für mich ein zweites Elternhaus, Herr und Frau Doktor wurden Vati und Mutti Reinecken. Meine Mutter blieb bis zuletzt immer ein bißchen eifersüchtig.

Erst 1959 erfuhr ich von Mutti Reinecken in einem langen Gespräch: „...als ich dich damals sah, wußte ich: du und unser Horst, Ihr gehörtet zusammen und merkte bald an Euren Reaktionen, daß ich mich nicht getäuscht hatte."

Wir machten einen langen Spaziergang an die Elbe. Als wir gegen Abend heimkehrten, fragte ich an der Haustür: „Staubs wohnen aber schon lange in Eurer Villa, nicht wahr? Als ich zum erstenmal hier schellte, fiel mein Blick auf dieses Messingschild."

„Es ist alles ganz anders", sagte Mutti Reinecken, „...komm, ich erzähle dir's. Mein Vater ist früh gestorben. Mutter hatte für meinen Bruder und mich allein zu sorgen. Sie lernte den jüdischen Bankier Manuel Staub kennen und heiratete ihn. Es wurde eine glückliche Ehe, in der wir nicht spürten, daß Manuel Staub nicht unser leiblicher Vater war. Er turnte und spielte mit uns, verehrte wie viele andere Deutsche auch den Turnvater Jahn und dachte als Bürger jüdischen Glaubens ausgesprochen deutsch-national. Im Rahmen der Judenverfolgung wurde er eines Tages plötzlich abgeholt und nach Theresienstadt gebracht.

Als kerngesunder Mann, der nach Bircher-Benner lebte, verließ er sein Haus. 1943 bekamen wir die Nachricht, er sei ‚an Herzversagen gestorben’. Man schickte uns seinen Ausweis und seine Taschenuhr zurück. Er ist in Theresienstadt umgekommen. Näheres haben wir nie erfahren.

Meine Mutter war so verzweifelt über seinen Tod, daß sie sich im Treppenhaus erhängte. Dort habe ich sie gefunden.“

Mutti Reinecken liefen pausenlos die Tränen, während sie sprach. Ich war unsagbar erschüttert über das entsetzliche Geschehen.

„Deshalb trug ich Trauerkleider, als ich dich kennenlernte, und weil Petra, unsere alte Hausdame, bei Vater Staub eine Anstellung auf Lebenszeit innehatte, haben wir sie nach den furchtbaren Ereignissen zu uns aufgenommen. Erstaunlicherweise legte von den Parteileuten niemand Widerspruch ein.“

Petra bat zu Tisch, wie in allen den Jahren seit meinem ersten Besuch lag auf meinem Platz das Eßbesteck von Horst für mich bereit, das Mundtuch in seinem Serviettenring mit eingraviertem Namenszug.

Reineckens schlossen innige Freundschaft mit Herbert Kappler, längst bevor meine Verbindung mit ihm offiziell bekannt wurde und halfen mittragen an seinem Schicksalskreuz.

Abends saß ich auf dem Balkon meines Hotelzimmers, dachte über das Erlebte von damals nach und schilderte es meinem Mann in einem langen Brief. Not und Gefahr, Hoffnung und Hilfe, wie nahe lag das alles beieinander.

Wir fanden immer neuen Trost, neue Kraft, neue Hoffnung, und war unser Leben nicht voller Segen? Trotz allem? Dankbar wurden wir uns dessen immer wieder neu bewußt.

Und waren meine Kräfte mal erschöpft, hielt ich kurze Zeit später einen Brief meines Mannes in der Hand: „...zapf' mich ruhig an, ich ströme dir Kraft zu!"

Eines Tages sprang mein Auto nicht an, die Batterie war leer, ich hatte versäumt, das Licht auszuschalten. Die Werkstatt schickte einen Wagen, der Monteur parkte neben meinem, holte die Kabel hervor, verband die beiden Batterien und schickte so elektrische Impulse zu den Zündkerzen meines Autos.

„Nun starten Sie mal durch, Frau Kappler, ...he, starten Sie durch!" riß der Monteur mich aus meinen Gedanken. Ich gab Gas, fuhr hinaus in die Heide und dachte nach. Wohin ich trat, merkte ich nicht und schrak auf, als es dunkel wurde. War das mit meinem Mann und mir nicht ebenso wie mit den Autobatterien? Er gab mir die entscheidenden Impulse, wenn meine Kräfte erschöpft waren. Und ganz ohne Verbindungskabel!

Der Vorgang blieb sich gleich, doch es kam noch etwas hinzu, ich brauchte meinen Mann nicht zu rufen wie den Monteur, er fühlte als hochsensibler Mensch, wenn ich seiner Hilfe bedurfte! Wir waren gewissermaßen in einer nicht sichtbaren, höheren Ebene aneinander angeschlossen.

War es das, wonach ich ein ganzes Leben lang vergeblich gesucht hatte?

Wieder einmal kam ich die halbe Nacht nicht aus den Kleidern und schrieb für meinen Mann viele Seiten Papier voll.

„Ich weiß, das ist mir alles längst klar...", las ich in seinem nächsten Brief.

Fidelio; erschüttert dachte ich daran, wie sich die Bilder gleichen. Daß sich das Schicksal der Leonore für mich auch darin erfüllen würde, den geliebten Mann eines Tages unter Einsatz meines Lebens zu befreien, konnte ich nicht ahnen.

Im Laufe der Zeit erfaßten immer mehr Menschen, was uns verband, und erstaunlicherweise viele Italiener.

Erneut wandte sich Dr. Dobler an seinen alten Doktorvater, Staatspräsident Leone. Von römischen Freunden hörte ich, daß der Verteidigungsminister längst Colloquien an vier Besuchstagen zugesichert hatte. Aber wo war die Anordnung? Dem Festungskommandanten war nichts bekannt.

Eine neue Regierungskrise lag in der Luft. Die Gesundheit meines Mannes beanspruchte meine ganze Aufmerksamkeit. Und wieder Vorsprachen in Rom und Bonn.

Der leitende Legationsrat eines wichtigen Referats, Dr. Strothmann, war beinamputiert, ich hoffte auf menschliches Verständnis. Er hatte als Soldat Schlimmes erlebt, ich folgte anteilnehmend seinen Ausführungen.

Wie wahnsinnig der Krieg für alle ist! Egal, an welcher Front sie kämpften. Die Regierungen sitzen im Bunker über ihren Kartentischen, die Feldherren schauen sich das Drama von ihren Hügeln aus an, die Soldaten liegen im Dreck!

„Frau Kappler, haben Sie mir denn gar nicht zugehört?"

„Doch, Dr. Strothmann, ich habe Sie gut verstanden! Aber Sie haben Glück gehabt, Sie verloren ‚nur' Ihr Bein, das ist furchtbar! Aber meinem Mann wurde das Leben amputiert, und auch er hatte nur einem Befehl zu gehorchen."

Wir lagen einander wohl nicht so sehr. Ich fuhr zurück nach Soltau.

Zu Hause fand ich einen Brief meines Mannes, „Wie schön, Deine drei roten Rosen mit der Symbolkraft von Liebe, Glaube, Hoffnung vor mir zu haben!"

Seit über einem Jahr ließ ich ihm von der Floristin Teresa in Gaeta an jedem Sonntag drei rote Rosen in die Festung bringen.

Der Alltag hielt mich wieder in Atem. Wochenendfahrt nach Stuttgart zu einem Kongreß, Besuch unserer Gräber in Degerloch, Heimreise und gleich ins Sprechzimmer.

Aus Bonner Vorzimmern hörte ich, der Bundespräsident sei sehr betroffen über den Tod unserer Mütter und voller Hoffnung auf Herbert Kapplers Heimkehr, doch auch ärgerlich wegen der Publikationen über den Burton-Film, der gerade in Italien gedreht wurde.

Und im Brief meines Mannes las ich dann noch etwas, das mich bewegte: „Zum Abschied hatte ich Dir noch sagen wollen, vergaß es dann aber..." Ich schrieb zurück: „...wir haben ja gar keinen Abschied mehr! Immer nur auf Wiedersehen! Denk' mir her, was Du sagen wolltest! Ich fange doch deine Gedanken auf!"

Ich lernte immer noch intensiver, gleichsam mehrfach geschaltet zu sein! Einerlei, was meine Hände taten, mein Hirn war Sender und Empfänger zugleich und immer in Betrieb. Und doch durfte mir in der Praxis kein Fehler unterlaufen.

Aus Bonn erfuhr ich: „Der Fall Kappler wird bei allen nur möglichen Interventionen angeschnitten, angesprochen..."

Aber ein nahezu kühner Diplomat meinte: „...so wird der Gewahrsamsmacht gar nichts verdeutlicht!"

Der Meinung waren wir alle, auch die Anwälte. Aber es hieß auch, „...alle Anregungen müssen der Denkungsart zur ‚Vergangenheit' Rechnung tragen." Das war uns aus dem Herzen gesprochen, denn jeder hatte auf seine Weise die Vergangenheit zu verarbeiten, und wir Kapplers haben zu keiner Zeit das Leid und den Schmerz der Hinterbliebenen außer acht gelassen. Aber verbindet Leid nicht auch? Und verbindet es die Menschen nicht weitaus mehr als Freude?

Im Mai waren die Zeitungen voll von Artikeln über die Äußerungen von Bundeskanzler Brandt im Rahmen eines Interviews mit dem "Stern":

„Ich habe mir in meinen Jahren als Außenminister und dann auch als Kanzler den Mund fusselig geredet, um einen Mann aus einem italienischen Gefängnis herauszubekommen. Ich bin einfach der Meinung, daß diese Heuchelei nicht geht. Wir waren miteinander im Krieg, auch wenn die Italiener ein bißchen früher ausgeschieden sind. Daß dort nun einer, der ziemlich stark in sehr böse Sachen hineingeraten ist, immer noch bei seinem ehemaligen Verbündeten einsitzt, leuchtet mir nicht ein."

Er wolle sich weiter bemühen, mit den musealen Überresten fertigzuwerden, auch wenn es ihm nicht gedankt werde.

Mehrfach war zu lesen, daß man in politischen Kreisen Roms zu der

Ansicht neige, diese Äußerungen Brandts würden Herbert Kappler mehr schaden als nützen.

Freunde aus Deutschland hatten mir ihr Sommerhäuschen in Cellole, in der Nähe Casertas, zur Verfügung gestellt. Es wurde für längere Zeit mein Domizil. Doch bis zur Festung waren es dreißig Kilometer, das trug mir oft Verspätung zu unseren Colloquien ein.

Bei einem Telefonanruf im Militärtribunal wurde mir diskret zugeflüstert, daß die Heimkehr meines Mannes jeden Moment erfolgen könnte.

In nervlicher Hochspannung und unter Mißachtung sämtlicher Geschwindigkeitsbegrenzungen raste ich nach Soltau zurück in der Hoffnung, nur ja vor ihm einzutreffen, stellte die ganze Wohnung auf den Kopf, putzte, wusch, machte sauber. Alles sollte empfangsbereit sein.

Doch dann hörte ich von unserem römischen Anwalt, daß es kritisch sei hinsichtlich der Strafumwandlung von ‚lebenslänglich‘ in eine Zeitstrafe von 28 Jahren. Die erhofften Initiativen römischer Politiker blieben aus oder flossen so träge dahin wie der Tiber an vielen Stellen, wo die Strömung schwach ist.

Ich wollte weiter intervenieren, bis ich an derjenigen Stelle war, die über das Schicksal meines Mannes zu entscheiden hatte.

In Cellole war ich bereits heimisch geworden. Die Dorfgemeinschaft nahm mich auf, ich lernte italienisches Familienleben aus nächster Nähe kennen und habe sie oft darum beneidet, denn bei uns ist ein solcher Familienzusammenhalt nicht mehr modern und nur noch selten anzutreffen. Wenn meine täglichen Missionen erfüllt waren, zogen wir abends los zur Suio-Therme, die sich unweit des Garigliano - Flusses befindet, ein Krater von etwa acht Meter Durchmesser, dessen Rand provisorisch zementiert ist. Kristallklares Schwefelwasser von 30 Grad Celsius sprudelte pausenlos pulsierend aus der unergründlichen Tiefe.

Fasziniert stand ich davor. Nur von einer Seite aus konnte man in dieses Naturereignis von Therme gelangen, und während ich in diesem Strudel trieb, dachte ich, hier müßte mein Sanatorium stehen. Wie vielen Menschen könnte man dann in Kombination mit unserer Regenaplex-Therapie wirklich helfen!

In Cellole gab es keinen Arzt, und es hatte sich eingebürgert, daß die

Patienten zu mir kamen, obwohl ich oft beteuerte, keine Ärztin zu sein. Aber das interessierte die Leute gar nicht. Und es war ebenso selbstverständlich, daß sie meine mitgebrachten Medikamente bekamen. Als Dank packten sie mir die Taschen voll mit köstlichen Gaben für meinen Mann, der in ihre Versorgung einbezogen war.

Am 22. September 1973 war ich nach dreißigstündiger Autofahrt bei Urlauberverkehr in Cellole angekommen. Die Füße trugen mich kaum noch, die Augen fielen mir zu. Die Tochter unserer Freunde lud das Gepäck aus, ich sank auf den nächsten Stuhl.

Plötzlich wurde stürmisch an der Tür geschellt. Ich dachte nur: Meine Nerven! Eine Männerstimme flehte:

„Signora muß sofort kommen, ganz dringend, sofort, ganz schnell!"

Anne, deren Eltern das Sommerhaus gehörte, sagte entschieden: „Ja, morgen früh, jetzt muß sie erstmal schlafen."

„Sofort, sofort! Morgen zu spät, sonst wird der Aldo sterben, man kann ihn schon gar nicht mehr erkennen, es ist furchtbar schlimm!"

„Seid Ihr wahnsinnig", rief ich von oben herunter, „bringt ihn sofort in die nächste Poliklinik, holt den Arzt aus Caserta!"

„No, Signora", ließ er sich gar nicht beirren, „...dann wird der Aldo eben sterben, er hat gebrannt, der ganze Aldo, er sieht ganz schrecklich aus!"

Mit weichen Knien stand ich auf, wir fuhren ein paar Straßenzüge weiter. Schon im Innenhof des Hauses schlug uns penetranter Geruch von verbranntem Fleisch entgegen. Wir liefen die Stiege hinauf und ins Zimmer. Alles war versammelt, was zur Sippe zählte, trug schwarze Kleidung und murmelte, schluchzte, betete. Ich war erschüttert. Als ich ans Bett trat, stob ein Fliegenschwarm auf.

Mit fieberglühenden Augen sah der Verletzte mich an, ich stand wie versteinert: „Um Himmelswillen, was ist denn hier passiert?"

Großflächige, nekrotisierte Wunden an Händen, Armen, Oberkörper, Gesicht. Verbrennungen dritten Grades, die Eiterung hatte eingesetzt. Es sah gespenstisch aus.

Um mich herum lauter flehende Gesichter: „Signora, der Aldo darf nicht sterben, er hat drei Kinder, er ist erst 33 Jahre alt." Seine Frau kam zu mir, ein Engel in Menschengestalt.

Ich setzte sie alle ein, die Schluchzenden, ließ Wasser abkochen und kalt rühren, weil kein Kühlschrank da war. Leintücher wurden ausgekocht und trockengebügelt, damit sie steril wurden, meine Anordnungen flogen durch den Raum. Es war genau drei Uhr morgens, als ich den Mann nicht nur fieberfrei, sondern auch von seinen irrsinnigen Schmerzen befreit hatte. Anne, die damals an der Universität in Neapel Medizin studierte, assistierte mir nach bestem Vermögen.

Ich hatte nur meine Reiseapotheke zur Verfügung, die aus unerfindlichen Gründen aber gut gefüllt war.

„Als hättest du es gewußt", wunderte sich Anne.

„Das konnte doch kein Mensch ahnen!" entgegnete ich.

Nach ein paar Stunden Schlaf war ich wieder bei Aldo. Strahlend lag er in seinen weißen Kissen: „Bene, bene, bene!" Er konnte sich kaum rühren wegen der großen Wunden, ich schaute nach, die sahen schon fabelhaft aus!

Sein Vater nahm mich zur Seite: „Wir können Ihre Hilfe nicht bezahlen, wir sind keine reichen Leute!" Ich sah ihn an: „Mit Geld hat das hier nichts zu tun", und telefonierte mit meiner Freundin Erika in Soltau wegen neuer Medikamente über die Anschrift meines Mannes. Das ging schneller. Ich schrieb ihm gleich alles und brachte den dicken Brief zusammen mit einem Korb voller Eßwaren von Aldos Frau an die Festung.

Täglich verbrachte ich viele Stunden mit Aldos Behandlung, nachts wurde er von seiner Frau betreut. Ich hatte nur zwölf Tage Zeit, dann mußte ich wieder nach Soltau zurück.

Als ich am nächsten Tag zum Colloquium in der Festung war, fragte mich der Zensor-Oberst: „Haben Sie schon einmal daran gedacht, was Ihnen passiert, wenn der Verletzte stirbt?"

Nein, daran hatte ich noch gar nicht denken können, ich hatte keine Zeit dazu! Aber es ging ihm schon ausgezeichnet! Leider hatte niemand eine Kamera, um den Heilungsprozeß fotografisch festzuhalten, und ich hatte den Eindruck, das wäre dem Patienten auch gar nicht recht gewesen, und kam um wertvolles Material für meine Vorträge.

Im Hause einer Freundin in Rom wurde ich spätabends unruhig, stieg ins Auto und brauste los. Von meinem Mann ging die Unruhe nicht aus, das fühlte ich, also konnte es nur Aldo sein.

Es brannte noch Licht; Aldo lag im Fieber. Ich blieb, bis der Morgen dämmerte, der Verletzte einschlief und die Temperatur normal war.

Am nächsten Morgen trafen bei meinem Mann die Nachfolgemedikamente ein. Der Festungskommandant schickte sofort eine Ordonnanz mit dem Motorrad zu uns nach Cellole, ich konnte gottlob kontinuierlich weiterarbeiten.

Dem Kommandanten dankte ich später: „Sehen Sie, d a s ist für mich deutsch-italienische Zusammenarbeit! Wenn die Politik die Menschen nicht behindert, finden sie zueinander."

KAPITEL 8

Die Heimkehr wird täglich erwartet

Die Nachrichten in diesem Herbst 1973 waren wieder wechselhaft: Aus der Deutschen Botschaft hörten wir, man rechne damit, daß der „Fall Kappler" in wenigen Wochen „vom Tische sei", - aus dem römischen Ministerbüro, das Klima sei kühl, weil sich erneut (meist anonyme) Schreiber über die Haftbedingungen meines Mannes aufgeregt hatten, Herbert Kappler würde zu gut behandelt und führe in der Festung ein Leben wie im „Goldenen Käfig".

Das war ein Jahr zuvor schon einmal durch die Presse gegangen, da war nicht nur vom „Goldenen Käfig", sondern von seiner „Luxuswohnung" die Rede gewesen.

Herbert Kappler beschrieb damals seiner Anwältin Frau Albrecht, die gegen die Presseberichte vorgehen wollte, seine Unterbringung:

„Das mit der ‚Wohnung' ist insofern auch für mich nicht leicht, als ich nach Hausordnung keine Detailbeschreibung geben darf, weil man damit ja vielleicht etwas Unerwünschtes von außen vorbereiten könnte! Aber ich will sehen, was ich Ihnen vielleicht doch sagen kann. Die ‚antiken Möbel' zum Beispiel sind: Eine eiserne Bettstelle, ein großer Klapptisch mit Formica-Platte, ein Stuhl und ein Holzhocker, ein eiserner Kleiderrechen und ein Blech-Spind (all das sind genau die Dinge aus dem Hausmagazin, die hier drin überall stehen); dazu kommen ein Regal aus Kistenholz, das ich mir mal gegen Bezahlung mit Zigaretten in der Hausschreinerei anfertigen ließ, und ein Wandschränkchen, das ich selbst aus Karton und Kistenholzleisten bastelte und mit Packpapier beklebte.

Eine ausgesprochene Vorzugszulage ist ein Schreibmaschinentischchen, das ich mir vor vielen Jahren erbat, als die alten und sehr gebrechlichen in einem Hausbüro durch bessere ersetzt wurden. Das „meine" würde sonst Brennholz für die Hausküche geworden sein. -

Meine ‚Küche' besteht aus einem kleinen elektrischen Kocher, der im Vorraum zum WC auf einem ausrangierten Holzhocker mit einem Backstein drauf steht. Die ‚Wohnung' besteht aus fünf Einzelabteilen, geschaffen durch dreiviertel hohe Zwischenwände in einer einstigen Festungshalle. Zur Zeit sind zwei Abteile belegt, bis vor zwei Jahren waren jahrelang vier belegt, und vor noch etwas längerer Zeit war diese sogenannte ‚Abteilung' auch mal mit sechs, mal mit sieben Personen belegt.

Sauber überzogen ist das Bett, seit mir erst meine Schwester mal und nun meine Frau weißes, robustes Leinen schenkte; die warme Decke ist ein Geschenk des Deutschen Roten Kreuzes in Stuttgart.

Nicht wahr, nun können Sie sich schon ein besseres ‚hausfrauliches' Bild machen?"

(Und dann der Zusatz: „Vom Zensor beanstandet, also bei Auswertung bitte nicht als m e i n e Worte übernehmen, Sie könnten ja sagen, in der Fernsehsendung vor einigen Jahren sah man das alles ganz genau...").

„Goldener Käfig", „Luxuswohnung"?

Beim letzten meiner September-Besuche in der Festung war die Atmosphäre wieder einmal gespannt. Als mein Mann mir liebe Worte sagte und seine Stimme leiser wurde - nicht eben militärisch knapp - befahl der junge Zensor: „Herr Kappler, Sie haben lauter zu sprechen, ich verstehe nichts; sonst brauche ich ja nicht hier zu sitzen!"

Wäre das schön, dachte ich und sagte laut: „Du armer Mann!" und meinte es auch so. Wir sprachen nicht mehr und hielten nur unsere Hände. In wenigen Wochen würden wir uns wiedersehen.

Als ich am nächsten Morgen reisefertig auf der Terrasse des Sommerhäuschens in Cellole stand, klingelte es wieder Sturm; diesmal war es nicht die Türglocke, sondern eine Fahrradklingel.

Da stand Aldo, der seine erste Ausfahrt unternommen hatte, um sich von mir zu verabschieden. Er sah fabelhaft aus. In genau zwölf Tagen waren alle Brandwunden ausgeheilt, ohne auch nur eine einzige Narbe zu hinterlassen. Mir war ein Heilungsprozeß in echter Regeneration gelungen. Ich wollte dem italienischen Staatspräsidenten schreiben: „Ich habe Ihrem Land einen Mann aus dem Grabe gezogen, bitte, halten Sie das Herbert Kappler zugute." Aber mein Mann gestattete es mir nicht.

Ich fragte Aldo: „Im Februar findet in Stuttgart eine Ärztetagung statt, ich würde dich dort gern vorstellen. Kannst du kommen?"

„Si, si, aber ja, ich werde kommen!"

Telefonisch verabschiedete ich mich noch von einer römischen Freundin, die dringend riet: „...und vergiß nicht, den Brief an den Präsidenten der USA zu schreiben!"

Doch auch dieser Brief blieb ohne Antwort, ebenso wie ein Bitt-Telegramm, das ich zum Staatsbesuch von Leonid Breschnew in Bonn an das sowjetrussische Staatsoberhaupt gesandt hatte.

Einige Zeit später erfuhren wir, daß sowohl Andreotti als auch Leone sich anläßlich des Staatsbesuches von Bundespräsident Heinemann der Konfrontation mit dem „Fall Kappler" zu entziehen wußten unter Hinweis auf die bevorstehende neue Strafrechtsreform, die grundsätzlich lebenslängliche Strafe abschaffen sollte.

Unser römischer Anwalt, Prof. Cuttica, berichtete, daß der Antrag auf Entlassung beim Erstgericht deponiert sei, man hoffe sehr, daß die Möglichkeit der Entlassung nach 28 Jahren verbüßter Haft Herbert Kappler endlich die Freiheit bringe.

Und ich wartete auf die zugesicherten vier Colloquien, aber es traten immer wieder Komplikationen auf. „Wer spielt da falsch?" fragte der Präsident des Heimkehrerverbandes, „die Genehmigung muß längst vorliegen!"

Ich schrieb an Donna Vittoria, die Gattin des italienischen Staatspräsidenten, und bat um ihre Fürsprache.

Rechtsanwalt Cuttica brachte uns hoffnungsvolle Nachrichten aus dem Militärtribunal: Mitte November erwarte man die Freiheit für Herbert Kappler.

Doch die römische Regierungskrise hielt an, eine Überfülle von schwebenden Gesetzesentwürfen, wir hielten den Atem an: Wie wird sich alles weiterentwickeln?

„Alle strengen sich an", versuchte Prof. Cuttica uns aufzumuntern.

Von Soltau aus besprach ich mich immer wieder mit den deutschen Anwälten: „Vergessen wir nie, daß die Bundesregierung sich auch weiterhin für Ihren Mann einsetzen muß, Sie müssen sich an die amtierende Regierung halten", rief Frau Rechtsanwältin Albrecht mir am Telefon zu, „der Widerstand gegen sogenannte Gnadenerweise ist heute ebenso hartnäckig, wie vor dreißig Jahren der Kampf der Resistenza gegen die deutsche Besatzung!"

Auf seinem Deutschlandtreffen hatte der Heimkehrerverband vor der Weltöffentlichkeit die Freilassung des letzten deutschen Kriegsgefangenen in Italien gefordert.

In Rom unterbrach der Regierungswechsel den Prozeß allmählichen Abbaus der Haß- und Racheemotionen. Diesen anachronistischen Emotionen gegenüber verstärkte sich bei verantwortungsbewußten italienischen Persönlichkeiten spürbar ein gewisses Unbehagen angesichts der nicht mehr zu rechtfertigenden Fortführung einer mehr als sinnlos gewordenen Kerkerhaft.

Und wieder hieß es in bestimmten Blättern, Herbert Kappler habe Kinder erschießen lassen.

Ich sah ihm lange in die Augen: „Ich stehe fassungslos vor dem Geschehen von Mord und Totschlag, in das du hineingezogen worden bist und das deinem Wesen so vollkommen widerspricht."

Es war nötig, auch dies in der Presse richtigzustellen; mein Mann schrieb an seinen Anwalt Dr. Aschenauer:

„Durch das Attentat in der Via Rasella starb allerdings mindestens ein Kind. Ich selbst entdeckte im Trümmerfeld das nackte Bein eines Kindes von höchstens 10 Jahren, Ober- und Unterschenkel samt Fuß.

Im Prozeß vor dem römischen Gericht wurde mir vorgehalten, daß unter den Opfern der Fosse Ardeatine sich ein 16jähriger Junge befunden habe. Obwohl junge Leute solchen Alters immer mal wieder an Terroranschlägen beteiligt waren (in Neapel auch 13- bis 14jährige!), bin ich absolut sicher, daß sich auf der Opferliste, soweit ich sie in der vorangegangenen Nacht Person für Person durchging, kein Minderjähriger befand. Wenn überhaupt, so müßte jener junge Mann sich entweder auf der von Caruso erstellten Liste oder unter jenen ‚zuviel' zugeführten 5 Personen befunden haben."

Welche Verstrickung! Unter den Personen, deren Strafakten er in jener Nacht, als er die Liste erstellen mußte, durchging, hatte sich kein Minderjähriger befunden.

Sein Untergebener, Dr. Borante Domitzlaff, einst Mitangeklagter und freigesprochen, sagte später in einer eidesstattlichen Versicherung:

War es nicht die Ausweglosigkeit einer griechischen Tragödie? Wen immer er „auswählte" und auf seine Liste setzte, er tat das Falsche.

Und nichts zu tun, hätte nichts verhindert. Hatte nicht schon General Mältzer am Ort des Attentats alle aus den Häusern der Via Rasella getriebenen Menschen an Ort und Stelle als Geiseln erschießen lassen wollen? Und hatte nicht Herbert Kappler das verhindert? Denn unstreitig war er es, der den Stadtkommandanten von dieser Maßnahme abhielt.

Als wieder einmal ein gehässiger Presseartikel erschien, sprach ich meinen Mann darauf an. „Jeder Bombenflieger, der seine tödliche Last über Frauen und Kinder abwirft, trifft ausschließlich Unschuldige und sieht das Inferno, das er anrichtet, nicht", antwortete er mir.

Auf der Rückfahrt von Gaeta nach Soltau brauchte ich keinen Kaffee. Ich wurde nicht müde, weil meine Gedanken pausenlos arbeiteten.

Ich suchte Dr. Domitzlaff auf, der in der Nähe Hannovers lebte. Er führte mich auf dem Dachgarten seines Hauses in eine ruhige Ecke zu einer Sitzgruppe aus Korbmöbeln.

„Ich freue mich, Sie kennenzulernen, bitte nehmen Sie Platz! Ich kann mir vorstellen, daß Sie nicht nur zu einer Plauderstunde hier weilen!" eröffnete er freundlich die Unterredung.

„Wissen Sie, das Telefon ist eine praktische Angelegenheit, aber vieles läßt sich doch einfach nicht telefonisch erörtern, und deshalb wollte ich persönlich mit Ihnen sprechen. Mein Mann hat mir viel von Ihnen erzählt, denn Sie waren ja unmittelbarer Zeuge damals.

Immer wieder wurde ich als Herberts Frau mit Fragen zu dem damaligen Geschehen konfrontiert und immer wieder höre ich von allen möglichen Seiten, warum hat Kappler sich nicht geweigert, wie konnte er bloß diesen Befehl ausführen! Wissen Sie, ich kann das nicht mehr hören!"

Dr. Domitzlaff blickte tiefernst in die hohe Linde des Gartens nebenan und schüttelte den Kopf. Er lehnte sich zurück und spielte erregt mit den Händen, stand auf und lief auf dem Dachgarten hin und her. Seine Frau sah durch die Tür und erkundigte sich gastlich: „Darf ich Kaffee oder Tee anbieten?"

Der Hausherr nickte: „Kaffee bitte" und sah mich fragend an. Ich nickte ebenfalls: „Ja, danke, Kaffee."

Das Gespräch nahm seinen Fortgang: „An der Erfüllung des Repressalbefehls kam Kappler nicht vorbei, das war jedem klar bis in die oberste Heeresführung. Sein Protest nützte gar nichts. Hätte er den Befehl nicht ausgeführt, wäre er erschossen worden. Damit jedoch war der Befehl nicht etwa erfüllt, denn die Ausführung wäre anderen übertragen worden.

Heute ist das alles nicht mehr vorstellbar, aber Rom war damals ein brodelnder Hexenkessel.

Kapplers Zeugen der Verteidigung wurden nur scheinbar geladen, niemand hat eine Vorladung zur Vernehmung oder zum Prozeß erhalten. Damit wurden die wirklichen Vorgänge unterschlagen. Aber es wird noch mehr unterschlagen und das ist den Römern wahrscheinlich nicht bekannt:

Nach Ansicht Hitlers, Himmlers und seines höchsten Beauftragten für Italien ‚reichte' die Exekution von Italienern im Verhältnis 1:10 als ‚Sühnemaßnahme für den Terroranschlag' in der Via Rasella ‚nicht aus'. Am Abend des 24. März 1944 wurde demgemäß vom ‚Führerhauptquartier' aus telefonisch angeordnet, in Kürze die Stadt Rom von sämtlichen männlichen Bewohnern im Alter von 16 - 65 zu evakuieren. Jenes Telefongespräch wurde im römischen Hotel Excelsior von drei Zeugen, darunter Kappler, mitgehört.

Anschließend daran wurde Kappler der formelle Befehl erteilt, diese Evakuierung zu planen, vorzubereiten und dann auch durchzuführen. Für das Unternehmen selbst würde ihm für die Dauer von fünf Tagen die in Norditalien verteilt stehende SS- und Polizei-Division unterstellt. Die Sammellager und den Abtransport nach Norden hätten die militärischen Befehlshaber Korück usw. sicherzustellen.

Dementsprechende Befehle würden denen vom Führerhauptquartier gleichzeitig zugehen. Ein anwesender Diplomat versuchte, Bedenken gegen diese ‚Attila-ähnliche‘ Maßnahme anzumelden, wurde jedoch brüsk zurechtgewiesen. Für Kappler war klar, daß er nur ‚jawohl‘ sagen konnte, wenn er den Plan hintertreiben wollte. Wenn auch nur der geringste Eindruck entstanden wäre, daß er zögern könnte, würde mit der Durchführung ohne weiteres einer der höchsten Polizeiführer im Rang von Divisionskommandeuren, deren es in Norditalien mehrere gab, anstelle Kapplers beauftragt worden sein.

Kappler kannte sie und konnte nicht daran zweifeln, daß jeder von ihnen den Befehl erfüllt haben würde. Der Diplomat war über Kapplers bedingungsloses „jawohl" empört. Er ließ es ihn merken, aber nicht einmal seinem Freund durfte Kappler sagen, was er in Wirklichkeit beabsichtigte.

Kappler berief am nächsten Morgen zwei vertraute Mitarbeiter im Hauptmannsrang zu sich, verpflichtete sie auf Ehrenwort zum absoluten Stillschweigen und führte sinngemäß folgendes aus: Das darf um Roms willen nicht geschehen! Abgewendet kann es nur so werden: Wir könnten 10 000 Mann bekommen, also ist ein detaillierter Erfassungsplan aufzustellen, in welchem jeder einzelne Mann begründet aufzuführen ist, die Gesamtzahl der benötigten Kräfte muß sich jedoch auf 20 000 belaufen! Mehr als 10 000 kann man aber nicht nach Rom schicken. Arbeitet das in zwei bis drei Tagen haargenau aus! Dies geschah.

Kappler schickte den auf ein Buch angewachsenen ‚Plan‘ ins Hauptquartier nach Norditalien. Er wurde daraufhin angerufen: ‚Statt für fünf Tage gebe ich Ihnen die Division für zehn Tage. So müssen Sie es dann schaffen.‘

Neue Weisung Kapplers an seine Mitarbeiter (er mußte einen dritten einweihen, da einer der ersten nach Berlin gerufen wurde): Neuen Plan für zehn Tage aufstellen, Gesamt-Kräfteanforderung wieder im einzelnen begründet, nicht unter 18 000 Mann!

Die Probleme der Auffanglager, des Transportes der Evakuierten usw. waren inzwischen von den zuständigen Stäben der 14. Armee und des OBSW gelöst worden!

Kappler nahm an einer der dafür nötigen Abstimmungsbesprechungen beim Befehlshaber der 14. Armee teil. Stimmt, es wurden von den Militärs Schwierigkeiten geltend gemacht, aber man überwand sie auch! Das heißt, man fügte sich dem höchsten Befehl!

Seit dem 24. März waren ungefähr zwölf Tage vergangen, als Kappler wiederum diesbezüglich angerufen wurde, aber auf alle Vorhalte blieb er dabei: ‚Mit geringeren Kräften kann ich die innere Sicherheit Roms, für welche ich persönlich dem GFM Kesselring mit meinem Kopf verantwortlich bin, nicht garantieren!'

Antwort: ‚Ich werde versuchen, die weiteren 8 000 Mann aufzutreiben.'

Aber, wie Kappler es ins Kalkül gezogen hatte, war dies nach Frontlage usw. völlig unmöglich geworden.

Nach 1945 wurden mehrere militärische Befehlshaber zu dieser Frage gehört. Sie alle versicherten, die Evakuierung ‚nicht gewollt' zu haben. Es bleibe dahingestellt, ob das stimmt! Tatsache ist jedenfalls, daß keiner von ihnen etwas unternahm, um den Plan zu Fall zu bringen! Dies blieb allein Kappler vorbehalten und er, nur er sabotierte den Evakuierungsbefehl! Anstatt sich mit der auch ihm mit den 10 000 durchaus möglichen Durchführung irgendeine Anerkennung zu verdienen, riskierte er nicht etwa nur Dienstgrad und Stellung, sondern buchstäblich sein Leben, um der von ihm seit vielen Jahren geliebten Stadt Rom weiteres Grauen zu ersparen.

Bei allem Vertrauen in ein kameradschaftliches Ehrenwort war sich Kappler nie über die möglichen, natürlichen Schwächen der Menschen im unklaren.

Ich war einer derjenigen, dem Kappler vertraute, denn mich hatte er beauftragt, die Listen auszuarbeiten. Unvorstellbares Elend ist also durch Kappler abgewendet worden!"

„Das habe ich gar nicht gewußt! Es war ja wohl ein Befehl wie zu Herodes Zeiten", warf ich ein.

„Das ist noch längst nicht alles. Kappler gehörte nicht zu jener Sorte, die ihr Unwesen trieben, er war Humanist und lebte das auch.

Als die Deutschen Rom räumten, wurde Kappler von Kaltenbrunner befohlen, keinen ‚wichtigen Häftling, Feindagenten, Spion oder Terrorist‘ zurückzulassen und diese, falls ein Abtransport nicht mehr möglich sein sollte, an ‚Ort und Stelle‘ zu erschießen. Einen Großteil der Verhafteten hat er in die Freiheit entlassen, vergessen Sie nicht die damalige Situation in Italien!

Andere sogenannte ‚wichtige‘ Häftlinge im Sinne des Kaltenbrunner-Befehls mußten zurückbleiben und blieben auf ausdrückliche Anordnung Kapplers in ihren Zellen, damit sie der zurückflutenden, angeschlagenen Truppe nicht mehr gefährlich werden konnten. Vor die jeweiligen Zellentüren legte er die Personalpapiere samt Inhaftierungsgrund, die Schlüssel ließ er in den Türen stecken. So wurden die Einsitzenden nach einer knappen Stunde von den anrückenden Alliierten ‚befreit‘.

Unter ihnen befand sich auch der Kommandierende jener Partisanengruppe, die den Mord auf die Polizeikompanie in der Via Rasella durchführte, Carlo Salinari. Kappler ließ ihn also nicht erschießen!

Er hatte sich deshalb zu verantworten und bis Kriegsende die offizielle Anklage vor einem deutschen Kriegsgericht zu erwarten!

Und ich könnte noch zahllose weitere Beispiele anführen, in denen Kappler diejenige Humanität walten ließ, die man ihm bis heute verweigert.

Kappler selbst ist praktisch seit dem 10. Mai 1945, dem Beginn seiner Gefangenschaft, mundtot. Was ich da alles so lese, da hat doch nur einer vom anderen abgeschrieben. Wer Kappler kannte, weiß, daß er ein Ehrenmann ist! Aber das ist heute ja nicht mehr modern, und vor allem paßt es so gar nicht ins Klischee!"

Ich verabschiedete mich und fuhr zurück nach Soltau, um mich für den Rest der Nacht wieder in die alten Akten zu vergraben.

Plötzlich hielt ich ein vergilbtes Papier in der Hand:

Protokoll über die Unterredung zwischen Herrn Professor Galassi und Herrn General Wolff am 10. Oktober 1952 in Köln. Man liest u.a.: „...eingehend über die befohlene Evakuierung der Zivilbevölkerung aus Rom unterhalten. Wir waren alle dagegen, doch mußte ich natürlich nach außen hin den Befehl vertreten. ...wir dachten stillschweigend, ...daß sich die Angelegenheit von selbst erledigen müßte."

Als ich meinem Mann wieder gegenübersaß, versuchte ich, meine Frage in beiläufige Worte zu fassen: „Was war mit dem Befehl zur Evakuierung Roms von der gesamten männlichen Bevölkerung? Ich sprach lange mit Dr. Domitzlaff und arbeitete dann..."

„Bitte sprechen Sie lauter, Frau Kappler", unterbrach mich der Zensor-Offizier.

„...die ganze Nacht Akten durch. Wolff, ich las nach...", setzte ich rasch hinzu.

Mein Mann lenkte ab, sprach über Delphine und die Lebensgewohnheiten der Ameisen, bis ich auf diesem Umweg erfuhr: „Du findest noch mehr!"

Ich fragte: „Ameisen?"

„Aber ja! Viele Ameisen! ...und der Befehl wurde nicht etwa annulliert, auch das wirst du finden!"

Wieder in Soltau, schrillte mich eines Morgens um fünf Uhr das Telefon wach, römische Journalisten: „Ihr Mann wird entlassen, unsere Kollegen haben die ganze Nacht vor der Festung gewartet, man rechnet stündlich damit!"

In Sekunden war der Schlaf verflogen, ich wußte nicht, wo ich anfangen sollte: die Wohnung richten, Rosen besorgen, die deutschen Anwälte anrufen, Professor Cuttica in Rom... bis sich Stunden später herausstellte, daß die Nachricht eine Ente gewesen war.

Nervliche Hochspannung und Ernüchterung hielten sich die Waage,

Erwartung und Enttäuschung gaben sich die Hand. Ich lernte, mit Extremen zu leben, um nicht vom Gipfel der Freude hoffnungslos im Tal der Enttäuschung aufzuschlagen. Aber ich lernte noch etwas: Ich hielt die Freude fest und ließ die Enttäuschung nicht mehr in mich hinein.

Wieder in Rom, stand ich auf der Tiberbrücke und sah hinab in die sich träge hinwälzende Flut. Was hatte der Tiber im Laufe der Jahrhunderte alles erlebt und fortgespült. Kein Tropfen seines Wassers von ehedem war mehr darin, weil immer neues Wasser nachfließt. Nur im Flußbett lagen die alten Geschehnisse wie zugedeckt, die Erinnerungen an die Zeit der Cäsaren, der Borgia, Medici und Orsini. Mit langsamen Schritten wanderte ich zum Petersdom; die Stille des Domes empfand ich an diesem Tage besonders tröstlich.

Wenig später stand ich in der Kanzlei unseres Anwaltes und hörte zu meiner unbeschreiblichen Freude nun auch von ihm: „Die Heimkehr darf täglich erwartet werden."

Aber nichts geschah. Im Oktober reichte der Anwalt eine neue Denkschrift beim Militärtribunal ein. Zu Hause fand ich erschütternde Post vor, eine geliebte Freundin war gestorben, auf ihrem letzten Brief an mich („...nur Sie können noch helfen!") lag die Todesanzeige.

Post aus Gaeta enthielt die Information, „die Anwälte waren hier, das Militärtribunal spricht von Verzögerungen, wir hoffen auf diplomatische Einflüsse", aber auch, „in wenigen Tagen will der Militärrichter das Datum festlegen."

Während der Heimfahrt nach dem Novemberbesuch in Gaeta riß der Bremszug in meinem Wagen. Nach vielen Stunden Verspätung abends endlich daheim, und ausnahmsweise wurde dies eine Mal mein Brief ein Briefchen und das Päckchen dürftig.

Dann läutete das Telefon, eine angenehme Stimme stellte sich vor: „George Trost", und bat um ein Interview für eine große Illustrierte.

Kurze Zeit später erschien er zu einem ersten Gespräch, dem noch viele weitere folgten. George Trost - nomen est omen - vermittelte uns manchen Trost in jener Zeit. Der freundschaftliche Kontakt währte bis zu seinem Tode.

Er schrieb uns:

Herbert und Anneliese Kappler im Besuchsraum der Festung von Gaet

Interview mit Georg F. Trost, 197.

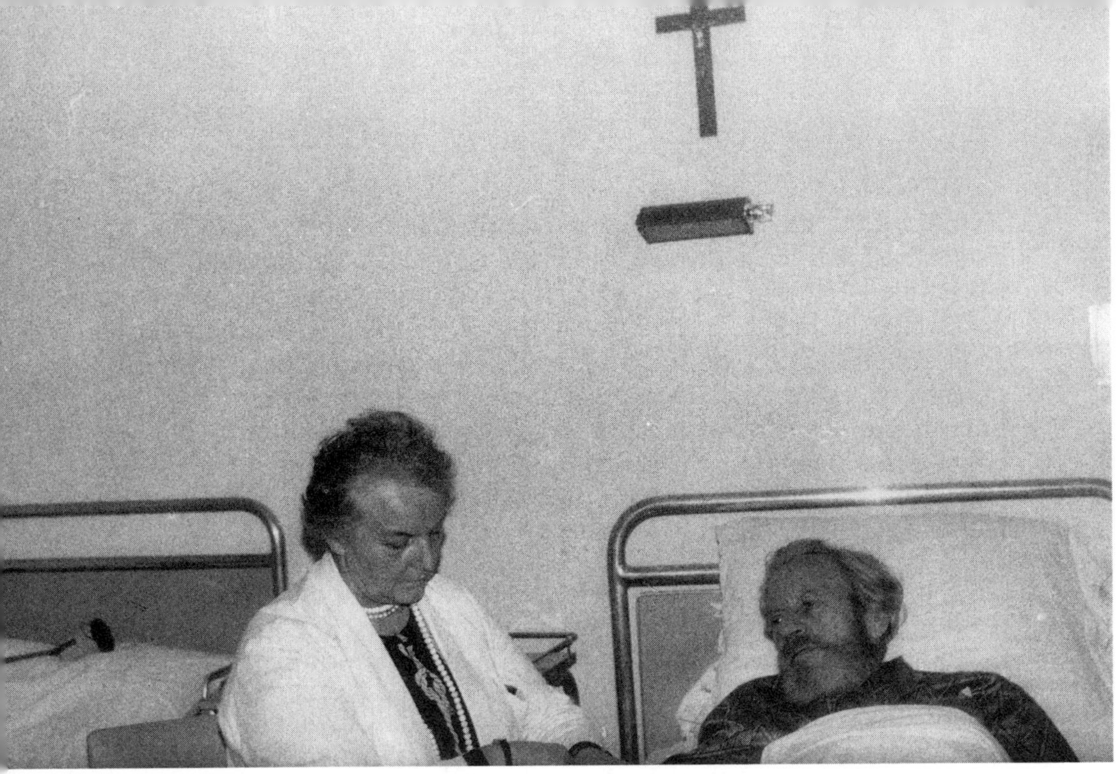

Rom, Dezember 1976, Krankenzimmer Herbert Kapplers im Militärhospital.

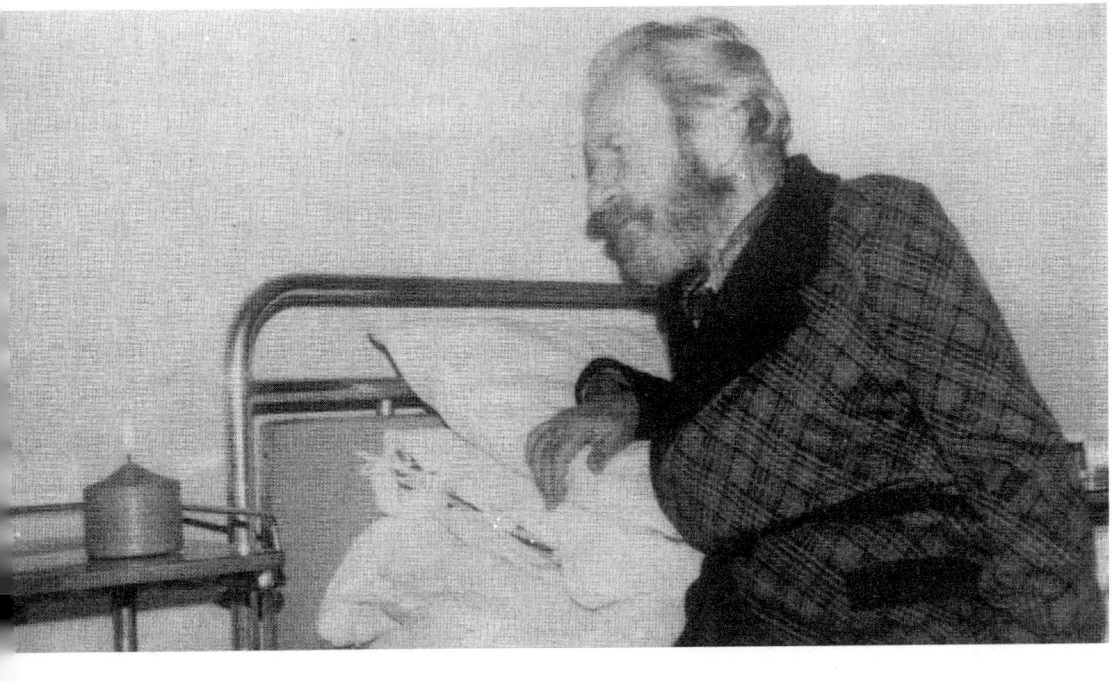

„Ich bin Jude, müssen Sie wissen, was für mich bis 1933 aber nur bedeutet hat, daß ich eine andere Religion hatte als die meisten meiner Mitschüler. Ich war, oder ich dachte, ich war Deutscher, wie mein Großvater, der so stolz darauf war, daß er in der Preußischen Garde gedient hatte. Oder wie mein Vater, der den ganzen Ersten Weltkrieg mitgemacht hatte, Verdun und Cambrai, sein Eisernes Kreuz habe ich noch heute. Aber dann bin ich eines Besseren belehrt worden, - ich nahm diese Belehrung an und ging als unerwünschter, zweitklassiger Deutscher ins Ausland, so weit fort von der Heimat, wie man nur gehen konnte, nach Australien."

1971 war George Trost zum ersten Mal wieder zurückgekommen, er wollte sich als Tourist Europa ansehen und verbrachte einige Wochen in Deutschland. Wieder in Australien, fing das Heimweh an.

„Denn da hatte ich gesehen", fuhr er fort, „daß man im demokratischen Deutschland wieder stolz darauf sein konnte, ein Deutscher zu sein. Es hat aber nach dem ersten Besuch noch Jahre gedauert und zahlreicher weiterer Besuche bedurft, bis ich wußte, daß ich im Herzen immer noch Deutscher war, ein Deutscher mit erheblich erweitertem Horizont.

Und ich wollte mich nicht länger als ein Deutscher fühlen, der sich seines Deutschtums schämt. So begann mein Brückenbau…"

Das war George Trosts Ziel: „Brücken zu schlagen über die Kluft, die politischer und ideologischer Wahnsinn zwischen Deutschen und sich als Deutsche fühlenden Juden aufgerissen hatte."

Und als Beweis dafür, daß er dieses Ziel in kleinem Ausmaß erreicht hat, war ihm „die Tatsache, daß zwei Menschen wie wir, die einst auf so gegenüberliegenden Seiten der deutschen Front, der politischen Front, gestanden haben, freundliche Zeilen austauschen können", wie er später einmal an Herbert Kappler schrieb.

Er lernte Herbert Kappler nicht persönlich kennen, weil er keine Besuchserlaubnis bekam. Aber es entstand ein Briefwechsel, der meinem Mann wertvoll war.

„Unter das Vergangene muß schließlich einmal der Schlußstrich gezogen werden. Die Toten sind tot und bleiben tot. Wie sie starben, das hat heute nur noch akademischen Wert", schrieb er einmal.

Schlußstrich, das war so tröstlich zu hören.

Inzwischen war in Rom der Burton-Film angelaufen und verursachte leidenschaftliche Diskussionen über seinen politischen, moralischen und psychologischen Wert. Es erschienen zahlreiche Presseartikel.

Der Rom-Korrespondent Gustav René Hocke berichtete in deutschen Zeitungen:

„Sicher ist, daß dieser neue Film über den Fall Kappler Italien in zwei Lager trennen wird, in Verfechter seiner ‚dämonischen Schuld‘ und in Fürsprecher eines tragischen ‚Unterliegens‘. Vor allem in Rom hat dieser Film, der den tragischen Schuldverstrickungen aller Menschen nur zum Teil gerecht wird, Ärgernis erregt. Sogar die rechtsliberale Zeitung ‚Tempo‘ schreibt von einem Entlastungsversuch zugunsten Kapplers."

Richard Burton, der während der Dreharbeiten äußerte, Herbert Kappler habe seine Tat nie bereut, hatte ihn nicht als „gewissenlosen Massenmörder" dargestellt.

In einem Interview sagte Burton, daß Herbert Kappler seiner Meinung nach einen direkten Hitlerbefehl nicht habe mißachten können. Er selbst habe am Zweiten Weltkrieg teilgenommen und Befehle ausführen müssen, mit denen er nicht einverstanden gewesen sei. „Man wird mir sicher keine Sympathien für Nazigreuel unterstellen, aber der Mann konnte nicht anders. Nun hat er fast dreißig Jahre lang gebüßt, und ich finde, man sollte ihn endlich freilassen. Ich plädierte für seine Freilassung im italienischen Fernsehen. Natürlich vergeblich..."

Der Film war nach dem Buch des amerikanischen Publizisten Robert Katz, „Mord in Rom", gedreht worden. Sein Buch „basiert auf persönlichen Interviews, Zeugenaussagen, veröffentlichten und unveröffentlichten Dokumenten, italienischen und deutschen Memoiren und einer Fülle von - wenn auch fragmentarischem - Material, das in Büchern, Pamphleten und Zeitschriften veröffentlicht wurde. Viel Material wurde durch Korrespondenz mit deutschen Offizieren, Organisationen für Kriegsteilnehmer und Kriegsopfer, Regierungsstellen und Historikern gesammelt", wie Robert Katz in seinem Vorwort schreibt.

Nur Herbert Kappler selbst war nicht zu Wort gekommen (abgesehen von der Presse entnommenen Zitaten aus der Gerichtsverhandlung gegen ihn im Jahre 1948). Robert Katz hatte sich zwar schriftlich an meinen Mann gewandt mit einer Reihe von Fragen, die dieser jedoch nicht beantworten durfte.

Der Grund lag darin, daß bereits die Beantwortung der gestellten Fragen den Rahmen dessen gesprengt hätte, was ihm zu sagen erlaubt war. Um ein vollständiges Bild aus seiner Sicht zu geben, hätte er Robert Katz weitaus mehr als nur die Antworten auf dessen Fragen mitteilen müssen. Das aber wäre in die Nähe von „Memoiren" gerückt, und wie Herbert Kappler darüber dachte, schrieb er einmal an Professor Gollwitzer:

„Auch beim besten Willen zur Objektivität ließe sich wohl kaum der Eindruck vermeiden, als ob ich mich rechtfertigen wollte, und d i e s beabsichtige ich nicht. Außerdem und aus ganz anderen Gründen vernichtete ich schon vor vielen Jahren alle Aufzeichnungen und Notizen, als ich die für mich verpflichtende Erklärung abgab, ‚nie Memoiren zu schreiben'. Dies war und ist vielleicht heute noch hierzulande in manchen Köpfen eine leicht bedrückende Befürchtung; man gab es mir damals deutlich zu verstehen."

Robert Katz war in seinem Buch um Objektivität bemüht. In seinem Vorwort finden sich Sätze, die man in anderen Darstellungen über die früheren Geschehnisse in Rom bisher nicht nachlesen konnte:

„Aus politischen Gründen wurden die Fakten in grotesker Weise verzerrt, Lügen erfunden. Historiker schrieben unterschiedliche Versionen der Vorgänge nieder. Diese werden je nach politischer Einstellung heute von Zeitungen, Politikern, Organisationen, Geistlichen und Lehrern benutzt."

Oder: „Ich fand, daß die Geschichte der Fosse Ardeatine sauber zu dem stereotypen Klischee paßte, das sich jeder von Gut und Böse macht."

Das waren Worte, die man nicht hören wollte. Aber die Wellen über Buch und Film schlugen nicht nur wegen des „Falles Kappler" hoch, sondern auch wegen der Darstellung der kirchlichen Haltung zu den Geschehnissen.

„Die Kirche hat immer wieder betont, die Ereignisse in der Via Rasella seien ein Verbrechen gewesen und als Massenmord ebenso zu verdammen wie das, was sich in den Ardeatinischen Höhlen abspielte", schreibt Katz, und: „Trotz dieser wohlbekannten Einstellung erklärte der Oberste Italienische Gerichtshof vor Jahren schon das Attentat in der Via Rasella zu einer ‚legitimen Kriegshandlung'; der Staat rief die Partisanen zu nationalen Helden aus."

In Buch und Film war die Frage, ob Papst Pius XII. „durch seine Intervention das Massaker hätte verhindern können", so beantwortet worden, daß wenig später Autor und Produzent des Films der Verleumdung angeklagt vor Gericht gestellt wurden.

Mich hat damals jedoch nur die Frage interessiert, ob der Film und die anschließenden Diskussionen in der italienischen Öffentlichkeit den Bemühungen um Freilassung meines Mannes schaden würden.

Erst Jahre später habe ich den Film in Deutschland gesehen und mußte feststellen, daß die Darstellung meines Mannes durch Richard Burton von jeder früheren Fassung (es gab andere Filme darüber) abwich. Ich wünschte, die beiden Männer hätten sich kennengelernt.

„Es wird wieder Weihnachten werden...", schrieb mein Mann. Ich konnte ihm nur antworten: „Ich werde wieder in Gaeta sein, in deiner Nähe, du weißt ja, nur ein Felsen liegt zwischen uns. Und die ‚Heimkehraktien' stehen keineswegs schlecht, ist die Ansicht der Anwälte. Wir dürfen hoffen, das ist doch schon viel!"

Ganze Berge von Post trafen wieder ein, liebevolle Anteilnahme und Wünsche aus allen Teilen der Welt, wir waren nicht nur von Haß und Rache umgeben.

In Soltau rief eine Freundin an, wir waren früher oft zusammen ausgeritten: „Ein Wanderritt durch die verschneite Heide, wäre das nicht eine nette Abwechslung?"

„Gewiß, aber ich darf mich nicht ablenken. Wie schön war das früher, wenn wir im Morgendämmer über die Heide ritten! Mir ist, als läge eine ganze Ewigkeit dazwischen und dabei sind es nur sechs Jahre. Lebt Bessie, die Araberstute, noch? Und Arosa mit ihrem federleichten Gang?"

Ich hatte fast alles vergessen, die wenigen Jahre seitdem waren wie ein ganzes Leben.

„Später", sagte ich, „später werden wir auch die Ausritte nachholen", und packte am nächsten Abend wieder das Reisegepäck für Gaeta.

Ende Januar 1974 war nach langer Wartezeit endlich Order für die Erweiterung unserer Besuchsstunden erteilt worden. Dankbar nahmen wir die Entscheidung auf, jetzt konnte ich endlich wieder besser therapieren. Der Zustand meines Mannes hatte sich nicht weiter verschlechtert, es schien, als hätten wir seinen Allgemeinzustand „im Griff". Aber wie lange?

Immer wieder empfahl die deutsche Botschaft dringend: Keine Publikationen! Ich versuchte, den Reportern zu entschlüpfen, so gut es ging. Aber eine Zeitung hatte doch wieder berichtet, die Militärs waren empört, doch die Wellen glätteten sich wieder. Aber ich fragte mich, ob denn die Windstille der vergangenen Zeit etwas genutzt hatte. Wer wollte jetzt wieder den „Fall Kappler" totgeschwiegen wissen?

Aus Bonn und Rom hörte ich, man hoffe, bald alles erledigt zu haben. Dr. Aschenauer drückte es anders aus: „Man denkt wohl an die biologische Lösung, des Exitus..."

„So dürfen wir nicht denken", antwortete ich dem Anwalt, „auch die Militärrichter suchen einen Ausweg und prüfen die Möglichkeit einer bedingten Freilassung. Wir müssen hoffen!"

Immer wieder riefen Freunde und Bekannte an, wollten wissen, hatten Fragen. Oft wußte ich nicht, was ich antworten durfte, denn viele meiner Interventionen spielten sich auf Ebenen ab, die Vertraulichkeit voraussetzten. Und oft waren Freunde in ihrem Engagement fast gefährlicher als die Gegner, die sich stets Informationen zu beschaffen wußten. Immer wieder drangen Indiskretionen durch, die keineswegs zur Veröffentlichung geeignet waren.

Ich saß in der noch kühlen Februarsonne auf dem Monte Orlando an meinem Tischchen mit Campingstuhl, und wie so oft kam der Ortspolizist von Gaeta zu einem kleinen Plausch vorbei. Mit Blick auf die alte Burg schrieb ich meinem Mann alle Eindrücke um mich herum und schilderte die Natur, die er von der anderen Seite aus so deutlich nicht sehen konnte. Ich beschrieb die Vielfalt der Blüten, die Vögel, Klippen und Sträucher, die Fischerboote im Vorüberziehen.

206

US-Schiffe lagen im NATO-Hafen von Gaeta; amerikanische Marinesoldaten durchstreiften das Gelände und sprachen mich an, wollten wissen, warum ich da oben saß, tippten sich an den Kopf und glaubten mir einfach nicht. Ein Flugzeugmutterschiff ankerte im Hafen, und meine Ruhe wurde erheblich gestört, weil ganze Trupps von Soldaten den Berg und das Mausoleum des Marco Planco besuchten. Ein noch junger Major setzte sich neben mich in die Graslilien, er sprach ein wenig Deutsch und wollte wissen, weshalb ich so allein auf diesem Felsen sitze.

„Ich warte auf meinen Mann", erläuterte ich, als er auf dem Auslauf des Wehrgangs sichtbar wurde und mit dem Fernglas den Monte Orlando nach mir absuchte. Ich sprang auf und winkte mit beiden Armen. „Das ist mein Mann!"

„Italiener?"

„Nein, ein Deutscher, ein unerledigter Rest aus dem Zweiten Weltkrieg. Wegen einer befohlenen Vergeltungsaktion wurde er 1948 von einem Militärgericht zu lebenslanger Haft verurteilt."

Der junge amerikanische Major sah mich entgeistert an: „Nagasaki und Dresden und Hiroshima und Coventry, - der Krieg ist doch lange vorbei, und wir sind gemeinsam in der NATO!"

Wie oft hatte ich das schon gehört! Am nächsten Tag kam er wieder, setzte sich in die Kusseln und sprach kein Wort; ich war ihm dankbar dafür. Als er sich anschickte zu gehen, schüttelte er den Kopf und sagte: „Man kann es nicht begreifen. Ich habe unten in der Trattoria nachgefragt, es stimmt, was Sie sagen. Und nach einem Moment: „Ich werde unserem Präsidenten darüber schreiben."

„Ich habe selbst schon zweimal an ihn geschrieben und warte immer noch auf Antwort", erwiderte ich.

Vor dem Hotel erwartete mich ein Reporter: „Ihr Mann soll in Kürze freikommen. Haben Sie denn gar kein Mitgefühl mit den Hinterbliebenen der Opfer?"

„Alle Hinterbliebenen haben unser Mitgefühl. Nicht nur die aus dem entsetzlichen Geschehen in der Fosse Ardeatine, sondern auch die Hinterbliebenen aus dem Attentat in der Via Rasella. Nach ihrem Kummer fragt niemand. Ich weiß, Sie mögen die Deutschen nicht, aber Sie sollten den Mut haben, Ihren Lesern objektiv zu berichten."

Zu diesem Zeitpunkt das Urteil zu diskutieren, wäre verfehlt, meinten die deutschen Anwälte, „der Rechtsanspruch auf bedingte Freiheit ist zumindest gegenwärtig die beste Basis für Verhandlungen."

Das betraf den im Jahre 1972 in Kraft getretenen Artikel 176 des italienischen Strafrechts, wonach ein zu lebenslänglicher Haft Verurteilter bei guter Führung die bedingte Strafentlassung erlangen kann.

Neue Hoffnung, denn über die „gute Führung" meines Mannes hatte es nie Zweifel gegeben.

In der Festung waren überraschend ein paar Interviews mit italienischen Journalisten genehmigt und durchgeführt worden. Mir blieb nicht lange Zeit, über deren Inhalt nachzudenken, denn schwere Wirbeldislokationen machten mich bewegungsunfähig. Kaum genesen, trafen auch in Soltau wieder Journalisten ein, und ich hatte mich zu konzentrieren.

In Gaeta wurde das Pressegespräch weitergeführt, und eine Journalistin hatte erstaunlicherweise die Genehmigung für ein Interview in der Festung mit meinem Mann und mir gemeinsam erhalten.

Am nächsten Wochenende fand im Schloßgartenhotel in Stuttgart eine Ärztetagung statt, zu der ich eingeladen war und das Referat über den „verbrannten Aldo" zu halten hatte.

Während des Fluges von Rom nach Stuttgart arbeitete ich mein Referat aus. Aldo reiste mit der Bahn an. Eine Journalistin war freundlich bereit, synchron zu dolmetschen.

Was ich vorzutragen hatte, versetzte das Auditorium in Erstaunen, denn der Patient war trotz schwerster Verbrennungen narbenlos geheilt. Ein Hamburger Professor bahnte sich den Weg zu uns: „Aber Frau Kollegin...", da mußte ich gleich unterbrechen, „verzeihen Sie, Herr Professor, ich bin nur Heilpraktikerin!" - aber er ließ sich nicht beirren: „Aber Frau Kollegin, da haben Sie sicher eine gutgelungene Hauttransplantation vorgenommen!"

Aldo rief dazwischen: „No, professore, no, no, hier fühlen Sie, alles noch weich!"

Das frische Gewebe war noch zart, und viele Hände überzeugten sich.

„Ich bin am Hamburger Hafenkrankenhaus und sehe die schwersten Brandverletzungen. Aber so etwas wie hier habe ich noch nicht erlebt, wir werden alle umdenken müssen!"

Es wurde März und die südliche Sonne warm. Die deutsche Botschaft zeigte sich optimistisch, die Anwälte auch. Eine erneute Pressekampagne machte Wirbel, aber auch das kam wieder zur Ruhe.

Der Gesundheitszustand meines Mannes war zufriedenstellend, aber ich saß immer wie auf dem Sprung.

Von meinem Domizil in Cellole wechselte ich der Entfernung wegen hinüber nach Formia ins Hotel ‚Miramare‘, wurde freundlich aufgenommen und bekam ein Zimmer, das einer Art „zu Hause" glich. Ich stand am Fenster und blickte über den Golf hinweg auf die Festung, und mit etwas Fantasie war es, als befände sich mein Mann im Nebenzimmer.

Zu unserem zweiten Hochzeitstag wiederholte ich in meinem Telegramm jene Worte, die der Inhalt meines „Rosenbriefes" zu unserer Trauung gewesen waren: „...mein Leben liegt in Deiner Hand", und ein paar Tage später reiste ich wieder zu ihm in den Süden.

Der Einfachheit halber hatte sich eingebürgert, daß ich den turnusmäßigen Zensor-Offizier am Bahnhof Formia mit meinem Wagen abholte. Doch diesmal bat der Zuständige: „Bitte nicht", er sagte es am Telefon eindringlich. Es lag kein sichtbarer Anlaß vor, was war denn da passiert? Es war nicht zu erfahren.

In Soltau gab es noch einen unerfreulichen Zwischenfall.

Mein Mann hatte mir zum Hochzeitstag durch Vermittlung meiner Freundin Erika einen Ring geschenkt. Zutiefst gerührt öffnete ich das kleine Päckchen und suchte nach ein paar Zeilen von ihm, denn seine Worte waren mir immer wichtiger als das schönste Geschenk. Doch ein Billett mit wenigen Worten hatte er nicht bedacht.

Das Schächtelchen stand auf dem Schreibtisch, die Brieftasche mit dem Reisegeld daneben, und ich packte die Koffer. Es war gegen Abend, als wir zu suchen begannen, Ring und Brieftasche waren fort, einfach verschwunden, niemand außer uns hatte das Haus betreten, meinten wir. Für die Putzhilfe konnte ich die Hand ins Feuer legen.

Mitten hinein in meine Aufregung klingelte das Telefon: Grete Schmidt, eine alte Patientin meiner Praxis, hatte akute Beschwerden und merkte, daß bei uns etwas nicht in Ordnung war. Zehn Minuten später stand sie in der Tür: „Suchen Sie nicht weiter, ich bringe Ihnen morgen früh das Geld für den Ring und den Flug."

„Aber das kann ich nicht annehmen!" reagierte ich.

„Wissen Sie noch, wie lange Sie mich ohne Honorar behandelt haben? Reden wir nicht darüber. Sie wissen, ich habe geerbt und kann es mir leisten."

Nur der Ring war für die geplante Abreise nicht mehr zu beschaffen; im Tagebuch meines Mannes las ich später: „A. trug nicht meinen Ring am Finger" - mit drei Ausrufezeichen.

Als ich dann im Mai nach großer Mühe mit der Beschaffung den Ersatzring am Finger trug, blickte mein Mann mich mit feinem Lächeln an, er sagte nichts, aber mir wurde klar, daß ich ihm nie etwas würde verheimlichen können.

In der deutschen Botschaft hatte sich ein Botschafter-Wechsel vollzogen. Dr. Rolf Lahr wurde verabschiedet, Prof. Meyer-Lindenberg nahm jetzt die Position des deutschen Botschafters in Rom ein. Als erstes ließ man uns wissen: Keine Publikation, kein weiteres Interview mehr! - An uns sollte es nicht liegen. Aber ich durfte auch erfahren: „Wenn je Hoffnung auf Heimkehr bestand, dann jetzt! Der Ministerpräsident hat sich dringlich die Akten erbeten."

Durch die Nacht raste ich heim, vierzehneinhalb Stunden Fahrt, mein absoluter Rekord! Ich stellte die Wohnung auf den Kopf und machte sie wieder einmal empfangsbereit für den Langersehnten. Meine Schwester und Erika schleppten ganze Arme voll Rosen herbei, nach wenigen Tagen war die Pracht verblüht und wurde von den treuen Helfern ausgetauscht und dann noch einmal wieder. „So geht das nicht weiter, wir müssen warten, bis er wirklich hier ist!" bat ich.

Und weil wieder einmal die Post streikte, telegrafierten wir einander; das zog sich zwar auch hin, wurde aber den Briefbergen vorgezogen.

Wieder in Italien, gestattete ich mir einen Ausflug besonderer Art. Eine italienische Freundin begleitete mich nach Monte Cassino, dem während des Krieges so heiß umkämpften Berg mit seinem Kloster.

Im Mai 1974 wurden unsere Nerven wieder einmal strapaziert, - was die so alles aushalten können, dachte ich erstaunt, ohne auch nur im entferntesten zu ahnen, was noch alles kommen sollte.

Ein Silberstreif am Horizont, die Informationen aus höchsten Bonner und römischen Büros klangen verheißungsvoll; Staatspräsident Leone sollte geäußert haben, „Kappler müßte schon längst frei sein!"

Wer zog jetzt wieder hinter den Kulissen an den Fäden wie in einem Marionettentheater? Die Kommunisten waren es offenbar nicht, ich erfuhr: „...kein Interesse mehr am ‚Fall Kappler'."

Ein Generalrichter aus dem Militärtribunal in Rom ließ durchblicken, die Akten lägen bereits wieder auf Eis, die Gnadengesuche ebenfalls. Die Gerichtsferien standen unmittelbar bevor, das bedeutete, über Monate würde nichts geschehen können.

Ich setzte mich wieder mit Bonn in Verbindung, erstaunlicherweise hoffte man dort noch auf eine rasche Regelung. Also weiter hoffen, weiter warten, wie immer, wie gewohnt. Nur nicht den Mut verlieren. Immer wieder riefen Freunde an, hofften mit, wollten trösten.

Als in meiner Küche ein Regal mit Geschirr aus der Wand riß, fuhren wir zusammen. Aber nach dem ersten Schrecken lachten wir, froh, diesen Anlaß zum Lachen nehmen zu können.

Noch einmal ausgiebige Debatten im Militärtribunal, - heute kann ich Botschafter Lahrs Zitat nur zustimmen: „Der Fall wird noch viel Verdruß schaffen...!"

Ich fuhr wieder nach Bonn zu einem persönlichen Gespräch mit Staatssekretär Dr. Gehlhoff, wir berieten uns, man sah Ansatzpunkte. Doch die Zeit drängte, der Zustand meines Mannes hatte sich verschlechtert. Im Nebengebäude des Auswärtigen Amtes traf ich auf den liebenswürdigen Legationsrat, der mir aus der deutschen Botschaft in Rom bekannt war. Eine erfrischende Begegnung!

Am Abend wieder daheim, erfuhr ich, daß Bundespräsident Scheel sich in Hinterthal, seinem österreichischen Urlaubsort, aufhielt. Ich vertraute ihm und entschloß mich, ihn aufzusuchen und bat meine Freundin Erika um Reisebegleitung.

Es war Donnerstag, der 22. August 1974. Trotz Urlauberverkehrs kamen wir gut durch und erreichten gegen 18 Uhr Kuchl, wo mein Sohn mit seiner kleinen Familie Urlaubstage auf einem Bauernhof verbrachte und uns freudig begrüßte. Nach einem rustikalen Abendessen wurde uns als Nachtquartier das letzte freie Zimmer zur Verfügung gestellt. Wir fielen in tiefen Schlaf, aber immer wieder wachte ich auf und dachte an den nächsten Tag: Würde Bundespräsident Walter Scheel mich überhaupt empfangen? Durfte ich es wagen, ihn in seinem Urlaubsort aufzusuchen? Und wie käme ich nur an ihn heran? Er würde ja von seinem Personenschutz abgeschirmt sein.

Um fünf Uhr stand ich leise auf, um Erika nicht zu stören, die gleichmäßig atmend noch fest schlief, und setzte mich ans Fenster. Es muß gelingen, mit Walter Scheel zu sprechen, sagte ich mir immer wieder, es muß gelingen! Das Haus wurde lebendig, man hörte Schritte und Eimerscheppern. Erika hob den Kopf und fragte noch halb verschlafen: „Müssen wir aufstehen?" Ich nickte: „Wir kommen gut zurecht, um acht soll gefrühstückt werden."

Mein Sohn samt Frau und Tochter warteten schon, als wir pünktlich an dem großen, runden Tisch im Frühstückszimmer erschienen. Und was hatten unsere Gastgeber da alles aufgetischt! Frisches Brot, Eier, Schinken, fünf Sorten Wurst aus der eigenen Schlachtung, Honig und hausgemachte Marmeladen und die ganze Stube roch nach frischem Kaffee. Mein Sohn hatte eine Straßenkarte auf den Knien ausgebreitet, zeigte mit dem Finger die Route von Kuchl nach Hinterthal und schlug mir vor: „Ich komme mit und werde vor dir herfahren." Das nahm ich gern an, wir brachen nach dem Frühstück auf.

Von Kuchl, das 15 Kilometer südlich von Salzburg liegt, ging's über Bischofshofen-Mühlbach-Dienten auf Serpentinenstraßen nach Hinterthal. An der Ortseinfahrt hielt ich an und sah die abschüssig verlaufende Straße hinunter. In etwa 200 Meter Entfernung befand sich links neben der Straße ein Tennisplatz, auf dem zwei Herren Tennis spielten, mehrere Herren sahen zu und bewegten sich am Rande des Spielfeldes.

„Walter Scheel spielt Tennis", sagte ich zu Erika, „sieh mal hin, das ist doch Walter Scheel!" Sie nickte und guckte mich fragend an: „Aber hier kannst du ihn doch nicht ansprechen!"

„Natürlich nicht!"

Ich fuhr wieder an und dem Wagen meines Sohnes nach, der auf den Parkplatz eines Gasthauses zusteuerte. Gemeinsam gingen wir hinein, wählten einen abseits gelegenen Tisch und bestellten Kaffee. Beiläufig fragte ich die Bedienung nach dem Landhaus des Bundespräsidenten Scheel. „Das ist ganz einfach", wurde mir erklärt, „Sie gehen die Straße weiter geradeaus, dann rechts auf ein großes Wiesenstück, und da sehen Sie schon das Haus, Sie können es gar nicht verfehlen. Alle Touristen gehen dorthin. Aber Sie kommen nicht ran, es ist von Sicherheitsposten abgesperrt."

Es war kurz vor elf Uhr. Das große Wiesenstück war schnell gefunden, in weitem Halbrund war das Haus abgesperrt. Touristengruppen und Neugierige bevölkerten den Weg. Seitlich neben dem Haus stand ein Wohnwagen. Wir blieben stehen, ein Mann - offenbar ein Sicherheitsbeamter - ließ uns nicht aus den Augen, kam dann näher und sagte: „Bitte gehen Sie weiter!" Erika sprach ihn an: „Frau Kappler möchte dringend mit dem Bundespräsidenten sprechen." „Frau Kappler? Hm, ja, da müssen Sie sich an die Sicherheitsbeamten im Wohnwagen wenden."

„Kann ich einfach dorthin gehen?" fragte ich. Der Beamte nickte und gab mir den Weg frei.

Die Tür des Wohnwagens stand offen, ich klopfte. „Ja bitte?" hörte ich eine tiefe Männerstimme, stellte mich vor und bat:

„Können Sie mir helfen? Ich möchte in einer wichtigen Angelegenheit mit dem Bundespräsidenten sprechen. Es handelt sich um den ‚Fall Kappler', um meinen Mann, der sich als Kriegsgefangener noch in der Festung Gaeta befindet."

„Und was hat das mit dem Bundespräsidenten zu tun? Er verbringt hier seinen Erholungsurlaub!" belehrte mich der Sicherheitsmann, aber es klang nicht unfreundlich.

„Ich kann nicht glauben, daß mich der Bundespräsident abweisen wird, bitte, fragen Sie ihn doch", beschwor ich den Mann.

„Bitte warten Sie draußen, ich will's versuchen."

Nach einigen Minuten kam er zu mir heraus und ließ mich wissen: „Der Bundespräsident hat Kölner Gäste und kann Sie jetzt nicht empfangen. Kommen Sie bitte um 17 Uhr wieder, dann hat er Zeit für Sie!"

Ich bedankte mich und ging zurück. Pünktlich zur vereinbarten Stunde klopfte ich wieder an die Wohnwagentür, die jetzt verschlossen war.

„Herein", hörte ich diesmal eine barsche Männerstimme, „was wollen Sie?" Ich nannte meinen Namen und sagte: „Der Bundespräsident ist bereit, mich um 17 Uhr zu einer Unterredung zu empfangen."

„Was bilden Sie sich überhaupt ein, wo denken Sie hin", wurde ich angeherrscht, „der Bundespräsident ist hier in URLAUB, er ist hier nicht im Dienst! Wenden Sie sich an das Bundespräsidialamt." Der Sicherheitsbeamte schüttelte mißbilligend den Kopf und sah mich verächtlich an. Mir schossen die Tränen hoch und waren auch mit größter Beherrschung nicht aufzuhalten.

„Der Bundespräsident ließ mir heute vormittag übermitteln, daß er um 17 Uhr für mich zu sprechen sei", stieß ich hervor, „und ich bitte Sie, mich anzumelden."

Der Mann blieb bei seiner Mißbilligung: „…wie stellen Sie sich das vor!"

„Ganz einfach", murmelte ich, „Sie informieren den Bundespräsidenten, daß ich jetzt hier bin."

Er sah mich fast strafend an: „…setzen Sie sich."

Ich blickte mich um und sank auf eine Kiste, weil kein freier Stuhl da war. „Warten Sie", hörte ich noch, als er aufgebracht aus der Tür ging. Nach einer Weile riß er die Tür wieder auf und sagte etwas versöhnlicher und zum Haus nickend: „Kommen Sie."

Oh nein, dachte ich mit meinem verheulten Gesicht, wie sehe ich bloß aus, putzte mir die letzten Tränenspuren fort und folgte dem Beamten zum Haus. Er führte mich in den Garten.

Der Bundespräsident kam uns entgegen, verbeugte sich knapp, reichte mir die Hand und stellte sich schlicht vor: „Scheel". Der Beamte ging zurück. Herr Scheel bat mich an den Gartentisch.

„Ich bitte tausendmal um Vergebung, Herr Bundespräsident, daß ich es wage, Sie hier aufzusuchen", entschuldigte ich mich, „es handelt sich um meinen Mann Herbert Kappler in der Festung Gaeta in Italien."

„Ja, ich weiß, das ist eine schwierige Angelegenheit und eine böse Sache, in die Ihr Mann da hineingeraten ist", antwortete der Bundespräsident und blickte über die Baumwipfel hinweg auf das Gebirge, „...es sind doch auch Anwälte mit dem Fall befaßt, und wenn ich nicht irre, auch der Vertrauensanwalt der deutschen Botschaft in Rom."

„Ja, Professor Cuttica vertritt meinen Mann in Italien. Aber ich wollte Sie persönlich um allen nur möglichen Nachdruck in dieser Angelegenheit bitten, denn die Gesundheit meines Mannes ist stark angeschlagen. Und fast dreißig Jahre nach diesem unseligen Krieg müßte es doch möglich sein, die Gefangenschaft zu beenden."

„Es ist Ihnen ja bekannt, daß sich die Bundesregierung aus humanitären Gründen einsetzt. Aber es gibt in Italien immer wieder Kreise, die gegen eine Entlassung sind, was die Verhandlungen erschwert."

Der Bundespräsident zitierte den „Fall Kappler", wie er allgemein bekannt war. Ich wagte den vorsichtigen Hinweis auf eine Expertise von Prof. Cuttica an den italienischen Staatspräsidenten, deren Übersetzung auch den deutschen Regierungsstellen vorlag und in der der „Fall Kappler" seiner Richtigkeit entsprechend ausgeführt worden war. Doch Herr Scheel ging nicht weiter darauf ein, und ich mußte vermuten, daß er diese Eingabe nicht gelesen hatte oder sie ihm nicht vorgelegt worden war.

Ich wagte mich noch etwas weiter vor: „In Kürze wird in Bellagio der Milliardenkredit von der Bundesregierung an Italien übergeben. Wäre das nicht eine günstige Möglichkeit, bei dieser Gelegenheit den ‚Fall Kappler' in die Verhandlungen einzubeziehen?"

Der Bundespräsident reagierte nicht, ich fuhr fort: „Das wurde unserem Anwalt von entscheidender Seite aus dem Militärtribunal suggeriert."

Ich versuchte, eine Antwort aus dem Gesicht des Bundespräsidenten abzulesen, aber es war nicht möglich, er hielt sich unter Kontrolle und blieb höflich-förmlich, aber auch nicht abweisend oder verärgert.

Ein Blick auf die Uhr, fast eine Stunde war vergangen.

„Wann fahren Sie wieder nach Italien?" fragte Herr Scheel und erhob sich.

„Ich befinde mich auf der Fahrt zu meinem Mann und habe hier nur unterbrochen."

Der Bundespräsident wünschte mir gute Reise und versprach: „Ich werde Sie auf dem laufenden halten."

Ich dankte ihm für die Unterredung und sicherte ihm auch meinerseits laufende Unterrichtung zu. Er nickte mir freundlich nach. Ich ging zurück zum Parkplatz, wo mein Sohn und Erika geduldig gewartet hatten.

Nach kurzer Kaffeepause in Hinterthal fuhren wir zurück nach Kuchl und brachen am nächsten Morgen in aller Herrgottsfrühe zur Weiterfahrt nach Italien auf. Es war ein strahlender Hochsommertag mit starkem Urlauberverkehr, so daß wir erst in der nächsten Nacht gegen zwei Uhr in Formia ankamen.

Wir läuteten dem Nachtportier des Hotels, der öffnete schlaftrunken: „Alle Zimmer belegt, Sie werden erst mittags erwartet, Signora!"

Ich versuchte, „Bitte, dürfen wir vielleicht im Garten Platz nehmen oder in der Hollywoodschaukel oder - ?" und vergaß vor lauter Übermüdung das „Bakschisch". Der Portier schüttelte den Kopf.

Es blieb nichts anderes übrig, als nach Gaeta hinüberzufahren, das hell erleuchtet und zu meiner Verwunderung trotz der ungewöhnlichen Stunde voller Betriebsamkeit war. „Nur einmal die Beine ausstrecken und ein Eis genießen", kam's von Erika.

Wir wählten uns als Ruheplatz das Plateau hinter der Festung neben dem Marinedepot. Dort standen Wachposten und wir waren „sicher".

Doch die Soldaten schienen anderer Meinung und strichen abwechselnd um den Wagen herum. Ich versuchte, die Situation zu erklären, was sie aber nicht beeindruckte. Verklemmt in die Autositze gezwängt,

216

dösten wir ein wenig, schraken hoch, als ein Wachposten vor dem Kühler stand und uns anstarrte; an Schlaf war nicht zu denken.

Gegen acht Uhr gab ich meine Mitbringsel, Blumen und Brief für meinen Mann am Tor der Festung ab und empfing, was er für mich vorbereitet hatte, fuhr zum Parken und suchte nach seinem Brief.

Ich las: „Hoffentlich hat Dich mein Telegramm noch erreicht, damit Du in Bonn an höchster Stelle vorsprechen kannst, bevor der Milliardenkredit von Bundeskanzler Schmidt an Außenminister Rumor überreicht wird, um möglichst Erörterungen über die ... Angelegenheiten in der Begnadigungssache mit einzuflechten."

Im Nu war alle Müdigkeit verflogen, hellwach begriff ich, daß ich wieder einmal gehandelt hatte, bevor die telegrafische Nachricht eingetroffen war, denn zu jenem Zeitpunkt war ich längst unterwegs nach Hinterthal.

Im Hotel in Formia erhielt ich mittags mehrere Telefonanrufe aus Rom, ein italienischer Generalrichter riet: „Die deutsche Regierung soll als Gegenleistung zum Milliardenkredit die Freilassung Herbert Kapplers verlangen! Verstehen denn die Deutschen die südliche Mentalität nicht? Im umgekehrten Fall wäre jeder Italiener längst frei, weil seine Regierung die aussichtsreichsten Momente zu nutzen wüßte!"

Die Bundesregierung hat die günstige Gelegenheit nicht zu nutzen gewußt.

In der Festung herrschte wenig später Aufregung darüber, wer Frau Kappler autorisiert habe, ihrem Mann Injektionen zu verabreichen. Ich schrieb meinem Mann, ob man seinen gebesserten Gesundheitszustand beargwöhne...

Jedenfalls ergab sich die Dringlichkeit der Legalisierung meiner Behandlung, denn es traten ganz offensichtliche Behinderungen auf, bis aus dem Ministerbüro die Genehmigung vorlag; Herbert Kappler - als Kriegsgefangener der Genfer Konvention unterstehend - konnte diese Entscheidung nicht beschnitten werden.

Wenig später war ich erneut in Bonn, mir war, als liefe ich Amok und prallte an einer Gummiwand wieder ab.

Im Bundeskanzleramt wurde mir bedeutet, daß der Kanzler keineswegs verpflichtet sei, sich für Herbert Kappler einzusetzen. Niedergeschlagen fuhr ich heim, versuchte immer wieder, der Gedanken Herr zu werden.

Was wird, wenn die Bundesregierung sich überhaupt nicht mehr des Falles annimmt, gar nichts mehr „anspricht"? Ob ich es wagen dürfte, mich noch einmal an den Bundespräsidenten zu wenden? Meine Initiative in Hinterthal war in Bonn keineswegs in jedem Büro verständnisvoll aufgenommen worden.

Kurz vor dem Kamener Kreuz fielen mir am Lenkrad die Augen zu, hinter mir hupte ein Fahrer, ich schlitterte hart an der mittleren Leitplanke entlang, bekam den Wagen wieder in den Griff und sang ein Lied, sang mich wieder wach mit Hermann Löns' „Lüneburger Heide". Und irgendwann traf ich dann auch in Soltau ein und war, für mich selbst kaum faßbar, sogar wieder wohlgemut.

Ich hatte die Niedergeschlagenheit nicht verdrängt, sondern sie überwunden. Zuversicht? Real gab es keinen Anlaß, aber was ich fühlte, w a r Zuversicht, die mich nie verließ. Daß ich aber vollkommen allein war in dieser unergründlichen Hoffnung, wurde mir erst viel später klar. Als ich nämlich in den Akten ein Schriftstück fand, eine Art „letzten Willen", den mein Mann einem Vertreter der deutschen Botschaft zu Protokoll gegeben hatte.

„...hat Herbert Kappler, wie bereits bei einem früheren Gespräch gebeten, eine Niederschrift darüber zu den Akten der Botschaft zu nehmen, daß er wünscht, für den Fall seines Ablebens in Gaeta im deutschen Soldatenfriedhof Pomezia (Provinz Latina) bestattet zu werden."

Er dachte an den Tod, während ich Vorbereitungen für seine Heimkehr traf, für unser gemeinsames Leben.

Der Legationsrat formulierte weiter in dem Schriftstück:

„Ich habe Herrn Kappler darauf hingewiesen, daß diesem Wunsche rechtliche Hindernisse, die sich aus dem besonderen Status des Soldatenfriedhofs ergeben, entgegenstehen dürften. Er bat, dennoch seinen Wunsch festzuhalten."

KAPITEL 9

Wann ist die Schuld bezahlt?

Wenn die Bundesregierung den Fall zu den Akten legen würde, müßte ich mich noch enger an die römische Regierung halten, noch mehr Politiker aufsuchen, - viele Gedanken zugleich während der Fahrt in den Süden.

Der Morgen dämmerte, als ich die Alpen hinter mir ließ und durch die Po-Ebene fuhr, Mendelssohns herrliche „Italienische" im Autorecorder. Sie mußte dem Komponisten in dieser Landschaft in den Sinn gekommen sein.

Verona, ich hatte es so oft durchfahren; Modena, Bologna.

Florenz, danach zählten die Kilometer kaum noch, ich fühlte mich fast am Ziel. Was waren da noch 300 Kilometer? Bei Orvieto und Siena war ich jedesmal fasziniert und immer in Versuchung, doch rasch einen Abstecher zu machen.

Vor der Festung begegnete ich unseren römischen Anwälten und erfuhr, daß die Bundesregierung weiter intervenierte.

Ernste Gespräche füllten ,unsere Stunden'; erneuter Gewichtsverlust meines Mannes, akute Störungen, Sorgen zogen auf.

Die deutsche Botschaft riet zur Verlegung ins Lazarett. Mein Mann wünschte einen solchen Wechsel nicht, weil er ihm psychisch nicht mehr zumutbar schien.

Meine südlichen Tage waren ausgefüllt, nur einmal kam ich gegen Mitternacht am menschenleeren Strand ins Meer, ließ mich in den Wellen treiben, lockerte die Glieder.

Am nächsten Tag lernte ich durch Zufall Neapolitaner aus dem engeren Bekanntenkreis des Staatspräsidenten Leone kennen.

Eine ärztliche Untersuchungskommission aus Rom wurde in Aussicht gestellt, die von Journalisten begleitet werden sollte. Mein Mann winkte ab.

Zurück in Soltau, meldete sich der Norddeutsche Rundfunk. Meine Freundin Erika, die mich oft in der Praxisarbeit unterstützte, stand etwas ratlos in der Tür: „Sie rufen schon zum dritten Mal an, jetzt mußt du aber wirklich kommen!"

Kurze Zeit später erschien Lutz Lehmann, um für eine geplante Fernsehsendung die ersten Kontakte zu knüpfen. Ich überlegte: „Das kann ich nicht allein entscheiden, denn aus Rom bin ich angehalten: keine Publikationen! Sie werden verstehen, daß ich erst meinen Mann fragen muß."

Eine Woche später hatte ich seine Zustimmung: „Wenn die Sendung der gegenwärtigen Situation Rechnung trägt, darf man dankbar sein."

Eine natürliche Frage des Redakteurs: „Kann ich nicht selbst mit Ihrem Mann sprechen?" war rasch geklärt, weil vom Minister abgelehnt.

„Jetzt sollen die Sozialisten in Italien wieder den Lauf der Begnadigung angehalten haben", erfuhr ich aus Rom und rief Dr. Gustav René Hocke an, Journalist und Schriftsteller, der in den Albaner Bergen lebte. Ich bat ihn um Unterstützung für einen geplanten Besuch bei Professor Vasalli, der nach dem Abfall Italiens 1943 als Sozialist einer Widerstandsgruppe angehört hatte und von den Deutschen verhaftet worden war.

Am Tag vor dem Abzug der Deutschen aus Rom hatte Pater Pankratius Pfeiffer im Auftrag des Papstes den Polizeikommandeur Kappler aufgesucht mit der Bitte, Vasalli freizulassen. Ohne die Genehmigung seiner

Vorgesetzten einzuholen, kam Herbert Kappler dieser Bitte nach und hatte Prof. Vasalli selbst die Treppe hinunterbegleitet. Die Aktentasche des Professors, die Material über die Widerstandsgruppen enthielt, hatte er allerdings als corpus delicti zurückbehalten.

Ich traf mich mit Dr. Hocke in Frascati, er begleitete mich in die Anwaltskanzlei Vasallis, wo wir freundlich empfangen wurden, es wurde italienisch gesprochen und synchron übersetzt. Doch als wir uns verabschiedeten, sprach der Professor perfekt deutsch. Ich kam aus dem Staunen nicht heraus.

„Ich bin viel zu klein, um Ihnen helfen zu können! Aber die Sozialisten sind es jedenfalls nicht, die gegen Kapplers Heimkehr sind", hörte ich noch im Hinausgehen.

„Das ist eben Politik", resümierte mein Mann, als ich ihm wieder gegenübersaß und berichtete. Der freundliche Zensor-Offizier kam zu uns an den Tisch, trank ein Täßchen Kaffee und sagte:

„Es sind doch alle Voraussetzungen für eine Begnadigung nach 28 Jahren verbüßter Haft erfüllt, nichts ist daran auszusetzen. Sie haben tadellose Beurteilungen bekommen, und die Militärrichter würden aufatmen, wenn sie die Akten endlich aus der Hand legen könnten. Geduld, Geduld, es wird sich alles lösen!" waren seine gutgemeinten und sicher auch aufrichtigen Worte.

Wieder in Soltau, entschloß ich mich zu einem erneuten Schreiben an den Präsidenten der USA Gerald Ford und hoffte auf die souveräne Geste eines der Mächtigsten der Erde. Mir fiel ein, daß sich Anfang der fünfziger Jahre Generalmajor Dr. Wagener über den Kopf der Gewahrsamsmacht hinweg mit einer Bitte an die Königin von England gewandt hatte. Auch er war Gefangener in der Festung von Gaeta gewesen und erhielt alsbald die Freiheit zurück.

Wenig später bekam ich hohes Fieber, die Symptome waren eindeutig. Ich hoffte, mich zu irren, rief aber doch einen befreundeten Arzt herbei: „Pneumonie, damit steht man nicht auf! Absolute Bettruhe! Und dann machen Sie erst einmal Urlaub, Ihr Gatte kann doch auch mal ohne Sie auskommen, nicht wahr?"

„Urlaub? Wie schreibt man das? Und hier, lesen Sie bitte selbst, was mir mein Mann erst vor kurzem geschrieben hat: ‚Dich bei mir zu haben, ist wichtiger als das tägliche Brot, und ich kann Gott nur immer wieder danken, daß er unsere Wege miteinander verbunden hat.‘ - Sehen Sie, mein Mann braucht mich, und was sich seit Jahren mit täglichen Briefen und Päckchen und regelmäßigen Besuchen eingespielt hat, erlaubt mir keinen einzigen Tag Urlaub. Krank werden darf ich nicht!“

„Man hört und liest da so einiges, aber über Einzelheiten bin ich nicht informiert“, meinte der Arzt.

„Die Tatsachen passen nicht ins politische Kalkül der Gegenwart, die italienischen Amnestien sind verstrichen und von der Bundesrepublik nicht genutzt worden, eine Revision des Urteils hätte von Bonn aus schon lange gefordert werden müssen. Aber es wurde zuviel versäumt, und heute sind die Riegel eingerostet. Trotzdem gibt es auch jetzt noch Möglichkeiten, wenn sie nur wirklich genutzt würden“, erregte ich mich, wie so oft, wenn darüber gesprochen wurde.

„Und Bonn, tut man in Bonn denn gar nichts?“ wollte der Arzt wissen.

„Oh doch, man engagiert sich aus humanitären Gründen und hofft auf einen Gnadenerweis.“

„Aber man müßte von Bonn aus doch…“

„Ja, sehen Sie, übermorgen habe ich wieder einen Termin zu Vorsprachen in Bonn, Anwälte werden auch anwesend sein, und deshalb kann ich mir nicht leisten, krank zu werden.“

Diesmal war ich selbst mein bester Patient. Erika baute eine stattliche Medikamentenserie neben mir auf und gab mir alle fünf Minuten davon. Das Fieber sank, ich konnte bald freier atmen, und zwei Tage später war alles vergessen.

Immer wieder von vielen Personen auf den Stand der Dinge und den Sachverhalt angesprochen, bat ich Freunde um eine Informationsschrift.

„Im Jahre 1972 trat der Artikel 176 des italienischen Strafrechts in Kraft. Er besagt, daß ein Lebenslänglicher bei guter Führung nach 28 Jahren zur bedingten Strafaussetzung zugelassen werden kann. Auf Betreiben der Anwälte haben die italienischen Behörden im Winter

1973 festgestellt, daß diese Frist für Kappler mit dem 4. April 1974 verstrichen ist. Trotzdem kam es bis heute nicht zur Freilassung, weil unklar ist, welche italienische Instanz dies bei Militärstrafgefangenen zu verfügen hat.

Durch ein Urteil des italienischen Verfassungsgerichts vom 4. April 74 wurde die Entscheidung über die bedingte Freilassung bei Zivilstrafgefangenen den politischen Instanzen entzogen und den Berufungsgerichten übertragen. Eine gleiche Regelung für Militärstrafgefangene würde die sofortige Freilassung von Kappler bedeuten, da die zuständigen Militärrichter seit langem seine bedingte Freilassung befürworteten.

Mitte 1974 hat das italienische Justizministerium einen Dringlichkeitsantrag gestellt, dem sich im September 1974 das Verteidigungsministerium angeschlossen hat. Senat und Abgeordnetenhaus sollen entscheiden, wer für die Freilassung von Militärhäftlingen zuständig ist.

Laut Mitteilung vom 6. Mai 1975 liegt der entsprechende Gesetzentwurf jedoch im Verteidigungsministerium fest, weil der Ministerrat noch keinen Nachfolger ernannt hat für den Weihnachten 1974 verstorbenen Militär-Generalstaatsanwalt. Der Nachfolger im Amt hätte den Gesetzesentwurf zur endgültigen Vorlage beim Ministerrat und zur Weiterleitung an das Parlament zu bearbeiten.

Bereits seit Anfang 1974 kursieren in Italien Vermutungen über eine Generalamnestie anläßlich der Befreiungsfeiern zum 30. Jahrestag nach Kriegsschluß. Vielleicht ist man unschlüssig, weil man sich der Unmöglichkeit einer neuerlichen Ausschließung Kapplers von einer allgemeinen Amnestie bewußt ist, über zwanzig Jahre nach der Amnestierung aller Kriegsverurteilten italienischer Nationalität..."

Lange besprach ich mich telefonisch mit Präses Wilm, der mich zu Bischof Scharf in Berlin empfahl. Kurz darauf flogen wir zu ihm, und wie so oft begleitete Erika mich. Wir wurden freundlich aufgenommen, aber es blieb kaum ein Zweifel daran, daß er in Herbert Kappler einen Verbrecher sah.

„Aus Christlichkeit" erbot er sich zu einem Schreiben nach Rom. Ich erklärte noch: „Mein Mann kommt aus einem religiösen Elternhaus, er ist nicht etwa glaubenslos aufgewachsen. Während der Zeit des Dritten

Reiches ist er aus der Kirche ausgetreten, aber das haben Millionen andere auch gemacht."

Wieder in Gaeta, wußte ich nicht, auf welcher Ebene ich meinem Mann noch Zuspruch vermitteln sollte. Mit ineinandergefalteten Händen saßen wir dicht zusammen.

„Weißt du, es ist wirklich ganz eigenartig; alle Stagnation, alle Rückschläge in den behördlichen Angelegenheiten sind für mich nur die eine Seite des Geschehens. In mir ist etwas, das ich nicht beschreiben kann, das aber von allen äußeren Problemen nicht berührt wird, es steht gewissermaßen über den Dingen. Es ist einfach eine innere Gewißheit, die man nicht erklären kann."

Wenig später hatte der Zensor eine Frage an Herbert Kappler, für einen Moment vertieften sich die Herren in eine Unterhaltung über den ersten russischen Kriegswinter. Ich mußte schmunzeln, weil mir eine Episode einfiel.

„Erzähl' und laß mich teilhaben", forderte mein Mann mich auf.

„Als die deutschen Soldaten erbarmungslos ohne Winterbekleidung der mörderischen russischen Kälte preisgegeben waren, erging der Aufruf an die Bevölkerung zur Spende von Wintersachen. Großmutter trennte ihren wertvollen Otterkragen vom Mantel und fütterte kunstvoll damit selbstgestrickte Handschuhe.

Mutter nähte aus ihrem Silberfuchs eine warme Pelzmütze. Beide hefteten auf Zettelchen geschrieben ihre Anschriften hinein, Großmutter malte in senkrechten Sütterlinbuchstaben, wie sie es um 1875 in der Schule gelernt hatte, ihren Gruß.

„Trotzdem bleibe ich ‚Welfe'", bekannte sie, und „sehr fein ist dieser Hitler ja nicht. - Die armen Jungs da draußen!"

„In Rußland kämpften ja auch italienische Einheiten, sie hatten große Verluste", warf der Zensor ein.

„Nach Monaten traf mit der Feldpost Antwort ein. Zuerst erhielt Mutter nette Dankesworte vom Obergefreiten Günter Käfer, ein paar Wochen später berichtete Großmutter kurz vor dem Abendessen in aufrechter Haltung: „Heute bekam ich Post, der Hauptmann Werner Tietz hat sich für meinen Otter bedankt."

Beide Soldaten wurden in die allgemeine Brief- und Päckchenversorgung einbezogen. Mir fiel das eben nur so ein. Bis eines Tages die Post ausblieb, sie waren gefallen - für Volk und Vaterland, und heute fragt man sich: Wofür und warum?"

Und wieder das Zeitzeichen, unsere Besuchsstunde war vorüber. „Bald bist du ja wieder hier", tröstete mein Mann, als er die Tür des Besuchsraumes hinter uns zuzog und mir seinen Arm bot.

Wieder zu Hause wurde ich von Freunden angerufen, die geplante Fernsehsendung war bekanntgeworden: „Wie kann ein Redakteur sorgfältig recherchieren, ohne Herbert Kappler persönlich gesprochen zu haben? Mit Unbehagen erwarten wir die Sendung. Und die historische Wahrheit…"

„Es geht jetzt nicht um die historische Wahrheit, sondern um die gegenwärtige Situation! Und da möchte ich einfach Vertrauen haben", entgegnete ich.

Weil es Lutz Lehmann nicht erlaubt worden war, mit Herbert Kappler zu sprechen, plante er eine Einblende vom Monte Orlando hinüber in den vierunddreißig Meter langen Auslauf auf dem Flachdach der Festung, um den Gefangenen auf diese Weise zu filmen.

Doch als wir uns kurz darauf in Gaeta trafen, wurde ausgerechnet zu diesem Zeitpunkt der Boden des Wehrgangs zementiert, und die Filmaufnahmen fanden ohne Herbert Kappler im Hintergrund statt.

Im Juni 1975 wurde die Sendung in der ARD ausgestrahlt.

Familie und Freunde hatten sich eingefunden, wir blickten gespannt auf den Bildschirm.

Als das Interview mit Carlo Salinari eingeblendet wurde, schrie ich auf: „Da ist er ja! Das ist er, der Mann in Grau, der bei unserer Hochzeit die Pressevertreter so sehr beeinflußt hat! Ich wußte bis jetzt nicht, daß es Carlo Salinari war!"

Er war es gewesen, der 1944 die Partisanengruppe mit Rosario Bentivegna und Carla Capponi befehligte, die das furchtbare Attentat auf die Südtiroler Polizisten durchführten.

Er habe einen Befehl ausgeführt, betonte er, aber Kappler hätte sich weigern sollen.

Und auch Carlo Salinari hatte Herbert Kappler sein Leben zu verdanken. Er wurde nicht erschossen, obwohl Herbert Kappler Befehl hatte.

Und was sagte empört über die Vergewaltigung der Besiegten kein Geringerer als Feldmarschall Montgomery (am 28. Oktober 1946 in Glasgow):

„Männer müssen Befehlen gehorchen lernen, auch wenn alle ihre Instinkte danach schreien, ihnen nicht zu gehorchen. Ich bin ein Soldat und gehorche stets Befehlen!"

Präses Wilm und Alt-Bundespräsident Heinemann kamen in der Sendung zu versöhnlichem Wort und plädierten für die Heimkehr der noch Eingekerkerten. Aber auch dieser Appell öffnete nicht das Tor zur Freiheit.

Wieder trafen unübersehbare Berge an Post ein, es waren auch einige gehässige Briefe darunter. Die Wellen schlugen hoch und glätteten sich wieder.

„Kappler-Kenner" meldeten sich in der Presse zu Wort, „Intim-Kappler-Kenner" verfaßten Berichte und hatten ihre Informationen entweder aus dem Kreis der Partisanenverbände oder irgendwo abgeschrieben, wo wiederum auch nur abgeschrieben worden war.

„Selbst Enzo Biagi, einem weltbekannten Publizisten, ist es zum Teil ja so ergangen", antwortete mein Mann mir etwas später, als ich ihn darauf ansprach, und „...seit dem 10. Mai 1945 trage ich einen Maulkorb, bin mundtot, aber dann soll man auch nicht von historischer Wahrheit reden, wenn über Jahrzehnte hinweg nur die eine Seite berichtet und gehört wird, die Anlaß genug hat, die wirklichen Vorgänge zu verschleiern."

Ich entschloß mich zu einem erneuten Besuch bei Professor Vasalli: „Mein Mann erfüllte damals die Bitte des Papstes, Sie freizulassen. Ich habe mich informiert und weiß, daß heute andere Leute auch dieses Geschehen für sich in Anspruch nehmen; aber das ist nicht richtig, denn es war Herbert Kappler, der Sie, Herr Professor, in die Freiheit entließ. Vielleicht mögen Sie meinen Gedanken folgen, wenn ich Sie

228

um Fürsprache zugunsten meines Mannes bei Papst Paul VI. bitte."

Professor Vasalli schwieg einen Moment: „...daß er jetzt noch festgehalten wird, ist gegen Recht und Gesetz", sprach er langsam und wie vor sich hin.

Die gleichen Worte formulierte er später auch bei einer Vorsprache von Präses Wilm in Rom, der sie dann im Rahmen einer deutschen Fernsehdiskussion offen wiedergab.

In Frascati traf ich mich erneut zu einem langen Gespräch mit Dr. Hocke, dem niemand nationalsozialistische Sympathien nachsagen konnte.

Daheim nahm mich Erika ins Gebet: „Also, so kann das nicht weitergehen! Laßt Euch doch von all dem Druck nicht erwürgen! Laßt Euch von all den Geduldsproben nicht unterkriegen! Bleibt trotz allem voll froher Zuversicht, Ihr dürft das Lachen nicht verlernen!"

„Nach Frohsinn ist niemandem zumute in diesem Drama, das ja noch nicht zu Ende ist. Die einen werden für ihren Mord auf Befehl mit hohen Auszeichnungen und lebenslangen Pensionsbezügen belohnt, die anderen werden ein Leben lang in den Kerker geworfen!"

Das Telefon läutete, George Trost meldete sich an, kurze Zeit später trafen wir uns in ‚Meyn's Hotel' zu einem kleinen Essen. Nach zwei Stunden kam der Kellner, mahnte: „Sie haben ja gar nichts angerührt!" Die Speisen waren kalt, der Wein warm geworden, und wir hatten es nicht bemerkt.

Über Heimweh sprachen wir und über die Brücken, die George Trost zwischen der früheren und der heutigen Zeit bauen wollte.

Und ebenso tiefschürfende Gespräche füllten die Stunden mit Präses Wilm und seiner Frau, deren Güte nie versiegte, ihr Christentum war beiden Herzensangelegenheit. Als Angehöriger der Bekennenden Kirche war Ernst Wilm während der NS-Zeit verhaftet und in ein Konzentrationslager gebracht worden. Unerschrocken sagte er: „Es gibt eine Solidarität unter allen Gefangenen, die steht über dem Politikum."

Wieder in Italien, fuhr ich an einem der besuchsfreien Tage mit Professor Cuttica in die Deutsche Botschaft zu einer Aussprache, um die Situation zu erörtern. Neben Botschafter Prof. Meyer-Lindenberg waren der Gesandte Dr. Steg sowie Botschaftsrat Dr. Praller anwesend.

Der Professor und ich sanken nach förmlicher Begrüßung in die tiefe Ledercouch.

Inhaltlich ergaben sich während des Gespräches keine neuen Anhaltspunkte.

Ich spürte, wie sich plötzlich etwas in mich einschlich, so, als habe eine Sektflasche zu warm gestanden. Ich dachte gerade noch ‚...wenn mir nur nicht die Pferde durchgehen', als es auch schon passierte: ich explodierte.

Die Rede lag jetzt bei mir, ich schäumte über, wurde immer lauter, bis ich vor der eigenen Phonstärke erschrak. Ich sah hinüber zum Botschafter, er saß fast hilflos in seinem ebenfalls viel zu tiefen Sessel; der Gesandte schickte mir einen gewandten Blick, Dr. Praller sah mich ernst an, aber es war kein Vorwurf darin. Da erst glitt mein Auge hin zum Professor neben mir. Er war immer größer geworden, als käme er eben vom Geländeritt und - strahlte mich an!

Das hatte ich am wenigsten erwartet. Ich stand auf, entschuldigte mich und sprach die Herren einzeln an: „Ich hoffe für Sie, daß Ihre Frauen ebenso zu Ihnen stehen, wie ich zu meinem Mann stehe."

Im Lift abwärts umarmte mich Freund Cuttica: „Was du gesagt hast, mußte einmal ausgesprochen werden."

In der unteren Halle hatte sich eine kleine Volksversammlung gebildet, ich hatte die ganze Botschaft zusammengeschrien (es ist mir heute noch peinlich). Ein distanzierter Portier ließ uns hinaus in die Sonne.

Der Professor hatte wie schützend seinen Arm um meine Schulter gelegt. Eine Geste, die voller Vertrauen war wie damals bei unserer Eheschließung ein paar Jahre zuvor.

Gianni, der gute Geist im Studio des Anwaltes, diente zugleich auch als Chauffeur und holte uns von dem Botschaftsgebäude ab. Am nächsten Blumenstand ließ Cuttica halten, schnappte einen Arm voll Rosen und sagte: „Da, die hast du verdient", und ich verstand wieder einmal die Welt nicht mehr.

In aller Kürze mußte das in Bonn bekannt werden, aber niemand war nachtragend. Nur ein guter Freund mußte doch „Einen Botschafter schreit man nicht an" loswerden.

Wieder in Gaeta, blieb ich lange auf meinem Orlando-Platz, sah den Schwalben zu und den Möwen nach und brachte im Geiste Leben in das Gemäuer der Festung auf der anderen Seite der kleinen Meeresbucht. Man sah auf verschiedene Gucklöcher im Mauerwerk, das dem Berg zugelegen war. Ich werde ihn fragen, was dort untergebracht ist, dachte ich, als die Dämmerung mich von meinem gewohnten Plätzchen vertrieb.

Am nächsten Tag kam mein Mann mir zum ‚colloquio' schon im Atrium entgegen: „Wie schön das ist, dich gleich hier draußen zu begrüßen", umarmte ich ihn.

Und an unserem vertrauten Tisch in der „guten Stube" fragte ich nach jenem Mauerstück.

„Dort habe ich einen Teil meiner Einzelhaft verbracht, im Urteil heißt es: Vier Jahre, aber es war mehr. Du wirst in den alten Akten daheim ein Schriftstück von Monsignore O'Flaherty finden, das aufschlußreich ist."

Der Monsignore war während des Krieges praktisch der Gegenspieler Herbert Kapplers in Rom. Der eine haftete dem Generalfeldmarschall Kesselring mit seinem Kopf für Ruhe und Ordnung in der Offenen Stadt Rom in unmittelbarer Nähe der kämpfenden Front, der andere durfte segnen und helfen, wo immer sich Versprengte oder ein verlorener Haufen ohne Obdach befand.

Zahllose entwichene Kriegsgefangene gelangten oft auf abenteuerliche Weise in die schützenden Mauern des Vatikans, wobei es sich vielfach auch um Spione und Saboteure handelte, die nicht etwa nur die Ordnung störten, sondern feindliche Sender aufbauten und damit den Vatikan selbst in Gefahr brachten. Wenn entflohene Kriegsgefangene von deutschen Polizeipatrouillen aufgegriffen wurden, versorgte man sie kameradschaftlich, bevor sie in das nächstgelegene Kriegsgefangenenlager verbracht wurden.

Natürlich standen sie auf entgegengesetzten Positionen, der Monsignore und der Polizeikommandeur, das hatte die Art ihrer Missionen so an sich, wobei der Priester jeder Inhaftierungsgefahr oft noch im letzten Moment entkam.

Doch nach Kriegsende und als Herbert Kappler sich in Florenz in Gefangenschaft befand, suchte der Monsignore den einstigen Gegner auf: Zwei Männer lagen sich in den Armen und wurden Freunde bis zum Tode des Priesters im Jahre 1963.

Mein Mann grub weiter alte Erinnerungen aus: „Jene Löcher in der Außenmauer sind alte Durchbrüche ohne Fensterglas im meterdicken Felsgestein. Wie eine Art Höhle befinden sich dort Katakomben ohne Verputz, ohne Sonne und ohne elektrisches Licht. Die Jahre, die ich dort verbrachte, waren eine Zeit, in der ich fast das Sprechen verlernte, ich lebte mit den Tageszeiten."

Erschüttert sagte ich: „Wie Florestan in ‚Fidelio‘, sie haben nur versäumt, dich in Ketten zu legen."

Und mit halbem Ton in der Kehle sprach er weiter: „...in Ketten zu legen? Nein, aber es nahm sich nichts, denn die Höhle maß nur ein paar Schritte, Wasser sickerte Tag und Nacht von den Felswänden. Damals hatte ich einen Freund, einen Gecko, der abends kam und mich angenommen hatte. Ich fing ihm Fliegen und fütterte ihn damit. Jeden Abend kam das Tier, bis ein Knall die Stille zerriß und der Gecko fortblieb. Es hat ihn wohl jemand abgeschossen."

„Einzelhaft, wie eine Isolationsfolter. Wußten die Anwälte, wußte die Bundesregierung darum?" forschte ich nach.

„So, wie das Urteil gegen mich in der Nachkriegsphase entstand, hatten die am Krieg beteiligten Staaten unter einer gänzlich anderen Geisteshaltung auch völlig andere Probleme, als sich des zum Kriegsverbrecher hochgepielten Mannes hier unten anzunehmen", er stellte das fest, und es war keine Klage in seinen Worten.

„...und wenn das alles nicht gewesen wäre, alle die Jahre der Gefangenschaft, alle die Zeit davor mit ihren Ereignissen, dann würde ich dich nicht gefunden haben. - Um eine große innere Reife hast du mein Leben bereichert, denn ich hatte mich längst mit allem abgefunden", waren die letzten Worte meines Mannes in jener Besuchsstunde.

Wir hatten nichts mehr zu besprechen und es gab auch nichts mehr hinzuzufügen. Schläfe an Schläfe saßen wir, der Zensor stand auf und legte fast wie zum Segen für einen Moment seine Hand auf unsere Köpfe.

Nicht lange konnte ich den Eindrücken dieser Stunde nachhängen, reale Belange rissen mich aus den Gedanken: Mein Mann wurde krank, erst war's das Herz, dann der Kreislauf, die Leber, der Darm - ich wurde wieder einmal therapeutische Feuerwehr. Ich rief ihm zu, als ich ihm wieder gegenübersaß: „Du mußt nach Haus! Was könnte ich dort alles für dich tun!" und hielt ihn lange in den Armen.

Freunde aus Rom sagten immer wieder: „Gegen jede Rechtsnorm wird er festgehalten, im April hätte er entlassen werden müssen!"

Militärtribunal und Kompetenz und Parlament und wieder Kompetenz - ich stieg da nicht mehr durch!

Der Militärkaplan kam schnell zu mir ins Hotel, um neue Medikamente zu holen und für seine Leber auch gleich etwas mitzunehmen, es war eine herzerfrischende Begegnung und - er sprach von Hoffnung. Wie dankbar war ich ihm dafür.

Wenig später wieder in Deutschland, besprach ich mich mit einem kirchlichen Würdenträger (weiß jeder Träger einer Würde um die Verantwortung, die sich in diesem Wort ausdrückt?) „Wenden Sie sich an Senatore Parri, Ferruccio Parri, er war einer der führenden Partisanen, der kann es sich sogar leisten, offen das Wort zu ergreifen!"

„Sofern er es will und es für opportun hält", sagte ich ins Telefon.

Die nächste Reise in den Süden wurde katastrophal, im Urlauberverkehr mit ‚stop and go' zuckelte ich bis Florenz mit Nerven, die bis zum Zerreißen angespannt waren, dann ging es ohne Zeitverlust rasch weiter.

Zwischen zwei Besuchen in der Festung fuhr ich eben mal rasch nach Neapel zu einem Freund des Staatspräsidenten, den Präses Wilm mir ans Herz gelegt hatte.

Dr. Santi besaß dort eine Klinik, und ich wurde geradezu freundschaftlich aufgenommen. Bedacht, nur ja nicht noch einmal in Randnähe eines Fettnäpfchens zu geraten, trat ich sehr leise auf. Aber sicher war man ja nie.

Sein Freund Leone habe die Macht nicht, im „Fall Kappler" einzugreifen, erfuhr ich von dem netten Arzt.

„Und warum ist er dann Staatspräsident?" konnte ich mir nicht verkneifen.

Er nahm's nicht übel, er war Arzt und das mit Leib und Seele, half vielen aus den ärmsten Schichten der Bevölkerung und hatte Verständnis für ungewöhnliche Probleme. Um den Besuch abzurunden, wurde mir ein junger Arzt vorgestellt, der mir die ganze Klinik zeigte und stolz auf die neuen Errungenschaften an Geräten hinwies. Sehr interessant, gewiß, aber weitergekommen war ich nicht.

Die Deutsche Botschaft riet beschwörend: „Beeinflussen Sie Ihren Mann zur Verlegung ins Militärhospital."

Ich versuchte es, doch er antwortete mir: „Mute nicht auch du mir das zu! Ich bin dein Patient!"

Telefonisch erfuhr ich im Flüsterton: „Man ist im Militärtribunal sehr optimistisch und erwartet wirklich eine Amnestie."

Ein Wort, das elektrisierte. Wenn das möglich wäre, endlich und nach fast dreißigjähriger Haft! Aber was nützt noch eine Amnestie, wenn mein Mann vorher stirbt? Prof. Cuttica tröstete über die Sorgen mit lauter Hoffnungen hinweg, erleichtert fuhr ich heim.

Nur einmal wieder ausschlafen! Aber morgens um sechs lag der Kugelschreiber wieder in meiner Hand, und ich füllte Bogen um Bogen. Als meine Sprechstunde begann, war ich munter. Und in den angespannten inneren Wartesaal hinein rief Dr. Dobler an und bat um eine Handakte. Ich rief ihm durchs Telefon zu: „Wie froh muß Ihr Doktorvater Professor Giovanni Leone an der Universität von Camerino gewesen sein, als er Sie hatte, Dodo! Der Staatspräsident Leone hat das vermutlich vergessen. Ich wünsche Ihnen eine gute Reise und hoffentlich auch gute Nachricht bei Ihrer Heimkehr!"

In der Festung trafen zwei Oberärzte von der „Direzione della sanita" ein und stellten meinen Mann buchstäblich auf den Kopf. Ihr Kommentar: „Aber so schlecht ist doch Ihr Zustand gar nicht, Colonello Kappler!"

„Sie sollten sich mit meiner Frau besprechen. Sie ist über meinen Zustand sogar besser informiert als ich, und auf die biologischen Heilmittel aus der Praxis meiner Frau werde ich nicht verzichten. Ich nehme an, Sie wissen, daß ich nach der Genfer Konvention wenigstens in dieser Hinsicht freie Entscheidung habe, nicht wahr?"

Mein Mann schrieb's mir gleich. Ich fühlte mich veranlaßt zu antworten: „Es wäre schön, wenn sich die Herren auch sonst an die Genfer Konvention halten würden. Es gibt nirgends einen Paragraphen, der eine sogenannte Gewahrsamsmacht befugt, eine Symbolhaft für ein erloschenes Regime durchzuführen."

Der Zensor muß es übersehen haben, sonst wäre es bestimmt nicht durchgegangen.

Immer noch wirkte die Fernsehsendung von Lutz Lehmann nach. Die Anwälte waren mit dem Inhalt jener Sendung zufrieden, doch manche Freunde übten sich weiter in Entgeisterung, weil man die ‚historische Wahrheit' untergraben habe. Wieder meldete sich ein Journalist: „Das sind natürlich ‚alte Kameraden' oder so und eben alte Nazis!"

Ärgerlich entgegnete ich: „Sie irren sich, ausgerechnet ein paar Sozialdemokraten und Liberale vertraten diese Meinung! Es geht jetzt gar nicht um die historische Wahrheit im ‚Fall Kappler', jetzt handelt es sich darum, die gesetzgeberischen Möglichkeiten anwendbar zu machen, da liegt doch der Hase im Pfeffer! Ein Römer hat mir vor kurzem erzählt, er sei mit einem General befreundet, der damals Faschist war und nach einem Partisanenangriff Hunderte seiner eigenen Landsleute in einen alten Steinbruch treiben ließ, wo sie durch Maschinengewehrfeuer vernichtet wurden. Er wurde nach 1945 zum Tode verurteilt wie zahllose andere auch, denn die italienischen Gefängnisse waren zu jener Zeit überfüllt, und alle hofften auf baldige Freiheit. Aus diesem Grunde war das italienische Amnestiegesetz von 1953 eine echte Befriedung im eigenen Lande, denn alle, alle kamen frei, die bis dahin inhaftiert waren und kehrten in ihre Familien zurück, um ihr Leben zu ordnen. Heute sprechen sie nur noch in Herrenklubs oder Freundeskreisen darüber. Das ist es doch, was einen erstaunen läßt. Nicht wahr, Sie haben verstanden, und auch, weshalb wir für die Sendung von Lutz Lehmann dankbar sind." Damit hängte ich ein.

Ich stand noch neben dem Telefon, als die deutsche Botschaft in Rom anrief: „Ach ja, ich wollte Ihnen noch sagen, was an Gesprächen mit führenden Politikern durch den neuen Botschafter angeregt wurde, das hat vor ihm noch keiner getan!"

Zu Erika, die gerade ins Zimmer kam, meinte ich: „Anregungen sind ja eine gute Sache, aber Ausführungen, Handlungen, Tatchristentum sind doch ein anderes Kapitel."

Im September 1975 schickte ich ein Telegramm an Papst Paul VI:

„Eure Heiligkeit,

in Ehrfurcht und Demut vor dem Herrn bitte ich ergebenst um die gütige Gewährung einer Audienz.

Als Ehefrau des Oberstleutnants a. D. Herbert Kappler, Reclusorio Militare di Gaeta, bleibt mir nach jahrelangem Warten und Hoffen nur noch, Euch, Heiliger Vater, um Euer souveränes Wort im Appell an die Christliche Nächstenliebe zu bitten, bevor das Heilige Jahr, das Jahr der Versöhnung, sich dem Ende neigt."

Eine Antwort erfolgte nicht.

Durch Zufall hatte sich bei einem Telefongespräch mit Bonn ein herzlicher Kontakt zu Marie Schlei, Staatsministerin im Bundeskanzleramt, entwickelt. Ich versuchte, einen der persönlichen Referenten des Bundeskanzlers zu erreichen und wurde versehentlich mit Frau Schlei verbunden.

„Unser römischer Anwalt erwartet eine Demarche aus Bonn", sagte ich nahezu verzagt.

„Jetzt müßte die italienische Regierung handeln", antwortete Frau Schlei.

Und wieder einmal hing ich gewissermaßen zwischen zwei Regierungen. „Man hoffe doch sehr, zu Weihnachten", hörte ich noch von Frau Schlei.

„Wissen Sie, ausgerechnet diese Formulierung können wir kaum noch ertragen, wir rechnen ja seit Jahren nur noch in Jahreszeiten oder den großen christlichen Feiertagen: Zu Weihnachten, zu Ostern, Sommer oder Winter."

Und nach einem Moment fügte ich hinzu: „...und wenn mein Mann mir unter den Händen stirbt?"

„Dann würden vermutlich die Regierungen Kränze schicken mit dem Bedauern, er sei leider zu früh verstorben, denn in drei Tagen hätte er entlassen werden sollen."

Eine Woche später rief ich von Gaeta aus noch einmal Professor Vasalli an, der freundlich erwiderte, er sei wirklich viel zu klein, seine Verbindungen reichten nicht aus, und sein Parteifreund Fortuna sei im Moment nicht ansprechbar.

Ich fragte mich, hatten denn nicht alle daran mitgewirkt, den „Fall Kappler", der ursprünglich gar keiner war, zu entwickeln und ihn sich wie einen Ball zugeworfen? Wieder hing ich meinen Gedanken nach und übertrug den Fall auf „Praxis-Denken": Aus einem Nachkriegspickel - von größter Widerwärtigkeit zwar - hatte man gleichsam ein Geschwür entwickelt, den Patienten isoliert, er drohte daran zugrundezugehen. Und jeden, der dem Gepeinigten zu helfen gedachte, versetzte man in Furcht vor einer Infektion, so daß er nicht wagte, den Fall anzufassen.

Was mich betraf, so brauchte ich mich auch im übertragenen Sinn nicht zu fürchten, Infektionen konnten mich nicht ausschalten.

Mein Mann erlitt wieder Intestinalstörungen, aber es gelang mir, sie rasch zu kurieren. „Weißt du, für mich ist es noch nicht zu spät, dir gesundheitlich zu helfen; nur lange darf es nicht mehr dauern! - Wir könnten doch einen Draht hin zu Andreotti benutzen, was meinst du dazu?"

„Als er vor Jahren Verteidigungsminister war, besuchte er einmal die Festung. Wir unterhielten uns, und zu Weihnachten ließ er eine Kiste Wein schicken", kam's von meinem Mann.

Aus wenigen Gedankensplittern während der langen Heimfahrt bei einsetzender Straßenglätte in Deutschland entwickelte sich ein Plan in mir: ich werde wieder nach Bonn fahren und Informationen über den jüngsten Besuch des Außenministers in Rom erbitten; hatte er günstige Nachrichten mitgebracht, - gut. Sollte es aber wieder nur ein Vertrösten sein, dann trete ich in den Hungerstreik.

Für alle Fälle fühlte ich schon mal bei den deutschen Anwälten vor, sie teilten meine Meinung, daß es so nicht weitergehen könne.

Ein Freund hatte Wind bekommen und rief an: „...und wenn Sie vor die Hunde gehen? Was macht Ihr Mann dann ohne Sie, he? Und meine Frau sagt, Sie sind die Schlankste nicht, man wird Ihnen den Hungerstreik nicht glauben!"

„Sie sind die Schlankste nicht!" dachte ich und sah an mir herab, die Figur einer zwanzigjährigen hatte ich nicht mehr und die Neigung auseinanderzugehen, war nicht zu übersehen. Ein Cape mußte her, das könnte alles wunderbar verdecken, bis ich abgemagert sein würde.

Ein Anwalt hatte in meinem Auftrag Staatssekretär Dr. Gehlhoff im Auswärtigen Amt aufgesucht mit dem Resultat: Nichts. Der Anwalt äußerte dann noch: „Was Frau Kappler jetzt tun wird, hm, das weiß ich aber nicht!"

Ich schob die Speisen beiseite, improvisierte eine Art Plakat mit dem großen Foto meines Mannes, das ich vorsorglich eingepackt hatte, und begann improvisiert meinen Hungerstreik.

Kurzentschlossen schrieb ich von Hand einen Brief an den amtierenden Bundeskanzler und übergab ihn dem Wachhabenden vor dem Bundeskanzleramt.

Die nächste und bestürzende Erfahrung machte ich auf dem Bonner Marktplatz: Weihnachtsmarkt, das frohe Treiben entsprach keineswegs meiner Verfassung. Während ich mich durch die Menschenmenge schob, blieb Erika an meiner Seite. Ringsum lauter Buden mit duftendem Zeugs, gebrannten Mandeln, Bratwürsten, Pommes. Ich klappte mein Schild auseinander.

WEIHNACHTEN

Das 31. Weihnachtsfest im Kerker von Gaeta

Herbert Kappler 1945 - 1975

Gnade kann nicht teilbar sein
Für Christentum und Humanität

Gegen Scheinheiligkeit und Heuchelei

hatte ich in großen Buchstaben mit einem dicken Filzstift darauf geschrieben und stand zu Füßen des Denkmals von Ludwig van Beethoven.

Mitten hinein in meine stumme Zwiesprache mit dem Meister tippte jemand an meine Schulter: „Sie, Sie müssen die Journalisten rufen, sie kommen dann. Ich werde gleich mal anrufen bei dem Kleinen, der ist überall dabei", und weg war sie, eine Tasche links - eine Tasche rechts, und in der Mitte zwei dicke Filzstiefel wie in Rußlands Winter.

Eine Dame, sehr fein - letzte Mode - steuerte mich an: „Wer ist denn das da auf Ihrem Foto?"

„Mein Mann", war meine schlichte Antwort.

Sie prallte zurück, entgeistert: „Das muß ich meinem Mann berichten!"

„Höchste Prominenz", raunte es von den Bratwürsten herüber. Mir war die Dame unbekannt.

„Wie lange hungern Sie denn schon?" wollte ein alter Mann wissen.

„Es ist erst der zweite Tag!"

„Ist noch nicht schlimm, die Not kommt erst so am zehnten, elften Tag, ich meine die richtige Hungerqual, ich kenne das aus der Gefangenschaft, uns krachten die Rippen. Aber sagen Sie mal, ist das da auf dem Foto der in Italien? Ich war kein Nazi, aber was die da machen, ist genauso schlimm, wir leben doch mitten im Frieden, zumindest hier in Europa, und dann dreißig Jahre nach diesem irrsinnigen Krieg!" spuckte er seinen Zigarrenstummel in hohem Bogen eben an meiner Nase vorbei in den Straßenschmutz.

Erika hatte sich verkrümelt und einen Stand mit Reibekuchen, die man bei uns Kartoffelpuffer nennt, entdeckt. Da drehte der Wind, wie in der Politik, dachte ich und hatte den ganzen Reibekuchendunst auch schon auf dem Magen.

„Hier kannst du dich nicht übergeben, wie sieht das aus", kam's von Erika, und „...wirklich, du mußt mehr Wasser trinken!"

Schön, wenn jemand da ist, der aufpaßt. Hungergefühle setzten mir weniger zu, als die Wirkung der vielfältigsten Gerüche für den Magen.

Im Laufe des Tages schrieb ich immer wieder Postkarten an meinen Mann, denn ohne Nachricht durfte er nicht sein.

Pressefotografen kamen, machten ihre Fotos und entfernten sich wieder. Mit meinem Schild vor mir wanderte ich hin und her. Ein Herr diskret: „Kommen Sie morgen in mein Büro", er war Redakteur einer Zeitung.

Es war meine Absicht gewesen, Tag und Nacht „auf Posten" zu bleiben. Doch winterliche Kälte und Schnee verboten das, wir mieteten uns in einer kleinen Pension ein, um auch mit den Anwälten besser telefonieren zu können. Im Auswärtigen Amt reagierte man verärgert.

Dr. Aschenauer riet: „Durchhalten, durchhalten", darin hatte ich einige Übung.

Jemand hatte mir einen Zettel zugesteckt mit der Telefonnummer Willy Brandts, der selbst am Apparat war, als ich anrief:

„Morgen fliegt Hans-Jürgen Wischnewsky nach Rom und wird die Sache zur Sprache bringen!"

Am sehr frühen nächsten Morgen machten wir uns wieder auf den Weg durch die Bonner Straßen, aber soviel stand fest, der Weihnachtsmarkt würde mich vorzeitig umbringen. Mit dem Hunger konnte man fertigwerden, mit den penetranten Gerüchen jedoch nicht.

Immer wieder wurden wir angesprochen, ernteten ebenso oft ungläubiges Erstaunen und wurden nach Flugblättern oder Informationsschriften befragt. Wir hatten nichts dabei, denn meine Aktion war dürftig improvisiert worden.

In der Nähe des Deutschen Bundestages wollte uns ein Redakteur sprechen, das Parlament hielt seine letzte Sitzung und begab sich in die Weihnachtsferien. Durch ein Mißverständnis warteten wir vor dem falschen Gebäude, nämlich am ‚langen Eugen'. Als wir unseren Irrtum erkannten, gingen wir ein paar hundert Meter weiter zu dem Gebäude des Deutschen Bundestages. Die Abgeordneten hatten das Haus bereits verlassen. Ein paar übereifrige Schutzbeamte riefen „Panzerwagen, Panzerwagen" und da kroch tatsächlich ein Panzerwagen um die Ecke, denn ich befand mich innerhalb der Bannmeile des Bundestages.

Unwillkürlich griente ich und dachte an die Begegnung mit der Ratte bei meiner Wanderung in den Katakomben des Monte Orlando: „Ich tu dir nichts, hörst du, und du mir auch nicht!"

Die Reporter machten ihre Fotos, Passanten blieben stehen, es bildete sich ein kleiner Menschenauflauf. Die Abgeordneten des Bundestages waren nicht mehr anwesend, ich hätte so gern mit einigen von ihnen gesprochen. Bei katastrophaler Witterung mit Schnee und Eisglätte fuhren wir nach Soltau zurück.

Ein Zeitungsreporter hatte mir noch dringend angeraten: „Lassen Sie Ihr Befinden während des Hungerstreiks von einem Arzt kontrollieren, damit niemand sagen kann, Sie würden mogeln." Ich rief einen Arzt am Orte an und trug es ihm vor, doch der wimmelte mich bestürzt ab: „Keine Zeit für solche Experimente." Als ich das in seinem Telefonanruf dem Reporter berichtete, empfahl er, einen Rechtsanwalt um eine Art Aufsicht zu bitten. Also rief ich einen Anwalt an. Doch der wies mich geradezu erschrocken ab: „Ich kann Ihnen doch keinen Hungerstreik juristisch attestieren, nee, das geht wirklich nicht!"

Mit heftig knurrendem Magen versorgte ich in Soltau meine Patienten, drei Liter Wasser auf dem Schreibtisch. Wenige Tage später fuhr ich erneut nach Bonn zur Vorsprache bei Dr. Jahn, dem Präsidenten der Menschenrechtskommission.

Am 20. Dezember 1975 suchte ein Botschaftsrat meinen Mann auf, um zu berichten, der italienische Außenminister habe seinem deutschen Amtskollegen mitgeteilt: Gewährung der bedingten Freiheit unmöglich, um Haftunfähigkeit zu bestätigen, sei die Verlegung in das Militärhospital Rom unerläßlich.

Mein Mann lehnte ab.

Bereits erheblich angegriffen, machte ich Studien am eigenen Objekt, ich war ja nicht etwa in einem Sanatorium auf Fastenkur, denn die Aktivitäten liefen weiter, und mein Mann erwartete unsere „Dezemberstunden". Sicherheitshalber blieb der Wagen zu Haus, ich flog.

Wieder war es Weihnachten geworden, das Fest des Friedens und der Liebe.

Und wieder saßen wir an unserem vertrauten Tisch. Mein Mann beschwor mich, bei Kräften zu bleiben und den Hungerstreik begrenzt zu unterbrechen.

Ein hoher Kirchlicher Würdenträger suchte den italienischen Ministerpräsidenten auf und erfuhr: keine günstige Konstellation im Augenblick.

Wann dann?

Wann ist die Konstellation denn günstig?

Zehn Jahre lang beobachtete ich nun selbst die Szenerie, abgesehen von den ersten Jahren meiner Brieffreundschaft mit Herbert Kappler. Und viele Jahre vorher hatten sich bereits namhafte Persönlichkeiten bemüht, Helfer sich eingesetzt, hatte auch eine Frau vergeblich gewartet.

Hochspannung lag in der Luft. Manchmal dachte ich, ein Funke genügt, und es wird einen fürchterlichen Knall geben.

Ein Freund, der in Bonn mit vielen Politikern enge Kontakte unterhielt, gab einen kurzen brieflichen Kommentar und schloß mit den Worten: „...sollte ich je müde werden, springt mir der ‚erst' dreiundachtzigjährige General der Kavallerie Harteneck ins Genick und bringt mich wieder auf Trab" und gab uns einmal wieder Anlaß zum Schmunzeln.

1975 neigte sich dem Ende zu.

Wir durften in Gaeta die Januarbesuche mit denen des Februar verbinden. Ein Freund unserer Familien erbot sich zu Dolmetscherdiensten und erleichterte die Vorsprachen bei italienischen Behörden.

Sachlich keine Änderung ergab das Gespräch bei den zuständigen Generalrichtern im Militärtribunal, zu denen uns Prof. Cuttica begleitet hatte.

Am 2. Februar 1976 wurde Herbert Kappler plötzlich befohlen, sich zur Untersuchungsverlegung in das Militärhospital Rom bereitzuhalten. Es sollte überprüft werden, ob der Gefangene weiterhin haftfähig sei.

Wieder erging ein Befehl, und ich ahnte, daß in diesem Moment der ‚countdown' zu laufen begann...

Untersuchung im Militärhospital! Wie angeschlagen dieser Mann war, sah man ihm an.

Daß er Jahre zuvor mit seinem Leben abgeschlossen hatte, wußten auch die Zensor-Offiziere. Oft genug fand man den Gefangenen am Morgen dort auf, wo er nachts zusammengebrochen war.

Um Jahre hatte ich sein Leben bereits verlängert, hatte in ihm frische Hoffnungskräfte entwickelt; wie aber würde er nach den vielen Jahren der Isolierung die medizinischen Untersuchungen überstehen, deren Strapazen bekannt sind?

Man würde ihm sicher weitere Haftfähigkeit bescheinigen, schoß es mir durch den Kopf, ich war voll Zorn.

Ich bat den höchsten Militärrichter Italiens, Exzellenz Foscolo, um eine Unterredung, die er freundlich gewährte, und suchte ihn mit meinem Dolmetscher auf. Ich traute meinen Augen kaum: Auf dem Tisch lag eine Handakte, „Liberazione Kappler" (Freilassung Kappler) war in großen Buchstaben darauf geschrieben.

Im Geiste bat ich allen rasch ab, was ich unterstellt hatte.

„Das Verfassungsgericht wird im Sinne Kapplers entscheiden, man rechnet mit dieser Entscheidung im April oder Mai", sagte der hohe Herr.

Ich flog die Treppen nur so hinunter und hätte am liebsten ganz Rom umarmt. Mit meinem Dolmetscher suchte ich dann noch einige Korrespondenten auf, die auch mit Präses Wilm Kontakt hatten. Am späten Abend waren wir wieder in Gaeta.

Am nächsten Tag, es war der 6. Februar 1976, hatte ich um 11 Uhr an der Festung zu sein. Mein letzter Besuch, unser letztes Colloquium. Lange umarmte ich meinen Mann. Merkwürdig, ich war's, die die Tür zur „guten Stube", unserem Besuchsraum, zuzog. Das hatte ich sonst nie getan.

Langsam gingen wir dicht nebeneinander durch den langen Gang des Atriums in den Vorhof. Die kleine Holztür wurde hinter dem Gefangenen geschlossen, und schon stand ich wieder draußen und war allein.

Mit schweren Gedanken blickte ich noch einmal hinauf auf die Burg.

Wie oft hatte ich in allen den Jahren der Besuche bei meinem Mann gedacht: Was muß diese Festung alles erlebt haben, welche Schicksale spielten sich dort ab? Um 1860 flüchtete König Franz II. von Neapel mit seiner Gemahlin Maria Sophia, einer Schwester der österreichischen Kaiserin Elisabeth, in die schützenden Mauern dieser Burg. Von Norden rückte bedrohlich Viktor Emanuel, und von Süden Garibaldi mit Truppenverbänden heran. Gaeta wurde in die Zange genommen und belagert.

Hier, in der jämmerlichen Umgebung unter dürftigsten Lebensumständen entfaltete sich die Liebe der Königin zu ihrem Gatten; nicht in den Prunksälen des Königsschlosses von Neapel und nicht in der Lieblichkeit des Palastes von Caserta. Unter Kanonendonner und Kugelhagel kümmerte sich die Königin selbst um die Versorgung der Soldaten und der Bevölkerung, suchte Spitäler auf, linderte Not und schleppte Verwundete aus brennenden Häusern.

Erst vor kurzem hatte ich darüber gelesen, und das alles lag nur hundertsechzehn Jahre zurück.

Wie eigenartig das ist, dachte ich, auch für mich ist diese Burg zu einem Meilenstein in meinem Leben geworden, denn in ihr habe ich den Mann meiner Liebe gefunden.

Langsam ging ich den Weg hinunter und habe Gaeta nicht wiedergesehen.

KAPITEL 10

Der schönste Befehl meines Lebens

Die Heimfahrt wurde wieder einmal katastrophal: Autopanne mit großem Zeitverlust.

„Im Militärhospital Rom kann mich niemand besuchen, nur der Anwalt und der Vertreter der deutschen Botschaft haben Erlaubnis", hatte mein Mann mir noch erklärt.

„Und wenn's doch längere Zeit beanspruchen sollte?" fragte ich.

„Glaub mir, es ist unmöglich, mich dort zu besuchen!"

Aber ich hatte das Gefühl, daß auch die Mauern des Militärhospitals unser Wiedersehen weder verzögern noch behindern würden.

Erneut suchte ich Monsignore Rauber, den Deutschlandreferenten im Vatikan, auf, der auch in jener Lage Tröstliches zu vermitteln wußte.

Auch ein anderer Prälat, Monsignore Krahe, wurde mir vertraut. Vielleicht konnten die Herren ihre Verbindungen nutzen für den Fall eines längeren Aufenthaltes meines Mannes im Militärhospital?

Voller Sorge rief ich von zu Hause aus einen befreundeten Arzt an: „Gottogott, das ist doch alles sehr ungewohnt für Ihren Mann, hoffentlich steht er die Untersuchungen gut durch nach der langen Zeit in Gaeta", antwortete er.

247

Am Morgen des 11. Februar 1976 um fünf Uhr dreißig wurde Herbert Kappler in das Militärhospital auf dem Monte Celio in Rom verlegt.

Mit Höflichkeit und Entgegenkommen wurde er gegen acht Uhr in die Institution aufgenommen. Die ersten Untersuchungen schlossen sich unmittelbar an das Aufnahmeprotokoll an. Dann reichten die Herren Fachärzte den Patienten von Hand zu Hand: der Kardiologe, der Radiologe, Urologe, Internist und zwischendurch huschte flink die liebe Suora Barbara, Ordensschwester ihres Zeichens.

In seinem ersten Brief schilderte mein Mann mir gleich die Räumlichkeiten, die Ärzte und Schwestern.

Nach drei Tagen ergab sich, daß der Verteidigungsminister Vorsprachen durch Abgesandte der deutschen Botschaft im Militärhospital nicht wünschte.

Der Anwalt wurde zum Vermittler.

Schwere Darmblutungen folgten den Untersuchungen, der ausgemergelte Körper konnte sich nicht von der Bariumfülle als Kontrastmittel befreien. In zwei Tagen mußte er vier Liter Barium trinken!

Ich verständigte mich mit meinem Mann telegrafisch, weil die Postwege nach Rom erstaunlicherweise langwieriger waren als nach Gaeta.

Dann wurde die Rückverlegung in die Festung befohlen, nur das Resultat einer Röntgenaufnahme sei noch abzuwarten; der Darm blieb bariumgefüllt. Und weitere Untersuchungen unter größter Pein für den Patienten, Widersprüche im Abschlußbericht; ein Oberarzt: „Von wegen Krebs!"

Wie gut war das Befinden meines Mannes vorher im Verhältnis zum gegenwärtigen Zeitpunkt gewesen! Die zwölfte Röntgenaufnahme innerhalb von zehn Tagen bei seinem Zustand!

Er telegrafierte: „...jetzt wieder alte Anschrift", also zurück nach Gaeta.

Ich schickte ein dringendes Telegramm an Bundeskanzler Helmut Schmidt, in dem ich um dringende Hilfe zur Überführung meines Mannes nach Deutschland bat.

Dann rief ich im Vatikan an, dort hieß es: „In diesem Zustand ist eine

Rückverlegung Kapplers nach Gaeta unzumutbar, Verlegung in eine deutsche Klinik wird anempfohlen."

Sie alle waren überaus freundlich, die Herren Generalärzte (einer war wirklich in Afrika dabei), die Oberstärzte und ihre Helfer.

Hans Kosack, ein früherer Wehrmachtsoffizier, setzte sich großherzig in Bonn ein und half entscheidend durch seine persönlichen Interventionen. Spätnachts rief mich Professor Gebhardt aus Bonn an:

„Die deutsche Botschaft in Rom hat Weisung, Ihnen in jeder Hinsicht zur Seite zu stehen. Sie bekommen die Besuche bei Ihrem Mann!"

Zu noch späterer Nachtstunde verlegte ich meine vorangemeldeten Patienten auf andere Termine, den Rest besorgte Erika am nächsten Morgen. Ich flog ab nach Rom, einen Koffer voller Medikamente links, das nötigste persönliche Gepäck rechts.

Prof. Cutticas Bürovorsteher Dr. Gianni Zangara nahm mich am Flughafen in Fiumicino in Empfang und lud zum Essen zu seiner reizenden Familie ein; am Nachmittag war ich im Studio von Prof. Cuttica, wo bereits ein Fernsehreporter wartete.

Ich fiel vor Schreck fast um, aber es half nichts, wir mußten ein Interview geben, das noch am gleichen Abend im italienischen Fernsehen gesendet wurde.

„Bitte, bringt mich zu meinem Mann!" bat ich, wenig später war ich bei ihm. Und wie so oft bedurften wir keiner Worte. Ich untersuchte ihn und reihte meine mitgebrachten Medikamente neben ihm auf.

Am Abend mußte ich das Militärhospital verlassen und ging in mein Hotel, ins ‚Ambassador', ein Haus ohne hölzerne Steife, ein bißchen zum Aufatmen, Auflockern - einfach behagliche Gastlichkeit.

Das Zimmermädchen fragte nach etwaigen Wünschen. „Nur Mineralwasser, bitte, und reichlich", bat ich.

Sie fragte, ob sie etwas sagen dürfe, und sprach recht gut deutsch: „Ihr Mann wird heimkehren, Colonnella, ganz bestimmt! Wir Italiener wünschen ihm Heimkehr, molto, presto!"

„Danke, tesoro, es ist sehr lieb von Ihnen!"

Wo hatte sie das nur her, ‚Colonnella' (Frau Oberst)?

In Gaeta hatte ich's oft gehört und darüber hinweggescherzt. Sie hatten mir einen Namen gegeben, aber manchmal klang er auch nicht gerade freundlich.

Und irgendwann fiel ich in tiefen Schlaf.

Am nächsten Morgen ging ich die Via Veneto hinauf in die Villa Borghese, den Pincio, jene herrliche Naturparkanlage von großer Schönheit. Wie hatte mein Mann gesagt? „Wer in Rom lebt, braucht nie in Urlaub zu fahren."

Ein leichter Wind lag in den Wipfeln der uralten Bäume. Ich atmete die frische Morgenluft, schritt kräftig aus und spazierte um das ‚Galopatoio'. Vor zwei Jahren hatte mich eine Freundin zu einem Reitturnier hierher mitgenommen, und ich schämte mich, weil diese Stunde mir beim Briefeschreiben für meinen Mann fehlte.

Eine steinerne Bank in der Sonne, eine kleine Verschnaufpause, ein Morgen der Entspannung, des Kräftesammelns.

Am frühen Nachmittag wurde ich im Militärhospital erwartet. Die Anlage dieses Institutes auf dem Monte Celio, einem der sieben Hügel Roms, beeindruckte mich sehr. Es war von Mussolini während des Abessinienkrieges 1936 zur Aufnahme Verwundeter erbaut worden.

Ein riesiges Portal mit massivem antikem Eichentor an der Stirnseite als Eingang in eine Halle des Hauptgebäudes, von dort aus führen zwei übereinanderliegende Brücken geradezu auf den Gebäudekomplex am Ende dieser Anlage. Rechts und links führen Verbindungsstege in die Krankenhäuser, die auf diese Weise gut zu erreichen sind.

Die Gefangenenabteilung für Offiziere befindet sich im dritten Stockwerk des Abschlußhauses und ist durch Treppenhaus oder Lift erreichbar. Außer Herbert Kappler befanden sich ein inhaftierter General und ein Oberst auf dieser Station, die wegen angeblichen Putschversuches mit dem Fürsten Borghese ihren Prozeß erwarteten und nicht bei bester Gesundheit waren.

Die Wachmannschaft bestand aus Carabinieri und saß an einem Tisch, der unserem vertrauten in der „guten Stube" der Festung glich, auf dem langen Gang, von dem die Krankenzimmer abgehen.

Mein Mann war in einer Art kleinem Appartement untergebracht, links um die Ecke vom Treppenhaus her, dann die letzte Tür rechts. Ein kleiner Flur mit Metallschrank, wie beim Militär üblich, links ein Stübchen als Salon, geradeaus die Krankenstube, von der man ins Duschbad mit WC trat. Die schweren Holzläden der Fenster waren geschlossen und mit dicken Eisenketten gesichert. Das Tageslicht drang nur durch schmale Fugen, ohne elektrisches Licht konnte man nicht lesen.

Am Tische sitzend fand ich meinen Mann.

Elend, ja, elend sah er aus, aber er strahlte mich an: „Ich hätte es nicht für möglich gehalten, daß du in dieses Institut…"

„…ich bin bei dir", unterbrach ich ihn.

Aber es gab auch genügend ‚Sachliches' zu erörtern. „Bitte ohne philosophische Betrachtungen, nüchtern und klar", bat mein Mann.

„Hm, ja, aber unter philosophischem Aspekt sieht alles ganz anders aus", erwiderte ich.

Wir lachten, der Wachposten schaute erstaunt um die Ecke und verzog sich wieder.

Und wie in Gaeta verflogen auch in Rom unsere Stunden.

Wir erfuhren, der Kommandant der Festung von Gaeta habe die Verantwortung für den Gefangenen abgelehnt. Trotz des katastrophalen Zustandes meines Mannes wurde erneut eine Tiefensonde von 50 cm Länge in den morschen Darm eingeführt. Meine große Sorge galt der Gefahr, der Darm könnte durchstoßen werden oder brechen. Für zehn Uhr des nächsten Tages war eine Rectoskopie anberaumt. Der Patient klemmte sich ein Taschentuch zwischen die Zähne, um nicht schreien zu müssen. Er war nicht befragt oder um die gesetzlich festgelegte Einwilligung zur Entnahme einer Gewebeprobe ersucht worden. Das war Körperverletzung!

Kurze Zeit später erörterten wir eingehend mit unserem Anwalt die Frage, ob Klage zu erheben sei oder nicht.

251

Mein Mann sah davon ab, um nicht zusätzliche Komplikationen zu schaffen.

Und ich hoffte darauf, bei in Aussicht stehender rascher Heimkehr den Schaden daheim noch kurieren zu können, und ich hoffte auch, daß die große innere Erleichterung über die wiedererlangte Freiheit den Kranken neu beleben und die Regenerationskräfte mobilisieren würde. Lauter Hoffnungen, und alle waren sie nur wie eine Fata Morgana.

Bei der nächsten Visite schlug der Generalarzt vor: „Ich fürchte, man muß ein Loch machen, dort am Bauch rechts." Mein Mann erteilte die Einwilligung dazu nicht.

Spätnachts landete ich mit der letzten Maschine in Hannover.

In Soltau mußte ich einen klaren Kopf behalten, denn die Arbeit in meiner Praxis lief weiter.

Verteidigungsminister Forlani hatte meine Besuche bei meinem Mann im Militärhospital genehmigt.

Am 6. März traf ich wieder in Rom ein und hatte vorsorglich eine ganze Woche für den Aufenthalt eingeplant. Im Flughafen Fiumicino lief ich prompt wartenden Reportern in die Arme und vor die gezückte Kamera. Kurz vor meinem Abflug hatte in Soltau noch die Staatsministerin im Bundeskanzleramt Marie Schlei angerufen, um sich über den Zustand meines Mannes informieren zu lassen.

Um einen möglichst kurzen Weg zu haben, nahm ich in der Nähe des Militärhospitals ein Zimmer im Hotel ‚Mediterraneo', verstaute dort schnell mein Reisegepäck und lief die neun Minuten zum Hospital, wo ich meinen Mann von 16 bis 20 Uhr besuchen durfte.

Am nächsten Tag hatte mein Mann eine lange Aussprache mit dem ärztlichen Direktor des Militärhospitals Oberstarzt Prof. Dr. Segala der die Anwendung der Regenaplex-Therapie erlaubte, aber auch vorschlug, deutsche Fachärzte nach Rom kommen zu lassen. Mein Mann bedankte sich für das Entgegenkommen, lehnte die Konsultation deutscher Ärzte jedoch ab und sprach hinsichtlich des Aufenthaltes im Hospital - trotz der Widerrechtlichkeit der Gewebeprobeentnahme - den italienischen Ärzten sein Vertrauen aus. Nachmittags besuchte ich wieder meinen Mann und fühlte gleich bei der Begrüßungsumarmung:

„Du hast ja Fieber, hohes Fieber!" Auch das noch! Glücklicherweise fand ich die nötigsten Regenaplexe in der Reisetasche, ordnete sie an und verabreichte sie in kurzen Abständen.

Oberstarzt Dr. Agresta schaute immer mal wieder zu uns herein, prüfte den Puls, fragte besorgt: „Wollen Sie nicht doch lieber Antibiotika nehmen?"

Mein Mann lächelte mir zu und sah dann den Arzt an: „Nein, danke, aber meine Frau bringt das schon wieder in Ordnung!" Nach einer Stunde kamen gleich drei Ärzte und ließen sich dreifach schriftlich bestätigen, daß sie von jeder Verantwortung entbunden seien. Zweimal dreifach, dachte ich, und hatte die Verantwortung für das Leben und den Zustand meines Mannes allein zu tragen. Im Hinausgehen drehte sich einer der Ärzte in der Tür um und sah mich ernst an: „Pneumonie, ist Ihnen das klar, Signora?"

„Ich weiß, aber das Fieber geht ja schon zurück, und er atmet auch leichter!"

„Und das nur mit den paar Tropfen?" wunderte sich der Doktor ungläubig und folgte seinen Kollegen auf den Flur.

Bis in den Abend blieb ich am Bett meines Mannes, versorgte ihn und überzog die Zeit, die mir genehmigt worden war, um fast zwei Stunden. Aber niemand hat das beanstandet. Als ich die Klinik verließ, war die Temperatur weiter gesunken, mein Mann fühlte sich besser, strahlte mich glücklich an und küßte meine Hände.

„Du warst eben aus dem Haus, als die Ärzte noch einmal wiederkamen und mich untersuchten, sie waren verwundert und wollten mehr über die Therapie wissen, ich habe sie an dich verwiesen", berichtete mir mein Mann am nächsten Tag. Er hatte nur einmal noch eine kurze Fieberwelle, dann blieb die Temperatur normal, und er konnte wieder aufstehen. Ich nahm seinen Arm und führte den Kranken durchs Zimmer, als plötzlich Prof. Cuttica in der geöffneten Tür stand. Ohne Umschweife kam er gleich zur Sache: „Annaliese, du schreibst sofort einen offenen Brief an Papst Paul VI. und bittest um Hilfe und Einflußnahme!"

„Jetzt gleich?" fragte ich leicht irritiert, „...ich wollte morgen wieder den Deutschlandreferenten im Vatikan aufsuchen!"

„Schreib' den Brief bitte sofort, ich werde ihn mitnehmen und sofort an die Zeitungen geben!"

„Wir haben doch keine Schreibmaschine! Soll ich denn von Hand schreiben?" fragte ich.

„Na also, mit den Füßen geht's ja wohl nicht!" wurde ich belehrt, räumte auf dem kleinen Tisch Bücher und andere Gegenstände beiseite, nahm Briefpapier aus der Schreibmappe meines Mannes und kritzelte mit bebender Hand auf den Bogen:

„Heiliger Vater,
ich bitte Euch in aller gebotenen Dringlichkeit, die vielfachen Bitten der deutschen Bundesregierung um Entlassung meines schwerkranken Ehemannes Herbert Kappler nach Deutschland mit den Möglichkeiten Eures hohen Amtes und der Macht Eurer Persönlichkeit zu unterstützen, bevor er in Italien stirbt!"

Prof. Cuttica schaute mir über die Schulter: „Los, gib her, mehr brauchst du nicht zu schreiben, das reicht!" und rannte aus dem Zimmer.

Zwei Stunden später telegrafierte ich vom Hotel aus auch gleich an Frau Minister Schlei, die mir umgehend über die deutsche Botschaft telegrafisch antwortete.

Am 9. März fuhr ich mit Prof. Cuttica in die Privatwohnung des Botschaftsrates Dr. Praller, wieder einmal mußte die Situation erörtert werden. Das Gartentor aus Eisengitter stand weit offen, über rote Steinplatten führte der Weg zum Haus. Rechts neben der etwa drei Meter hohen Eingangstür war die Klingel. Dr. Praller öffnete und bat uns ins Haus, dessen kultivierte Atmosphäre eine Wohltat für meine strapazierten Nerven war. Wir wurden ins Wohnzimmer geführt. Prof. Cuttica setzte sich mir gegenüber, Dr. Praller wählte den Sessel links neben ihm und sah mich tiefernst an: „Wie soll ich Ihnen das erklären, Frau Kappler, Sie wissen ja, daß Ihr Gatte sehr krank ist!"

Er senkte den Blick, und ich dachte spontan, jetzt wird er sagen, Sie müssen tapfer sein, ich muß Ihnen eine traurige Nachricht übermitteln. Prof. Cuttica ließ keinen Blick von mir und sah mich unverwandt an: „Du weißt doch, daß es Herbert nicht gut geht!"

„Was soll das", reagierte ich, „sonst säßen wir ja nicht hier!"

„Hm, ja, aber ist Ihnen auch klar, daß der Zustand Ihres Gatten - hoffnungslos ist?" kam's vorsichtig und gedehnt von Dr. Praller.

Ich sah in das Stück blauen Himmels, das ich von meinem Platz aus erblicken konnte, und schon schossen mir wieder die Tränen in die Augen. Ich stieß hervor: „Ich bin nicht hoffnungslos!" und sagte es mit allem Nachdruck.

Prof. Cuttica: „Es ist ein Adeno-Karzinom."

Dr. Praller sah auf und vervollständigte den Satz: „...Prognose infaust, also wirklich - hoffnungslos!"

Ich versuchte, meiner Tränen Herr zu werden und meine Beherrschung nicht zu verlieren: „Und warum wird er dann nicht sofort nach Deutschland verlegt, die Bundesregierung hat doch zahllose Male interveniert! Vor vielen Jahren hatte Rechtsanwalt Dr. Aschenauer in seinen Eingaben an die Regierungen in Bonn und Rom auf eindeutige Symptome hingewiesen, doch man war darüber hinweg zur Tagesordnung übergegangen!"

„Die Bundesregierung interveniert ja auch weiter", erklärte Dr. Praller.

Bloß nicht die Beherrschung verlieren, hämmerte es in meinem Kopf, und ich hatte begriffen, daß ich mit meiner Hoffnung auch in diesem Kreis allein stand. Gefaßt redete ich weiter: „Ich bin nicht hoffnungslos! Aber unter den jetzigen Umständen kann ich nicht genügend für meinen Mann tun!"

Prof. Cuttica schlug vor: „Man müßte den Botschafter bitten, mit Verteidigungsminister Forlani zu sprechen!" Da schoß ich hoch und brach erneut in Tränen aus: „...ich will mit dem Minister sprechen, bitte, meine Herren, ich will mit ihm sprechen!"

Dr. Praller eilte ans Telefon und rief den Botschafter an, es war ein kurzes, aber nachdrückliches Gespräch.

Prof. Cuttica fragte mich: „...und was willst du denn mit dem Minister besprechen?"

„Er soll meinen Mann sofort entlassen, damit ich ihm noch helfen kann!"

Dr. Praller hatte sein Gespräch mit dem Botschafter beendet und kehrte zu uns zurück, er schien mir erleichtert und nickte mir zu.

Da wurde die Seitentür des Zimmers geöffnet, Frau Praller schob einen Teewagen herein, begrüßte uns freundlich und bot Kaffee und Gebäck an. Veilchenduft zog durch den Raum. Ich wischte meine letzten Tränen weg und lächelte die Dame des Hauses an: „Der Kaffee duftet köstlich! Aber Veilchenduft...?"

„Hier", sagte sie und holte eine Kugelvase mit Veilchen hinter der Kaffeekanne hervor, „wir haben den ganzen Garten voll davon, sie blühen in diesem Jahr besonders üppig!"

„Wunderschön", bedankte ich mich und sog den Duft tief ein.

Prof. Cuttica hielt seine Kaffeetasse mit beiden Händen umschlossen, nippte nur wenig daran und nahm das unterbrochene Gespräch wieder auf: „Es müßte möglich sein, jetzt endlich den ganzen Fall zu bereinigen, indem Herbert schnellstens in ein deutsches Krankenhaus verlegt wird, ich werde das mit allem Nachdruck unterstützen! Was Ihr dann in Deutschland macht und wo Ihr Euch aufhalten werdet, ist nicht Angelegenheit der italienischen Regierung!"

„Das wurde mir auch aus Bonn gesagt", fügte ich hinzu, „denn mein Mann will nur nach Haus und nicht wieder in ein anderes Krankenhaus". Wir erhoben uns gleichzeitig, Dr. Praller begleitete uns hinaus ans Auto, wo Gianni wartete und mich zurück ins Hotel fuhr.

Inzwischen wurde in Rom heftig diskutiert, Rechtsanwalt Cuttica suchte den Staatspräsidenten auf, die Drähte liefen in allen möglichen Richtungen heiß.

Staatspräsident Leone ließ meinen Mann grüßen, seine Frau übermittelte Grüße für mich. Sollte sich nicht doch noch alles zum Guten wenden?

Zwei Tage später fand die Unterredung mit dem Minister statt.

Am Abend des 11. März 1976 fuhren Prof. Cuttica und ich in die deutsche Botschaft, dort stiegen wir um in die schwere Limousine des Botschafters und wurden von Polizei-Eskorte in den Palazzo des italienischen Verteidigungsministers Forlani geleitet.

256

„Es ist Ihnen doch klar, Frau Kappler, daß ich für Sie nicht dolmetschen kann", hörte ich unterwegs aus dem Mund des Botschafters.

„Danke, Herr Botschafter, ich habe verstanden."

Und wie hatte es aus Bonn geheißen? „Die deutsche Botschaft hat Weisung, Ihnen in jeder Hinsicht behilflich zu sein", wovon ich zu keiner Zeit Gebrauch gemacht hatte.

Nach förmlicher Vorstellung nahm das Gespräch mit dem Minister seinen Lauf. Souverän legte Prof. Cuttica die Sachlage dar.

Dem nachfolgenden Vortrag des Botschafters war spürbar zu entnehmen, wie unangenehm ihm das alles war. Ich war peinlich berührt und dachte, daß sich ein Italiener im umgekehrten Fall anders verhalten würde und daß Seine Exzellenz über den „Fall Kappler" vermutlich auch nur durch die Überschriften in gewissen Blättern informiert war.

Dann lag die Rede bei mir, es wurde italienisch gesprochen, meine grammatikalischen Fehler hielten sich in Grenzen. Die Herren folgten meinen Ausführungen.

Minister Forlani erhob sich, ging zum Telefon und ließ sich mit dem ärztlichen Direktor des Militärhospitals, Prof. Segala, verbinden. Ich achtete auf jedes seiner Worte, der Minister sagte: „In das Krankenzimmer von Col. Kappler kommt sofort ein Bett für seine Frau. Sie wird ihn ab sofort verantwortlich behandeln, betreuen und versorgen."

Ich wagte kaum zu atmen und wurde gebeten, in Begleitung eines hohen Luftwaffenoffiziers im Vorraum Platz zu nehmen. Freundlich bot mir der Herr eine Zigarette an. Was in meiner Abwesenheit erörtert wurde, sollte mir erst später klar werden. Die Mediziner hatten meinem Mann nur eine Lebenschance von wenigen Wochen zugemessen, länger könne ein Mensch in einem derartigen Zustand nicht überleben.

Wir verließen den Palazzo, wechselten vor dem Botschaftsgebäude in den Wagen des Anwalts, und endlich löste sich unsere Anspannung. „Los, Gianni", rief er, „ins Hotel, Annalieses Gepäck abholen und dann gleich zu Herbert!"

So rasch war Reisegepäck nie wieder fertig.

Gianni setzte den Wagen genau vor die Tür „unseres Gebäudes" im

Militärhospital. Unterwegs hatte Freund Cuttica noch gescherzt: „...hoffentlich hast du dein schönstes Nachtgewand dabei!"

„Mach keine Witze! Zum Scherzen ist kein Anlaß, man weiß ja gar nicht, was Herbert dazu sagen wird. Vergiß nicht, er war so lange Zeit allein! Für unser gemeinsames Leben daheim haben wir längst Pläne geschmiedet, aber hier - weißt du, das ist ein bißchen plötzlich!" Ich wurde ausgelacht.

Als wir zwanzig Minuten später vor ihm standen, fragte ich leicht verwundert: „...und wo ist denn nun mein Bett?" Da lächelte mein Mann ein wenig verlegen: „Aber Herz, das ist hier doch eine militärische Institution, hier können Frauen nicht übernachten!"

„Na und?" fragte ich.

„Ja, und die Wachsoldaten müssen in den Raum blicken können!"

„Na und? Ich lege mich bekleidet nieder!"

„Ja, aber du hast nicht mal ein eigenes Bad!"

„Na und? Daheim haben wir doch auch nur eines! Erst du, dann ich, kein Problem!"

„Und überhaupt, wo sollte das zweite Bett denn auch stehen können?"

„Aber Herz, erfinderisch waren wir doch immer, schau', so und so und so...", und da hörte man auch schon im Korridor ganz hinten zwei Paar Pantoffeln schlurfen.

„Jetzt kommt das Bett", stellte Prof. Cuttica fest.

„Ich kann das gar nicht begreifen", wunderte sich mein Mann noch immer.

„Siehst du, Franco, ich sagte ja, es wird ihm zu plötzlich und zu ungewohnt sein...", sah ich unseren Anwalt an.

Aber mein Mann unterbrach mich: „...also davon kann gar keine Rede sein!"

Da richtete sich der Professor zu voller Größe auf: „Es ist ein Befehl des Ministers!"

Endlich mal ein richtig schöner Befehl!

In der Tür standen zwei Ordensschwestern mit dem Bett - auf Rädern. Immer rollte es fort, bis zur letzten Stunde, es hatte geradezu etwas Symbolhaftes an sich.

Ich schob hier, rückte da, dort das Tischchen beiseite, drüben die Konsole fort, und bald war unser Zimmer auch mit dem zweiten Bett darin sogar behaglich.

Lächelnd verabschiedeten sich die Freunde.

Alles, was ich in jenen Minuten zu denken vermochte, gipfelte darin: „Wir brauchen endlich, endlich nicht mehr auf die Uhr zu schauen, noch zwanzig Minuten oder nur fünf! Schnell, wenn du noch etwas sagen willst! Das ist endlich vorbei! Wir sind erlöst von abgezählten Stunden und Minuten! Wenn ich nicht will, brauche ich keinen Augenblick fort von hier!"

„Aber du hast doch daheim deine Praxis", warf mein Mann ein.

„Ich weiß, Herz, aber das ist doch etwas anderes."

Wir waren nur von Dank erfüllt, keiner dachte oder sagte: Warum erst so spät? Fast zu spät?

Die Wachsoldaten hatten taktvoll ihren Beobachtungsposten vor unserer Tür auf dem Korridor ein paar Meter fortgezogen, die Flügeltüren mußten laut Dienstvorschrift weit geöffnet bleiben.

Ich vertrödelte so viel Zeit im Bad wie schon lange nicht mehr und schlich mich dann in mein Rollenbett, das seinem Namen alle Ehre erwies und prompt davonsauste, ein richtiger fahrbarer Untersatz. „Wenn ich Gas gebe, lande ich im Garten", lachte ich.

„Bekomme ich keinen Gutenachtkuß?" fragte leise mein Mann.

„Aber Herz, ich bin hier doch nicht aus Gründen von ‚amore', sondern zur ärztlichen Versorgung! Und nun schlaf gut!"

Das allerdings konnte niemand von uns, wir hatten uns noch so viel zu sagen nach diesem aufregenden Tag, der für uns ein echter Schicksalstag geworden war.

Der Oberstarzt zeigte am nächsten Morgen bei der Visite ein ärgerlich-erstauntes Gesicht, als er mich erblickte: „Davon weiß ich ja gar nichts! Es hat mich niemand informiert!"

Wer hatte denn da schon wieder den Hierarchienweg übersehen?

Eine schwere Darmblutung meines Mannes überschattete den nächsten Tag. Die Untersuchung ergab ebenso wie die letzte Röntgenaufnahme, daß sich Bariumrückstände festgesetzt hatten, sie mußten hochgiftig auf den geschwächten Körper wirken.

Am Abend des 21. März 1976 eilte Prof. Cuttica ins Zimmer: „Der Minister hat die ‚bedingte Freiheit' unterzeichnet!"

Dies bedeutete: „...daß Herr Kappler zur Zeit nicht mehr den Status eines Häftlings besitzt. Die Haftverschonung ist dahingehend eingeschränkt, daß Herr Kappler Italien nicht verlassen darf. Der italienische Verteidigungsminister hat darauf hingewiesen, daß bei einer Besserung des Gesundheitszustandes von Herrn Kappler die Haftverschonung widerrufen werden würde. Der Kriegsgefangenstatus von Herrn Kappler ist durch die Haftverschonung nicht berührt worden."

Ärzte, Sanitäter, Schwestern - alle freuten sich mit uns, und alle empfahlen und rieten: „Verlassen Sie sofort Rom, begeben Sie sich nach Norditalien, Mailand, Bozen oder gehen Sie an den Gardasee, suchen Sie sich eine Privatklinik!"

Ich flehte meinen Mann an: „Ich kenne da eine Privatpension in der Nähe Mailands, du wirst dich wohlfühlen! Und wenn wir zusätzlich ärztliche Hilfe benötigen sollten, sind wir für die Schweizer Freunde schnell zu erreichen!"

Aber mein Mann wollte den ordnungsgemäßen Ablauf der in Aussicht stehenden Entlassung nicht durch eine überstürzte Abreise nach Norditalien komplizieren und - blieb in Rom!

Nachts um halb eins hörte ich feste Männerschritte, schreckte hoch und blickte in vertraute Gesichter: Der Kommandant der Festung Gaeta mit seinen Ordonnanzen stand im Zimmer. Ich hatte Mühe, meinen Mann aus dem ersten Tiefschlaf aufzuwecken.

Der Kommandant war als Kurier gekommen und „entließ den Kriegsgefangenen in die bedingte Freiheit".

Der zuständige Carabinieri-Feldwebel löste die Ketten, die die Fensterläden verschlossen hielten und schloß die Türen. Nächtliche Kühle
strömte herein. Wir sahen direkt auf die Skulpturen von San Giovanni
in Laterano.

Am nächsten Morgen erschien der ärztliche Direktor des Instituts, Prof.
Segala, mit seinem Kollegium zu einem freundlich-förmlichen Besuch.
Wir standen zwanglos im Kreise. Die Herren erkundigten sich nach
Befinden und Ergehen, Herbert Kappler berichtete über seinen Zu-
stand und sagte dann aufrichtig: „Ich will leben! Für meine Frau will
ich leben, nachdem ich bereits mit dem Leben abgeschlossen hatte."

Ringsum versteinerten sich die Gesichtszüge, ich sah's, es prägte sich
mir ein, trat einen Schritt zurück und nahm die Hand meines Mannes.

Das Gremium verabschiedete sich.

Und ich hatte begriffen.

Wenn sie aus medizinischer Sicht keine Lebenschance mehr sehen,
würde jeder verantwortungsbewußte Arzt den Patienten mehr oder
weniger überzeugend getröstet haben.

Aber hier war weder Wort noch Geste tröstlich.

Nichts.

Ich schloß daraus: Entweder glaubten sie nicht an das Überleben meines Mannes oder sein Überleben war nicht erwünscht.

Ich blieb hellwach, es hämmerte in meinem Kopf: Man hofft nicht,
daß er überlebt!

Mein Mann erteilte Vollmacht, die ärztlichen Berichte der Deutschen
Botschaft zur Weiterleitung an das Auswärtige Amt zu übergeben.

In der Universitätsklinik Heidelberg stand ein Bett zur Aufnahme bereit für den Fall, daß eine Verlegung nach Deutschland nur unter der
Voraussetzung eines Klinikwechsels möglich sei. Freunde hatten sich
mit großer Mühe eingesetzt.

Am Abend dieses denkwürdigen Tages saß ich noch lange an der Ballustrade unseres Fensters zum Lateran hin. Mit einbrechender Dunkelheit gingen ringsum im großen Wildpark die Straßenlaternen an. Nur die, die an der Ecke „unseres" Hauses stand, blieb duster! „Unsere Ecke" lag also bei Nacht im Dunkeln. Ich wies meinen Mann darauf hin: „...schau' mal, alle Laternen brennen, nur diese eine nicht!"

„Ich werde gleich morgen den Feldwebel bitten, nachzusehen", und nachmittags war die Glühbirne ausgewechselt, abends beleuchtete sie pflichtschuldig unsere Ecke.

Und diese Straßenlaterne sah ich abends oft an, ohne ahnen zu können, wie wichtig sie für uns werden sollte.

Fluchtplan? Kein Gedanke daran! Noch lange nicht!

Blumen trafen ein, Blumen über Blumen und Glückwünsche von überall her. Dicke Blumengebinde schleppte die Ordensschwester Maria Guilia in die Hospitalkirche, an deren Gottesdienst ich oft teilnahm.

Es war schon ein kleiner Vorgeschmack der wirklichen Freiheit, denn Besucher durften empfangen werden ohne vorherige Genehmigung des Ministers. Intensiv führte ich therapeutische Maßnahmen durch, hilfreich stand mir der Sanitäter bei und begriff zu meinem Erstaunen sofort, worauf es ankam.

Schwester Maria blieb unser Engel, besorgte die Nahrung nach meinen Grundsätzen, verabreichte die Medikamente während meiner Abwesenheit, sprach oft mit uns das Abendgebet und hatte allzeit ein gutes Lächeln in den Zügen. Sie wurde von allen geliebt.

Heimflug; ich flog im wahrsten Sinne des Wortes und nicht nur mit der Lufthansa, sondern auch im Wagen von Hannover nach Soltau und dann die Treppen hinauf in die Wohnung. Drei Tage Sprechstunde mit irrem Programm, für meinen Mann die Nahrung zubereiten und einfrieren, um sie dann mit nach Rom zu nehmen. Wäsche mußte versorgt werden und viele andere Dinge. Dann ging es gleich wieder zurück nach Rom.

Monsignore Krahe aus der deutschen Botschaft beim Heiligen Stuhl übersandte uns zwei Rosenkränze aus der Hand des Heiligen Vaters, Paul VI. Einen goldenen für mich, Silber für Herbert.

Freund Garulli, ein alter Freund aus der ersten Zeit Herbert Kapplers in Rom, machte einen Krankenbesuch. Ein Wiedersehen nach vielen, vielen Jahren.

Ein neuer Lebensrhythmus war plötzlich da, ein völlig verändertes Zeitgefüge: Drei Tage Praxis in Soltau, der Rest der Woche gehörte meinem Mann in der römischen Klinik.

Ende März gab mein Mann zwei Erklärungen für die Klinikakten zu Protokoll:

1) Verzicht auf Hinzuziehung deutscher Fachärzte,

2) Entbindung von Verantwortung der italienischen Sanitätsbehörde in therapeutischer Hinsicht, weil biologische Medizin durch seine Frau.

Der Oberstarzt hatte lange während der Morgenvisite mit Herbert Kappler gesprochen, dann bat ich ihn um eine persönliche Unterredung. In seinem Ordinationsraum eröffnete mir der Arzt, daß unabhängig voneinander zwei römische Institute die Diagnose gesichert hätten.

„Ihr Gatte hat Krebs, Signora, es handelt sich um ein Adeno-Karzinom, dessen Mindestalter auf fünfzehn Jahre geschätzt wird, wie die Gewebeprobe erwies. Aber wir fanden keine Metastasen."

Der Arzt malte auf ein Blatt Papier, wie sich der Tumor darstellte und führte mir die Röntgenaufnahmen vor.

Schulterzucken, Hoffnungslosigkeit, keine Überlebenschance.

Warten auf den Tod!

Warten auf den Tod?

Das Mindestalter des Tumors lag bei fünfzehn Jahren, hatte mir der Arzt eröffnet. Das Anfangsstadium wies also in jene Zeit um 1962 zurück, als Anwalt Dr. Aschenauer auf das schlechte Befinden Herbert Kapplers hinwies, das niemand ernst genommen hatte. Mir sträubten sich die Haare.

Im Erdgeschoß des Gebäudes begegnete mir einer der Stationsärzte, nahm meinen Arm und führte mich hinaus in die schon leicht wärmende Sonne auf eine steinerne Bank am Rundbrunnen.

Er fragte mich sehr direkt nach dem Unterschied zwischen unseren Berufen, dem des Arztes und demjenigen des Heilpraktikers, der in Italien nicht üblich ist. Und wie ich denn überhaupt die ungeheure Verantwortung für das Leben meines Mannes übernehmen könne, und - diese Therapie, was es mit dieser Therapie auf sich habe?

„Wissen Sie, dottore, das ist eine lange Geschichte und eigentlich auch eine der Sternstunden in meinem Leben."

Ich berichtete ihm, wie es damals am 5. April 1962 begonnen hatte:

„Nach einem langen Arbeitstag sehnte ich das Ende meiner Sprechstunde herbei und verabschiedete den letzten Patienten. Plötzlich saß noch ein Herr im Wartezimmer, ich bat ihn in den Behandlungsraum. Er stellte sich vor: „Stahlkopf"

Ich prallte zurück: „Herr Stahlkopf! Sie leben noch?!"

Er lachte: „Das kann man wohl sagen!"

Wir unterhielten uns lange an diesem Abend. Unser Gespräch wurde der Auftakt zu allem, was sich ereignen sollte.

Günter Carl Stahlkopf hatte nach dem Krieg in der weiteren Umgebung unserer Stadt eine Fabrik aufgebaut, wurde krank, schwerkrank, schließlich hoffnungslos krank im Alter von Anfang dreißig Jahren. Er gab ein Vermögen aus für Ärzte, Professoren, Kliniken, bis er begriffen hatte, daß man sich mit Geld die Gesundheit nicht zurückkaufen kann.

Alles, was in der damaligen Zeit auf medizinischem Sektor Rang und Namen hatte, stand an seinem Krankenbett. In seiner schwersten Krise wog dieser Kranke noch ganze sechsunddreißig Kilogramm: ein Beutel Haut, in dem die Knochen schlotterten. Keine medizinische Koryphäe konnte auch nur einen Hoffnungsschimmer vermitteln.

In seiner Not ließ sich der Todkranke auch Homöopathen ans Bett holen; so lernte auch mein Vater ihn kennen, der im September 1954 darüber hinwegstarb. Der Name und das unbeschreibliche Elend dieses Mannes blieb unserer Familie vor Augen. Immer wieder fragte jemand: „Ob Herr Stahlkopf wohl noch lebt?"

Am 15. 5. 1955 wurde Stahlkopf selbst zu einem infausten Fall mit einer Lebenserwartung von optimal zwei bis vier Wochen. Zuletzt wurde Leukämie festgestellt als Ausgangsdiagnose, wonach 95 Prozent aller Drüsen als krebskrank erkannt wurden. Aufgrund seiner vorjährigen Krankheitsbeurteilung hatte Stahlkopf diesen Zustand schon zwei Jahre vorher den Ärzten angezeigt, weil er die bis dato vorhandenen klinischen Werte nach seinem Kausaldenken ausgedeutet hatte.

Lebenswille in absoluter Todesangst trieben ihn dann zur Vervollständigung seiner Forschung.

Und nun stand er vor mir, schmal zwar, aber er wirkte vital:

„Ihr Vater sagte mir kurz vor seinem Tode, ‚Sechs Kinder habe ich, aber nur eines davon hat meine Gaben geerbt, meine Tochter Anneliese, doch sie hat ja geheiratet.‘

Ich wollte die Tochter vom alten Wenger kennenlernen, deshalb bin ich gekommen."

Am nächsten Abend suchte er mich wieder auf, stellte drei kleine Fläschchen auf meinen Schreibtisch und sagte: „Da, nehmen Sie das! Ich habe es Ihnen handverschüttelt und zusammengebraut. Wie sehen Sie denn aus! Sind selbst nicht gesund und wollen anderen Leuten helfen. Nehmen Sie die Tropfen aber auch wirklich ein!"

Da fuhr ich hoch, unser erster dialektischer Ringkampf.

Ich hatte gerade eine schwere Operation hinter mir, es war auf Leben und Tod gegangen, Unfallverletzungen, Schädelbrüche, Hirn-Embolie und manches andere. Ich hoffte auf die Kunst der Ärzte.

Herr Stahlkopf ging nicht etwa zimperlich mit mir um. Ich schob die Pillenschachteln beiseite, stellte sie immer tiefer ins Regal und warf sie eines Tages in den Papierkorb. Folgsam nahm ich Stahlkopfs Tropfen ein und machte Studien am eigenen Objekt. Bald war mir klar, wenn ich meinen Patienten wirklich helfen wollte, dann brauchte ich diese Medikamente.

Immer mehr bettelte ich ihm ab, reichte sie ohne Bezahlung an meine Patienten weiter und begann, Stahlkopf zur Gründung einer Heilmittelfirma anzuregen.

Er lachte mich einfach aus: „Wer soll denn das begreifen, was ich hier entwickelt habe!"

Grund genug, um lange darüber nachzudenken. Immer neue Medikamente rang ich ihm ab und sprach Krankheitsfälle mit ihm durch. Er hatte inzwischen aus klimatischen Gründen seinen Wohnsitz in die Schweiz verlegt.

Für mich stand fest: Ich konnte auf seine Präparate nicht mehr verzichten. Alle vier bis sechs Wochen fuhr ich zu ihm in die Schweiz, bot all meine Kraft und Energie auf, ihn systematisch zu bearbeiten: „Sie müssen eine Heilmittelfirma schaffen!"

Wortgefechte mit scharfer Klinge waren nicht zu zählen und kosteten Nerven. Er wurde ärgerlich: „In spätestens zwanzig Jahren gehen unsere Wälder zugrunde und zwar weltweit! Die Erde ist dann so weit vergiftet, daß sie stirbt und versteppt! Und niemand will begreifen, daß man entgiften muß und entgiften kann, ohne neue Schäden zu verursachen!"

Er schrie's heraus.

Wieder ein Stichwort für mich.

„Jeder Arzt, der seinen Patienten wirklich helfen will, kann an Ihren Erkenntnissen nicht vorbeigehen", sagte und schrieb ich ihm und ließ nicht locker, ihn davon zu überzeugen.

Schließlich meldete er in der Schweiz seine Firma an, ich wurde der erste Verordner seiner biologischen Heilmittel.

Die Medikamente wurden über den Zoll in kleinen Mengen direkt an meine Patienten verschickt. Das war den Apothekern ein Dorn im Auge, sie erstatteten Anzeige gegen mich bei der Bezirksregierung, und schon hing das Damokles-Schwert der Praxisschließung über mir.

Wenig später wurden die Mittel ordnungsgemäß beim Bundesgesundheitsamt als „Regenaplex" angemeldet. Ich konnte aufatmen.

Schwere gesundheitliche Krisen blieben Stahlkopf im Laufe der Jahre nicht erspart. Aber ich fand bald heraus: Nach jedem Rückschlag, der ihn buchstäblich und oft genug ins offene Grab stürzte, zog er sich am eigenen Schopf wieder heraus und hatte eine Fülle neuer Erkenntnisse gefunden.

Das hört sich heute so einfach an und war doch jedesmal mit unvorstellbarer Not und Qual verbunden, aus der er seine Therapie als echte Ganzheits-Zell-Regenerations-Möglichkeit geschaffen hat, mit der sich heute ein großer Ärztekreis befaßt.

Stahlkopf hat seine bahnbrechende Therapie nicht als Student vom Katheder herunter vermittelt bekommen, er hat sie buchstäblich am eigenen Leibe in Höllenqualen erlitten. Dadurch wurde sie für mich überhaupt erst glaubwürdig, denn es handelte sich nicht um graue Theorie.

Die Erklärungen meines Vaters vom Aufbau der Zelle, ihrer Funktion und den Einflüssen, denen sie ausgesetzt ist, habe ich nie vergessen; diese Ausführungen waren mit Stahlkopfs Erkenntnissen und seiner bio-molekularen Zell-Regenerations-Therapie identisch.

Mein Mann als Naturwissenschaftler hatte rasch erfaßt, was es mit dieser Therapie auf sich hatte, er würde sie sonst kaum angenommen haben und war wissenschaftlich entsprechend gebildet, um sie beurteilen zu können.

Für mich war's wie eine Erleuchtung. Ich „wußte" einfach, daß dieser Therapie und Stahlkopfs Erkenntnissen eine ganz außerordentliche Bedeutung zukommt.

Sehen Sie, dottore, der Todkranke, von dem ich Ihnen hier berichte, war viel elender als mein Mann, und das Krebsgeschehen hatte in seinem Körper noch weitaus größere Verheerung angerichtet. Aus dieser erlittenen Not ist ja überhaupt erst diese Therapie geboren worden.

Und das ist der Grund, weshalb ich Ihre Hoffnungslosigkeit nicht zu teilen brauche. Die große Problematik liegt in den äußeren Umständen, in der Tatsache, daß ich über Jahre hinweg praktisch behindert war in der Anwendung dieser Therapie und daß mein Mann unter den vorliegenden, unbeschreiblichen inneren Druckmomenten keine freie Energie entfalten konnte, die jeden Heilungsprozeß unterstützt."

Der Arzt sah mich lange an und sagte dann nachdenklich: „Zu allen Zeiten gab es Menschen, denen eine besondere Bedeutung zukommt und die außerordentliche Missionen zu erfüllen haben. Zellen zu regenerieren, ohne sie zu schädigen, war schon der Traum der Ärzte in der Antike!"

„Ich bin der Überzeugung, und es hat sich zahllose Male in meiner Praxis erwiesen, daß es Stahlkopf gelungen ist, den Code zur ursächlichen Zellregeneration zu finden. Man hat den Eindruck, in dem Mann ist Jahrtausendwissen", antwortete ich.

Wir verabschiedeten uns, ich schlenderte allein durch die Anlagen des weitläufigen Parks.

Ich sah nicht, wohin ich trat und versuchte, meine Gedanken zu ordnen. Wie viele Momente griffen da ineinander. Tatsache war, und sie ließ sich nicht leugnen, daß die Untersuchungen meinem Mann schwer zugesetzt hatten. Darüber half weder die Freundlichkeit der Ärzte noch die der Schwestern hinweg. Der Ernst der Situation stand mir deutlich vor Augen. Würden die Gerichte bald entscheiden?

Ich bestürmte Prof. Cuttica, vielleicht wußte er noch etwas, das mir verheimlicht worden war? Doch auch er riet nur zu Geduld und hoffte mit uns auf den so heißersehnten Gerichtsentscheid.

Ende März 1976 mahnte die Deutsche Botschaft, daß neue Publikationen den für Mai in Aussicht gestellten Beschluß negativ beeinflussen würden. Immer wieder versuchten Journalisten, meinen Mann zu sprechen. Und immer wieder baten ganze Besuchergruppen auch aus den USA und England um Empfang. Damit waren die Kräfte des Patienten überfordert, und so blieb es ein kleiner Kreis, mit dem er sprach. Eines Tages stand plötzlich der Prinz von Calabrien zu einer freundlichen Begrüßung vor uns; sympathisch, ein sonniges Lachen in den Zügen.

Mit der Abendmaschine flog ich zurück; drei Tage Soltau und jede Minute ausgefüllt. Die Familie sprang ein, wo immer es nötig war. Telefonische Besprechungen mit Politikern, Bundeskanzleramt, mit den Herren Referenten des Bundespräsidenten und der Minister ebenso wie mit den kirchlichen Würdenträgern beider Konfessionen.

Mein Sohn holte aus der Festung von Gaeta die Sachen meines Mannes ab und brachte sie nach Soltau.

„Zurück in die Festung kommt er auf keinen Fall", hieß es immer wieder gleichlautend aus den verschiedensten Institutionen.

Im Militärhospital bot man durch die Carabinieri wiederholt meinem Mann an: „Sie können sich in ganz Italien frei bewegen, lassen Sie uns wissen, wenn Sie spazierengehen möchten oder eine Ausfahrt in Begleitung vorziehen."

Ich riet zu, der Kranke winkte ab: „...noch zu matt."

Dafür nahm er ein anderes Anerbieten an und ließ mich von Soltau aus während meiner kurzen Aufenthalte dort mit ihm telefonieren. Er brauchte dazu nur ein Stockwerk tiefer ins ärztliche Beratungszimmer zu gehen, das in den Abendstunden nicht benutzt wurde.

In Bonn hatte sich eine interfraktionelle Arbeitsgruppe gebildet, die sich des „Falles Kappler" annahm: Dr. med. Botho Prinz zu Sayn-Wittgenstein, CDU; Torsten Wolfgramm, FDP; Adolf Scheu, SPD.

Um sich an Ort und Stelle zu informieren, traf Prinz Botho Mitte April zu einer langen und offenen Aussprache in Rom ein. Der warmherzige Arzt wurde mit seiner Anwesenheit eine Wohltat für Herbert Kappler. Nach einem langen Gespräch in „unseren Räumlichkeiten" suchte er den deutschen Botschafter auf. Am Abend trafen wir uns wieder, er schien uns schweigsamer.

Dann kamen Freunde aus Deutschland zu kurzem Besuch, viel Menschlichkeit und Wärme wurde uns zuteil, wenn auch real niemand helfen konnte.

Ich war mit meinem Wagen nach Italien gefahren und parkte ihn neben vielen anderen seitlich in der Gartenanlage des Hospitals. „Nimm doch die Vorschläge an", bat ich meinen Mann, „und laß uns hinausfahren, es wurde uns doch auch Begleitung angeboten. Du darfst dich in Italien frei bewegen! Wir werden uns einen stillen Pinienhain suchen, damit du endlich etwas anderes unter den Füßen spürst als Zement oder Fliesen. Und du brauchst dringend Sauerstoff, frische Luft! Seit Monaten bist du nur im Haus! Zum Abendessen werden wir zurück sein."

Ich machte ihm die verlockendsten Vorschläge, aber er schwieg. Dafür wanderten wir dann Arm in Arm den langen Korridor entlang, vierundfünfzig Schritte hin und vierundfünfzig zurück.

In Soltau hatte Erika zu jeder Heimkehr frische Blumen auf meinen Schreibtisch gestellt. Ich übersah sie nie, doch es tat weh, ganz eigenartig weh; Freude, die schmerzt. Zu danken vermochte ich ihr nur selten.

In Rom empfing Herbert Kappler in der Zwischenzeit wieder Besucher; deutsche Rot-Kreuz-Schwestern auf Durchreise, amerikanische Offiziere, drei irische Ordensschwestern. Zwei der Schwestern hatten Monsignore O'Flaherty noch gekannt, jenen Priester, der aus Irland stammte und viele Jahre in Rom verbracht hatte.

Margitta kam, sie stammte aus Jugoslawien. Während des Krieges war sie Partisanin. Auch ihre Schwester gehörte der Gruppe an und wurde von Deutschen erschossen. Ich sah sie verwundert an: „Und Sie kommen zu uns?"

Sie umarmte mich: „Der irrsinnige Krieg ist schon so viele Jahre aus, wir wollen Freunde sein!"

Lange sprach sie mit meinem Mann wie eine alte Vertraute. Als sie sich verabschiedete, sagte er leise: „...wenn nur alle so dächten."

Gegen Abend rief ich wieder im Vatikan an und sprach mit Monsignore Rauber, der mich bat, doch gleich zu einer persönlichen Unterredung zu ihm zu kommen. Eine halbe Stunde später war ich bei ihm und hörte: „Alles, was wir hier besprechen, wird sofort dem Heiligen Vater mitgeteilt, der sich über alle Vorgänge informiert und durch seine engsten Mitarbeiter Kontakt zum Militärhospital unterhält. Es steht fest, daß Ihr Gatte nicht wieder in die Festung zurückgebracht wird, sondern gleich von Rom aus nach Deutschland entlassen werden soll."

Der Priester wollte noch etwas über die von mir angewandte Therapie wissen, denn Papst Paul VI. interessiere sich dafür. Ich wies auf Herrn Stahlkopf hin, der diese wunderbare Therapie entwickelt hatte und alle Einzelheiten dazu besser darlegen könnte als ich. Wir verabschiedeten uns, zwei Männer von der Schweizer Garde geleiteten mich durch den Innenhof zurück zum Ausgang. Und weil kein Taxi in der Nähe war, lief ich so schnell ich konnte, um meinem Mann die gute Nachricht sofort zu überbringen.

In Bonn wurde eine Pressekonferenz abgehalten. Prinz zu Sayn-Wittgenstein ließ rasch einige Pressestimmen nach Soltau übersenden.

nneliese Kappler in einem Behandlungsraum ihrer Praxis.

Anneliese Kappler 1962, als der Kontakt zu Herbert Kappler begann.

Herbert Kappler 1947 im Entlassungslager Dachau.

KAPITEL 11

Das Gnadengesuch ist unterzeichnet

Wir bangten dem 5. Mai entgegen, dem Tag, an dem das Verfassungsgericht darüber entscheiden sollte, welches Gericht über die Anwendung des Artikels 176 zu befinden habe.

Mein Mann vertraute seinem Tagebuch an: „Der für meine Zukunft entscheidende Tag."

Kurz vor Mitternacht traf ich wieder mit dem Wagen in Rom ein, wir lagen bis in die Morgenstunden wach, nur von dem einen Gedanken bewegt: Wie wird das Gericht entscheiden?

Von der deutschen Botschaft in Rom wurde meinem Mann ein neuer Reisepaß überbracht, ausgestellt am 6. Mai 1976. Damit war er ein Bürger der Bundesrepublik Deutschland, für den auch das Grundgesetz seine Gültigkeit hatte.

Die Verkündung des Urteils ließ auf sich warten. Am Abend des 21. Mai fand in Rom ein größerer Empfang statt, zu dem auch die Generalrichter eingeladen waren. Am nächsten Tag erfuhr man diskret: „Der Botschafter der Bundesrepublik Deutschland hat den zuständigen General nicht auf das Urteil angesprochen, obwohl die Gelegenheit denkbar günstig war!" Das war unbegreiflich.

Einer der jungen Anwälte meinte dazu: „Das sind doch die Gelegenheiten, wo die Herren ihre Politik machen, beim Sektfrühstück,

Arbeitsessen oder im Bierkeller. Was am Konferenztisch verbissen wirkt, klingt mit einem Glas in der Hand ganz anders!"

Bis in die späte Nacht saßen wir an der Balustrade unseres Fensters. Nach langem Schweigen kam ein Plan in mir auf: „Laß uns bitte jeden Tag eine kleine Ausfahrt mit dem Wagen unternehmen, fünf-, sechsmal mit Begleitung. Und dann fahren wir einfach allein nach Norditalien, um dort die Entscheidung über deine Freiheit abzuwarten. Und wenn es zu lange dauern sollte, fahren wir eines Nachts über die Grenze! Du hast ja deinen Paß!"

Mein Mann schwieg so lange, daß ich glaubte, er habe mich nicht verstanden.

„Laß mich bitte hier abwarten, solange noch Hoffnung auf Heimkehr besteht", sagte er langsam.

Für die nächste Reise nahm ich wieder das Flugzeug.

26. Mai 1976: „Das Urteil steht fest, teils auch geschrieben, Kompetenz definiert: Tribunale Territoriale Militare, also das Militärtribunal. Die Akten werden in etwa fünf Tagen dorthin abgegeben", teilte Rechtsanwalt Cuttica mit.

Erleichtert flog ich mit der Maschine um zehn Uhr dreißig von Fiumicino über Frankfurt nach Hannover, wo ich meinen Wagen im Parkhaus abgestellt hatte und war gegen Abend wieder in Soltau.

Ich war noch dabei, Koffer und Taschen auszupacken, als das Telefon läutete. Eine Patientin aus Walsrode: „Endlich erreiche ich Sie! Unsere Kleine hat Brechdurchfall mit Fieber, und Husten hat sie auch, wenn das bloß kein Keuchhusten ist! Sie kennen ja unsere Ursel, die stellt sich sonst nicht an!"

„Ich komme eben aus Rom zurück, packen Sie das Kind ins Auto und kommen Sie her!"

„Sie hat fast 40 Fieber! Können Sie nicht gleich nach Walsrode kommen?" bat die Patientin.

„Ich komme und bringe die nötigsten Medikamente gleich mit", versprach ich, nahm meine Praxistasche und holte den Wagen aus der

Garage. Noch im Anfahren überdachte ich, was an diesem Abend noch alles zu tun sei. Bis Walsrode sind es 26 Kilometer, etwa eine Stunde würde ich für das kranke Kind brauchen und gegen 22 Uhr zurück sein. Die Wäsche für meinen Mann mußte noch am gleichen Abend in die Waschmaschine, um sie rechtzeitig reisefertig zu haben. Zum Trocknen breitete ich sie im Wohnzimmer aus.

Im Dachgeschoß war ein kleines Stübchen mit Schrägdach zur Schreibstube geworden, dort schrieb ich noch nachts Briefe an den Präsidenten des Heimkehrerverbandes, Dr. Imle, an Präses Wilm und Außenminister Genscher mit einem „Bericht zur Lage".

Weil ich meinen Mann auf eine bestimmte Ernährung gesetzt hatte, mußte ich auch dafür sorgen, daß die entsprechenden Nahrungsmittel für ihn bereit waren. Spätnachts wurden aus biologisch reinem Mehl und Schrot Brötchen gebacken und Kuchen ohne Zucker mit etwas Bienenhonig. Als das im Backofen war, schrieb ich den Einkaufsplan für den nächsten Tag, um meinem Mann seine geliebten Spätzle und das schwäbische Nationalgericht Maultaschen zubereiten zu können. Dabei half mir oft meine Freundin Erika, egal, wie spät es war.

Die Maultaschen entsprachen allerdings nicht ganz dem Originalrezept, denn anstelle von Spinat für die Füllung mogelte ich Grünkohl hinein, was mir regelmäßige Beanstandungen meines Mannes eintrug: „Echte Maultaschen sind das aber nicht!"

Meine Sprechstunde begann am nächsten Morgen um neun , mit sorgfältigster Einteilung waren die Patienten vorbestellt, mehr als dreißig bis fünfunddreißig Patienten waren kaum zu betreuen. Mittags gab's eine Pause von ein bis zwei Stunden, in denen Erika das Mittagessen kochte. Mein damaliger Praxis-Assistent Siegfried Baltz aus Uelzen kam zu den Sprechtagen herübergefahren und wurde mir zu einer großen Hilfe.

In der Mittagszeit wurden auch die Einkäufe erledigt. Nach Praxisschluß, oft erst um 21 Uhr, waren fällige Hausbesuche zu machen. Ich mußte mich um das kranke Kind in Walsrode kümmern, dem es aber schon besser ging, und in Schneverdingen einen Patienten versorgen, der mit einer akuten Nierenbeckenentzündung darniederlag. „Egal, wie spät es wird, Hauptsache, Sie kommen", wurde mir am Telefon gesagt, als ich empfahl, einen Arzt zu konsultieren.

Bis spät in die Nacht hinein waren Erika und ich dann noch mit der Herstellung von Spätzle und Maultaschen beschäftigt, deren Teig aus unbehandelten Produkten gemacht wurde. Wir arbeiteten Hand in Hand, eine rührte den Teig an, die andere schlug die Eier hinein, setzte dann das Wasser zum Garen auf und stand mit der Spätzlepresse bereit. Beim Durchpressen des Teiges lösten wir einander ab, weil es eine mühselige Arbeit war. Dann wurde der Maultaschenteig ausgerollt und mit einem Rädchen in kleine Vierecke ausgestochen, auf die Füllung gegeben wurde, die dann ebenso wie die Spätzle in kochendem Wasser gegart wurden. Stunden nahm das in Anspruch; als wir damit fertig waren, kneteten wir gleich auch noch Fleischbällchen aus Rindfleisch, das ich zwischenzeitlich vom Bauckhof aus biologischer Tierzucht geholt hatte. Das alles wurde dann portioniert eingefroren, damit ich es mit nach Rom nehmen konnte. Und es mußte auch für diejenigen Tage ausreichen, in denen Schwester Maria während meiner Abwesenheit meinen Mann versorgte.

Während des Tages und oft auch in den Abendstunden telefonierte ich bei kurzer Arbeitsunterbrechung mit den deutschen und italienischen Anwälten, mit Vorzimmern der Bonner Regierungsstellen, Helfern aus Freundeskreisen und mit meiner Familie.

Die Aussicht, die Prof. Cuttica vermittelt hatte, ließ die deutschen Anwälte aufatmen. Ich flog wieder nach Rom. Vielleicht zum letzten Mal?

Tiefernst empfing mich mein Mann am Lift. Ich fragte bestürzt: „Was ist?"

„Komm", nahm er meinen Arm, „der Pferdefuß."

Und in unserem Zimmer fuhr er fort: „Es geht nicht ohne ein neues Gesetz!"

Das war unsere Fallgrube.

„Erstmal einen Cognac...," ich suchte, wir hatten keinen.

Lächelnd stand Schwester Maria in der Tür: „Kann ich helfen?"

„Wohl kaum, meine Frau braucht einen Cognac!"

„Hab' ich doch alles! Moment bitte, der hier ist aus Spanien, er ist gut!"

Wir konnten wieder lachen, wenn auch nicht unbeschwert. Am nächsten Tag trafen wieder Besucher ein, die wir nicht abweisen mochten. Ein Ehepaar aus Brasilien auf Europatrip, sie hatten drüben in der Zeitung von Herbert Kappler gelesen. Und wieder eine irische Ordensschwester, hochbetagt: „Und wie hat Ihr Schicksal Monsignore O'Flaherty am Herzen gelegen!"

Nachts bekam mein Mann hohes Fieber, eine neue Krise, Herzattacken; nur allmählich wurde ich Herr der Situation. Der Hauskaplan kam und sprach seinen Segen.

Der nächste Morgen brachte mit der Sonne auch einen Hoffnungsschimmer. In Kürze würden sich die Verfassungsrichter beraten. Das war schon etwas mehr als nur ein Seidenfaden!

Wiederum erleichtert flog ich heim, doch immer auch mit der Besorgnis: Wo wird der nächste Pferdefuß lauern? Rom - Soltau - Rom, drei Tage Soltau, drei Tage Rom, zwei halbe Reisetage, so sah meine Woche aus.

Am 2.Juni 1976 wurde im ORF-Magazin „teleobjektiv" ein Beitrag über Herbert Kappler gebracht. Er wurde darin als Mörder und Verantwortlicher für die Repressalmaßnahmen am 24. März 1944 in Rom dargestellt, für den es keine Strafermäßigung geben dürfe.

Dem verantwortlichen Redakteur Prof. Claus Gatterer waren vor der Sendung dokumentarische Unterlagen zum Sachverhalt zugeschickt worden, da die Ankündigung der Sendung in den Programmzeitschriften eine unzutreffende Darstellung des „Falles Kappler" befürchten ließ.

In Anbetracht der Tatsache, daß der WDR, das Deutsche Fernsehen, die „Frankfurter Allgemeine Zeitung" und „Die Welt" 1975 und 1976 bereits objektive und ausgewogene Darstellungen des „Falles Kappler" gebracht hatten und dies dem ORF ebenfalls vor der Sendung mitgeteilt worden war, mußte der Beitrag als ein vorsätzlicher Versuch angesehen werden, die Bemühungen von Außenminister Hans-Dietrich Genscher und Bundeskanzler Helmut Schmidt zu beeinträchtigen.

Mitte Juni machte mich die Stationsschwester mit Signora Foscolo bekannt, ihr Mann, der höchste Militärrichter Italiens, lag wegen einer Erkrankung im unteren Teil des Gebäudes. Wenig später führte sie mich zu ihm zu einem freundlichen Gespräch.

Und wieder eine neue Fieberwelle! Ich erschrak, das Blutbild meines Mannes war besorgniserregend. „Du mußt an die frische Luft! Das geöffnete Fenster reicht doch nicht aus! Und keine natürliche Bewegung! Jedem vernünftigen Arzt würden sich die Haare sträuben!"

Wir erfuhren, dem Verfassungsgericht sei vom Büro des Ministerpräsidenten mitgeteilt worden, daß Herbert Kappler sich auf dem Wege der Besserung befinde. Also wieder haftfähig? Würde die „bedingte Freiheit" aufgehoben? Der Anwalt protestierte.

Bis in den frühen Sommer zogen sich die widersprüchlichsten Nachrichten und Informationen aus den Ministerbüros hin. Es ging um die entscheidende Frage: welche Institution in Rom ist zuständig, die Entlassung Herbert Kapplers in die Bundesrepublik Deutschland zu verfügen, anzuordnen oder zu bewilligen.

Es wurden unerträgliche Wochen voller Nervenanspannung. Der deutsche Bundeskanzler habe sich erneut an seinen italienischen Amtskollegen gewandt, wurde mitgeteilt.

Um informiert zu sein und meinem Mann das Gefühl der Nähe zu sichern, telefonierte ich an meinen drei Soltauer Tagen abends mit ihm. Einige Zeit klappte das auch, bis eines Tages ein Beamter eines römischen Ministeriums als Patient im Militärhospital lag. Mein Mann begegnete ihm auf dem Korridor. Der andere unterband unsere Telefonate, weil er offenbar die geeigneten Möglichkeiten dazu hatte. Ich begehrte auf: „...aber das wurde dir doch ausdrücklich gestattet!"

Die „bedingte Freiheit" war zu diesem Zeitpunkt noch nicht aufgehoben, das heißt, mein Mann hätte sich in ganz Italien und nicht nur innerhalb des Hospitals frei bewegen dürfen.

Ich bat den Oberstarzt um Genehmigung, ob mein Mann sich auf dem Balkon mit Schwester Barbaras Blumenzucht ein wenig aufhalten und bewegen dürfe.

Ein paar Mal gelang es, doch dann nahm irgend jemand Anstoß daran. Einmal, als wir zwischen Pflanzentöpfen auf diesem Balkon saßen, ließ sich ein Nachtpfauenauge nieder, und mein Mann hielt mir einen eindrucksvollen Vortrag über Schmetterlinge.

„Es geht ihm nicht gut", hörte ich von Schwester Maria, als ich zwei

Tage später von Soltau aus anrief. Näheres war nicht zu erfahren. Der Flug schien mir eine Ewigkeit zu dauern. Endlich die Landung. Wie immer holte Gianni mich ab.

Nahezu ratlos stand ich am Bett meines Mannes: „Was ist passiert?"

„Ja, weißt du, das ging alles so schnell! Ich sitze auf meinem Bett, ohne anzuklopfen steht plötzlich ein Fremder im weißen Kittel im Zimmer, schnappt sich meinen Arm und haut mir eine Spritze rein. Ich frage: ‚Was machen Sie denn da?', da ist er auch schon wieder draußen. Eindeutige Symptome, Vergiftungserscheinungen. Bevor mir schwarz vor Augen wurde, nahm ich instinktiv das", wies er auf eine der Regenaplex-Flaschen.

„Gott sei Dank! Das war richtig!"

Ein Mordversuch? Die Person im weißen Kittel ließ sich nicht identifizieren, die Beschreibung traf auf zahllose Personen zu. Wir machten keinen Klamauk. Aber wir waren seit jener Stunde sehr auf der Hut.

Eine Weile später wurde ohne besondere Vorankündigung die alte Besuchsregelung wieder eingeführt. Gelegentliche Besucher mußten wie während der früheren Jahre einen Antrag an den zuständigen Minister stellen. Ich registrierte: sie ziehen die Schrauben an, aber ich sagte nichts.

Präses Wilm und seine Frau kamen wieder nach Rom, vermittelten Zuversicht, suchten viele Instanzen auf und nahmen mich mit in den Gottesdienst zu Pastor Vinay.

„Es ist unsagbar tröstlich, dich bei mir zu haben", sagte mein Mann kaum hörbar, als wir in der Abenddämmerung die Vögel in den nahen Baumkronen beobachteten. Da fiel mir ein: „Weißt du, wenn wir früher auf dünnstem Papier einander schrieben in ganz feiner Schrift, hatten wir immer das Gefühl, als sprächen wir im Flüsterton miteinander, so leise hast du eben gesprochen!"

Es wurde immer schwieriger, ihn aufzuheitern, ihm noch ein Lächeln abzugewinnen.

Drei Tage Abwesenheit aus Rom waren zu lang. Auf dem Heimflug überlegte ich, wie ich in Soltau mit nur zwei Tagen in der Praxis auskommen könne, ohne Patienten zu gefährden.

Unmöglich, heute nachzuvollziehen, wie ich das alles durchhielt. Von Soltau aus waren alle jene Kontakte zu halten und zu pflegen, die unerläßlich waren. In Rom setzte sich dann die Sprechstunde fort. Es hatte sich eingebürgert, daß Ärzte, Sanitätspersonal, Ordensschwestern und Freunde ihre Hilfe in Krankheitsfragen bei mir suchten und auch ihre Familienangehörigen mitbrachten. Mein Mann fürchtete: „Das hältst du nicht lange durch!"

Doch auch mir wurde geholfen, wo es möglich war. So brachte mich eines Tages ein Oberstarzt zu seinem Traumatologen, der mein ramponiertes Unfallknie unter die Röntgenlupe nahm.

„Incurabile" (nicht kurierbar), war das Resultat, und „damit können Sie nicht mehr lange laufen."

Und ob ich konnte! Ich mußte ja! Aber die Warnung war ernst zu nehmen und wurde beherzigt.

Wenn meine Familie mich nicht nur am Telefon hören, sondern auch sehen wollte, kam sie der Reihe nach an den Frankfurter Flughafen, wo jeden Montag während des Rückfluges eine Stunde Zeit blieb bis zur Anschlußmaschine nach Hannover. Eine Zeitlang wiederholten sich dort die Impressionen aus Gaeta: „Schnell, wenn du noch etwas sagen willst!" Aber auch das ging vorüber.

Während der Flüge brauchte ich nun nicht mehr zu schreiben.

Kaum saß ich in der Maschine, zweite Reihe links gleich vorn, fiel ich in tiefen Schlaf.

In Hannover wurde ich von meinem Schwager für die Weiterfahrt nach Soltau oft im Wagen abgeholt, auch das war eine Erleichterung. Doch nicht für lange. Er verlor seinen Führerschein, weil ein Kegelabend zu fröhlich verlaufen war. Meine Schwester sprang ein, doch immer klappte es nicht, weil sie beruflich stark beansprucht war. Wieder war ich auf mich gestellt.

Ein hoher italienischer Offizier besuchte uns im römischen Hospital, eine überaus kultivierte Persönlichkeit. „Weihnachten werden Sie zu Hause sein!" war seine feste Überzeugung.

Aus römischen Ministerien hörten wir, man wünsche keinesfalls den Tod Herbert Kapplers in Italien. Aus Bonn wurde dies bekräftigt.

Und weiter: Im Süden nichts Neues.

Hier sprach man von „bedingter Freiheit", dort von „Haftverschonung aus humanitären Gründen, solange der Zustand Herbert Kapplers anhält".

In stillen Stunden, die so selten waren, horchte ich in mich hinein. War jenes merkwürdige Gefühl der inneren Sicherheit eigentlich noch vorhanden? Wurde ich durch die täglichen Anforderungen einfach vorwärtsgehetzt, ohne auf die innere Stimme achten zu können? War jenes Gefühl erschüttert oder gar erloschen unter all dem Druck, all den Rückschlägen?

„Was machst du denn?" fragte mein Mann erstaunt.

„Ich? Ach weißt du, ich rede mit mir selbst, und ich bin sicher, daß das hier nicht das Ende sein wird. Du wirst heimkehren!"

Er antwortete mir nur mit einem nachsichtigen Lächeln.

In Rom war's noch warm, eine späte Sonne lag über der Stadt. Im Norden, bei uns in der Lüneburger Heide, zog schon der Winter ein. Temperaturunterschiede von mehr als zwanzig Grad setzten mir zu. Leichtbekleidet reiste ich aus Rom ab und erfror fast bei der Ankunft in Hannover. Schließlich hatte ich mir eine Rippenfellentzündung weggeholt. „Jetzt haben wir die Bescherung, sowas kann ja auch nicht gutgehen", schüttelte meine Schwester den Kopf.

Mein Sohn, ständig in Angst und Sorge um seine Mutter, kam sofort, um zu helfen. Erika besorgte wieder einmal aus der Apotheke unten im Hause ein ganzes Sammelsurium unserer Medikamente, und ich atmete erst auf, als ich pünktlich wieder in meiner Maschine nach Rom saß. Mein Mann erfuhr davon nichts, zusätzliche Sorgen durfte man ihm nicht aufbürden.

Während des Fluges hatte mich aus der Sitzreihe hinter mir eine Dame angesprochen: „Sie sind doch noch gar nicht lange verheiratet mit Herrn Kappler; ich weiß nicht, ob ich das für meinen Mann täte, was Sie da machen, und dann so ganz ohne richtiges Eheleben!"

Ich sah ihr voll ins Gesicht, das nicht etwa oberflächlich war: „Ich gebe Ihnen die Anschrift eines Anwaltes, Sie können sich dort über den

„Fall Kappler" informieren, wenn Ihnen daran liegt. Was aber meine Ehe angeht, wünsche ich Ihnen einen kleinen Teil dessen an Gemeinschaft, die wir intakt nennen und zwar auf allen Gebieten, nicht wahr, Sie verstehen mich. Nicht die Länge der Zeit ist entscheidend, sondern die Intensität, mit der sie gelebt wird."

Die Dame entschuldigte sich und sagte nichts mehr.

Im Militärhospital eilte Prof. Cuttica zu uns. „In Kürze wird unterzeichnet! Die Entlassungsformalitäten sind beendet", und atemlos setzte er nach: „...packt Eure Koffer, avanti, avanti!"

Entbehrliches nahm ich gleich vorweg mit und flog wieder einmal buchstäblich im Sinne des Wortes für zwei Tage nach Soltau, im Kopf nur den einen Gedanken: Bald, - bald ist er daheim und - mit Gottes Hilfe ist es dann vielleicht doch noch nicht zu spät.

Zu vorgerückter Stunde läutete ich noch Frau Staatsminister Schlei an, dann eine namhafte Persönlichkeit im Auswärtigen Amt, dann den persönlichen Referenten des Bundespräsidenten und Vater Wilm war auch noch auf.

Überall Aufatmen. Das Problem schien gelöst.

Wir hofften das auch und hätten es so gern geglaubt. Mit schwarzem Kaffee hielt ich mich wach, jetzt war für Schlaf keine Zeit mehr.

„Dein allerletzter Rom-Flug!" verabschiedete mich Erika.

„Ich rufe dich an", winkte ich zurück.

Ganz ungewohnt lebten wir in Rom aus Koffern, packten selbst Zahnbürsten und Seife ein und aus und harrten der Dinge.

„Es wird unterzeichnet!" beschwor uns Professor Cuttica. „Deinen Optimismus möchte ich haben", warf mein Mann ein.

Schwester Maria häkelte Tag und Nacht an einer umwerfend schönen Handarbeit für mich, als Andenken sollte ich das Kunstwerk mitnehmen.

Doch die Tage verstrichen, unsere Geduld wurde zu einer zähflüssigen Masse.

„Glaubst du immer noch?" forschte mein Mann eines Abends. „Ja, Herz, ja! Ich weiß es einfach! Wenn ich die Augen schließe, sehe ich uns daheim."

„Merkwürdig, wirklich ganz merkwürdig", fand er.

Ich auch.

Der Anwalt: „Ich werde Euch nach Soltau begleiten."

Freunde und Bekannte hatten oft genug Privatflugzeuge angeboten: „Ihr braucht sonst niemanden mit der Heimreise zu betrauen!"

Kleine und größere Maschinen, Helikopter, wurden uns immer wieder für die Heimkehr in Aussicht gestellt. Dr. Bechmann, Leiter der Rettungsflugwacht in Nürnberg, hatte mich im Sommer besucht und angeboten: „Sie brauchen nur kurz anzurufen, wir haben ja Maschinen für den Krankentransport."

Es wurde auch erwogen, Herbert Kappler in ein anderes Land zu verlegen, das der NATO angehörte, man dachte an einen Umweg über die USA oder einen Flug nach London. Auch die neutrale Schweiz war im Gespräch. Wie weit diese Pläne gediehen waren, entzieht sich meiner Kenntnis, denn keiner dieser Umwege war dem Schwerkranken zuzumuten.

Es schien sich alles zu ordnen, „nur" die Unterschrift für das Entlassungsdekret fehlte noch.

Prof. Cuttica stürzte ins Zimmer zwischen Koffer und Taschen, was für ein Schritt! Und ein Elan!

Ein Ruf nur: „Unterzeichnet!"

Wir lagen uns in den Armen, alle drei, und weinten vor Freude.

Mein Mann ein wenig später: „Vielleicht kann ich dann doch noch etwas für die Spastiker tun!"

An andere dachte er und wie er noch sinnvoll helfen könnte, wenn, ja, wenn…!

Ich rief zu Hause an: „Wir kommen!"

Ein Aufschrei: „Wann?"

„Bald"

Erlöst, erleichtert: „Vielleicht schon mit der nächsten Linienmaschine, wenn man es Herbert zumuten kann."

Die Stunden sickerten uns durch die Finger. Am Abend läutete ich noch einmal zu Hause meinen Sohn Eckehard an und hörte mit Schrecken: „Ja, weißt du das denn noch nicht? Wir hörten im Rundfunk, der römische Generalstaatsanwalt hat Einspruch eingelegt! Und du sprichst von Heimkehr!"

Mir fiel der Hörer aus der Hand.

Minuten später sagte mein Mann zu Prof. Cuttica: „Schon einmal saß ich auf gepackten Koffern, genau vor zwanzig Jahren, da fehlte auch nur eine Unterschrift. An der langatmigen Bürokratie der Diplomatie vonseiten Bonns ist es damals gescheitert, und es steht fest, daß die italienische Regierung damals heilfroh gewesen wäre mit der Bereinigung des Falles. Damals lag es an der Bundesregierung, nicht an der Person Adenauers, sondern an Diplomaten und Politikern auf höherer Ebene. Es fehlte nur eine Unterschrift, damals", und nach einem Moment des Schweigens fügte er hinzu: „Nur meine Frau tut mir leid."

Ich sah ihm in die Augen: „Kennst du das alte, fast vergessene, oft verpönte Lied, das man früher oft bei Trauungen in der Kirche sang? Hör' zu, ich singe es dir leise vor: Wo du hingehst, da will auch ich hingehen und wo du bleibst, da bleibe auch ich; Dein Schmerz ist mein Schmerz und so geht es weiter....

Als damals während unserer Eheschließung der Standesbeamte pflichtgemäß seine Formel herunterlas, sang ich für uns im Geiste dieses Lied. Sag' das nie wieder, hörst du, ‚meine Frau tut mir leid'."

Don Martino, der Militärkaplan, kam, mein Mann und ich saßen eng aneinandergelehnt. Er fragte nicht, lächelte nur, segnete uns und verließ den Raum.

Wer hatte das Veto eingelegt, und wer hatte es veranlaßt? Niemand konnte antworten, jeder schwieg betreten.

„Für morgen ist ein Schweigemarsch zur Fosse Ardeatine geplant", sagte uns jemand.

Sonntag mittag, es war Siesta-Zeit. Wir schraken auf, man hörte Lärm. Das war ungewöhnlich.

Hastige Männerschritte knallten über die Fliesen des Korridors. Kommandos flogen, hallten wider. Von draußen hörte man Geschrei, offenbar ein Tumult. Ich ging zur Tür und sah hinaus. Ein großes Aufgebot italienischer Polizei füllte die Hälfte des langen Flures. Es herrschte große Aufregung, offenbar eine ernste Situation.

„Bitte, was ist denn geschehen?" fragte ich den Nächststehenden.

„Entschuldigen Sie, Signora", wurde ich aufgeklärt, „aber eine Menschenmenge hat das Hauptportal eingedrückt. Auf dem Rückweg von der Fosse Ardeatine kamen sie hierher, um zu protestieren: die Vereinigung der Hinterbliebenen der Opfer."

Schulterzucken. Der Tumult kam näher. Man hörte schrille Schreie, Beschimpfungen. Ein Polizei-Offizier: „Das Haus ist abgeriegelt."

Unter dem Fenster eines entfernt liegenden Zimmers am anderen Ende des Korridors hatte sich eine Menge von etwa fünfzig Personen konzentriert, bis sie ihren Irrtum feststellten und unter unser Fenster zogen.

Rasch flößte ich meinem Mann ein neues Herzmittel ein und prüfte den Puls. Mit einem Seitenblick sah ich durch den Spalt des halbgeschlossenen Fensterladens. Draußen überschrieen sie sich gegenseitig und forderten die Herausgabe meines Mannes.

Ich nahm seine Hände und legte meine Stirn hinein: „Kein Mensch hat jemals danach gefragt, wie uns zumute war, wenn unsere Leute der Reihe nach fielen. Und wer Bombenhagel und Phosphorregen erlebte, wurde auch nicht gefragt, was er davon halte. Wo hätte man da protestieren sollen! Man kann nur darum beten und an die Staatsoberhäupter appellieren, damit sich solch ein Irrsinn nie mehr wiederholt!"

Sanft drückte ich seine schmalgewordene Hand.

Eilige Schritte.

Der Polizeichef Roms platzte zu uns ins Zimmer, zwei weitere Herren folgten ihm. Fast hätte ich gesagt: „Dein Nachfolger im Amt", aber ich verkniff es mir.

Eindringlich redeten die Herren auf meinen Mann ein, beschworen ihn.

Ich verstand nur wenig, mein Mann übersetzte: „Die Leute glauben, man hätte mich bei Nacht und Nebel nach Deutschland gebracht und bezweifeln meine Anwesenheit in diesem Hause. Um sie zu überzeugen, soll ich mich zeigen."

Die Herren blickten auf die Uhr: „In dreißig Minuten."

Pulskontrolle: flach und dünn, also ein neues Kreislaufmittel.

Wieder ein Polizist: „Ein junger Mann, eine junge Frau, sie werden nach Waffen untersucht."

Ich streifte meinem Mann den Hausmantel über.

Links auf den Stock, rechts auf mich gestützt, so stellte Herbert Kappler sich vor.

Etwa acht Meter trennten uns: zwei Paar schwarze Augen starrten uns an, haßerfüllt. Trotzdem nickte der Kranke an meiner Seite höflich.

Mein Herz hatte schon eine Menge ausgehalten, in gewissen Momenten setzte es einfach aus, jetzt auch, es stockte.

Sie starrten ihn an von oben bis unten und waren bemüht, ihre ganze Verachtung in die Blicke zu legen. Es war, als nähmen sie … Maß!

„Konditioniert, fanatisiert! Oh Gott, sie sind ja fanatisch in ihrem Haß, Gott steh' uns bei", flüsterte ich meinem Mann zu. Der nickte hinüber zu den beiden: „Buon giorno."

Von draußen hörte man noch immer haßerfüllte Sprechchöre herauf bis zu uns ins dritte Stockwerk; eine aufgehetzte, aufgeputschte Menge, die von Herbert Kappler nichts wußte, nichts kannte als einen einzigen Tag, jenen 24. März 1944, der für ihn selbst der schrecklichste Tag seines Leben geworden war.

Meine Gedanken jagten sich.

Meine Familie hatte viele Männer im Krieg verloren, die als Soldaten an der Front gefallen oder später in der Gefangenschaft einfach verhungert waren. Gräber in Rußland, Frankreich und auch in Italien. Die Zeit hatte die Wunden geheilt, die Tränen waren versiegt. Aber wir hatten auch niemandem gestattet, immer wieder die alten Narben aufzureißen. Und es gab auch keinen Haß gegen das ehemalige Feindesland. Die schlichten Gräber wurden später besucht und mit Blumen geschmückt. Mit der Bevölkerung wurden Kontakte gepflegt, die jenseits von Haß und Rache lagen.

Ich werde den Außenminister anrufen, dachte ich, es muß doch etwas geschehen. Es muß weiter verhandelt werden, bevor mein Mann zugrundegeht. Er hat doch nicht mehr viel Zeit!

Gegen Abend hatte sich die Menge verlaufen, nur eine kleinere Gruppe diskutierte noch unter unserem Fenster, unter ihnen bekannte Journalisten.

Es wurde eine schlimme Nacht. Gegen zwei Uhr morgens meinte ich fast verzagt: „Ich werde Dr. Dorow telegrafieren, er läßt uns nicht im Stich und wird sofort nach Rom kommen!"

Mein Mann lächelte nur fein: „Du schaffst es allein."

Strengste Bewachung durch Carabinieri; Offiziere kamen, entschuldigten sich, und: „Die Regierung ist für Ihre Sicherheit verantwortlich, das gesamte Militärhospital steht unter unserer Kontrolle."

Am nächsten Morgen erfuhren wir, daß sich auf der Piazza vor dem Hospital eine Menschenansammlung befände; die eine Hälfte sei für, die andere gegen die Entlassung Herbert Kapplers.

Demonstrationen wurden organisiert, und: „Natürlich nicht objektiv", erklärte ein Offizier, „die Leute auf die Straße zu bringen, ist doch kein Kunststück, im Notfall werden sie dafür bezahlt, das ist doch bekannt!"

Im Garten der Parkanlage wurden viele Polizeiwagen aufgefahren, das Tüdellütt ihrer Funkgeräte war Tag und Nacht zu hören.

Die ganze Woche über waren Korridor und Treppenhaus mit Polizei besetzt, den Karabiner im Anschlag, wie in einer Festung bei Belagerungszustand.

„So gut bewacht war ich noch nie", versuchte ich zu scherzen. Zum Lachen aber war keinem zumute.

Das nächste Wochenende war vorüber, ich mußte zurück nach Soltau, um dringlichste Fälle in der Praxis zu versorgen.

„Wie werden Sie hier herauskommen?" sorgten sich die Schwestern.

Ich hatte eine Idee und holte jene schwarzhaarige Perücke hervor, die ich mehr aus Jux besorgt hatte, um nicht so häufig angesprochen zu werden und pinselte ein passendes Make-up ins Gesicht. „Wie aus Spanien", staunte Schwester Maria.

Polizei-Eskorte steuerte mich durch den Lieferanteneingang auf die Straße, begleitete mich zum Flughafen und setzte mich direkt in die Maschine. Sie war leer, die Passagiere noch in der Abfertigung. Ich sank in meinen vertrauten Sitz gleich vorn zweite Reihe links. Da trat ein Herr auf mich zu, stellte sich vor, er war der Direktor der Lufthansa in Rom und sagte: „Bitte, kommen Sie in die erste Klasse, ruhen Sie sich aus. Ein Geschenk an Sie."

Ich wechselte hinüber ins bequemere Polster und bekam ein Pikkolo serviert, das mich fast umwarf.

„Ich war Marine-Offizier während des Krieges, jeder hatte da seine Befehle, die Gegenseite doch auch! Der Krieg ist seit Jahrzehnten vorbei, und heute ist in Europa jeder auf den anderen angewiesen. Wie war das denn eigentlich damals mit Ihrem Mann?"

„Bitte, haben Sie Verständnis, ich kann jetzt nicht reden. Aber für ein klein wenig Ruhe wäre ich dankbar."

Mein Sohn hatte in großer Sorge in Rom angerufen und erwartete mich dann im Frankfurter Flughafen, wo seit langer Zeit unser Familienleben stattfand. Übermüdet stakste ich mehr als ich ging und schaute mich um. Zwei junge Männer, ich sprach den einen an: „Junge, Bub!" Der blickte über mich hinweg der Stimme nach. Ich zupfte ihn am Ärmel.

„Wie siehst du denn aus?" lachte er schallend los. Viel zu rasch verging die Zeit bis zum Weiterflug nach Hannover.

In Soltau glich die Wohnung einer Blumenhalle, von überallher waren Blumen gesandt worden.

„Um Himmelswillen, warum kommst du denn allein?" wurde ich begrüßt.

„Bitte, räumt die Blumen fort, ich kann das nicht mehr ertragen", war alles , was ich sagen konnte.

Spätabends noch Patienten. Ein Fuß sollte amputiert werden, da riß der Patient im Krankenhaus aus und wartete auf mich. Ich sah mir das Bein an: „Na, das sieht ja bös' aus, aber ich denke, es müßte auch ohne Operation gehen", und hatte noch eine Verantwortung mehr. Erika: „Neunmal haben sie angerufen, ich mochte sie einfach nicht abweisen."

Die Frau des Patienten: „Mein Schwiegervater war Kommunist, wir kennen da noch Leute, vielleicht können wir Ihnen ja auch helfen?"

„Lieb gemeint, ja, danke, aber ich glaube nicht, daß das jetzt etwas nützen wird."

Der Fuß blieb dem Patienten erhalten, im Alter von fast fünfundachtzig Jahren ist er vor kurzem ganz ruhig und zufrieden gestorben.

„Kaffee gibt's jetzt nicht mehr", befahl Erika, „du mußt jetzt schlafen!"

Das wollte ich auch, war jedoch längst über den Schlaf hinweg und arbeitete Post auf, beantwortete das Nötigste und schrieb an meinem Tagebuch. Aufgerüttelt durch die jüngsten Ereignisse in Haß- und Rachedemonstrationen war ich nun erschüttert über das Ausmaß an Güte und Mitgefühl, das uns von vielen Seiten entgegengebracht wurde. Dann sah ich die Zeitungen durch.

Immer wieder fand ich die DPA-Meldung:

„Kardinal fordert Vergebung für Kappler

Der Generalvikar von Rom, Kardinal Ugo Poletti, hat die römischen Christen aufgerufen, wegen der Freilassung des ehemaligen SS-Polizeichefs Herbert Kappler keinen Haß zu nähren. Eine „konstruktive Vergebung' sei die richtige Haltung für Christen und nicht die Ausnutzung des verständlichen Schmerzes der Hinterbliebenen der Geiselerschießungen zu neuem Haß."

Ich saß noch am Schreibtisch, als hinter der Trauerweide im Nachbargarten ein ungemütlich naßkalter Morgen heraufzog. Wie war das damals bei uns zu Hause? Meine jüngsten Geschwister, die Zwillinge, lagen noch in den Windeln, da sagte Großmutter verächtlich an einem solchen Morgen, als wir alle am großen Frühstückstisch saßen: „Wie ich solche Tage hasse!"

Vater legte die Honigschnitte aus der Hand: „Das möchte ich nie wieder hören! Ob Sonne oder Regen oder Wind, wie kann man überhaupt und wie kann man einen Tag hassen! - Zieht Euch warm an, legt noch ein Scheit in den Ofen und vergeßt nie, daß der Haß das größte Übel unter den Menschen ist!"

„Ich meinte doch nur das gräßliche Wetter", versuchte Großmutter einzulenken.

Vater fuhr fort: „Der Haß schlägt wie ein Bumerang zurück auf seinen Erzeuger, also auf den, der ihn in Bewegung setzt. Kontrolliert bitte Eure Worte besser! Alle!"

Was ging mir nicht alles durch den Kopf. Der Tag war viel zu kurz. Am Abend rief ich den Deutschen Außenminister an und schilderte die Ereignisse aus unmittelbarem Erleben. Drähte liefen heiß, Freunde erkundigten sich, Politiker, die Kirchen, die Presse.

Ich wunderte mich, daß der Apparat nicht explodierte. Zu helfen vermochte niemand.

Als ich wieder in Rom eintraf, nahm mich höfliche italienische Polizei nach der Landung gleich an der Maschine in Empfang: „Wir sind nicht nur für Ihren Gatten verantwortlich, sondern auch für Sie."

Ich half meinem Mann über kritische Phasen hinweg, aber ich schlief auch bis in den späten Morgen. Dreimal brachte Schwester Maria auf Zehenspitzen frischen Kaffee.

Die Schwester kam: „Sie müssen sich aber ein bißchen ablenken, Colonnello", riet sie warmherzig. Sie sprach ihn nie mit seinem Namen an.

„Wie soll man sich da noch ablenken?" erwiderte mein Mann. „Im Fernsehen bringen sie heute abend einen Krimi", wußte Maria.

„Dürfen Sie sich den denn ansehen? Ich meine, so als Ordensschwester?" fragte er.

„Aber ja, wenn er gut ist!"

Wir lachten. Zum erstenmal in diesen Wochen lachten wir wieder. Eine gewissen Starre wich allmählich. Und so kam ich an Krimis. Mein Mann übersetzte, was ich nicht verstand und erklärte die psychologischen Feinheiten und Hintergründe.

Die Tage gingen dahin ohne besondere Ereignisse. Therapeutisch hielt ich meinen Mann über Wasser. Immer wieder meldete sich die Presse, aber wir hielten uns zurück. Doch es war Glut unter der Asche, man spürte es deutlich.

Eine deutsche Journalistin meldete sich und bat dringend um eine Aussprache; so lernte ich Liselotte Millauer kennen. Wir trafen uns in einer Art Abstellraum des Hospitals, dann wurden wir in das Dienstzimmer eines Arztes geführt. Für den nächsten Tag verabredeten wir uns im ‚Excelsior‘, jenem Ameisenhaufen von Feudalhotel in der Via Veneto, in dem der Mensch anonym bleibt. Dem indischen Darsteller von Sando Khan stand ich dort ebenso unverhofft gegenüber wie ein paar Jahre zuvor Alain Delon, der am Nebentisch einer bekannten Trattoria speiste.

Am 5. Dezember 1976 erschien der Artikel von Liselotte Millauer in einer deutschen Sonntagszeitung, und wieder stieß ich auf einen Namen, der sich mir eingeprägt hatte: Man las „...ein junger Mann, ...er sagt etwas, das viele Italiener denken: Der Partisanenführer Salinari war auch ein Verbrecher! Er hätte wissen müssen, was geschieht, wenn eine solche Bombe hochgeht.“

„Bitte, geh’ in den Pincio, geh’ spazieren, frische Luft schnappen“, riet mir mein Mann, doch danach stand mir nicht der Sinn. Durch Roms Straßen zu wandern, untersagte ich mir seit langem, weil ich nichts und niemanden provozieren wollte.

In Soltau empfahl Erika: „Du brauchst gelegentlich auch mal eine neue Perücke, sonst bist du mit dem schwarzen Ding bald genauso bekannt wie ohne.“

„Stimmt, aber wo soll ich sie denn besorgen? Nach Hamburg zu fahren kostet zu viel Zeit, und in Rom kann ich nicht einkaufen.“

Ich schaute nach, was in Soltau so zu haben war und entschied mich für ein außergewöhnliches Exemplar in Tizianrot, weil alle anderen nicht paßten.

„Zeig’ doch mal her“, interessierten sich meine Lieben zu Hause und bogen sich vor Lachen.

„Ich sag’s lieber nicht“, meinte Erika, „aber es erinnert mich sehr an den Karneval in Rio.“

„Schämt Euch, es ist mir ernst", nützte auch nichts.

Mein Schwager kam ins Haus, sonst ein stiller Mann; auch er brach in Gelächter aus: „Ist das dein Ernst?"

„Das sagte ich eben ja, schämt Euch, wirklich!" Das aber taten sie nicht, während sie beim Kofferpacken halfen.

In Rom erkannte Gianni mich nicht. Ich tippte ihm auf die Schulter, „Mamma mia!" entfuhr es ihm mit ehrlichem Staunen. Dreißig Minuten später im Hospital gluckste Schwester Maria: „Ah si, una mascherata!" und mein Mann: „Sag bitte etwas, bist du's oder bist du's nicht?"

Die Rote setzte ich nicht wieder auf, sie flog in irgendeine Ecke.

KAPITEL 12

Keine Hoffnung mehr

Das Weihnachtsfest rückte näher, von dem so viele Menschen gesagt hatten: „An diesem Weihnachtsfest ist Herbert Kappler daheim."

Unsere Sorgen waren nicht geringer geworden, unübersehbare Berge an Post trafen ein, eine große Welle an Solidarität begleitete uns; auch Präses Wilm hatte wohltuend-gütige Bibelverse telegrafiert: „Gottes Liebe ist stärker als Haß - seine Vergebung größer als armselige Unversöhnlichkeit - stop - viele gedenken ihrer beider und beten für sie - stop - wer will uns scheiden von der Liebe Gottes...und weiter in Römer acht, Verse 35 folgende."

Unser erstes gemeinsames Weihnachtsfest! Ohne Uhr in der Hand und ohne räumliche Trennung!

„Bring' bitte keinen Christbaum mit. Am Heiligen Abend laß uns Hand in Hand eine stille Stunde haben", bat mein Mann.

Was meine Patienten jedoch alles herbeischleppten, verschlug mir die Sprache und beulte die Koffer aus.

Selbstgebackenes köstlicher Art, Würste mit Schleifchen drumherum, Schinken mit Glöckchen dran; Erika und ich sahen uns erstaunt an.

Christstollen, selbstgebackenes Brot, Geschenke und Gaben häuften sich von Pantoffeln bis zum Cassettenrecorder samt Weihnachtsliedereinlage und Batterien. Und eine kleine Edeltanne mit Baumschmuck im Blumentopf war auch dabei.

Und alle beschworen mich, ja auch alles mitzunehmen. Sechs Koffer voll! Wir schenkten ringsumher. Unser kleiner Gabentisch wurde gerichtet, das Bäumchen aufgestellt und ein schlichtes Abendessen festlich gestaltet. Don Martino sprach den Weihnachtssegen, die Schwestern leisteten uns eine Weile Gesellschaft. Eine Stunde voller Frieden, ohne Unrast.

Wie's früher war in sorgloser Kindheit, darüber sprachen wir.

„Mein Vater las die Weihnachtsgeschichte. Doch die Weihnachtslieder durfte ich nie mitsingen, weil ich keine Stimme hatte und die Feierlichkeit nicht gestört werden sollte", schmunzelte mein Mann, „aber erzähl' du, ihr wart eine große Familie!"

„Ja, auch zu Weihnachten war immer etwas los. Am Ersten Advent setzte Großmutter jedes Jahr nach einem alten Rezept und mit vielen Gewürzen den Braunkuchenteig an. Vier Wochen mußte er in einer Schüssel mit einem Leintuch darüber im Keller ruhen. Auf Leintücher legte sie immer großen Wert und handgewebt mußten sie auch sein! Und wer von uns sechs Kindern dann irgendwas aus dem Keller zu holen hatte, langte mal eben mit dem Finger unter das Tuch und naschte.

Ganz putzig, in dieser Zeit protestierte keiner, wenn er in den Keller geschickt wurde. Drei Tage vor dem Fest wurde ausgebacken, aber in der Schüssel lag immer nur noch ein kleiner Teigklumpen. „Oneinonein, wer war das?" zeterte Großmutter regelmäßig. Wir stoben auseinander. Wen sie zu fassen bekam, der antwortete treuherzig: „Ja, aber wirklich nur ein ganz klein wenig!"

Der Heilige Abend hatte immer sein besonderes Gepräge. Und da fällt mir noch etwas Lustiges ein. Einmal bot ein befreundeter Bauer meinem Vater an: „Du kannst dir deinen Weihnachtsbaum in meinem Busch schlagen", und das hatte drei Tage vor dem Fest geschehen sollen. Großmutter fragte nach: „Wo bleibt der Christbaum?"

Vater beschwichtigte: „Ich bringe ihn morgen mit."

„Soll ich nicht lieber selbst..?"

„Nein, nein, das laß nur meine Sorge sein!"

Sie ließ.

Der Heilige Abend kam. Wir warteten auf den Christbaum. Vater hatte noch Hausbesuche, die ihn für damalige Verhältnisse weit über Land führten. Der Baum fehlte, die rechte Stimmung auch. Wortlos stieg Großmutter in ihre derben Überlandschuhe (ich wunderte mich immer, wie man darin gehen konnte, aber sie war gut zu Fuß damit) und stapfte hinaus in den Schnee. Ein Beil unter dem Arm pirschte sie in den Busch (so nennt man hier kleine Wälder) und versicherte sich, daß für diesen Wald die Erlaubnis galt. Sie wählte ein schönes Bäumchen aus, setzte das Beil an und schlug zu. Im gleichen Moment hörte sie in einiger Entfernung ebenfalls Schläge, stutzte, hieb aber weiter. Der andere auch, so ging's ein paar Mal, bis es ihr zu peinlich wurde. War sie nicht etwa doch am falschen Ort?

Betroffen kehrte sie heim - ohne Christbaum. Hoffte, Vater würde inzwischen ganz sicher mit einem solchen.., aber das war schon zuviel gedacht, denn sie trafen sich vor der Haustüre und keiner hatte einen!

Ich saß im Wohnzimmer unter dem großen Tisch an meinem Lieblingsplatz und blickte von unten in lauter bestürzte Gesichter. Sie hatten sich beim Baumschlagen gegenseitig gestört. Erlöstes Gelächter machte den Abend doch noch schön und einen richtigen Baum bekamen wir auch - vom befreundeten Bauern nämlich, der sich gedacht hatte, daß mein Vater doch nicht die Zeit fände."

Die Kerzen in unserem Krankenzimmer waren niedergebrannt, ich hielt die Hände meines Mannes, da sank sein Kopf auf meine Schulter: „Heim, heim, heim!"

Ich sah ihm in die Augen, nahm seine Schläfen zwischen meine Handflächen und sagte: „Du wirst heimkehren! Glaub' mir, ich weiß nur nicht wie!"

Ein wenig ausruhen, Kräfte sammeln.

Ein bißchen später pflanzte ich unser Weihnachtsbäumchen in eine stille Ecke des Celio-Gartens, wo es inzwischen vermutlich unpolitisch vor sich hinwächst.

Am 27. Dezember flog ich wieder zurück nach Soltau, es war ein Montag. Meine Schwester und Erika warteten am Flughafen in Hannover.

Noch während der Fahrt nach Soltau begann Erika: „Als ich neulich bei Habermanns einkaufte, traf ich Frau N.N.. Es war mir peinlich, ich erkannte sie nicht und ging an ihr vorüber. Dann drehte ich mich aber doch um: ‚Sag' mal, ich habe dich ja gar nicht erkannt!' ‚Ja, ja', sagte sie, ‚ich weiß, man erkennt mich kaum noch. Dieses Weihnachtsfest möchte ich noch mit meiner Familie verbringen, das sagte ich auch dem Professor. Der aber meinte nur: ‚Wir sind am Ende unserer Möglichkeiten.' Neun Monate habe ich dort am Tegernsee stationär gelegen. Keiner kann mir helfen, auch der Professor in Hamburg nicht. Seit mehr als acht Jahren geht das schon so.'"

„Bitte, faß dich kürzer, ich hab' den Kopf so voll", unterbrach ich Erika.

„Das muß ich dir aber noch erklären! ‚Und warum kommst du nicht mal zu uns', hatte ich noch gefragt, als sie weinte. ‚Wer ist uns?' fragte sie. ‚Ich helfe in der Praxis meiner Freundin mit', erklärte ich ihr und jetzt mußt du sie einfach noch annehmen!"

Verblüfft fragte ich: „Und wann bitte? Es ist doch nichts mehr frei in der Sprechstunde! Und dann auch noch eine solche Verantwortung zusätzlich…"

„Das hast du neulich auch gesagt. Wir werden sicher noch ein bißchen Zeit finden", meinte Erika.

Ich übernahm den Fall, bugsierte das schlingernde Lebensschiff in die rettende Richtung; die Kranke blühte auf und hatte nach einigen Monaten sogar den Mut, sich strahlend «ihren Professoren» vorzustellen und die Vorgänge wahrheitsgetreu zu berichten. Doch so glatt lief das nicht immer.

Bei klirrender Kälte ging ich wieder an Bord «meiner Maschine». In Rom lächelte eine gütige Sonne die Seele warm. Ein Koffer voll mit Neujahrswünschen Gottweißwoher.

Mein Mann schrieb keine Briefe mehr. Ich war an der Reihe und versuchte, alle die viele liebgemeinte Post zu beantworten. Zum Jahreswechsel sandte ich ein Wunschbillett auch an Exzellenz Foscolo, der freundlich antwortete.

Unvergeßliche Gespräche füllten die Stunden, und was ich an Herbert Kappler noch nicht kannte, offenbarte sich jetzt.

Im Januar fragte ich Freund Cuttica: „Glaubst du überhaupt noch..?"

Nachdenklich ernst war seine Antwort: „Ja, Ministerpräsident Andreotti führt in Kürze seinen Besuch in Bonn durch. Sicher wird eure Regierung unseren Fall erörtern. Das ist schon eine Hoffnung wert!"

Ob und an welcher Stelle des Protokolls „unser Fall" vorgesehen war, erfuhr ich nicht.

Bevor ich das nächste Mal nach Rom flog, fand ich gleich oben in unserer Straße bei einem Frisör eine neue Perücke.

„Flott, sehr flott", stellten sie zu Hause fest. In Rom suchte ich den Flughafen ab, Dr. Gianni war nicht zu sehen. Ich eilte hin und her, immer bedacht, kein Aufsehen zu erregen, dann baute ich mich inmitten meiner Koffer auf und wartete eine geschlagene Stunde.

Immer wieder wurde ich angesprochen und antwortete in Englisch. Und so bat ich auch schließlich einen Taxifahrer herbei, der sah mich groß an (wenn er nur nicht fragt! Ich sage nichts!) und setzte mich am Celio ab.

Fünf schwere Koffer mit Kühlbox, Wäsche, die mußte ja auch versorgt werden, Eingemachtes in Dosen mit bekömmlicher Nahrung für den Kranken, Medikamente, ich durfte da nichts vergessen und hatte viel Geld für Übergepäck gezahlt. Wie jede Woche. Aber Überflüssiges war nie dabei.

Am Hospital blickte sich der Fahrer sichernd um, dann ergriff er meine Hände: „Auguroni, Signora Kappler!" was man mit ‚allerbesten Wünschen' übersetzt und raste davon. Ich hievte meine Gepäcklast durchs Portal, zwei Soldaten sprangen hilfreich herbei.

Oben bei uns: „Darf ich rasch unter die Dusche? Daheim bin ich nicht aus den Kleidern gekommen!"

Die Tür ging, der vertraute Schritt, die Stimme von Prof. Cuttica: „Sie ist nicht da! Sie ist weg! Einfach fort! Aber sie ist mit dieser Maschine geflogen, wir haben die Passagierliste kontrolliert. Um Himmelswillen, sie ist weg!"

Mit einer Hand winkte ich durch den Türspalt: „Hallo!"

Cuttica war erleichtert; sie hatten mich am Flughafen nicht erkannt.

„So langsam wird das ja ein richtiger Krimi." „Es ist schon einer", flötete ich unter meiner Brause.

Eine Woche später neue Reise nach Rom. Es war ein erholsamer Flug, denn ein Freund aus der Schweiz hatte telegrafisch den Betrag fürs Flugbillett geschickt mit der Anweisung: „Diesmal fliegen Sie erster Klasse, damit Sie zwei Stunden lang verwöhnt werden. Ich lasse kontrollieren!"

Gianni hatte mich im Hospital abgeliefert, da sprang Prof. Cuttica ins Zimmer und gleich in medias res: „Ich komme direkt aus dem Quirinal. Von Leone. Wir konnten unser Gespräch nicht zu Ende führen, weil der venezuelische Botschafter Audienz hatte. Aber in der Türe sagte mir Leone noch, daß heute abend Franz Josef Strauß bei ihm zu einem privaten Abendessen eingeladen sei. Los, du mußt sofort feststellen, wo er absteigt, wir beide müssen mit Strauß unter vier Augen reden."

Ich setzte mich erst einmal auf die Bettkante, hörte zu und kam aus dem Staunen nicht heraus. Ministerpräsident Andreotti hatte seinem Staatspräsidenten Bericht über seinen Besuch in Bonn erstattet. Nach Ende des Vortrages habe Leone gefragt: „Und wurde denn der ‚Fall Kappler' nicht angesprochen?"

Im Brustton der Überzeugung habe Andreotti geantwortet: „Nessuno uno" (nicht ein einziger).

Staatspräsident Leone habe dies zu Prof. Cuttica sinngemäß mit den Worten gesagt: „Was erzählst du mir denn da? Die Bundesregierung setze sich für Kappler ein?"

Prof. Cuttica klärte Leone auf: „In Bonn wurde Andreotti von Bundespräsident Scheel, Bundeskanzler Schmidt, Außenminister Genscher, Bundestagspräsident Prof. Carstens, Parteisekretär Dr. Kohl und Ministerpräsident Strauß auf die Heimführung Herbert Kapplers angesprochen. Und außerdem liegt eine Verbalnote vom 8. Februar 1977 im Auswärtigen Amt vor."

Leone: „Und ich dachte schon, jetzt schweigt Bonn sich aus", schickte einen Kurier in sein Auswärtiges Amt und ließ sich die Verbalnote aushändigen.

Atemlos hatte ich zugehört, ausnahmsweise übersetzte mein Mann komplizierte Formulierungen synchron; er tat das nicht gern.

Dann war Hektik da, nicht Schwung oder Handeln mit gesammelter Kraft, nein, das war Hektik. „Du mußt schön ruhig bleiben", mahnte ich meinen Mann, der griente nur leicht zurück.

„Münzen, keine Münzen mehr für den Fernsprecher!" schüttete ich den Tascheninhalt auf den Boden.

Da stand wie aus dem Erdboden gewachsen Schwester Maria in der Türe: „Münzen? Si, bene, bene, ich hab' doch alles", und langte eine Handvoll aus ihrer Schürzentasche.

Wir lachten laut auf, zu unpassender Zeit, denn der Carabinieri sah um die Ecke; es war Siesta-Stunde, die jeder Italiener einhält. Und eine Idee zu laut lief ich die Treppen hinunter ans Telefon.

Zu dieser Zeit war die deutsche Botschaft nur von einem Portier besetzt, doch den Presseattaché erreichte ich in seiner Wohnung. Nicht eben mürrisch, aber auch nicht hocherfreut nannte er: „Im ‚Medici' pflegen die Herren abzusteigen" die Möglichkeit, wo Strauß sich aufhalten könnte.

Der Anwalt war längst fort, ich winkte mir ein Taxi und fuhr ihm in seine Kanzlei nach. Dann versuchten wir stundenlang über das genannte Hotel eine persönliche Verbindung zu Franz Josef Strauß zu bekommen. Die Rezeption durfte keine Auskunft geben, was verständlich war.

Ich bat deutsche Freunde um Vermittlung, nach Stunden telefonischer Umwege konnte ich den persönlichen Adjutanten von Franz Josef Strauß, Dr. Knittel, erreichen.

Ich bettelte, flehte: „Nur fünf Minuten müssen wir in einer wichtigen Angelegenheit mit Herrn Strauß sprechen, in irgendeinem Nebenraum! Aber es muß vor dem Abendessen bei Staatspräsident Leone sein!"

Ich fand den Knittel-Code nicht, er ließ sich weder überzeugen noch erweichen, und vielleicht wäre jenes Gespräch entscheidend gewesen. Er wimmelte ab: „Aber ich bitte Sie, es ist eine private Zusammenkunft."

„Ein richtiger Arzt ist immer im Dienst, ein verantwortungsbewußter Politiker auch", murmelte ich noch in die Muschel.

Es soll ‚angesprochen' worden sein.

Sie hatten alle gut reden, wanden sich um die Problemlösung herum, während mein Mann mir unter den Händen zu sterben drohte. „Was habt Ihr denn für Politiker!" erstaunte sich einer der jungen Advokaten. Ich fühlte mich elend und nahm ein Taxi zurück ins Celio.

Von Soltau aus berichtete ich das Geschehen dem Sprecher der interfraktionellen Arbeitsgruppe für den „Fall Kappler" im Parlament des Bundestages Adolf Scheu zur Erörterung mit den beiden anderen Mitgliedern dieser Gruppe, dem Prinzen zu Sayn-Wittgenstein und Torsten Wolfgram, sowie zur persönlichen Rücksprache mit Altbundespräsident Heinemann, der ein alter Freund von Adolf Scheu war.

Im Februar 1977 ereignete sich etwas, das Anlaß bot, sich der Gefahr unserer gegenwärtigen Situation bewußt zu werden; der Daueraufenthalt meines Mannes in der Krankenstube wies alarmierende Symptome auf, wir mußten an einen tuberkulösen Prozeß denken. Ich bat die Ärzte um eine neue Blutuntersuchung und TBC-Kontrolle. Ergebnis: ohne Befund. Doch die Tuberkulin-Injektion hatte den Kranken derart mitgenommen, daß auch ‚ohne Befund' bedenkliche Reaktionen eintraten.

Wieder setzte hohes Fieber ein, Ohnmacht, Kollaps, der Blutdruck fiel ab. Als ich in Rom eintraf, stand ich fassungslos am Bett meines Mannes und wußte nicht, wo ich ansetzen sollte. Nekrotisierter Herpes der Lippen ließ meinen Mann erschreckend aussehen.

Noch im Februar besuchte uns ein Freund in Rom, er stand in engstem Kontakt mit dem Prinzen Sayn-Wittgenstein und Adolf Scheu. Sein Besuch war wie in früheren Jahren bei dem römischen Verteidigungsminister beantragt worden. Er berichtete den Abgeordneten des Deutschen Bundestages:

„Herbert Kappler ist sehr geschwächt - er muß fast immer liegen; die geistige Konzentrationsfähigkeit ist jedoch nicht beeinträchtigt. Periodisch wiederkehrende Fieberanfälle sind jedesmal lebensgefährdend.

Die Therapie seiner Frau und sein auch hierdurch erhaltener Wille lassen ihn auch jetzt noch innerlich stärker erscheinen als alle Anfeindungen durch die Resistenza-Funktionäre und ihre Schreier.

Noch steht eine Verhandlung im Militärgerichtsbarkeits-Bereich über ihn an - sie wird an seiner äußeren Lage kaum eine Änderung bewirken. Das heißt, auch seine Angelegenheit ist seit den Krawallen im November wieder eine rein politische geworden.

Bewundernswert ist die Souveränität, mit der er trotz deutlich sichtbarer körperlicher Schwäche die Unterredung leitet.

Man muß nicht daran glauben, daß wegen der Freilassung dieses Mannes eine Regierung gestürzt wird!"

Italienische Gastarbeiter baten um Gnade für Herbert Kappler und übersandten eine Unterschriftensammlung.

„Erklärung

Wir, die Unterzeichner, erklären, daß wir mit den in Italien getroffenen Maßnahmen bezüglich der Nichtentlassung des noch in Italien einsitzenden Herrn Kappler nicht einverstanden sind. Es wäre doch nun endlich an der Zeit, an die Wiederversöhnung aller Völker zu denken. Wir sind der Meinung, daß dieser Mann genügend gebüßt hat und es an der Zeit ist, alle Rachegedanken fallenzulassen. Wir glauben, daß eventuell nur eine kleine einflußreiche Minderheit das Denken des ganzen italienischen Volkes zu manipulieren versucht.

Wir bitten darum, daß Herr Kappler nun endlich in Freiheit gelassen wird. Dies unterzeichnen: - Es folgen Hunderte von Unterschriften."

Wir waren tief berührt von dieser Anteilnahme, aber auch die andere, die unversöhnliche Seite blieb nicht stumm.

Hetzkampagnen liefen durch die Presse, wirkten wie ein Schwelbrand und flammten immer wieder auf.

Im Frühsommer 1977 erfolgte in Rom wieder ein Botschafterwechsel. Dr. Hans Arnold trat sein Amt an. „Die Bemühungen werden fortgesetzt", hörte ich aus dem Bundeskanzleramt. Ein langes Informationsgespräch hatte ich mit dem Gesandten geführt, als plötzlich eine Einladung erfolgte. Botschafter Arnold lud mich zum Abendessen in seine Residenz.

„Ich weiß, was jetzt kommt", ulkte mein Mann. Da stand Schwester Maria vor uns, kicherte an meiner Stelle die Antwort: „Ich hab' nichts anzuziehen!" ging an den Schrank, entnahm ein gutes Stück und: „Na bitte! Das ist genau passend. Nur gut, daß wir Ordensschwestern diese Sorgen nicht haben."

Der Tag kam, Maria auch, der Sanitäter auch, ein Doktor ebenfalls und viele andere. „Hier kann man wohl gar nichts allein machen", brummte ich.

„Wir nehmen doch alle Anteil, Ihr gehört jetzt zu uns, das ist immer so", war die Antwort.

Maria zupfte hier, zupfte dort. „So, alles okay und der Wagen von den Diplomaten ist auch eben gekommen! Avanti, runter", und durch ihr Spalier ging ich zum Wagen. „Ihr seid wohl nicht gescheit!"

Bevor mir der Wagenschlag aufgehalten wurde, hörte ich noch: „Ist auch immer so".

Es kam mir vor wie im Märchen, wie lange hatte ich das nicht erlebt, denn Einladungen anzunehmen war unmöglich. Und selbst Gäste zum Abendessen zu bitten, schied ebenfalls aus. Gäste im Haus - das war in meiner Familie immer festlich.

Unter schattigen Bäumen wurde ich in die Residenz des Botschafters geführt. Man speiste im kleinen Raum, perfekt bedient von einem Butler, den ich deshalb am liebsten nach dem zweiten Gang gefragt hätte: „Sind Sie hier auf Lebenszeit engagiert?"

Auflockernde Gespräche über Kinder, Schulprobleme, Musik und manches andere. Zum Drink wechselten wir hinaus auf die Terrasse: ein Abend voll heiterer Gelassenheit. Nur ein Thema wurde nicht angesprochen: der „Fall Herbert Kappler".

Im Celio standen wir oft am Fenster und sahen zu, wie die beiden uralten Bäume ihre Pracht entfalteten. Etwas seitlich der eine war mit bläulichen zarten Blüten wie übersät; haushoch und knorrig stand er da. Pistazie? Oder Palisander? Niemand wußte es. Ein Zauber der Natur. Sein Blattwerk trieb er erst später.

Unmittelbar vor unserem Fenster schattenspendend die gewaltige Magnolie in der Höhe «unseres» Gebäudes. Den erblühenden Knospen schauten wir zu, den Bienen, die sie umschwirrten. Dankbar, ein Stück unverfälschter Natur erleben und beieinander sein zu dürfen.

Mehr als ein Jahr war dahingegangen in diesem Domizil.

Hinein in unseren Frieden platzte eine schwere Krise meines Mannes, ich schrie um Hilfe. Schwestern und Sanitäter stürzten herbei, ein Sanitäter schüttelte den Kopf: „Agonie!"

Ich hielt die schlaffe Hand meines Mannes und flehte: „Geh' nicht weg von mir, bleib bei mir, laß mich nicht allein, laß mich nicht allein!"

Pausenlos setzte ich Tropfen aus meiner Herzmittelserie auf die Lippen, endlich: „Der Puls kommt wieder" und „die Atmung wird gleichmäßiger". Gegen Abend schlug er die Augen auf.

Don Martino, der Priester, verweilte lange bei uns und lenkte den Ernst der Stunde behutsam in eine gelöste Plauderei.

Am nächsten Tag mußte ich wieder zurück nach Soltau. Wir hatten wohl eine kritische Phase, auch daheim gab's Rückschläge. Ich bat den Hersteller unserer Heilmittel um einen Besuch bei meinem Mann. Kurz darauf traf Günter Carl Stahlkopf in Rom ein, Dr. med. Dorow in seiner Begleitung und zu meiner therapeutischen Sicherheit. Die Herren wurden kollegial von den römischen Ärzten empfangen.

Einer der Ärzte begrüßte sie: „Meine Herren, ich bedanke mich im Namen meiner ärztlichen Mitarbeiter vorweg herzlichst für Ihr Kommen. Ich möchte Sie bitten, Ihre Therapie mit Regenaplexen zu erklären. Wir stehen hier bei dem Behandlungserfolg durch Frau Kappler vor einem Rätsel und fürchten um unsere Arztehre."

Daraufhin legte Günter Carl Stahlkopf seine konträre Meinung zur klassischen Medizin über das Krebsgeschehen von dessen Entstehung her bis zur therapeutischen Behandlung überzeugend dar.

Die beiden Ärzte hatten diese Theorien verstanden und erklärten uns: „Sie haben uns davon überzeugen können und das bis dato unerklärliche Überleben des Patienten verständlich gemacht. Wir möchten Sie zu einer extra von uns dafür vorgesehenen Ärztetagung in Rom einladen, damit Sie entsprechend ausführlicher und einem größeren ärztlichen Forum gegenüber Ihre Methode darlegen können."

Später fragte ich Herrn Stahlkopf und Dr. Dorow, wie ich jetzt noch meinem Mann helfen könnte. Kopfschütteln: „Mehr wissen wir im Augenblick auch nicht." Ich setzte deshalb meine bewährte Behandlung fort und erzielte bei meinem Mann langsam wieder eine Normalisierung seines Zustandes.

April - Mai - Juni - Woche für Woche drei Tage Rom, zwei Tage Soltau und zwei Reisetage. Ums Haar hätte ich die Maschine in Rom verpaßt. Bummelstreik! Die Passagiere für mehrere Flüge wurden zusammengefaßt und an nur einem Schalter abgefertigt. Es ging und ging nicht voran. Ich trat von einem Fuß auf den anderen. Presseleute. Lichtblitze. Ich fragte: „Was ist denn los?"

„Noch nicht gemerkt? Neben Ihnen steht Brigitte Bardot!"

Ich schaute sie an und mußte lachen. Ins Kino kam ich seit Jahren nicht mehr, dafür liefen mir jetzt die Stars über den Weg.

Und wen sah man nicht alles in dieser Zeit? Mal saß vier Reihen hinter mir in der Touristenklasse auf dem Flug München-Rom der italienische KP-Führer Enrico Berlinguer mit seinen Leuten. Ich entdeckte ihn erst nach der Landung. Auge in Auge verhielten wir, er wußte auch, wer ich war. Er sprach nach rechts und links und hielt meinen Blick fest. Ich kam nicht dazu, nur ein paar Worte mit ihm zu wechseln.

Als ich im Hospital eintraf, saß Frau Dr. Graziella Bianchi lange neben meinem Mann, sprach ihm Mut zu, teilte Not mit uns. Ihr gesamtes Persönlichkeitsbild blieb einzigartig.

„Mit wem soll ich jetzt reden?" fragte sie. „Das Militärtribunal wäre so wichtig!"

Kürzlich hatte ich im Alleingang Generalstaatsanwalt Foscolo aufgesucht, von „Liberazione Kappler" war keine Rede mehr, die Akte nirgends zu entdecken. Er zuckte nur die Schultern und wich mir aus.

Ja, dort müßte man wieder intervenieren. Graziella eilte davon und die Stufen der Militärjustiz-Hierarchie hinauf. Nach zwei Stunden war sie wieder zurück: „Gar nicht ohne Hoffnung! Unsere Regierung macht das schon", war sie überzeugt.

„Dein Wort in Gottes Ohr", wünschte mein Mann wie schon so oft.

In der nächsten Woche: „Wen soll ich jetzt aufsuchen?"

Ich dachte an Andreotti und daß ein persönliches Gespräche vieles klären könnte.

„Ich mache das schon". Und schon war Graziella aus der Tür und gegen Abend zurück: „Im Moment kann er nicht, hat er gesagt."

„Ja eben, tausendmal hörten wir diese Worte schon! Verzeih' bitte, deine Schuld ist das nicht!"

Freunde aus der Campagna schleppten hilfreich selbstgezogenes Gemüse herbei, was die Versorgung mit Frischkost erleichterte.

Die Bundesregierung intervenierte weiter. Für mich stand fest, die italienische Regierung will Herbert Kappler hier sterben lassen.

Und wieder Graziella: „Mit wem? Soll ich mit Pertini und Parri sprechen?" Und wenig später saß sie mit der Frau des früheren Partisanenführers Ferruccio Parri am Tisch, und sie tranken Wein auf das Wohl Kapplers. Signor Parri war nicht zu Hause.

Und immer wieder forschte ich mich aus: Was war das nur für ein Gefühl in mir, das durch alle die Drangsale, durch alle die Belastungen nicht angetastet wurde?

Eine Stille-Stunden-Insel fand sich im Ozean der Turbulenzen nicht mehr, pausenlos war etwas zu tun.

Saß ich in Soltau am Schreibtisch in der Hoffnung, nur ein Weilchen nachdenken zu können, schrillte das Telefon. Und wenn's nicht meine Sorgenkinder waren, wollte ein Journalist dies und das wissen, wobei auch mancher kultiviert und verständnisvoll reagierte.

Mit Dr. Aschenauer traf ich mich in der Nähe Münchens bei einer Flugunterbrechung nach Rom: „Nicht ganz ohne Hoffnung, hm, aber ich sehe auch schwarz", beendete der Anwalt unsere Unterredung.

Ich dehnte Bonner Gespräche noch weiter aus und flehte Politiker an: „Lassen Sie meinen Mann doch nicht in Italien sterben!"

Mein Mann wurde immer ernster, Gespräche kürzer, oft schwiegen wir lange miteinander. Sein Zustand hatte sich nicht weiter verschlechtert, Herz und Kreislauf behielt ich unter Kontrolle, die Schmerzen blieben erträglich, wir konnten auf Morphiumgaben verzichten.

Aber Unergründliches hing in der Luft.

Und - täuschte ich mich - oder wich Prof. Cuttica mir tatsächlich aus?

Eine späte Abendstunde klärte die Situation auf: In Rom wurde erwogen, Herbert Kappler entweder in die Festung von Gaeta oder in die römische Haftanstalt Regina Coeli zu überführen.

„Von dir getrennt zu werden, das ertrage ich nicht", gestand mir mein Mann.

Ich sah ihn groß an: „Ich werde dich nie verlassen", war alles, was ich ihm zu antworten vermochte.

„Du weißt ja gar nicht, was gespielt wird", entgegnete er.

Am Nachmittag des nächsten Tages ließ Graziella mich durch die Schwester in das untere Stockwerk bitten. Das war ungewöhnlich und noch nie geschehen. Im Zimmer des Stationsarztes fiel sie mir schluchzend um den Hals: „Ich muß es dir sagen, du mußt es wissen: Er hat Gift von mir verlangt! Er will sich umbringen, und noch heute will er es haben! Gottseidank, daß du da bist!"

Selbstmord - ich wußte, wie sehr er Selbstmord verabscheute und ihn nur für ganz ungewöhnliche Situationen gelten ließ. Was mußte in ihm vorgegangen sein, daß er diese Möglichkeit als Ausweg ansah? Ausweg, der keiner ist!

„Wenn du das Gift hast, dann gib es mir, bitte", antwortete ich Graziella ohne Ton in der Kehle.

„Nein-nein-nein, ich habe es nicht", schrie sie zurück, „und ich bringe es ihm auch nicht!"

Langsam stieg ich die Stufen nach oben empor. DAS WAR'S ALSO! Ich überdachte die Situation und begriff ihre Tragweite.

In unserem Zimmer setzte ich mich zu meinem Mann aufs Bett und sah ihm mit der unausgesprochenen Frage in die Augen.

„Ich kann es nicht mehr länger verantworten, dich an mein Schicksal zu binden", kam es kaum hörbar von seinen Lippen.

Die letzte Konsequenz blieb uns erspart. Ich informierte weder die deutsche Botschaft noch die Bundesregierung und sagte auch Rechtsanwalt Cuttica nichts davon.

In meiner Bedrängnis flog ich zu einer bekannten Hellseherin und hoffte, sie würde unser Schicksal durchschauen können.

Wie ein Häufchen Elend hing ich bei der Seherin im Sessel, als der «Blick in die Zukunft» begann.

„Was haben Sie für Fragen?" wollte sie wissen.

„Mein Mann will sich umbringen! Sehen Sie seinen Tod?" fragte ich direkt und ohne Umschweife.

Die Antwort kam sofort: „Nein, nein!"

„Sehen Sie, ob ich von ihm getrennt werde?" forschte ich weiter.

Kurzes Nachsinnen, und die Neins wiederholten sich und: „...er liebt Sie ganz unwahrscheinlich!"

„Ich weiß, ja ich weiß! Ich ihn auch!"

Die Seherin fuhr fort: „Oh mein Gott, was ist da alles passiert, das ist ja furchtbar! Und Ihr Mann ist das Opfer von Intrigen geworden!" Sie holte tief Atem: „Aber das kann ich Ihnen sagen, Deutschland sieht er nicht wieder! Eine Veränderung kommt! Ich sehe Sie bei herzensguten Menschen, beide! Unter Tannen und hohen Bäumen, das ist wie auf dem Lande!"

„Wir sind auch jetzt von guten Menschen umgeben und hohe Bäume sind dort auch", erwiderte ich.

„Nein, das ist etwas ganz anderes, und Sie sind nicht von ihm getrennt, es ist wie ein Urlaub oder so ähnlich!"

Ich schüttelte den Kopf: „Urlaub? Unmöglich, das würde die italienische Regierung nicht gestatten."

Ich achtete auf jedes ihrer Worte und hörte weiter: „In einigen Jahren schreiben Sie ein Buch, da tritt ein Freund in Ihr Leben, ganz plötzlich ist er da..."

„Schreiben wollte ich schon immer", fuhr ich dazwischen, „ich wäre gern Schriftstellerin geworden. Aber einen Freund brauche ich nicht. Ich liebe meinen Mann!"

Sie ließ sich gar nicht irritieren: „Dieser Freund ist ein sehr wertvoller Mensch..."

Ich wurde ärgerlich:"...hat er etwas mit der Heimkehr meines Mannes zu tun? Ich liebe nur meinen Mann und brauche keinen Freund. Und von Ihnen wollte ich nur wissen, ob mein Mann sich umbringen wird!"

Die Dame schüttelte den Kopf: „...und Deutschland sieht er nie wieder!"

Mein Sorgenpaket war nicht kleiner geworden. Mit der nächsten Linienmaschine flog ich zurück, rief um zwanzig Uhr von Soltau aus im römischen Hospital an und erfuhr, daß der Zustand meines Mannes unverändert war.

Vielleicht hatte ich die Seherin überfordert, oder sie war ausgelaugt und hatte gerade keinen guten Tag, das ist schon den Propheten passiert. Ich wog ihre Worte in mir ab, lotete mich aus, und mir wurde erneut klar, daß ich nicht weitergekommen war und mit meinen Empfindungen allein stand.

„Heim, heim, heim", hatte mein Mann am letzten Heiligen Abend gefleht, und „Ich hole dich heim", hatte ich ihm vor mehr als zehn Jahren bei meinem Leben geschworen.

Ich schob die Worte der Hellseherin in mir beiseite und machte mich nicht abhängig davon. Unangetastet von allen Rückschlägen, taktischen Verzögerungen und negativen Einflüssen wollte ich auch weiterhin meiner Intuition vertrauen.

Es war der 6. Juni 1977, Erikas Geburtstag. Mein Glückwunsch zu vorgerückter Abendstunde konnte nur knapp ausfallen, denn ich brauchte viel Zeit zum Nachdenken.

Und spätabends rief ich noch Präses Wilm an, den ich seit einiger Zeit Vater Wilm nennen durfte. Wir sprachen über Schicksal, Glaube, Liebe.

„Ich glaube an den Glauben, der Berge versetzt! Die Liebe ist die größte Kraft auf Erden, ich kann nicht anders denken", sagte ich ihm.

„Amen", schloß Vater Wilm innig.

Und ehe ich mich versah, bestieg ich wieder die Maschine nach Rom.

Abends kam Prof. Cuttica zu uns. Nach freundschaftlicher Begrüßung ging er eine Weile im Zimmer auf und ab, setzte sich nieder und sah uns lange an: „Ich möchte mit Eurem Außenminister sprechen, jetzt ist ein persönliches Gespräch nötig. Vor einigen Jahren suchte ich schon einmal direkten Kontakt zu eurer Regierung, aber es gelang nicht. Und du, Annaliese, wirst mich nach Bonn begleiten."

Die Zeitfrage wurde zum brennenden Problem, denn der Deutsche Bundestag würde in Kürze in Ferien gehen. Von Soltau aus setzte ich alle Hebel in Bewegung und flog zwei Tage später wieder nach Rom.

Ein Anruf aus Bonn: „Termin morgen um elf Uhr."

Die kleinen Dinge am Rande überstürzten sich: das Studio Cuttica anrufen; keine Münzen in der Tasche, (aber Schwester Maria hatte), der Professor noch in einer Verhandlung; den Flug buchen, doch die Maschine ist besetzt, Umbuchung versuchen auf ein anderes Flugzeug, das 45 Minuten früher abfliegen würde. Die Buchung klappte.

Gianni rief an: „Wir haben nie Bargeld im Haus, und die Banken sind geschlossen!"

Ich zählte unsere Barschaft: „Das reicht nicht aus!"

Unerschütterlich stand Schwester Maria da, lächelte: „Wieviel braucht Ihr?"

„Mindestens 3.000 für zwei Personen."

„Lire?"

„Nein, D-Mark."

„Hab' ich, hol' ich! Von meinem Cousin, Franziskaner auf Durchreise, ist für seine Bibliothek, ich borg' es Euch, er braucht es erst in zehn Tagen."

Vor Rührung und Erleichterung kamen uns die Tränen.

„Schraube locker, heult nicht! Los, Taxi steht unten!"

Ja, auch das war Schwester Maria, und wenn mein Mann nicht spontan übersetzt hätte, wäre mir etwas entgangen.

Im Flughafen rannten wir einander entgegen, Prof. Cuttica und ich:

„Hallo Franco, hierhin!"

„No, no, no, dorthin!" Und hinter uns schloß die wartende Stewardeß die Tür.

„Ohne Waschzeug, ohne Rasierzeug..!"

„Wir werden es in Frankfurt besorgen, beim Umsteigen, bis zur Anschlußmaschine nach Köln bleiben fünfzig Minuten Zeit, das reicht."

Im Kölner Flughafen wurden wir im Auftrag des Auswärtigen Amtes durch einen Herrn empfangen und ins Hotel geführt.

Die Audienz mit dem Außenminister verschob sich, doch sie fand statt und hatte als Kernpunkt die Bitte des Anwaltes, eine juristische Expertenkommission einzusetzen.

Es war wieder ein schwacher Hoffnungsschimmer da.

Am Abend des 24. Juni 1977 flogen wir zurück nach Rom. Ein paar Tage später suchte ich italienische Freunde auf, die gerade damit beschäftigt waren, große Stapel an Briefen zu kuvertieren. Es war ein Appell, den eine italienische Gruppe von Betreuern im Strafvollzug an die Regierung und eine Reihe von einflußreichen Persönlichkeiten in Rom richtete:

Rom, den 28. Juni 1977
Via dello Statuto, 44
An den Herrn Staatspräsidenten
An den Herrn Ministerpräsidenten
An den Herrn Senatspräsidenten
An den Herrn Präsidenten der Abgeordnetenkammer
An den Herrn Außenminister
An den Herrn Verteidigungsminister
An die Herren Senatoren und Abgeordneten
An den Herrn Präsidenten des Verfassungsgerichtshofs
An den Herrn Präsidenten des Kassationshofs
An das Oberste Militärgericht
An das Territorialmilitärgericht Rom
An das Territorialgericht La Spezia
An die Informationsorgane

312

Wir sind eine freiwillige Gruppe, die vor allem aus Betreuern im Strafvollzug besteht, mit gründlichen und unmittelbaren Kenntnissen der Realität in den Gefängnissen, durch die wir unzählige Fälle von schwerem geistigen und körperlichen Verfall aufweisen können, wenn die Haft bestimmte Grenzen des Erträglichen übersteigt.

Wir sind deshalb über die Nichtfreilassung des an Krebs erkrankten Herbert Kappler tief betroffen und enttäuscht. Wir wenden uns daher an Behörden und Informationsorgane, um die Zweifel und den Kummer, die unser Gewissen beunruhigen, zu äußern:

Wie kann Italien mit seinen juristischen und humanen Traditionen, gerade in der Zeit, da es eine der modernsten Reformen des Strafvollzugs anstrebt und die Abschaffung der lebenslänglichen Freiheitsstrafe sich abzeichnet, nach 32jähriger Haft einen Mann im Gefängnis sterben lassen, der seine Reue ausgedrückt hat und dessen einziges Bestreben es ist, in seinem Vaterland zu sterben?

Artikel 176 des StGB sieht die bedingte Freilassung von Verurteilten vor unter Berücksichtigung ihrer Führung während der Strafverbüßung und ohne Bezugnahme auf die begangenen strafbaren Handlungen. Der Geist dieses Gesetzes ist klar, zweihundert Jahre nach Beccaria und zweitausend Jahre nach Christus: die Schuldigen am Leben zu erhalten, nur um sie als Objekt für immer ihrer Würde und Hoffnung beraubt zu erhalten, ist grausamer als sie auszulöschen; und so stellt die moderne Justiz fest, indem sie das Wieder-zum-Menschen-Werden des Schuldigen als Endziel der Bestrafung erkennt und sich von rachsüchtigen Absichten befreit, daß das Begehen von Fehlern, seien sie auch ernster Art, nicht bedeuten darf, daß man auf dem Irrtum festgenagelt wird; dies würde die Evolutionsfähigkeit des Menschen verleugnen. All dies ignorieren, kommt juristischem, moralischem und rationellem Rückschritt gleich.

In Übereinstimmung hierzu verkündeten also die Militärrichter im vergangenen November ein für Kappler günstiges Urteil, eine Ungenauigkeit hat es jedoch anfechtbar gemacht.

Und so befinden wir uns gegenüber der paradoxen Lage eines Mannes, der sterben kann, bevor er in den Genuß der ihm schließlich gewährten Rechtswohltat gelangt. Könnte nicht verhindert werden, daß das Warten auf eine neue Entscheidung die Agonie noch kummervoller macht, indem man sich an eine andere Rechtseinrichtung wendet, an jene der Gnade? Gnade, die wie die Amnestie bei italienischen Kriegsverbrechern seit 1953 gewährt wurde, um mit Weisheit eine schmerzliche Seite unserer Geschichte abzuschließen.

Mit Blick auf das Vereinte Europa erscheint es uns heute ein nicht weniger triftiger Grund, ein konkretes Zeugnis der Aussöhnung zwischen den Völkern anzubieten, und die Italiener könnten durch die Informationsquellen auf die Aussichten der Entspannung hingewiesen werden. Diese Quellen ziehen es jedoch vor, mit Ausdrücken, die oft mit der ‚Achtung der Person des Verurteilten' unvereinbar sind, auf einer hartnäckigen Symbolisierung zu bestehen, in einem einzigen Mann die Fehler eines ganzen Systems zu vereinen.

Die Justiz urteilt über Menschen und nicht über Symbole: Einer unserer Nächsten kann nicht, um symbolistischen Abstraktionen zu huldigen, seine konkrete, schmerzhafte menschliche Realität verlieren. Vernunft und Ethik weisen die verwirrende Logik der ‚Sündenböcke' zurück, und der Geschichtssinn schlägt nunmehr objektivere Bewertungen der Einflüsse von Diktaturen, Ideologien und Kriegen auf die Menschen vor.

Die Repressalien sind leider eine harte Realität des Krieges geblieben, wie Vietnam und Palästina zeigen; das Wettrüsten bereitet vielleicht die Selbstzerstörung vor; Gewalt überwiegt; und es gibt Leute, die verkünden, daß bei einer Freilassung Kapplers ‚kein Orientierungspunkt mehr übrigbleiben würde, um zu mahnen, daß Schändlichkeit nichts einbringt'.

Als in den Jahren 1955 und 1957 die Mächte (einschließlich Rußlands mit seinen zwanzig Millionen Toten) Admiral Raeder und den Exminister W. Funk, die in Nürnberg zu lebenslänglicher Freiheitsstrafe verurteilt worden waren, wegen ihres prekären Gesundheitszustandes begnadigten, sahen sie nicht voraus, daß dieser Akt der Menschlichkeit im Jahre 1977 beanstandet werden würde, von jemand, der in einer Welt von ungestraften Schändlichkeiten die Verschärfung der Strafe bei einem Sterbenden als exemplarische ‚Ermahnung' betrachtet.

Indem wir darauf vertrauen, daß unsere Politiker das moralische Prestige Italiens nicht ganz für belanglos halten und daß sie vorrangige geschichtliche Erfordernisse wie Freundschaft und Zusammenarbeit zwischen den Völkern wahrzunehmen wissen, bitten wir Sie zu handeln, damit dieser Fall auf würdige Weise gelöst werde.

Und indem wir über die Botschaft des Ardeatino-Heiligtums nachsinnen „...weinet nicht, hasset nicht..', rufen wir uns wirklich unsere Märtyrer ins Gedächtnis.

Nur durch Überwindung des Unmenschlichen im Menschlichen kann die Welt aufgebaut werden, an die sie glaubten.

Für die Gruppe der Betreuer im Strafvollzug:
Germano Greganti von „Gefängnis und Gemeinschaft"
Elena Bologna, freiwillige Mitarbeiterin
Giovanna Antonelli, freiwillige Mitarbeiterin
Graziella Ruggi d'Arargona, Sozialfürsorgerin
Anna Maria Marotto, Sozialfürsorgerin
Maria Tecla Chiricozzi, Sozialfürsorgerin
Dr. Anna Sabattini, Sozialfürsorgerin
Vittoria Cominotti, Sozialfürsorgerin
Antoniette Scileppi, Sozialfürsorgerin
Adele Toscano, Sozialfürsorgerin
Marghita Borisavljevic Miceli, Sozialfürsorgerin
Lorenzo Minuti, Professor
Mario Libianchi
Cimini Amelio, Erzieher
Elfriede Rossi, freiwillige Mitarbeiterin
Dr. Graziella Bianchi

KAPITEL 13

Die Flucht

Heiß lag die Sonne über Rom, in Soltau war's kühl, die Wochen liefen dahin.

Besuche bei meinem Mann genehmigte der Minister nur noch selten. Als sich das herausstellte, baten wir Freunde und Bekannte, von Besuchen abzusehen.

Regierungskrisen hatten wieder einmal Positionen verschoben, Forlani war als Verteidigungsminister durch Lattanzio abgelöst worden.

Immer wieder hatten Urlauber, Touristen, Romreisende nach uns gefragt, durften aber nur mit mir sprechen. Eines Tages Ende Juli saß ich mit Touristen in der glühenden Mittagssonne auf der steinernen Bank neben dem großen Brunnen unter „unserem" Fenster. Wir blickten alle nach oben zum dritten Stockwerk hinauf, wo unser Zimmer lag, als der alte Herr links neben mir das Schweigen brach: „Da kommt man runter", sagte er bedächtig.

„Ja", überlegte ich, „aber können muß man's!"

«Da kommt man runter» schlug Wurzeln in mir und ließ mich nicht mehr los.

Wir schlenderten durch die Anlagen und bestaunten die Üppigkeit der Pflanzen; Nelkenkirschen blühten gerade mit berauschendem Duft.

Wir verabschiedeten uns, die Urlauber fuhren weiter.

Ich dachte an alle enttäuschten Hoffnungen. Würde mein Mann je entlassen werden? Worauf sollte ich noch länger warten? Mir war klar, daß ICH handeln mußte.

Nach der Mittagsruhe suchte mein Mann den Duschraum auf, ich ging ihm nach, weil uns dort niemand hören konnte. Erstaunt sah er mich an: „Ist was?"

Ich legte ihm beide Hände auf die Schultern: „Wie weit vertraust du mir?"

„Aber ich bitte dich! Ich habe dir mein volles Vertrauen ja wohl doch erwiesen!"

„Ich weiß, aber es ist etwas anderes! Ich muß wissen, vertraust du mir dein Leben an?"

„Also sowas", wurde er fast ärgerlich, „ich habe dir mein Leben doch anvertraut!"

Ich sah ihm fest in die Augen: „Vertraust du mir dein Leben an, - ja oder nein? Es ist auch für mich entscheidend."

„Ja! - Ich weiß, du bist am Ende deiner Kraft."

„Das meine ich nicht. Laß uns fliehen!"

Ich umarmte ihn: „Fühl' dich in mich hineingeborgen, weißt du, so … wie das Kind im Mutterleib geborgen ist!"

Er sah mich fassungslos an.

„Einen solchen Schutz gibt uns das Leben nie wieder, wie in jener Zeit! Sei einfach an mich angeschlossen! Aber frage mich nichts, ich kann dir nicht antworten. Ich fühle es nur in mir."

Er schüttelte matt den Kopf, ein wenig später nickte er hin zum Fenster „Da 'naus?" und fragte noch: „Wann?"

„Bald."

Ich setzte mich in den Sessel, hielt die Hand meines Mannes, prüfte den Puls. „Ja, aber wie willst du denn nur ..." begann er zu fragen. Da mußte ich lachen: „Und das war der Moment, in dem Miß Marple das Strickzeug aus der Hand legte."

Ich sagte ja schon, wie ich an Krimis kam. Und nach Wochen lachte ich wieder einmal.

Aber wie? Wie würde es funktionieren? Zuerst einmal mußte ich wissen, wie hoch unser Fenster lag. Ich verknotete einen Zwirnsfaden am Eisenzapfen, der die Fensterflügel hielt, und warf die Rolle nach unten, wo sie bis in die Abenddämmerung liegenblieb. Dann schlenderte ich gemächlich hinunter, schnitt eben über dem Erdboden den Faden ab und stieg die Treppe wieder empor. Oben zog ich den Zwirn hoch.

Und weil ich kein Maßband hatte, nahm ich ein Lineal, um die Länge des Fadens abzumessen. Er nahm und nahm kein Ende, verheddert sich in lästige Schlingknoten, bis ich bei fast siebzehn Metern endlich Bescheid wußte.

„Ganz schön hoch! Das hätte ich nicht gedacht!" staunte ich.

Mein Mann saß auf seiner Bettkante: „Ich wüßte ja gern, ich meine, bei der Höhe..."

„Herz", unterbrach ich ihn, „ich kann dir gar nichts sagen! Wie das funktioniert, weiß ich selbst noch nicht. Aber ich weiß, daß es gelingt! Sei froh", rief ich ihm zu, „du kommst nach Haus!"

Mit einem Anflug von Lächeln: „Und du glaubst das wirklich?"

„Ja, Herz, ja!" und dann: „Aber du darfst mich nicht mit Fragen peinigen, die ich mir selbst noch nicht beantworten kann."

Im Dunkel der Nacht stand ich wieder am Fenster. Mitternacht war längst vorüber.

Wenn nur diese Parkleuchte nicht wäre! Wenn ich sie nur ausblasen könnte wie eine Kerze! Könnte man doch eine Zwille nehmen, als Kinder waren wir Experten darin, wanden ein Gummi in eine Astgabel, legten ein Steinchen hinein, zogen straff und eh man sich versah, war ein Loch in der Scheibe. Aber ich war aus der Übung.

Oder vielleicht mit einem Steinwurf? Kein großes Ding, das könnte auffallen. Und von unserem Fenster aus siebzehn Metern Höhe hinunterzuzielen, war auch unmöglich, denn die Parkleuchte hatte ein kleines, schützendes Dach, das den Regen abhielt.

Mit diesen Gedanken schlief ich ein, sie geisterten durch meine Träume, bis sich endlich die Nacht verzog und jener kleine Giebel des Quirinalpalastes - dem Sitz des Staatspräsidenten - in der frühen Morgensonne wie vergoldet aufblitzte.

Wie an jedem Montag, so kam auch an diesem Morgen Gianni und lieferte mich in Fiumicino am Flughafen ab. Während des Fluges schlief ich nicht, las auch nicht; viele Gedanken waren zu entwirren und zu ordnen.

Eine Idee schoß mir durch den Kopf: Ich brauche einen Paß von jemandem, der mir ähnlich sieht.

Mir fiel eine Bekannte aus früheren Jahren ein, ich suchte sie beim Umsteigen in Frankfurt auf. „Wie Schwestern", hatte man früher immer von uns gesagt. Vielleicht könnte ich sie fragen, auch wenn ich sie zwanzig Jahre lang nicht gesehen hatte.

Ich erntete entgeistertes Entsetzen auf meine Frage, ob sie wohl für kurze Zeit ihren Paß entbehren könnte, verabschiedete mich rasch und schalt mich im Flugzeug von Frankfurt nach Hannover: „Es war auch wirklich eine törichte Idee!" Aber wie komme ich bloß durch die Grenzkontrollen, ohne meine Identität preiszugeben, hämmerte es pausenlos in meinem Gehirn.

Ich jagte mit dem Wagen von Hannover nach Soltau, warf die Koffer in den Hausflur, sprang wieder in den Wagen und fuhr zu befreundeten Patienten in der Nähe, Hobby-Bergsteiger. Sie führten gerade ihre jüngsten Urlaubsdias vor, ich war überrascht, wie sie dort in Steilwänden hingen.

„Wie hoch ist das denn?" staunte ich.

„So gute dreißig Meter."

Ich atmete auf, denn für mich reichten siebzehn!

„Und abseilen? Das kann man doch auch schnell lernen, nicht wahr?"

„So einfach, wie das auf den Dias aussieht, ist es nicht, die Ausbildung dauert ein paar Wochen."

„Das möchte ich gern lernen", sagte ich wie beiläufig.

„Kein Problem, wenn du willst, kannst du ja nächstes Mal mit uns fahren?"

„Mitfahren? Es geht nicht, ich will es schnell lernen, das kann man ja auch hier! Bringt mir das bei, am besten gleich morgen!"

Sie guckten sich überrascht an: „Tja, morgen, da geht das nicht!"

Ich brauchte nicht lange zu überlegen: „Wißt Ihr noch, wie es war, als Ihr der Reihe nach krank und auf mich angewiesen wart? Sagte ich: Also morgen, da geht das nicht? Ich sagte, kommt gleich her! Oder stimmt das etwa nicht?"

Und weil es stimmte, stimmten sie zu: „Also gut, morgen. Aber warum denn so plötzlich?"

„Fragt nicht lange und bringt mir das bei. Ich werde auf Hof Bömme den Bauern bitten, in dessen Scheune wir sicher üben dürfen."

Und wir übten.

Erst einmal die wichtigsten Knoten. Erika wurde eingeschnürt. Sie hatte sich im Laufe der Zeit das Fragen ohnehin abgewöhnt, einfach, weil es auf so viele Fragen nie eine Antwort geben konnte.

Als die Knoten geschlagen wurden, staunte ich: „Und das soll halten?"

„Das hält!"

Auf dem Dachboden einer alten Scheune - etwa vier Meter hoch - begann unsere Klettertour. Ich versuchte, Erika hinunterzulassen. Meine Lehrmeister beanstandeten: „Nein, so nicht! So würgst du sie ab! Hier, so muß die Seilführung laufen! Aufpassen, sonst geht das ins Genick!"

Das war noch kein Meisterstück, aber es ist ja auch noch kein Meister vom Himmel gefallen. Mit einsetzender Dämmerung wechselten wir in eine größere Scheune, in der die Höhe für unsere Übungen acht Meter betrug.

Auf der Rückkehr nach Soltau war mir klar: Man könnte das Abseilen durchaus in kurzer Zeit erlernen, aber man mußte mit viel Sorgfalt arbeiten. Meine Bergsteiger fragten noch: „Dachstein? Oder wollt Ihr zum Sexten?"

Ich überging die Frage und war im Geiste schon viel weiter.

„Nächste Woche üben wir wieder!" rief ich ihnen noch zu.

Kofferpacken, Abflug nach Rom.

„Gottseidank, daß du da bist", begrüßte mich mein Mann und fügte leise hinzu: „Du weißt, daß es ein Wettlauf mit der Zeit ist? Ich befürchte, sie bringen mich heute fort!"

Nach einer Weile nahm ich meine Handtasche; mein Mann sah besorgt auf: „Willst du etwa wegfahren? Was hast du vor, wo willst du denn hin?"

„Ich will mich umsehen, weißt du, das Terrain ergründen. Eine englische Weisheit besagt: jeder Zaun hat eine Lücke. Vielleicht gelingt es mir, sie zu entdecken!"

Nur die Lücke in der hohen Mauer um das Militärhospital herum, die fand ich nicht.

Neben dem Waschhaus hinter der fast vier Meter hohen Mauer lag das imponierende Bauwerk des 'Colleggio Irlandese'. Ein irisches Priesterseminar mit Observatorium auf dem Dach und einem schönen Park ringsum.

In dieser Mauer gibt es kein Loch, stellte ich nüchtern fest. Wer sportlich ist, klettert über sie hinweg. Aber sportlich war mein Mann schon lange nicht mehr.

Bei meinem Erkundungsgang hatte ich festgestellt, daß man mehr als eine halbe Stunde brauchte, um die Anlage des Militärhospitals von außen zu umwandern. Ich wunderte mich und ging Straßen und Wege, die mir bis dahin unbekannt gewesen waren.

Die Tageshitze war gebrochen, schwül hing die Nacht in den Dächern. Lange saßen wir am Fenster. Ich sah hinunter auf die Parkleuchte, mein Mann hinüber zu den Skulpturen auf dem Lateranspalast.

„Ich muß dich noch etwas fragen", bat er, „brauchst du denn wirklich keine Hilfe? Meinst du nicht, wir sollten jemanden einweihen und ins Vertrauen ziehen? Vielleicht Prof. Cuttica oder Don Martino, den Militärkaplan?"

Ich zögerte einen Moment, holte tief Luft und gab zu bedenken: „Man würde jeden gefährden! Außerdem ist die Gefahr viel zu groß, daß jemand ungewollt am falschen Platz ein Wort verliert."

Sonntag; es erwarteten mich wieder Urlauber, die jedes Jahr nach Amalfi reisten. Unser Gespräch fiel nur kurz aus. Ebenso die Begegnung mit zwei jungen Franziskanern, die auf ihrer Reise nach Fernost in Rom Station gemacht hatten.

Kurz bevor ich am 1. August zum Abflug nach Hannover das Hospital verließ, bat mein Mann: „Ich bitte dich sehr, ruf' doch Graziella an, sie soll mir das Gift bringen. Ich möchte es bereithalten für den Fall, daß sie mich während deiner Abwesenheit fortbringen! Zwei lange Tage wirst du nicht hier sein!"

Mein Gott, dachte ich, für mich sind zwei Tage eine Zeitspanne, die im Fluge vergeht, und für ihn sind sie eine Ewigkeit voll Ungewißheit!

„Kein Wort mehr von Gift! Hab' Vertrauen! Du wirst heimkehren, in zwei Tagen bin ich wieder bei dir, du kannst die Stunden zählen. Gott befohlen!"

Hatte ich ein Konzept? Nein, kein Konzept, denn es konnte keines geben. Nur Ideen. Und Impulse. Und jene unbeschreibliche innere Sicherheit des Gelingens. Äußere Garantien gab es nicht.

Während des Fluges überschlug ich unsere finanziellen Mittel. Wir hatten viel Geld gebraucht, denn allein die Therapie verschlang Summen.

In Angst und Sorge um uns flog mein Sohn mit einem Freund in einer Privatmaschine nach Italien. Wegen des schlechten Wetters landeten sie in Mailand, ließen die Maschine dort stehen, buchten einen Linienflug nach Rom und riefen mich im Militärhospital an. Wir trafen uns nur kurz, ich mußte wieder zu meinem Mann.

Ich malte mir die verschiedensten Möglichkeiten für die Flucht aus: Im Notfall vielleicht mit dem Wagen nach Neapel, dann mit der nächsten

Linienmaschine irgendwohin, und wenn's nach Singapore wäre. Nur fort, weit fort! Der Bordlautsprecher unterbrach meine Gedanken: „Bitte anschnallen, wir werden in Kürze in Hannover landen."

Und im Wagen nach Soltau: Abseilen üben! Das ist die Voraussetzung überhaupt! In meinem Kopf hämmerte es: die Zeit drängt! Aber die knappe Zeit muß reichen, alles zu bewältigen!

Zu meinem Entsetzen waren die Bergsteiger unerreichbar, ich verlor eine ganze Woche.

Gute Bekannte riefen an, fragten nach: „Wie geht es Kappler? Wann wird er denn nun entlassen?"

Sie flogen mit ihren Privatmaschinen nach Südfrankreich, ich biß mir auf die Zunge und hätte ihnen am liebsten zugerufen: „Fliegt doch nach Rom und holt ihn ab!"

Dann rief ich Freunde und Helferkreise an: „Bitte, sammelt Spenden!" Hansi und Heinz Kiessler opferten all ihre Zeit zu Spendenaufrufen und verschonten mich taktvoll mit neugierigen Fragen.

Planmäßig war ich wieder in Rom, wurde von Gianni ins Celio gefahren und von meinem Mann aufatmend begrüßt. Eine Stunde später nahm ich ein Taxi zurück zum Flughafen, um dort wieder einen Leihwagen zu mieten. Ich fuhr kreuz und quer durch Rom, um die Stadt noch besser kennenzulernen. Immer wieder traf ich auf Bekannte, auf Urlauber nach Positano und Sorrent.

Nachts ordnete ich unsere Sachen, packte ein und sortierte aus.

„Kannst du jetzt abseilen, das darf ich dich doch fragen", wollte mein Mann wissen.

„Oh Herz", umarmte ich ihn, „wir haben eine kostbare Woche verloren, sonst wären wir wohl heute …"

Er sagte nicht viel, nur: „Das soll ein Mensch begreifen" und war auf dem Weg unter die Dusche. „Bitte, ruf' Graziella an, ich…"

„Kein Wort mehr davon!" rief ich ihm zu.

Montagmorgen, in aller Herrgottsfrühe brachte ich den Mietwagen zurück.

Wieder in Soltau rief ich meine Bergsteiger an, einer hatte Geburtstag. Ausgerechnet. „Heute kann ich nicht, das Haus ist voller Gäste", man hörte es im Hintergrund. Und überfüllt war auch meine Sprechstunde, erst gegen 23 Uhr verließen die letzten Patienten die Praxis.

Der 9. und 10. August vergingen.

Ich rief bei der Feuerwehr an, Schulfreunde machten dort Dienst: „Ihr bildet doch sicher auch Rettungshelfer aus, die abseilen können?"

„Aber ja, in vier Wochen findet der nächste Lehrgang statt."

Ich bedankte mich und hängte ein.

Beim Roten Kreuz verlief das ähnlich. Rasch knüpfte ich einen neuen Geduldsfaden und rief Prof. Cuttica in Rom an: „Ich kann noch nicht am 11. August eintreffen, sondern erst einen Tag später. Bitte, informiert Herbert."

Und dann nahm ich meine Alpinisten ins Gebet: „Wenn Ihr mich jetzt im Stich laßt, dann bin ich für Euch auch nicht mehr da!"

Sie kamen, ein wenig verschnupft zwar, aber wir fuhren hinaus zu dem Bauern auf Langenmannshof, der eine große Scheune besitzt. Der Bauer fragte nicht und meinte nur: „Unser Junge hat das Abseilen beim Roten Kreuz auch gelernt."

Alles hatte ich inzwischen vergessen, knotete falsch, hielt die Leine verkehrt herum. Meine Lehrmeister ernüchternd: „Das kann man eben nicht in wenigen Stunden erlernen!"

Ich wurde ärgerlich: „Ihr müßt mir jetzt helfen!"

Einer von ihnen machte mir Mut: „Du schaffst das, man kann das nämlich schaffen."

Ich wickelte Erika erneut in Knoten und Seil, und wir übten weiter. Und ich lernte auch noch gleich, mich selbst abzuseilen, für alle Fälle, und vielleicht könnte man es später wirklich einmal im Gebirge brauchen.

„Und jetzt laßt mir die Seile bitte gleich da!"

Total verdutzte Blicke - und ich hatte die Seile im Kofferraum. Nachts pinselte ich die hellen Teile der Seile mit schwarzer Farbe an, damit sie im Dunkeln nicht auffielen.

Und immer wieder mußte ich an die Parkleuchte denken, ständig flakkerte sie durch meine Gedanken.

Ich bat Erika: „Kannst du heute nacht hier im Gästezimmer schlafen? Es könnte sein, daß ich dir noch etwas sagen möchte."

Weil ich kein Auge zubekam, ging ich zwei Stunden später auf Zehenspitzen an ihr Bett. Aber sie lag in solch tiefem Schlummer, daß es infam gewesen wäre, sie zu stören.

Um drei Uhr nahm ich ein Bad, versuchte mich zu entspannen, genoß Wasser und Kräuter, kleidete mich in aller Ruhe an und war abreisebereit, als die Morgendämmerung heraufzog.

Weil mein Wagen mit seinem Soltauer Kennzeichen in Italien bekannt war, hatte mein Sohn ihn auf seinen Namen umgemeldet. Ich hatte jetzt ein anderes Nummernschild.

In panischem Schrecken hatte mein Neffe Peter in Soltau angerufen:

„Die ganze Familie ist in Aufregung, stimmt es, daß Herbert sich vergiften will? Wir dachten, er wird entlassen!" Und nach einem Moment fügte er hinzu: „Es sollte immer jemand aus der Familie mit dir nach Italien fahren, damit du dort nicht allein bist. Wenn ich dir helfen kann, brauchst du es nur zu sagen."

Ich überlegte einen Atemzug lang und bat: „Ich will meinen Wagen in Rom haben, für alle Fälle."

„Dann wird Herbert also doch entlassen? Stimmt es gar nicht mit dem Gift?" fragte er.

„Doch, es stimmt", antwortete ich traurig, „hoffentlich treffe ich ihn noch lebend an! Irgend jemand soll mir meinen Wagen nach Rom bringen. Sprich doch mit Eckehard darüber, Ihr findet sicher jemanden, der einspringen kann."

„Ich wollte schon immer mal nach Italien, ich komme mit und packe meine Ausrüstung zum Angeln ein. Wenn ich dir nicht helfen kann, gehe ich zum Fischen und ans Meer," meinte Peter.

„Helfen kann mir niemand, man muß abwarten, wie es weitergeht."

Ich überlegte, ob mein Wagen schnell genug sein würde und hatte versucht, in Deutschland ein größeres Fahrzeug, das meinem Mann auch mehr Bequemlichkeit bot, als Leihwagen zu mieten. Aber es fand sich nichts Geeignetes. Ich fragte bei einem Freund in der Schweiz an, ob er für mich dort vielleicht einen schnellen und bequemen Wagen mieten könnte: „Nur für ein paar Tage, aber es eilt mir!"

„Leihwagen? Wozu denn das? Sie können meinen Jaguar haben", bot er großzügig an.

Mein Neffe Peter traf sich mit meinem Sohn Eckehard, gemeinsam fuhren sie in die Schweiz, um den Jaguar abzuholen, der noch in Oberitalien mit einer Panne liegenblieb.

Sie fuhren mit meinem Opel Commodore weiter, den ich am Sonntag, dem 14. August, in Rom haben wollte.

Als ich am 12. August wieder in Fiumicino eintraf, holte mich wie gewohnt Gianni am Flughafen ab und fuhr mich zu meinem Mann ins Militärhospital. Es war Freitag gegen Mittag.

Er lebte! Er hatte sich nichts angetan. Innig dankbar atmete ich auf, eine schwere Last fiel von mir ab. „Gottseidank, daß du da bist!" begrüßte er mich und fragte dann besorgt: „Kannst du jetzt abseilen?"

„Ja, Herz, jetzt kann ich's", antwortete ich und räumte das Gepäck an seinen Platz, wie immer. Nur diesmal packte ich nicht aus.

Ich prüfte Herz und Kreislauf meines Mannes und durfte zufrieden sein. Es hatte sich nichts verschlechtert.

„Wo willst du denn hin?" fragte er, als ich mir eine leichte Sommerjacke überzog, „Willst du in die Stadt?"

„Ich will nur rasch einen Leihwagen besorgen und bin gleich zurück", beruhigte ich ihn.

Während der vergangenen Monate hatte ich hin und wieder einen Wagen gemietet, den ich jeweils innerhalb der Anlage des Militärhospitals abstellen durfte. Mit meinem eigenen Wagen zu kommen, hätte auffallen müssen, und ich durfte mich gerade jetzt nicht verdächtig machen.

Ich wählte einen ganz normalen Fiat, sah mir aber nebenbei die größeren Fahrzeuge an.

Unterwegs kaufte ich bei einem Straßenhändler ein paar Früchte und verstaute sie im Kofferraum. Als ich sie kurz darauf im Hospitalgarten herausnahm, kam mir die rettende Idee. Das war's! Der Kofferraum! Nur dieser hier war zu eng. Nach einer Stunde tauschte ich den Fiat gegen einen größeren Wagen aus, sprang die Stufen hinauf, „zu uns", und sagte nur: „Ich hab's!"

Als die Abenddämmerung erste Schatten warf, blieb ich an der Balustrade unseres Fensters stehen, sah hinunter, wo überall in schöner Reihenfolge die Lichter angingen.

Auch unten im Park sprangen sie eine nach der anderen an, die Standleuchten; manche zuckten mehrmals auf, bis sie brannten.

Wie gebannt starrte ich auf die Laterne, die sich an unserer Gebäudeecke befand: sie brannte nicht! Und flackerte auch nicht auf!

Mir wurden die Knie weich, ich setzte mich nieder, wandte den Blick nicht fort und schickte ein Stoßgebet in den Himmel.

Mein Mann fragte leise: „Sabotage?"

Ich antwortete nur mit einem Wort: „Unmöglich!"

Ein paar übermütige Soldaten krempelten die Hosenbeine auf und planschten im großen Brunnen. „Wie junge Leute sich noch erheitern können! Man könnte sie fast darum beneiden." Rechts neben dem Brunnen dudelte ein Kofferradio eine neapolitanische Weise.

Ich bettete meinen Mann zur Nachtruhe, küßte ihn auf die Stirn und Augen: „Schlaf' gut, ich werde deinen Schlaf bewachen", machte es mir ein bißchen bequem, legte die Füße hoch und begann in jener Stunde Abschied zu nehmen von Rom. Nicht nur für mich, der es verwehrt blieb, sorglos-unbeschwert die Ewige Stadt zu erleben, sondern auch für ihn, der Rom liebte wie seine zweite Heimat und für den diese Stadt das Schicksal besiegelt hatte.

In Gedanken versunken saß ich da, alle Sinne waren jedoch zugleich auch hellwach und nahmen auf, was sich zu nächtlicher Stunde im Hospitalgarten zutrug.

Mal wurde hier ein Fenster weit geöffnet, dann dort ein Laden aufgestoßen. Autos kamen, andere fuhren ab. Schritte schreckten mich auf: scherzend gingen Soldaten, vermutlich ohne Ausgangsgenehmigung, jenes Trampelpfädchen, das an die Mauer führte.

Wieder ein Wagen, ein Arzt stieg aus, rannte ins Haus: wohl etwas Akutes. Eine sehr späte Ordensschwesternhaube wippte müde zurück in ihren Wohntrakt. Und wieder Stille unter kristallklarem Himmel.

Mein Mann schlug die Augen auf: „Schläfst du denn gar nicht?"

„Ich bin überhaupt nicht müde!"

„Aber ohne Schlaf! Du brauchst ihn doch so nötig", war er besorgt.

„Ich hole am Tage etwas nach, mach' dir bitte keine Sorgen!"

Doch zur Ruhe kam ich auch am nächsten Tag nicht, weil Freunde aus England in Ostia warteten und mich zu einem Ausflug an den sagenumwobenen Circeo-Felsen eingeladen hatten.

Das ließ sich abbiegen, aber eine Plauderstunde mußte ich schon mit ihnen verbringen.

Und zu meinem Pech stieß ich noch auf Bekannte aus Deutschland, die mich festnagelten. Ziemlich gerädert traf ich schließlich wieder im Hospital ein und sank auf mein Rollbett, das prompt bis ans Waschbecken sauste.

Samstag, 13. August, am frühen Nachmittag wurde mein Mann ruhiger, ja gelöst: „Jetzt kann nichts mehr passieren, die Ministerien schließen um 14 Uhr. Ich mußte jede Minute damit rechnen, daß sie mich abholen."

Wir hielten uns lange umarmt.

„Nur die Seilführung muß ich noch durchdenken", sagte ich schließlich.

„Wann?" fragte mein Mann.

„Herz, bald! Ich weiß es nicht, vielleicht morgen nacht oder übermorgen."

Zu diesem Zeitpunkt wußte ich selbst noch nicht, wie die Flucht ablaufen sollte. Ich würde meinen Mann vom Fenster aus abseilen, im

Kofferraum des Leihwagens würde er das Hospital verlassen, aber wie es dann weiterging, war mir noch nicht klar.

„Denkst du an ein Schnellboot? Vielleicht an der Küste entlang?"

„Das würdest du nicht aushalten und dann bei Nacht? Wir können nur von einem Moment zum anderen denken!"

Nur eine Kleinigkeit nahm er als Nachtmahlzeit. „Du mußt aber essen", ermahnte ich ihn.

„Wenn ich heimkomme, futtere ich dir die Haare vom Kopf!"

Ich lachte: „Da wirst du verhungern, ich habe doch gar keine mehr." Ich hatte mir einige Tage zuvor den Kopf kahl geschoren, damit kein Haar unter den Perücken hervorkommen konnte.

Für Sonntag, den 14. August, hatte ich Monate vorher mit Bekannten Verabredungen getroffen, als die Situation noch eine völlig andere war.

„Hätte ich nur rechtzeitig abgesagt, daran habe ich gar nicht mehr gedacht! Und wenn ich nicht komme, werden sie Gott und die Welt in Bewegung setzen, um zu erfahren, was los ist", schalt ich mich und machte mich auf den Weg zum Petersdom, den wir gemeinsam besuchen wollten.

Dort traf ich auch meinen Sohn und Peter, meinen Neffen, die inzwischen mit meinem Wagen in Rom eingetroffen waren. In Sorge um mich war auch mein Praxis-Assistent Siegfried Baltz nach Rom gekommen.

„Wir haben furchtbare Angst gehabt, daß Ihr Euch gemeinsam etwas antun würdet", stammelte er.

„ICH habe daran nicht gedacht", klärte ich auf, „und gottlob traf ich meinen Mann lebend an!"

„Braucht Ihr was? Können wir helfen? Sollen wir mit Eurem Anwalt sprechen oder den Botschafter aufsuchen? Wir wollten ein paar Tage in Italien bleiben, damit du nicht allein bist", bot mein Assistent an.

Ich brauchte nicht lange zu überlegen: „Ich wollte nur meinen Wagen in Rom haben! Helfen? Ihr könnt mir nicht helfen, niemand kann mir helfen! Wenn ich Hilfe nötig haben würde, hätte ich es gesagt."

Nach einer Gedankenpause fuhr ich fort: „Ich mag es nicht, wenn jemand Angst um mich hat! Habt Gottvertrauen, dann ist für Angst kein Platz. Fahrt zurück, ihr könnt unbesorgt heimfahren!"

„Und wenn Herbert sich umbringt? Das kann doch die Regierung nicht zulassen! Warum kommt er denn immer noch nicht nach Deutschland?" wollte mein Sohn wissen, und: „Wann fährst du zurück? Soll der Wagen in Rom bleiben?"

Ich ging nicht weiter auf die Fragen ein und sagte: „Mein Wagen soll heute abend ab 22 Uhr auf dem Parkplatz nördlich von Rom stehen", und zu meinem Sohn gewandt: „Du kennst ja die große Parkplatzanlage ungefähr zehn Kilometer vor der Stadt, dort, wo wir uns immer getroffen haben, du weißt schon, wenn ihr mit anderen Wagen gefahren seid."

Ich überlegte einen Augenblick und fuhr dann fort: „Ich habe ja den Zweitschlüssel für meinen Wagen. Wartet nicht auf mich, fahrt zurück nach Deutschland! Bitte!"

Schweigend gingen wir die Stufen zum Petersdom hinauf und verweilten lange vor der Pieta. Niemand sagte ein Wort.

Dann fuhren wir zum Castello Porziane, wo noch andere Freunde auf mich warteten. Auch diese Verabredung war vor Wochen getroffen worden, ich konnte sie nicht mehr rechtzeitig absagen, denn die Freunde waren bereits auf Reisen. Sie hatten ihre Söhne dabei, die noch dies und das einkaufen wollten. Wir fanden in der Nähe ein geöffnetes Geschäft. Für alle Fälle nahm ich auch noch ein paar Sachen für mich mit, Kissen, ein weiches Badelaken als Unterlage in dem Kofferraum und eine Taschenlampe. Daran hatte ich noch gar nicht gedacht.

„Sucht euch ein nettes Lokal und eßt zu Abend, bringt mir meinen Wagen dann auf den Parkplatz und fahrt los", wollte ich mich verabschieden.

Mein Sohn jedoch bestand darauf: „Ich warte, bis du kommst, ich bleibe in Rom! Ich bin viel zu unruhig, um dort oben warten zu können. Ich fahre auf den Parkplatz hinter dem Grand Hotel und warte, bis du kommst!"

„Ihr sollt nach Hause fahren", brauste ich auf, „es ist doch sinnlos, am Grand Hotel auf mich zu warten! Ich kenne mich doch aus in Rom und weiß den Weg zur Autostrada. Und außerdem macht es mich nervös, daß du dort wartest!" Ich beschwor ihn: „Fahrt nach Haus!"

Wir fuhren zurück an den Strand von Ostia. Dort trennten wir uns.

„Ich warte am Grand Hotel", umarmte mich mein Sohn.

„Ihr sollt nach Hause fahren!" schrie ich ihn fast an, sprang in den Mietwagen und fuhr zurück ins Celio-Hospital.

Mit angespannten Nerven erwartete mich mein Mann. „Bitte, versuche doch zu schlafen, Kräfte zu sammeln! Du mußt ruhen! Wie hast du früher immer gesagt, bevor ich aus Gaeta losfuhr? 'Schlaf' auf Vorrat', und jetzt mußt du auf Vorrat schlafen'", erteilte ich gute Ratschläge und braute mir einen haarsträubenden Kaffee.

Was mußte ich noch bedenken?

Was durfte nicht vergessen werden?

Hinein in meine Konzentration erkundigte sich mein Mann: „Meinst du wirklich, heute nacht…?"

„Ja, heute, wenn alles absolut still ist. Vorn am Haupttor habe ich vorsorglich Nachricht hinterlassen, daß ich wahrscheinlich in dieser Nacht zu einer Beerdigung abreise."

„Bitte, zu was…?" verschlug es ihm die Sprache.

„Ja, zu einer Beerdigung. Wir begraben unsere Vergangenheit, sie ist endlich abgelebt!"

Am Nachmittag hatte ich von einem Blumenhändler Gladiolen gekauft und demonstrativ im Innern an das hintere Wagenfenster gelegt.

Spätabends schrieb ich mit der Reiseschreibmaschine auf dem Korridor meinen Brief an Staatspräsident Leone, verklebte ihn und ließ ihn seitlich liegen.

Es hatte sich in den vergangenen Monaten eingebürgert, daß ich dort Briefe tippte, um meinen Mann im Zimmer nicht zu stören. Der Tisch war etwa fünfzehn Meter von den wachhabenden Carabinieri entfernt, sie beachteten mich nicht weiter.

Ich ging noch einmal ans Fenster und schaute nach unserer Parkleuchte, sie brannte nicht!

Dann sagte ich: „...heute nacht, Herz!"

„Du bist ja gar nicht aufgeregt", wunderte sich mein Mann.

„Seit mehr als zehn Jahren warte ich auf den Tag deiner Heimkehr. Was in diesen Jahren alles geschehen ist an Turbulenzen, Konflikten, Widerwärtigkeiten und Chaotischem hat mich gelehrt, mit gesammelter Kraft und hochkonzentriert ständig `auf dem Sprung' zu sein. Es hat mich aber auch noch anderes gelehrt, nämlich wie die Mächtigen mit ihrer Macht umgehen und wie Macht immer wieder mißbraucht wird. Und jetzt reicht es mir."

Meine Liebe zu ihm war in dieser Zeit noch gewachsen, noch reifer geworden, und ich glaubte längst, daß eine Steigerung nicht mehr möglich wäre.

Er nahm meine Hände: „Ich weiß, ich lebe nur durch dich, aber auch nur noch für dich!"

Er begann leicht nervös, seinen viel zu weiten Anzug anzuziehen. Ich ordnete weiter das Gepäck und versäumte, den feinen Hausmantel, ein Geschenk von Prof. Cuttica, einzupacken. Eine halbe Stunde später: „Glaubst du wirklich?"

„In der nächsten Nacht wirst du im eigenen Bett schlafen!"

„Da, Schritte im Flur! Sie haben etwas bemerkt!"

„Unmöglich, Herz! Das kann nicht sein, niemand weiß etwas!"

„Die armen Jungs da draußen", dachte er an die Wachmannschaft der Carabinieri im Korridor.

„Ja, ich weiß. Aber genau das sagen viele Menschen auch von dir! Aber sag', bedrückt es dich? Möchtest du lieber hierbleiben?"

Bestürzt antwortete er langsam: „Denk' mal an das alte Lied, das du mir neulich vorgesungen hast. Es ist auch mir aus der Seele gesprochen. Es ist nur, weißt du, ich habe gar keine Vorstellung, wie du das schaffen willst? Und - es ist nicht auszudenken, an diesem Tag noch daheim-zusein!"

Zehn Minuten später meinte er: „Jetzt, jetzt ist es still da unten, komm!"

„Es ist noch nicht so weit! Dort drüben läuft noch ein Radio."

Er resignierte: „Wir schaffen es nicht mehr, die Zeit kann gar nicht ausreichen!"

Ich sagte eindringlich: „Bitte!" und legte meine Schläfe an die seine.

Um Mitternacht verließ ihn fast der Mut: „Jetzt, horch' nur, jetzt ist wirklich alles still dort unten!"

Ich schaute hinaus: „Still ja, aber sieh mal, dort auf der Bank glimmt noch eine Zigarette, da raucht noch jemand."

Ich hatte alles in Funktion: Augen, Ohren, Nerven, Hände, nichts - aber auch nichts durfte mir entgehen, wenn mein Plan gelingen sollte.

„Deine Ruhe möchte ich haben", klang fast wie ein Tadel.

„Nimm' dir davon", empfahl ich, „aber es ist noch etwas anderes als Ruhe, ich kann es selbst nicht beschreiben", und knüpfte ihn in die Gurte, beherzigte die Belehrungen, verband die Gurte mit dem Karabi-nerhaken; so mußte es halten.

„Nur so bitte das Seil umfassen, keine Bewegung! Sonst schlingt es sich bei der kleinsten Drehung um das Genick!"

„Und die Seilführung, wo willst du denn…?"

„Ich weiß es noch nicht!"

„Wie bitte?" war er erneut entgeistert.

„Ich bringe das da schon nach unten und lasse dann den Kofferraum-deckel geöffnet, leg' dich hinein und ziehe ihn zu", sagte ich und ging dann mit ein paar Sachen zum Lift, schlenderte mit ruhigen Schritten am Haus entlang und jonglierte den Wagen in eine geeignete Position. Dann legte ich das Badelaken und die Kissen in den Kofferraum und zog die Gummidichtung aus den Verschlußkanten, so mußte auch genügend Luft hineinkommen. Fünf Schritte waren es von der Hauswand bis zum Wagen.

Ohne verräterische Hast ging ich wieder nach oben, stellte den Wachposten eine Flasche guten Rheinwein auf den Tisch, wie ich es oft getan hatte.

Sie erfüllten nur ihre Pflicht und hatten auch ihre Befehle.

„Bitte nicht vor zehn Uhr stören", hatte mein Mann auf ein Blatt Papier geschrieben, das ich an unserer Zimmertür befestigte.

„Weißt du jetzt, wo du das Seil anbringen willst?" fragte mein Mann voller Nervosität.

Ich schüttelte wortlos den Kopf. Wie versteinert stand mein Mann vor mir und starrte mich fassungslos an: „...ich habe keine Worte mehr! Du weißt jetzt noch nicht, wo das Seil...?"

„Nein", unterbrach ich ihn, „nein, warte, ich hab's gleich! Vielleicht am Waschbecken?"

Ich schlang das Seil um das Becken, das dem Fenster gegenüberlag. Würde es halten? Doch schon beim Straffziehen spürte ich, daß es nur locker im Boden saß und der Belastung nicht standhalten würde.

Ich suchte die Wände des Duschbades nach einer anderen Möglichkeit ab. Ob die Armaturen seitlich an der Wand hielten? Aber auch sie waren nicht stabil genug. Der Handtuchhalter wurde offenbar nur seinem Namen gerecht und schied ebenfalls für meine Absicht aus.

Mit eiserner Ruhe und Beherrschung suchte ich die Wände ab: „...es muß doch eine Möglichkeit geben!"

Mein Mann schüttelte den Kopf, es hatte ihm die Sprache verschlagen.

Ich ging die zwei Schritte ans Fenster, prüfte den Zapfen zum Schließen der Fensterflügel. Der war stabil genug und saß auch fest, aber er war zu kurz, um das Seil halten zu können. Panik kroch in mir hoch.

Mein Mann starrte mich immer noch entgeistert an: „...na?"

Da glitt mein Blick über die Fensterläden und blieb an ihrer Verankerung hängen: „Jetzt weiß ich's! Ich hab's!"

Das war unsere Rettung!

Die Halterungen, in die die Scharniere der Fensterläden eingehängt waren, wirkten stabil genug und waren im Mauerwerk fest verankert. Der Abstand zwischen Scharnier und Mauer reichte aus, um das Seil herumzuwinden.

Ich wählte die obere Verankerung des linken Fensterladens und brachte das Halteseil dort an.

Ich umarmte meinen Mann: „Bist du jetzt beruhigt? Komm', ich helfe dir auf die Fensterbank."

Ohne die Gurte der Sitzschlinge zu verschieben, gelang es mir, meinen Mann auf den Sims zu ziehen, ich befestigte den Karabinerhaken am Halteseil.

Wie vor ein paar Monaten zu Weihnachten nahm ich seinen Kopf zwischen meine Handflächen. Aber ich sagte nicht „Du wirst heimkehren", sondern: „Du schaffst es!" und half ihm hinaus.

Was hatte er einen Moment vorher noch gesagt? „Vergiß nicht meine Seife! Und die Zahnbürste!"

Wenn er doch schon unten wäre, schoß es mir durch den Kopf. Es mußte doch gelingen! Und schnell! So schnell wie möglich.

Ich versuchte weiter, meinem Mann zu helfen. Mein rechter Arm schürfte am äußeren Fenstersims entlang, den Schmerz nahm ich erst später wahr. - So konnte es nicht gehen. Ich nahm die ganz Breite der inneren und äußeren Fensterbänke zwischen die Schenkel und saß rittlings, zwar schmerzhaft, aber praktisch. Langsam gab ich weiter dem Seil nach.

Schritte im Park. Man hörte Scherzen und Lachen, Stimmen kamen näher. Ich saß wie gebannt. Zwei Soldaten gingen direkt an dem parkenden Wagen mit dem hochgeklappten Kofferraumdeckel vorüber, - ich wagte nicht zu atmen. Einer der beiden - offenbar sehr ordnungsliebend - kam zurück, trat seine Zigarette aus, schlug mit sanftem Knall den Kofferraumdeckel zu und schlenderte mit seinem Kameraden weiter am Waschhaus vorbei zu jener Stelle der Mauer, über die man sportlich in den Park des Priesterseminars gelangen konnte. Es war bekannt, daß Soldaten ohne Ausgangsgenehmigung diese Möglichkeit gern nutzten.

Als die Schritte verhallt waren, rutschte mein Mann von der Fensterbank genau in meine Arme und stöhnte auf:

„Jetzt ist alles aus!"

„Der Kofferraum hat ein Schloß, das leicht aufspringt. Du brauchst nur mit der Fingerkuppe anzutippen, laß' dich hineinfallen, zieh' den Deckel zu, fertig!"

Wieder half ich meinem Mann auf die Fensterbank und kletterte über ihn hinweg, ohne ihn loszulassen. Einen Augenblick fürchtete ich, er würde abstürzen, weil er so schwach war.

Endlich hing er im Seil, ich weiß heute nicht mehr, wie er schließlich hinauskam. Ich hielt mit aller Kraft fest. Fast siebzehn Meter bis auf den Erdboden, Zentimeter für Zentimeter ließ ich nach. Da rutschte er plötzlich ein Stück abwärts.

Da! Wieder Schritte!

Stimmen!

Mir stockte das Blut in den Adern. Spontan stoppte ich das Seil.

„Was ist? Laß mich doch runter!" rief mein Mann zu mir herauf.

„Sch-Sch-Schnauze!" zischte ich gerade noch im letzten Moment.

Im Dunkel unter uns glimmten Zigaretten auf. Lachend bummelten wieder zwei Soldaten am Hans entlang, und mein Mann hing keine zehn Meter über ihren Köpfen am Seil! Bald waren auch sie in Richtung Mauer verschwunden.

Ganz, ganz vorsichtig gab ich dem Seil wieder nach. Endlich mußte mein Mann Boden unter den Füßen haben und den Karabinerhaken ausklinken.

In wenigen Sekunden zog ich das Seil hoch. Für das kleinere Halteseilstück am Fensterhaken blieb keine Zeit mehr. Ohne Zeit zu vergeuden, ließ ich es dort hängen.

An einer dicken Schnur ließ ich meine schwere Tasche über die Balustrade des Fensters hinab. Ein letzter Blick aufs Bett: In der üblichen Haltung meines Mannes hatte ich dort eine Attrappe gewickelt für den

Fall, daß jemand durchs Schlüsselloch sah, was öfter vorkam.

Ohne verräterische Hektik ging ich zum Lift und dann an den Wagen, da stockte mir noch einmal das Blut in den Adern: Den Kopf auf die Unterarme gelegt, lehnte mein Mann am Fahrzeug.

„Ich bekam das Schloß nicht auf", sagte er entschuldigend.

Ein Druck auf das Schloß, der Kofferraumdeckel schnellte hoch. Ich half meinem Mann hinein und schlug den Deckel zu. Ein paar Sekunden blieb ich reglos stehen, ging um den Wagen herum, öffnete den Schlag und stellte das Radio ein. Scarlatti! Um diese Zeit ein Stück von Domenico Scarlatti!

In aller Ruhe zündete ich mir zur Entspannung eine Zigarette an, lauschte der Musik und packte dann die Taschen in den Fond des Wagens. Trotz der Tageshitze hatten sich die Gladiolen vor dem hinteren Wagenfenster relativ frisch gehalten.

Im Schritt-Tempo fuhr ich die Straße zum Hauptportal entlang. An der Kurve blickte ich ein letztes Mal hinauf zu „unserem" Zimmer. Was hatten wir dort in achtzehn Monaten nicht alles erlebt an Hoffnung und Not, Freude und Qual!

Am Haupttor mußte ich anhalten, weil es nachts verschlossen war. Eilig sprang der Wachhabende herbei und wollte mir unglückseligerweise seine Deutschkenntnisse offenbaren, er hatte in Rüsselsheim gearbeitet.

Ein zweiter Soldat kam hinzu, ihn plagte wohl die Langeweile, er wollte sich unterhalten. Ich verlor kostbare Minuten und fast die Nerven.

Und in Gedanken funkte ich nach hinten in den Kofferraum: „Schön ruhig bleiben!" - „Bloß nicht niesen!" - „Nur nicht husten!", als sie endlich die Sperren des schweren Eichentores lösten. Ich übergab noch einen Brief für einen Monsignore, dessen Name ich fast immer falsch aussprach und auch falsch schrieb. Wir hatten uns am nächsten Tag treffen wollen.

Und wieder im Schritt-Tempo rollte ich hinaus in die Via della Novicella, zuckelte über die Via Druso hin zu den Caracalla Thermen.

Rom war menschenleer.

Niemand hat mich gesehen.

Kein Wagen folgte mir.

Neben den Ruinen der Thermen hielt ich an, sah zu meinem Mann in den Kofferraum: „Geht's so?"

„Ja, ja, alles in Ordnung!"

Mit gedrosselter Fahrt nahm ich den Weg über die Via della Terme di Caracalla, Via di S. Gregorio vorbei am Colosseum in die Via dei Fori Imperiali und dachte, als ich am Quirinalpalast, dem Sitz des Staatspräsidenten, vorüberfuhr: Wie sehr habe ich auf Eure Hilfe gehofft, Exzellenz!

Dann ein Stück Via XX Settembre, ich fuhr am Grand Hotel doch noch rasch ein Stück rechts ab, um nachzusehen, ob mein Sohn tatsächlich dort warten würde.

Da war mein Wagen! Mein Sohn stand an einem Schaufenster. Ein Urlauber war bei ihm, den ich mit den Freunden am Castello Porziane begrüßt hatte.

Mir wurde heiß und kalt.

Sie kamen beide auf mich zu. Vor Anspannung zitterte ich am ganzen Körper, sah den Urlauber an, wurde wütend und fauchte ihn an: „Verschwinden Sie!"

Er wich beleidigt auf den Bürgersteig zurück. Mein Sohn versuchte zu begütigen, dann fragte er: „Was ist mit Herbert?"

„Komm", sagte ich, nahm ihn zur Seite und bugsierte ihn zwei Schritte weiter an den Wagen, drückte auf das Schloß des Kofferraumes und zog den Deckel einen Spalt breit auf. Mein Mann hob leicht die Hand. Ich zog sofort wieder zu.

Mein Sohn schrie auf: „Herbert!" und fiel mir um den Hals: „Entlassen?"

„Nein", sagte ich ohne Ton in der Kehle, „mitgenommen!"

Noch einmal fuhr ich den Mann neben meinem Sohn an: „Verschwinden Sie, verschwinden Sie! Ich will Sie nicht mehr sehen!"

Mein Sohn: „Die anderen warten auf dem Parkplatz."

Der Gefahr bewußt und schweißgebadet fauchte ich meinen Sohn an:
„Ins Auto und los!"

Da wollte der Mann gute Ratschläge erteilen, ich fauchte weiter: „Qui
commandi io! (Hier befehle ich) Ihren Rat brauche ich nicht! Verschwinden Sie", sprang in den Fiat-Mietwagen und raste in die Via
Nomentana Richtung Autostrada, mein Sohn mit dem Mann hinterher.

Auf dem Parkplatz blendete ich voll auf, suchte den Wagen meines
Assistenten und fand ihn hinten seitlich stehen.

Nahmen die Schrecken denn gar kein Ende?

Bei einer Gruppe Touristen entdeckte ich Neffe und Assistent, plau-
dernd, lachend.

Ich parkte meinen Mietwagen etwa 20 Meter rechts und stieg wie
gelähmt aus. Mein Sohn setzte meinen Opel direkt daneben, sprang
heraus.

„Jag' den Mann fort!" flehte ich.

„Ich hab versprochen, ihn mit nach Deutschland zu nehmen, seine
Frau ist auch hier."

Auch das noch! Ich dachte, mich trifft der Schlag, riß mich zusammen
und herrschte sie alle an, die es so gut meinten: „Ich hatte verlangt,
daß Ihr nach Deutschland fahrt und nicht wartet!"

Dann nahm ich Peter und Siegfried Baltz zur Seite: „Ich habe Herbert
im Kofferraum! Geht mit den Leuten da ein Stück beiseite."

Den beiden blieb die Sprache weg.

„Los jetzt! Geht an den Steintisch dort! Setzt euch hin, seht nicht her",
wies ich sie an und knuffte meinen Sohn in die Seite: „Bitte, hilf Herbert heraus!"

Trotz der ungewöhnlichen Nachtstunde war der Parkplatz belebt, viele
Autos standen herum. Wir wurden nicht weiter beachtet.

Mein Sohn öffnete den Kofferraum und hob mit großer Behutsamkeit
den geschwächten Körper meines Mannes heraus.

340

„Du mußt ihn stützen", bat ich, „für ihn ist die Fahrt ja eine große Strapaze gewesen, und bis Deutschland ist es noch ein weiter Weg."

Wie auf glühenden Kohlen stand ich, rief meinem Neffen und der bei ihm sitzenden Gruppe ablenkend zu: „Will noch jemand Kaffee? Oder Cola? Hier sind noch belegte Brote!"

Mein Sohn hob meinen Mann sanft auf den Rücksitz des Mietwagens.

Ich rannte umher: „Hat jemand Bananen für mich? Sind noch Würstchen da?"

Mein Neffe kam zu uns, drückte meinem Mann immer wieder die Hand, sagte immer nur: „Herbert, Herbert!"

Eine Sekunde lang überlegte ich, mit welchem Wagen ich die Fahrt fortsetzen sollte. Als hätte er's erraten, empfahl mein Neffe: „Der hier ist schneller" und deutete auf den gemieteten Fiat.

„Schneller, ja. Aber 210 Stundenkilometer gibt mein Opel auch her. Und den kann ich im Schlaf fahren!"

„Steig' bitte um in meinen Wagen", bat ich meinen Mann, „den habe ich blind im Griff!"

Zu weiteren Diskussionen war keine Zeit, und ich durfte auch nicht die Aufmerksamkeit der anderen Parkplatzbesucher erregen. Bis jetzt war alles gutgegangen.

Fast hilflos saß mein Mann auf seinem Rücksitz. Ich stieg zu ihm in den Wagen und sagte: „Laß uns hier noch einmal ganz tief Luft holen. Kannst du so sitzen und quält es dich auf dem schmalen Sitz auch nicht?"

„Nein, nein", antwortete er, „es ist alles in Ordnung."

„Rom, du herrliche Stadt, leb' wohl", sagte ich mit einem letzten Blick auf das Lichtermeer am südlichen Horizont.

Ich startete durch, wir fuhren ab. Das Benzin würde höchstens bis Bologna reichen, ich hatte in der Aufregung dieser Nacht versäumt, noch aufzutanken.

Ich stellte den Rückspiegel so ein, daß ich meinen Mann sehen konnte.

Würde er die Fahrt überleben?

Reichte seine Kraft noch aus?

Sollte er auf dieser Fahrt sterben, versuchte ich mich zu beruhigen, so geschähe es doch im Bewußtsein von Freiheit, und ich wäre bei ihm.

Mein Sohn beschwor mich: „Setz' dich nach hinten zu Herbert, laß mich fahren. Ruh' du dich aus! Mein Gott, wir haben wahnsinnige Angst um dich gehabt!"

„Die Gefahr ist noch nicht vorüber, du sollst da nicht mit hineingezogen werden! Denk' an deine Frau und an dein Kind! Ich werde meinen Wagen selber fahren."

Nach einem Moment fügte ich hinzu: „Und wenn etwas passiert, dreht euch nicht um! Fahrt weiter, so schnell wie möglich, und wenn ich die ganze Welt zusammenschreie, dreht euch nicht um!"

„Fährst du gleich nach Haus?"

„Nein", überlegte ich, „wenn alles gutgeht, will ich so schnell wie möglich zum Flughafen in München."

Mein Sohn fuhr mit dem gemieteten Fiat und nahm den „Mann" mit, dessen Frau stieg zu meinem Neffen und meinem Assistenten ins Fahrzeug.

Auf der Höhe von Bozen blieb der Leihwagen mit einer Panne liegen. Der „Mann" ließ sich nicht beirren, rief eine Werkstatt an, ließ den Fiat abschleppen und brachte meinen Sohn geradezu in tödliche Gefahr, weil spätestens um zehn Uhr die Flucht Herbert Kapplers bekannt werden mußte und mit Sicherheit sofort nach dem von mir gemieteten roten Fiat gesucht werden würde.

Mein Sohn trennte sich in Bozen von seinem Begleiter und fuhr mit der Bahn weiter. Diese Einzelheiten habe ich erst Jahre später erfahren.

Es war der 15. August, Montag, morgens um zwei Uhr zwanzig auf der Autostrada Richtung Florenz.

Bis zur Grenze würde ich noch zweimal tanken müssen, und überall kannte man mich. Ich hatte eine schlohweiße Perücke aufgesetzt, die ich irgendwo einmal erstanden hatte, und brauste weiter, ohne auf Geschwindigkeitsbegrenzungen zu achten.

Nach einer guten Stunde Autofahrt mußte ich in Bologna auftanken, dann weiter mit allem, was der Motor hergab. Kurz hinter der Gabelung der Autostrada schrak ich auf: eine neue Mautstelle? Vor dreizehn Monaten war ich diese Strecke, die ich in allen den Reisejahren so gut kennengelernt hatte, zum letzten Mal mit dem Wagen gefahren. Da hatte es diese Mautstelle noch nicht gegeben.

„Übernicken", rief ich meinem Mann nach hinten in den Wagen, „Hut in die Stirn und bitte Augen zu!"

Mit gedrosselter Geschwindigkeit rollte ich vor. Es handelte sich um eine Zwischenstation der Mautstelle, bei der die Kennzeichen ausländischer Fahrzeuge registriert wurden zur Festsetzung der damals ermäßigten Autobahngebühr für Ausländer. Das war mir neu. Man mußte ein Formular ausfüllen, auf dem Fahrer, Halter des Wagens und Kennzeichen anzugeben waren.

Ich stieg aus, sah auf das Nummernschild meines Wagens, weil ich das neue Kennzeichen nicht im Kopf hatte, reichte das ausgefüllte Formular dem freundlichen Mann zurück und fuhr weiter. Bald hatte ich wieder zweihundert Stundenkilometer auf dem Tacho. Weil ich den Wagen auf den Namen meines Sohnes umgemeldet hatte, wurde er später verdächtigt, die Flucht organisiert zu haben.

Nach etwa dreißig Kilometern zuckte am Horizont Blaulicht auf.

„Polizei?" erschrak mein Mann.

„Vermutlich", gab ich zurück.

Als sich das Polizeifahrzeug aus dem Morgendunst schälte, ging ich mit dem Tempo herunter und hielt die vorgeschriebene Geschwindigkeit ein, immer nur von dem einen Gedanken beseelt: „Bloß nicht auffallen, um Himmelswillen keine Polizeikontrolle!"

Polizia stradale, Verkehrspolizei; sie fuhren relativ langsam vermutlich dem Ende ihres Nachtdienstes entgegen und an der nächsten Ausfahrt ab.

„Meinst du, ...unseretwegen?" fragte mein Mann entsetzt. „Ausgeschlossen, wirklich ausgeschlossen, das kann nicht sein!" versuchte ich ihn zu beruhigen, gab wieder Gas und sah mit Unbehagen auf den

Benzinstandsmesser. Bei konstant hoher Geschwindigkeit verbraucht der Wagen viel Treibstoff, aber bis Bozen mußte es reichen. Dort gab es noch eine Tankstelle, die ich im Laufe der Jahre nicht aufgesucht hatte, und fuhr an die Zapfsäule. Außer mir tankte sonst niemand. Ein älterer Mann versorgte den Wagen, putzte die Scheiben, kontrollierte den Ölstand und nickte uns freundlich zu.

Gebannt sah mein Mann auf einen Automaten und fragte: „Gibt es dort Kaffee oder sonst etwas zu trinken?"

Ich schaute nach: „Ja, Kaffee, möchtest du?" Immer noch gebannt vom Anblick des Automaten, nickte er versonnen. „Moment, ich hole schnell einen Becher voll!"

Schlürfend nahm jeder von uns ein paar Schlucke von dem heißen Getränk, den Rest schüttete ich fort: „Wir müssen weiter!" alle Gedanken auf die Paßkontrolle am Brenner gerichtet.

Noch vierzehn Kilometer, neun - sieben - die italienische Staatsgrenze.

Gleich sechs Uhr.

Nur ein einziges Kontrollhäuschen war geöffnet, davor eine Autoschlange, stop and go.

„Übernicken", rief ich wieder nach hinten.

Niemals war ich am Zoll „gefilzt" worden in all den Jahren, meist hatten sie mich durchgewinkt, ohne auch nur meinen Paß anzusehen.

Wenn es jetzt doch auch so wäre!

Da, plötzlich wurde ein zweites Kontrollhäuschen geöffnet, sofort scherten einige Wagen aus, ich schloß mich an, hielt unsere Pässe mit der rechten Hand hoch und lächelte fast verwegen den jungen Zöllner an.

Und tatsächlich, schwungvoll hob er seinen Arm mit jener Geste, die bedeutete: weiterfahren!

Mit einem tiefen Stoßseufzer atmete ich voller Erleichterung auf, stellte den Autokassettenrekorder unwillkürlich etwas lauter. Beethovens „Pastorale" oder Mendelssohns „Italienische", - ich weiß nicht mehr, welche von beiden Kassetten ich eingelegt hatte - waren bis dahin kaum hörbare Begleitmusik auf dieser Fahrt gewesen.

Da hatte ich auch schon die österreichische Paßkontrolle vor mir. Wieder hielt ich mit der rechten Hand unsere Pässe hoch, lächelte den jungen österreichischen Zollbeamten freundlich „Grüß Gott" an, der reagierte: „Weiterfahren!"

„Österreich", sagte ich mit inniger Erleichterung.

„Ja, ja, Österreich, mein Gott, ja!" atmete hörbar auch mein Mann auf.

Mit Gewährung der „bedingten Freiheit" hatte mein Mann ordnungsgemäß von der Deutschen Botschaft seinen Paß erhalten, damals, als wir auf gepackten Koffern saßen und stündlich die Heimkehr erwarteten. Die Gewährung der „bedingten Freiheit" oder „Haftverschonung" war offiziell nie aufgehoben und der Paß nie zurückgefordert worden.

In Italien war hoher Feiertag, Ferragosto, Mariä Himmelfahrt, alljährlich am 15. August festlich begangen.

Im Rückspiegel sah ich meinen Mann aufrecht sitzen und lächelte ihn glücklich an.

„Sieh nur, die Wiesen! Und wie grün und saftig sie sind! Wiesen! Und Kühe! Richtige Kühe! Mein Gott, wie schön das ist!" bestaunte er nach zweiunddreißig Jahren die Welt, die uns alltäglich ist.

Vorüber an Innsbruck, Schwaz, Wörgl.

Kufstein kam in Sicht.

Passieren konnte jetzt nichts mehr.

In der Bundesrepublik ist er ein freier Mann, das hatte man mir auf meine telefonische Anfrage in Bonn kurz vorher wörtlich gesagt und vermutlich nicht ernsthaft erwogen, daß dieser Fall tatsächlich eintreten würde.

Staatsgrenze.

„Übernicken", rief ich wieder nach hinten zu meinem Mann und hielt unsere Pässe hoch.

„Weiterfahren".

Deutsche Paßkontrolle, - weiterfahren.

Geschafft!

Wir sind in Deutschland!

Es war gerade halb acht, als wir unmittelbar hinter der Staatsgrenze in Kufstein waren. Ich fuhr rechts neben den Kiosk und ließ das Lenkradschloß einrasten. Wortlos sah ich meinen Mann an, wir fielen uns in die Arme. Nach der enormen Nervenanspannung schossen uns gleichzeitig Freudentränen in die Augen.

„Bleib' du bitte hier im Wagen sitzen", bat ich meinen Mann, „vielleicht gibt es am Kiosk etwas zu trinken und zu essen."

Notdürftige Erfrischung im Waschraum, ein anderes Kleid, eine bessere Perücke für meinen kahlgeschorenen Kopf und immer wieder Aufatmen, erlöstes, befreites Aufatmen.

„Hier ist noch nicht geöffnet, Herz, wir müssen mit dem Frühstück warten, bis wir in München im Flughafen sind, aber einen Becher mit Limonade aus dem Automaten habe ich." In kleinen Schlückchen tranken wir unsere Pappbecher aus, dann ordnete ich mich wieder in den Verkehr ein. Es waren noch vierundzwanzig Kilometer bis zum Inntal-Dreieck, von dort dann noch einundsechzig Kilometer bis München.

Es war eben halb neun, als wir in München-Riem ankamen.

„Ich bin so steif, daß ich mich kaum bewegen kann", sagte mein Mann, „richtig eingerostet!"

Ich half ihm aus dem Auto.

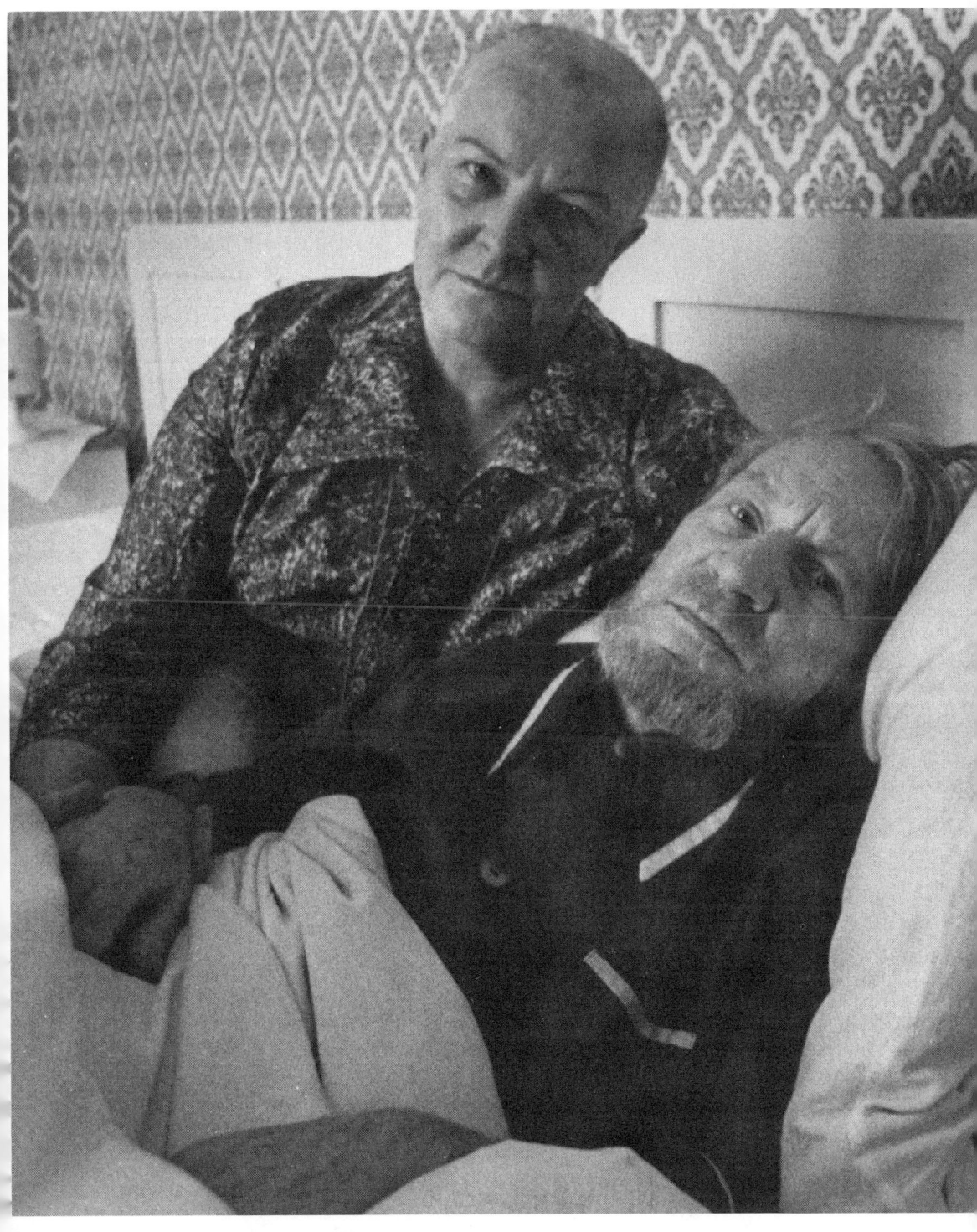

Nach der Flucht bei Freunden in Wietzendorf, August 1977 (Foto: action press).

KAPITEL 14

Heimkehr - ist das die Freiheit?

„Frei", sagte mein Mann, und noch einmal mit einem tiefen Atemzug: „Frei!"

Und nach einer kurzen Pause: „Bin ich nun wirklich frei?"

Unabhängig voneinander hatte ich mich seit jenem ersten Gedanken „da kommt man runter" bei drei verschiedenen, kompetenten Instanzen in Bonn informiert: Was passiert, wenn mein Mann illegal deutschen Boden betritt?

Frau Schlei, Staatsministerin im Bundeskanzleramt; Adolf Scheu, Sprecher und Mitglied der interfraktionellen Arbeitsgruppe für den „Fall Kappler" und der damalige Leiter der Rechtsschutzabteilung im Auswärtigen Amt hatten mir gleichlautend geantwortet: In der Bundesrepublik Deutschland ist er frei. Das Grundgesetz verbietet die Auslieferung, und er genießt den Schutz des Staates wie jeder andere Kriegsgefangene auch, wenn er die Möglichkeit zur Flucht hatte.

Und mir wurde gesagt: „Wenn das möglich wäre, dann ist endlich der ‚Fall Kappler' vom Tisch, und es wäre die eleganteste Lösung des Problems."

Ich sagte: „Ja, Herz, du bist jetzt frei!"

„München! Mein Gott, München! Ich kann's ja noch gar nicht fassen!"

So gut es ging, klopfte ich meinem Mann den Staub der Magnolie und die Farbe der Gebäudemauer, die er beim Abseilen gestreift haben mußte, vom Anzug.

Arm in Arm gingen wir langsam in die Halle des Flughafengebäudes. Niemand nahm Notiz von uns. Das Restaurant war um diese Stunde noch geschlossen, aber die Frühstücksstube hatte geöffnet. Wir steuerten auf einen Ecktisch zu, der frei war.

„Bestell' dir bitte, was du magst, heute ist alles erlaubt!" Ich lachte ihm zu und ging zum Telefon, das in der Nähe der Frühstücksstube war. Im Auswärtigen Amt ließ ich mich mit dem Leiter der Rechtsschutzabteilung verbinden: „Wir sind in Deutschland, mein Mann und ich. Bitte, informieren Sie die Bundesregierung."

„Verzeihen Sie, wo sind Sie denn jetzt? Und habe ich richtig gehört, sagten Sie ‚wir'?"

„Sie haben sich nicht verhört. Mein Mann und ich haben bei Nacht und Nebel Rom verlassen. Wo wir jetzt sind, möchte ich nicht sagen. Noch ist in Italien nichts bekannt. Wir fahren nach Haus, darf ich Sie später wieder anrufen?". Damit hängte ich ein.

Dann rief ich den Präsidenten des Heimkehrerverbandes, Dr. Wolfgang Imle, an: „Wir sind in Deutschland, Herbert und ich…"

Ich sah auf die Uhr, es war kurz vor neun, und wählte Erikas Telefon-Nummer in Soltau: „Wir sind in München und kommen am frühen Nachmittag heim. Macht keine Geschichten, laßt uns einfach heimkommen!"

Sie glaubte, es sei die so heiß erwartete reguläre Entlassung meines Mannes. Ich bat: „Wartet ab, es ist noch nichts bekannt!"

Dann rief ich Münchner Freunde an aus dem Kreis um General Harteneck, die sich verschlafen meldeten und offenbar vor Schreck aus dem Bett fielen: „Wir kommen sofort!"

„Aber ohne Theater, macht kein Aufhebens, kommt einfach her", bat ich.

Inzwischen hatte sich mein Mann ein für ihn ungewöhnliches Frühstück bestellt: Schinken mit Ei und ein Glas Münchner Bier.

„Hoffentlich bekommt dir das auch", wünschte ich ihm und sah zufällig in die Richtung der Eingangstür. Mein Neffe Peter und mein Assistent Baltz kamen in diesem Moment in die Frühstücksstube und guckten suchend durch den Raum. Mein Mann winkte ihnen leicht zu, unauffällig schlenderten sie an unseren Tisch.

„Wir haben Blut und Wasser geschwitzt", gestanden sie.

„Warum?" fragte ich, „Ihr habt doch nichts damit zu tun! Ich hatte doch gesagt: wenn etwas passiert, fahrt so schnell wie möglich weiter! Aber es ist ja nichts passiert!"

Ich überlegte, ob man nicht doch die Rettungsflugwacht in Nürnberg für den Weiterflug nach Hannover bemühen sollte, weil die nächste Linienmaschine erst gegen 13 Uhr abflog, verwarf jedoch diesen Gedanken und erkundigte mich, ob die Paßkontrolle auch für Inlandflüge gelte, um nicht vorzeitig unsere Identität preiszugeben.

Mit Erleichterung erfuhr ich, daß für den Flug nach Hannover ein normales Flugticket ausreichte. Die Münchner Freunde buchten den Flug auf ihre Namen, wir bekamen die beiden letzten Plätze, die Maschine war ausgebucht. Ich erbat einen Rollstuhl, mit dem der Kranke direkt in die Maschine gefahren werden konnte.

„Ob du ein Herzmittel bei dir hast?" fragte mein Mann. Im Notfall eine Münchner Klinik, überlegte ich. Als habe er meine Gedanken erraten, sagte mein Mann weiter: „Ich schaffe es noch bis nach Hause!"

Der Flug nach Hannover, ein Taxi nach Soltau, mit letzter Energie die Treppen hinauf in unsere Wohnung. Meine Freundin Erika und meine Schwester Irma nahmen uns in Empfang und reichten jedem eine rote Rose. Sie führten meinen Mann ins hintere Wohnzimmer. Er konnte sich kaum noch auf den Füßen halten, sank in einen Sessel und strahlte uns an.

Eine Viertelstunde später sah ich zufällig hinaus auf die Straße, wo der Verkehr wie üblich dahinfloß und das Haus sacht erbeben ließ, weil es auf moorigem Boden stand. Man hatte sich daran gewöhnt und nahm es kaum noch wahr.

An der Hausecke stand ein junger Mann mit umgehängter Foto-Ausrüstung, guckte zu unseren Fenstern herauf und schien dann mit Blicken die Straße abzusuchen. Es war offenbar ein Reporter.

Schon seit elf Uhr war die Nachricht über die Flucht durch den Rundfunk verbreitet worden, der Bürgersteig füllte sich mit Neugierigen und immer mehr Reportern.

Das Telefon schrillte ununterbrochen, ich schob den Apparat beiseite und packte Kissen darüber, denn ich mußte mich um meinen Mann kümmern. Der sagte nur immer wieder: „Ich kann's ja noch gar nicht fassen! Wer hätte das gedacht, gestern noch in Rom, und heute bin ich zu Hause, ich bin daheim! Ihr werdet das noch oft hören müssen."

Mit einem innigen Lächeln sah er uns der Reihe nach an, nahm meine Hand und küßte sie, dann sprach er weiter:

„...und nichts ist mir fremd hier! Es ist alles noch viel schöner als auf den Fotos! Mein Gott, nach zweiunddreißig Jahren bin ich daheim!"

Es war kein Triumph in uns, wir waren nur einfach froh und dankbar, endlich zu Hause zu sein.

Ausruhen, ausschlafen, das war unser erstes Bedürfnis nach den Strapazen.

„Wir sind für niemanden zu sprechen", raunte ich meiner Schwester zu. Doch immer wieder hob jemand den Telefonhörer ab. „Es könnte doch auch etwas Dringendes sein", gaben meine Lieben zu bedenken, als meine Schwester rief: „Na bitte, ist schon etwas Dringendes: Lutz Lehmann!"

Ich ging ans Telefon, sprach kurz mit ihm und bat meine Schwester: „Lies Herrn Lehmann bitte die Kopie meines Briefes an Staatspräsident Leone vor." Er wurde in der Tagesschau des gleichen Abends bekanntgegeben, und ich hoffte arglos auf irgendeine Art von Befriedung.

„Mit Duldung der italienischen Regierung" las ich später und glaubte, nicht recht zu sehen. Es wäre zu schön gewesen, wenn die Politiker die Heimkehr nachträglich sanktioniert haben würden.

Interpol suchte meinen Mann. Die Kriminalpolizei erschien und wollte den ‚entflohenen Kriegsgefangenen' verhaften. „Aber ich habe doch bereits die Bundesregierung informiert", beharrte ich.

„Italien ist in hellem Aufruhr", wurde uns gesagt.

Notdürftig richteten wir dem Kranken ein Nachtlager im Wohnzimmer, ich legte mich mit einer Matratze auf den Fußboden daneben, bewachte seinen Schlaf, seinen Zustand, eine Medikamentenbatterie neben mir. Noch tief in der Nacht stellte ich meine Terminpläne um, weil vorangemeldete Patienten auf später verlegt werden mußten.

Am nächsten Tag ging pausenlos das Telefon, Blumensendungen wurden gebracht: eine Fülle menschlicher Anteilnahme. Doch wir hatten nur das eine Bedürfnis nach Ruhe und Zurückgezogenheit.

Die Schar der Pressevertreter hielt aus und umlagerte Tag und Nacht das Haus.

„Du solltest eine offizielle Erklärung abgeben oder eine Art Pressekonferenz halten, vielleicht im Haus der Lokalzeitung", riet jemand. Doch ich konnte meinen Mann nicht allein lassen.

Wieder kam die Kriminalpolizei, fremde Polizei-Offiziere wollten sich an Ort und Stelle informieren, und Interpol war noch mit dem Fall befaßt. Ich beteuerte:

„Ich habe doch sofort Bonn in Kenntnis gesetzt! Und vor drei Wochen hat man mir dort auf meine Anfrage hin geantwortet: ‚Hier ist er ein freier Mann, er kann in keinem Fall an Italien ausgeliefert werden‘."

Dr. Aschenauer! Mit ihm mußte ich sprechen und rief ihn an. Er versprach, sofort zu kommen und traf nicht ein. Erst drei Jahre später erfuhr ich zufällig, weshalb wir an jenem 17. August 1977 vergeblich auf ihn gewartet hatten: Mit der nächsten Maschine hatte er aus München abfliegen wollen, als ihm im Vorübergehen eine Stewardeß einen Zettel zusteckte. Der Anwalt las dick unterstrichen: Nicht fliegen!

Dr. Aschenauer bestieg nicht die Maschine. Wir warteten vergeblich auf seine Ankunft. Was ihn vom Fluge abgehalten hatte, haben wir allerdings erst sehr viel später erfahren.

„In Italien schlagen die Wellen hoch", hörten wir.

„Rom protestiert", wußte ein Sicherheitsbeamter.

Das Bedürfnis nach Ruhe blieb ebenso unerfüllt wie die Neugier der wartenden Reporter. Und plötzlich war es wieder Abend. Wo war nur der Tag geblieben?

Am späten Abend wurde uns gesagt: „Bombendrohung! Sie müssen das Haus verlassen!"

„Ich bleibe hier", sagte mein Mann.

„Wir dürfen die Apotheke unten im Haus nicht gefährden", gab ich zu bedenken. Gottlob fanden wir doch noch ein paar Stunden Schlaf.

In der dritten Nacht, vom 17. auf den 18. August, erschienen Sicherheitsbeamte: Sofort das Haus verlassen, Bombendrohung! Meine erste Reaktion: „In dem Zustand meines Mannes? Und wohin?" Keine Antwort.

Die Gepäckstücke lagen auf dem Dachboden verstreut, nicht ausgepackt, wann auch! Wo war dies, wo jenes? Was soll ich mitnehmen? Für welchen Zeitraum? Keine Antwort.

Nachtwäsche für meinen Mann, Medikamente, ein Kasten Mineralwasser, ich stopfte die nächstbesten Taschen voll, warf mir ein leichtes Kleid über, Pantoletten an die Füße und griff im Hinuntereilen noch rasch nach meinem Cape.

Ein Ambulanzwagen fuhr heran, kein neuestes Modell. Der Kranke wurde auf einer primitiven Trage angeschnallt, die Fahrt begann. Immer wieder versuchte ich mich über das Ziel dieser nächtlichen Exkursion zu informieren.

„Sie werden zufrieden sein und gut untergebracht", war alles, was zu erfahren war.

Ich hockte auf einem leichten Sitzgestell am Kopfende meines Mannes, Richtung und Straßen waren nach wenigen Minuten fremd.

„Wohin?" fragte mein Mann.

„Ich weiß es nicht, aber laß uns Vertrauen haben!"

Nach einer längeren Zeitspanne fuhr der Sanka in eine Auffahrt.

„Ist das hier ein Krankenhaus?" fragte ich durch den Fensterspalt nach vorn in den Wagen den Beifahrer.

„Nein, es ist die Quarantänestation der Seuchenabteilung in Ebstorf. Hier haben Sie Ruhe und hier sind Sie sicher."

Der Verwaltungschef begrüßte uns. Er wirkte freundlich, aber auch unsicher. Man führte uns in ein geräumiges Krankenzimmer: drei Betten, Duschbad angeschlossen; wandhohe Fensterscheiben gaben den Blick frei in den angrenzenden Buchenwald.

Eine Gruppe junger Sicherheitsbeamter blieb im Korridor und machte es sich bequem. Wir waren allein. Am nächsten Morgen schaute ich mich um, versorgte meinen Mann, entdeckte ein Radio, eine intakte Küche und etwas weiter vorn rechts einen einsatzbereiten Operationsraum, zusammenreimen konnte ich mir das Ganze nicht.

„Verzeihen Sie bitte, aber mir fehlt Nahrung für meinen Mann", sprach ich die Sicherheitsbeamten an.

„Sie dürfen das Haus nicht verlassen und auch nicht telefonieren. Wir sind Ihnen behilflich." Ich war verdutzt.

„Wir haben unsere Anweisungen."

„Und wer hat sie Ihnen erteilt?" wollte ich wissen und blieb auch diesmal ohne Antwort.

Sie waren freundlich, hilfsbereit, aufgeschlossen und wollten Näheres über den „Fall Kappler" wissen und konnten nicht begreifen, was da geschehen war.

Mein Mann saß vor dem großen Fenster und schaute in den nahen Laubwald. Er machte mich aufmerksam, wie Tropfen um Tropfen an diesem trüben Morgen über die Blätter rann und schien trotz unserer sonderbaren Situation glücklich zu sein. Die nächste Nacht war ausgefüllt mit erholsamem Schlaf und nur einmal von einer Herzattacke unterbrochen.

„Wie geht es denn nun weiter?" fragte ich die Sicherheitspolizei, die am nächsten Tag erschien und einen riesigen Poststapel mitbrachte.

Viele Reporter und Journalisten baten auf Handzetteln oder in Briefen um Interviews, wir aber waren angehalten, uns nicht zu melden. Der erste Brief, den ich öffnete, war von Hand geschrieben; Claus Happel:

„Ich finde, wir - also Bild - schreiben fair. Sollte jetzt nicht ein kurzes Gespräch möglich sein? Bin immer noch unter 2222 (Meyn's Hotel) zu erreichen.

Freundlichst

Claus Happel

P.S. Heute, 17. August, 10.00 Uhr, erfolgt Erklärung der Staatsanwaltschaft über Herbert Kapplers Aufenthalt.

Im Hotel Meyn wohnen seit gestern ein italienischer Staatsanwalt und zwei Ärzte aus Italien."

Ein Kripo-Beamter wies auf den großen Poststapel: „Hilfsangebote, wählen Sie aus, wo Sie hin wollen! Hier können Sie auch nicht bleiben. Ihr Aufenthalt ist bekanntgeworden; wir nehmen an, es wurde am Stammtisch geplaudert. Suchen Sie sich aus dem Stapel dort jemand heraus, bei dem Sie bleiben!"

Vorerst war's nur eine flache Zorneswelle, die mich bewegte.

„Sehen Sie denn nicht, wie elend mein Mann ist?"

Später erfuhr ich, daß man vonseiten der Sicherheitsbeamten an diesem Tage Gott und die Welt in Bewegung gesetzt hatte, um eine „geeignete Unterkunft" zu finden. Anwälte, Freunde wurden über unseren Kopf hinweg bemüht.

„Tot oder lebendig, Italien will Herbert Kappler wiederhaben", wurde uns durch die Polizei berichtet.

„Vielleicht müssen Sie heute nacht noch fort und möglichst weit weg von hier!" Mir wurde heiß und kalt.

Es war eine trübe Nacht, dichter Dunst hing wie Watte im Geäst der Buchen, dicke Nebelschwaden lagen über dem Boden.

Es mußte eben zwei Uhr gewesen sein, als wir aufschraken. An meinem Bett stand die Kripo: „Sofort anziehen, wir bringen Sie weg!"

„Wohin?" Keine Antwort.

Der Ambulanzwagen, die Trage, der Kranke nur notdürftig bekleidet, die nächste Odyssee begann.

Jemand drückte mir einen Zettel in die Hand: „So heißen Sie jetzt."

Ich warf einen Blick darauf und las: Werner Kortenbusch und Else. Entgeistert sah ich mich um und las meinem Mann die Namen vor. Der grinste.

Wieder versuchte ich mich an der Landschaft zu orientieren, doch Nebel und nächtliche Dunkelheit hüllten alles ein. Ich fragte wieder nach vorn durchs Fenster: „Bitte, sagen Sie mir doch, wohin geht die Fahrt?"

„Warten Sie ab!"

Die leichte Trage klapperte unter dem Schüttelfrost meines Mannes. Ich nahm seine Hände, legte mein Cape über ihn und spürte die Morgenkühle vor innerer Anspannung nicht mehr. Es dämmerte.

Ich sah die Ortsschilder: Bückeburg, Minden.

„Wo sind wir denn?" fragte mein Mann.

„Hier in der Nähe muß Espelkamp liegen, vielleicht zu Präses Wilm? Ihm war das Christentum immer ein echtes Anliegen. Aber solche Mühe dürfen wir ihm keinesfalls zumuten! Wenn ich nur wüßte..."

Wieder ein Ortsschild in Westfalen.

Verwandte von Freunden lebten hier. Wir fuhren in eine Auffahrt: Kreiskrankenhaus.

Ein letzter Ruck, der Wagen stand.

Die Tür wurde aufgerissen, die Trage abgehoben, ehe ich es begriff, war mein Mann weggebracht worden, meine sämtlichen Taschen, Tüten, Mineralwasserkasten neben den Eingang gestellt.

Ratlos sah ich mich um. Fahrer und Beifahrer waren nicht mehr zu sehen, die Ambulanz war fort. Es war gleich sechs Uhr. Ich pochte an die Scheibe zur Aufnahme: „Verzeihen Sie bitte, aber wo ist denn mein Mann?"

„Wer ist denn Ihr Mann? Und wie ist der Name?"

Ich suchte nach meinem Zettel, fand ihn nicht in der Aufregung und wußte nicht mehr, wie wir jetzt heißen sollten.

„Wie ist der Name bitte?" wurde der Nachtdienst ungeduldig. Ich lief die Treppe nach oben, es war gerade Schichtwechsel. Die Nachtwachen verließen das Krankenhaus, die Tagesdienste trafen ein. Während die einen übermüdet gähnten, rannten die anderen noch verschlafen vorüber.

„Bitte, wo ist mein Mann?"

Überall Achselzucken ohne besonderes Interesse. Ein Mann in Weiß wies nach oben links, Intensivstation.

Ich lief nach oben links.

„Wollen Sie wohl sofort Ihre Schuhe ausziehen!" herrschte mich jemand an. Gehorsam lief ich barfuß weiter. Da stand ja mein Gepäck und versperrte den halben Korridor, das war man hier sicher nicht gewohnt.

„Letzte Tür rechts", kommandierte eine offenbar befehlsgewohnte Stimme.

Da lag mein Mann, ergeben in sein Geschick. Die ersten Schnüre und Drähte wurden gerade angeschlossen. Er sah mich groß und fragend an: „Hast du das eingefädelt?"

„Nein!" schrie ich fast, „ich war es nicht!"

„Doktor X..", stellte sich warmherzig eine übernächtigte Ärztin vor, „wir schließen Ihren Gatten gerade an den Monitor an."

„Sag' bitte, Herz, sag', willst du das? Du mußt entscheiden. Ich bin nicht verantwortlich für das, was hier geschieht. Wenn es dein Wunsch ist, bleiben wir hier", sagte ich zu meinem Mann.

„Heim", antwortete er, „nur heim, du weißt es doch!"

Neben ihm wurde ein kleines Holzgestell aus der Wand gezogen mit einem weißen Tuch als Sichtblende, jemand hauchte sein Leben aus, und es war niemand an seiner Seite.

Überall piepste und surrte es, fassungslos starrte mein Mann mich an. Ich zupfte eine Schwester am Kittel: „Bitte, es ist ein Irrtum, mein

Mann will nach Hause!"

„Was? Hier kommt er nicht wieder raus!"

„Ich möchte bitte den Chefarzt sprechen, es handelt sich um ein Mißverständnis!"

„Um diese Zeit? Unmöglich, er kommt nie vor acht Uhr."

Überall hektische Betriebsamkeit, von unserem Begleitkommando keine Spur. Plötzlich stand die Kriminalpolizei vor mir.

„Was ist hier passiert? Und wer hat das angeordnet? Und konnte man einfach über unsere Köpfe hinweg Anordnungen treffen? Wissen Sie, was man mir in Bonn gesagt hat: ‚Hier ist er ein freier Mann!' Und was machen Sie jetzt hier mit ihm?"

Nur nicht die Beherrschung verlieren, dachte ich noch und quoll schon über vor Zorn, nur diesmal nahm ich kein Blatt mehr vor den Mund: „Ich habe meinen Mann nicht nach Hause geholt, damit er in Deutschland auf andere Weise umgebracht wird, der leichte Sanka, die ganze Fahrerei!"

Der Beamte nahm's übel.

Ich auch.

„Wer hat das angeordnet?" wollte ich wissen.

„Von oben", sagte er und zog mich in die Teeküche der Station.

„Freunde von Ihnen haben das arrangiert", er nannte Namen. So also war das gelaufen. Ich griff zum Telefon, ließ mir ein Amt geben, wählte und platzte los:

„Seid Ihr denn von Sinnen! Kennt Ihr denn nicht Herberts Zustand? Schämt euch, alles, was er noch wünschte, war, zu Hause sein zu dürfen!"

„Ja", gähnte der Angerufene noch schläfrig, „wir dachten, er müsse jetzt in ein Krankenhaus!"

„Das wird der Patient selbst entscheiden! Was er jetzt braucht, ist Ruhe und Geborgenheit. Und wenn ein Krankenhaus nicht zu umgehen ist, wählen wir es selbst!"

Der Beamte eilte entgeistert hinaus, und ich lief zu meinem Mann zurück. „Bitte, nimm doch die Drähte ab", bat er.

„Was machen Sie denn da! Das dürfen Sie aber nicht!" rief eine Krankenschwester.

„Das wird der Patient entscheiden, fragen Sie ihn bitte selbst. Ich sagte schon, es liegt ein Mißverständnis vor!"

Einen Fuß im Krankenzimmer, den anderen im Korridor, so wartete ich auf die weitere Entwicklung und versuchte, meinem Mann Mut zu machen: „Du kannst auch gern hierbleiben!"

Der Chefarzt!

Mit fliegendem Kittel und ausholenden Schritten sah er mißbilligend auf meine nackten Füße. „Verzeihung" stammelte ich, „doch die Eile..." und schon stand er am Bett meines Mannes, reichte mir beiläufig die Hand, sagte immerhin „Gnädige Frau"... (ich schluckte und dachte, so ramponiert und dann Gnädige Frau). Höflich stellte er sich dem Kranken vor, gab ihm die Hand: „Doktor Rö..." und in schönster Aufrichtigkeit dankte mein Mann: „Angenehm, Kappler." Da klinkte mein Hirn aus.

Fieberhaft und ergebnislos durchsuchte ich noch einmal die Taschen nach dem Namenszettel. Er blieb verschwunden, bis ich ihn vor kurzem beim Ordnen unvermittelt in der Hand hielt. Wirklich, er war sehr gut aufgehoben worden.

„Also hier müssen wir sofort die...", begann der Chefarzt, als ich ihn unterbrach. „Verzeihen Sie bitte, Herr Chefarzt, aber es handelt sich wirklich um ein Mißverständnis", weiter kam ich nicht, er herrschte mich an: „Und Sie? Wer sind Sie denn überhaupt?"

Ich sagte leise: „Ich bin die Frau des Patienten!"

Er trat ein paar Schritte zurück, hob abwehrend die Hände: „So, jetzt weiß ich auch, wer Sie sind! Ich habe draußen den Ambulanzwagen gesehen! Also damit will ich absolut nichts zu tun haben!" und stürmte zornesrot hinaus.

Ich eilte ihm nach: „Sie wollen Arzt sein? Ich sagte Ihnen doch, es liegt ein Mißverständnis vor!" Seine Antwort verschluckten die Wände.

'Der Ambulanzwagen steht unten', hatte ich registriert und lief einem Beamten in die Arme. „Bitte, wo kann ich hier telefonieren?"

„Kriminalpolizei..." stellte er sich freundlich vor, blieb sehr höflich und nicht ohne menschliche Wärme.

„Kommen Sie mit in meine Dienststelle, dort können Sie ungestört sprechen."

Rasch sagte ich meinem Mann: „Ich bin gleich zurück, Herz, hab' nur noch ein ganz klein wenig Geduld. Ich rufe Else und Paul an, sie haben mir immer wieder gesagt, daß sie für uns da sind!"

Vor dem Krankenhaus keine Spur des Ambulanzwagens. Aber ein Polizeirat ging auf und ab, ich fragte ihn und erfuhr, daß die Männer mit dem Sanka zum Frühstück im Bahnhofsrestaurant waren.

„Ich werde jetzt Freunde in Wietzendorf anrufen, die uns sicher aufnehmen."

Er schien mir ziemlich hilflos: „Wir hatten nur Anweisung, Sie hierher zu bringen."

„Dann nehme ich mir ein Taxi nach Wietzendorf."

„Ich bin meinen Vorgesetzten gegenüber verantwortlich."

„Das war mein Mann auch! Den Rest von ihm sehen Sie hier! Ich werde den Bundeskanzler anrufen."

„Bitte, tun Sie das nicht."

Ich fuhr mit dem anderen Beamten in seine Dienststelle und rief Paul und Else an. „Wir haben Pensionsgäste im Haus, aber wir geben Euch unser privates Zimmer", antworteten sie.

Als ich wieder zum Krankenhaus zurückkam, trafen gerade die Leute mit dem Sanka ein.

„Fahren Sie uns bitte nach Wietzendorf, ich übernehme die Fahrtkosten, sagen Sie das Ihren Vorgesetzen."

Für die Hochsommerzeit war es ungewöhnlich kühl, und es regnete pausenlos. Endlich war mein Mann wieder im Wagen, ich deckte ihn mit allem Verfügbaren zu, doch der Schüttelfrost wollte nicht aufhören.

Kurz vor Wietzendorf fuhr der Wagen über einen morastigen Seitenweg in ein Waldstück; es war gegen Mittag, wir hatten weder gegessen noch getrunken, und niemand kümmerte sich darum.

„Was soll denn das bedeuten?" fragte ich höflich nach vorn. Keine Antwort.

„Das Herz!" flüsterte mein Mann, „Als wenn es zerspringt", und kaum hörbar fügte er hinzu: „Hätte ich doch nur das Gift bekommen, welche Mühe hast du jetzt mit mir!"

Ich küßte ihm die Sorgen von den Lippen und suchte ein Herzmittel hervor. Wir standen bereits zwanzig Minuten im Wald.

Der Fahrer war ausgestiegen, der Beifahrer ließ ohne sichtbare Resonanz meine wütenden Worte an sich abgleiten wie Regenwasser auf einem Ölfilm.

„Für die Folgen der weiteren Gesundheitsgefährdung mache ich Sie persönlich verantwortlich", beeindruckte ihn auch nicht. Ich versuchte, den Kranken warmzureiben, bis nach einer geschlagenen Stunde ein Wagen heranfuhr.

Ein Polizeirat: „Bitte umsteigen."

Ich funkelte ihn an: „Was hier geschehen ist, war schlimmer als die ganze Flucht! Ich lehne jede Verantwortung ab."

Die Trage mit meinem Mann rutschte in den aufgeweichten Waldboden.

„Schuhe?"

„Haben wir nicht, mein Mann kam in Ebstorf gleich auf die Trage, dann ins Krankenhaus. Sie wissen doch, wie es ablief. Und die Hausschuhe befinden sich in einer der Taschen."

Ich streifte meine allerletzte römische Errungenschaft, ein paar weiche Sommerpantoletten, an seine kalten Füße und versank - wieder barfuß - bis an die Knöchel im Morast.

Paul und Else empfingen uns mit großer Güte in ihrem Haus; ein Domizil, das für neun Tage Ersatz für unser eigenes Zuhause werden sollte.

„Bitte, lassen Sie keine Beamten im Haus", baten wir gemeinsam mit unseren Gastgebern. Die Polizei verabschiedete sich.

Und trotz allem wurde es noch ein harmonischer Tag. Endlich.

Am nächsten Tag bat ich: „Bitte, Paul, besorge einen Leihwagen auf deinen Namen und unsere Kosten, damit wir im Notfall unabhängig sind und sich solche Situationen, in denen man einfach preisgegeben ist, nicht wiederholen können!"

So kam ein flotter kleiner VW ans Haus. Ich meldete mich telefonisch bei Erika: „Ich darf dir nicht sagen, wo wir jetzt sind! Aber es war schlimm, sehr schlimm sogar!"

„Die Presse", sagte sie, „die Reporter sind immer noch da. Ihr solltet unbedingt eine Pressekonferenz geben!"

„Das kann man Herbert noch nicht zumuten!"

„Ruf' doch die Bundesregierung an! Bundespräsident Scheel, Prof. Carstens, Willy Brandt und alle, die sich bis vor kurzem für Herbert eingesetzt haben. Sprich mit Marie Schlei, damit sie dem Bundeskanzler berichten kann", erteilte sie gute Ratschläge.

„Nach unseren jüngsten Erfahrungen zu urteilen wird man dort überall froh sein, wenn ich es unterlasse. Aber unser Anwalt muß kommen."

Wir brauchten Medikamente, Kleidung, Wäsche. Wieder stülpte ich die schwarze Perücke über, sprang in den roten VW in der Hoffnung, vielleicht unerkannt in unsere Wohnung zu gelangen.

Doch schon zwei Straßenzüge weiter hängte sich mir ein fremder Wagen an; kreuz und quer durchfuhr ich den Ort, der andere folgte; mit dem Handrücken wischte ich mir den Angstschweiß von der Stirn.

Ortsausgang, ein zweiter Wagen schloß sich an. Ich gab Gas, fuhr nach Munster, schlug Haken, benutzte Winkel, ging in Deckung hinter einem Mauervorsprung. Die beiden Fahrzeuge brausten vorüber. Ich wendete, fuhr in die andere Richtung nach Breloh, wo eine gute Bekannte aus Kindheitstagen ein Restaurant hat, und preschte in den Hof. Wir tauschten unsere Fahrzeuge aus, und ich bekam einen etwas schwerfälligen Diesel, der seine Tücken hatte.

„Habt Ihr vielleicht einen alten Hut für mich?" fragte ich. Sie holten einen Jägerhut, ich nahm die Perücke ab, und sie drückten mir unter schallendem Gelächter den Hut auf den kahlen Kopf. Mit der Sonnenbrille auf der Nase war ich nicht zu erkennen und fuhr nach Soltau. Dort packte ich die notwendigen Dinge ein und nahm einen Waschkorb voll Post mit, die von überallher gekommen war. Ich war erschüttert.

Schon am nächsten Tag traf unser Anwalt Dr. Aschenauer ein.

„Eine Auslieferung an Italien kommt überhaupt nicht in Betracht, Herr Kappler ist hier ein freier Mann!" beruhigte er uns.

Wir entschieden uns zur Veröffentlichung unserer Heimkehr-Geschichte für eine Presse-Agentur, die viele Telegramme geschickt hatte. Eine Bekannte nahm die ersten Kontakte auf.

Wir hielten uns weiter verborgen in Wietzendorf.

Rechtsextremisten nutzten die Aktualität der Situation für ihre Zwecke aus und postierten sich vor unserer Wohnung in der Wilhelmstraße 6. Mein Mann griff sich an den Kopf: „Wenn es junge Leute sind, sind sie verblendet. Sind es ältere, haben sie aus der Vergangenheit nichts gelernt."

„Die Chaoten fielen in Soltau ein", kommentierte die Lokalzeitung nach einer Demonstration linksextremer Gruppen, die als Berufsdemonstranten bekannt waren und wenig später an anderen Orten gesehen wurden.

„Wenn die alle nur ein bißchen nachdenken würden, kämen sie darauf, wie einem Mann nach jahrzehntelanger Gefangenschaft zumute ist. Die einen wie die anderen nutzen schamlos die Situation aus!" sagte ich zu unseren Freunden.

Wir blieben in unserem Domizil unbehelligt, doch schien etwas durchgesickert zu sein. Ungewöhnlich viele Gäste machten da plötzlich harmlose Besuche. Momente, in denen wir uns rasch zurückzogen. Else und Paul bewahrten ihre gleichbleibende Ruhe.

Später, als Hetzkampagnen die Presse überfluteten, wurden ortsansässige Bürger mutiger und attackierten sie mit bissiger Kritik.

„Für uns war es ein rein menschliches Anliegen", antworteten sie.

Notfälle, Hilferufe von Patienten; ich mußte mich zu Hausbesuchen entschließen und brauste nach Bremen und Schneverdingen, denn lange konnte ich aus meiner Praxis nicht mehr fernbleiben.

Gegen 20.00 Uhr am 27. August verließen wir das Haus unserer Freunde und fuhren in unsere Wohnung nach Soltau.

„Eine neue Heimkehr", sagte mein Mann, als wir langsam die Treppen hinaufgingen.

Er nahm innigen, fast verwunderten Anteil an den kleinen Dingen des Alltags: das Ordnen der Wohnung, der Blumen. Die Waschmaschine fand sein besonderes Interesse: „Solch ein Ding kenne ich ja nur aus Werbungen und Katalogen. Als meine Gefangenschaft begann, gab's so etwas noch gar nicht."

Mühsam begriff ich, was ihm in der Welt unserer Alltäglichkeiten fremd sein mußte.

„Report" meldete sich, Dr. Franz Alt bat dringend um ein Interview. Es sollte möglichst sofort sein, er wollte es noch in seine Sendung zwei Tage später einbauen.

„Aber wir sind doch noch gar nicht zur Ruhe gekommen, und ich bin auch nicht darauf vorbereitet!"

Ein Interview mit meinem Mann schied aus, er war zu schwach.

Das Fernsehteam richtete sich in meinem Wartezimmer ein, baute die Kamera und Beleuchtung auf. Dr. Alt und ich besprachen uns im Wohnzimmer.

„Wissen Sie, so einfach aus dem Stand…?" wandte ich ein.

„Es wird schon gehen", sicherte er zu.

Ich wußte nicht näher, wer Dr. Alt war, wo er politisch angesiedelt sei. Fernsehsendungen hatte ich über Jahre hinweg nicht verfolgen können.

Wieder einmal schoben sich Fettnäpfchen in bedrohliche Nähe, als ich erwähnte, daß unter Konrad Adenauer zwar einiges zur Bereinigung des „Falles Kappler" eingeleitet worden sei; die Heimkehr im Jahre 1956 durch taktische Fehler deutscher Diplomatie unterblieb und erstmals Willy Brandt scheinbar couragiert die Sache in die Hand genommen habe, denn für uns war fraglos die amtierende Bundesregierung zuständig.

An einem der folgenden Sonntage nahm sich auch der „Internationale Frühschoppen" des Themas an. Werner Höfer nannte mich die „Antigone aus der Heide". Doch nach wenigen Minuten war sich die Journalistenrunde in ihrer Kritik einig.

Und wie so oft, wenn in Presse, Rundfunk oder Fernsehen der „Fall Kappler" diskutierte wurde, schüttelte mein Mann wortlos den Kopf.

„Die Anwälte haben recht mit ihrer Meinung, daß die Angelegenheit vor mehr als zwanzig Jahren in ihre ursprüngliche Dimension hätte zurückgeführt werden müssen. Inzwischen hat man aus dem „Fall Kappler" einen großen Kübel gebaut, in den sämtlicher Unrat an Greueln und Scheußlichkeiten hineingeworfen wird, für den du verantwortlich gemacht wirst", sagte ich, „wenn du nur in den früheren Jahren darüber gesprochen hättest, es wäre nicht zu einem solchen Ausmaß an Mißverständnissen, Verfälschungen und Verdrehungen gekommen!"

„Mir war jede Stellungnahme verboten", äußerte mein Mann.

Herbert Kappler, September 1977 (Foto: action press).

KAPITEL 15

Auf Wiedersehen

Zu Hause war ich bemüht, für meinen Mann eine behagliche Atmosphäre der Geborgenheit zu schaffen. Doch immer wieder gab es lange Diskussionen mit der Presse, aber auch mit der Polizei.

„Das haben Sie doch nicht allein gemacht!" wurde mir vorgehalten, und „...wer hat Ihnen dabei geholfen? Wer hat den Koffer getragen, mit dem Sie Ihren Mann herausgeschmuggelt haben?"

Die Geschichte mit dem Koffer ging um die Welt.

„Versuchen Sie sich doch einmal vorzustellen, wie ich ihn überhaupt im Koffer hätte transportieren können! Das wäre rein technisch absolut unmöglich gewesen! Wer auf die Idee mit dem Koffer kam, weiß ich bis heute nicht! Ich habe berichtet, daß am äußeren Haken des Fensterladens oben links vom Duschraumfenster das kurze Halteseil hängengeblieben ist, weil ich keine Zeit mehr hatte, es abzunehmen. Dieses Seil hatte noch niemand entdeckt! Und die Spuren, die mein Mann beim Hinunterlassen aus dem Fenster am Gebäude offenbar mit den Füßen verursachte, wurden auch erst später bemerkt! Das Seil wurde erst gefunden, als ich die Polizei und die Journalisten darauf aufmerksam gemacht hatte. Darüber konnte man dann auch in der Presse lesen, es war sogar korrekt wiedergegeben worden."

Ich hatte mich ereifert und fuhr nach einem Moment fort: „Sämtliche

Koffer sind im Militärhospital zurückgeblieben und zwar genau dort, wo sie seit meinem ersten Aufenthalt bei meinem Mann abgelegt wurden: auf den Schränken im Vorraum zur Krankenstube. Mitgenommen habe ich nur meine große Reisetasche, und in der kann man keinen Menschen aus dem Haus tragen!"

Mein Gegenüber sah mich durchbohrend an: „Frau Kappler, WER hat Ihnen geholfen?"

„Wenn Hilfe nötig gewesen wäre, hätte ich sie auch gefunden. Und wenn ich zur Hilfe aufgerufen hätte, wäre vermutlich eine ganze Armee zusammengekommen und zwar nicht alte Nazis, sondern empörte Menschen, die nicht begreifen konnten, daß Italien seine eigenen Kriegsverbrecher ohne Ansehen ihrer Schuldkonten bereits 1953 amnestierte, Herbert Kappler aber als einzigen Deutschen zweiunddreißig Jahre lang in „Symbolhaft" gehalten hat.

Und es ist anzunehmen, daß die sogenannte Flucht mit einer Armee oder auch nur mit einer Handvoll Helfern nicht gelungen wäre. Sie konnte nur gelingen, weil ich keine Mitwisser und keine Mitakteure hatte. Vermutet und gehofft haben im Laufe der Jahre viele Menschen, daß sich so etwas ereignet. Herbert Kappler war Kriegsgefangener, haben Sie mal gezählt, wie viele Kriegsgefangene in früherer Zeit aus Lagern entwichen sind? Und sind nicht aus Konzentrationslagern auch Gefangene entkommen? Ich bin froh für jeden, der seinen Peinigern entkam, sofern es sich nicht um wirklich Kriminelle handelt."

„Ihr Mann soll sich selbst schuldig bekannt haben!"

„Wenn mein Mann von seiner ‚Schuld' spricht, denkt er nur an die moralische Schuld, welche er als Mensch nach ethischen Gesetzen auf sich lasten fühlt. Über die eventuelle strafrechtliche Schuld spricht er nie. In juristischem Sinne hat er sich nie schuldig bekannt. Im Vergleich zur ersteren erachtet er die Tatsache seiner Verurteilung gering. Darüber, ob er strafrechtlich, also im heute leider nur noch allein landläufigen Sinne schuldig ist oder nicht, haben Juristen geschrieben.

Sie forschten auch in alten Kriegstagebuch-Archiven und stießen auf Fakten und Umstände, welche die juristische Schuld Herbert Kapplers ausschließen. Und in dieser Form ist wiederholt auch die Presse informiert worden! Sagen Sie mir, wo zählt in einem Krieg noch Ethik und

Moral? Der Krieg an sich ist das abscheulichste Ungeheuer überhaupt!

Ein Wort des Verständnisses hätte Italien erwartet, las ich da in großen Zeitungen! Bundeskanzler Schmidt habe sein Treffen mit Minister-präsident Andreotti abgesagt, Verteidigungsminister Lattanzio werde abgelöst und „meine Tat", nämlich die gelungene Heimkehr meines Mannes, habe die Regierungen beider Länder erschüttert. Ich will Ih-nen mal etwas sagen, das einzige, was hier überhaupt noch human ist, war mein Entschluß, diesen Schwerkranken nicht in der Fremde ster-ben zu lassen. Er wollte seine Heimat wiedersehen. Und, ich sage Ih-nen noch etwas, meine therapeutischen Möglichkeiten sind noch nicht erschöpft! Wenn allerdings dem Kranken weiterhin der Lebensfaden beschnitten wird, kann auch ich nicht mehr entscheidend helfen. Jeder weiß, daß man auch an Sorgen sterben kann. Wie wär's, wenn die Bundesregierung, der wir vertraut haben und vertrauen mußten, Ita-lien gegenüber erklärt haben würde: „Es hätte Italien wohl ange-standen, die Heimkehr Herbert Kapplers zu ermöglichen. In der Bundesrepublik jedenfalls ist er frei!" - Aber sehen Sie, niemand be-sitzt die Courage, das heute so oder ähnlich zu formulieren.

In Herbert Kappler einen blinden Nazi zu sehen oder auch nur zu ver-muten, heißt doch nichts anderes, als sich mit der Materie und dem Menschen Kappler überhaupt nicht befaßt zu haben! Hören Sie zu, ich zitiere hier die Worte meines Mannes: ‚Es war die größte Erschütterung meines Lebens, begreifen zu müssen, daß unsere Ideale verbrecherisch mißbraucht wurden. Vielleicht würde ich Zweifel haben, wenn ich nicht selbst die Unerbittlichkeit und Grausamkeit gewisser Befehle von ‚Höchster Stelle' am eigenen Leibe zu spüren bekommen hätte!'

Mein Mann war viel zu intelligent, um sich nach all den damaligen Ge-schehnissen noch an das untergegangene System zu klammern. Er sprach vom Unrechts-Staat in der Diktatur bereits zu einem Zeitpunkt, als diese Formulierung noch nicht in Mode war. Dem furchtbaren Be-fehl zum Attentat auf die Polizeikompanie folgte der entsetzliche Befehl zur Vergeltung. Das Bombardement von Dresden stand unter ‚Höch-stem Befehl', nämlich dem von Winston Churchill. Würzburg wurde in siebzehn Minuten zur Ruine, von Hiroshima und Nagasaki ganz zu schweigen. Und alles unterstand fast immer ‚Höchsten Befehlen'.

Den Wahnsinn der Gaskammern mit ihrem unbeschreiblichen Elend und unvorstellbarem Grauen gibt es gottlob nicht mehr. Aber Konzentrationslager haben sich doch wohl nur geografisch verlagert, nicht wahr? Und Schießbefehle sind auch heute noch an der Tagesordnung. Ist die Anwendung von Napalm etwa human? Das Elend ist seit dem Ende der NS-Diktatur nicht aus der Welt, wir brauchen da gar nicht einmal weit über den Globus zu gucken."

„Saudi-Arabien soll Asyl angeboten haben für Herbert Kappler!"

„Wenn es der Zustand meines Mannes erlaubt, würden wir den Gedanken ins Auge fassen. Er soll endlich frei leben, und wenn er das hier nicht kann..."

„...ja, aber das italienische Volk..."

„Das kann nicht stimmen! Ich habe im Laufe der Jahre engen Kontakt zum ‚italienischen Volk' gehabt, ob bei Autopannen oder Brandverletzungen oder wo immer Sie wollen. Nicht ein einziges Mal hörte ich: ‚Ihr Mann, Signora, ist ein Lump, ein Massenmörder, ein Henker'; ich habe nur Gutes erfahren, wenn man davon absieht, daß mein Auto einmal ausgeraubt wurde. Es kann sich also nur um eine kleine Clique handeln, die entscheidenden Einfluß auf die Medien ausübt! Das italienische Volk ist es nicht!"

„Italien hat die Auslieferung Herbert Kapplers verlangt", beharrte einer der Polizeibeamten, „in Kürze sollen die römischen Gerichtsakten an die Staatsanwaltschaft Lüneburg übergeben werden. Italien fühlt sich verwundet durch die Flucht Herbert Kapplers!"

„Verwundet und verwundert sind wir auch. Wenn die Bundesregierung meint, das Urteil gegen Herbert Kappler in Deutschland einer Nachprüfung unterziehen zu müssen, darf man hoffen, daß auch alle Praktiken der damaligen Zeit um 1948 berücksichtigt werden, die ausschließlich im Rahmen der Sieger-Justiz in geradezu paralysierter Nachkriegspsychose zu sehen und heute kaum noch zu begreifen sind."

Die Herren verabschiedeten sich, als das Telefon schrillte.

Ob Herbert Kappler zu einem Fernseh-Interview mit Prof. Rosario Bentivegna, dem Bombenleger aus der Via Rasella, der den Tod der zweiundvierzig Polizeisoldaten verursachte, bereit sei, wurde angefragt.

Man wolle Bentivegna über die Fernsehstation Paris hinzuschalten, hieß es.

Mein Mann war einverstanden und hoffte: „Vielleicht ist es doch ein Weg zur Befriedung, zur Versöhnung."

Aber es wurde nichts daraus, warum, erfuhren wir nicht.

Bitten um Interviews aus den USA, Kanada, Südamerika wurden immer wieder an uns herangetragen: „Wir stehen unter Vertrag, bitte, wenden Sie sich an die Agentur", empfahlen wir.

Wir hatten unsere „Fluchtgeschichte" an eine große Illustrierte verkauft. In den Medien wurde uns das vorgeworfen, ein Freund schüttelte mißbilligend den Kopf und meinte: „Wollt Ihr Euch denn vermarkten?"

Da fauchte ich ihn an: „In der Presse wuchert fast ausschließlich Wildwuchs. Oft kann man nur den Kopf schütteln über das, was da so zusammengeschrieben wird. Und Honorar ist doch allgemein üblich, früher habe ich das nicht gewußt. Mein Mann ist völlig mittellos, ohne Rente und Pensionsbezüge. Er hat in Deutschland nicht einmal mehr die vierzig Mark, die ihm in Gaeta von der Deutschen Botschaft übermittelt wurden. Und außerdem ist er nicht mal krankenversichert, er könnte schon aus diesem Grunde nicht ins Krankenhaus. Niemand hat sich bisher um diese Probleme gekümmert, man hat sie allein mir überlassen. Ich werde nicht vergessen, was mir kompetente Personen auf meine Anfrage in Bonn vor der Flucht geantwortet haben: In Deutschland ist er frei und genießt den Schutz des Staates."

Sicherheitsbeamte zogen auf, in einem leichten Wohnwagen waren sie seitlich im Garagenhof neben unserem Wohnhaus untergebracht. Nette junge Leute; sie suchten meinen Mann auf, stellten sich vor, nahmen menschlich Anteil.

Wiederholt sagte mein Mann: „Es ist mir nicht recht, Sie sind in Gefahr, das kann ich nicht verantworten, der Wohnwagen ist kein geeigneter Schutz für Sie!"

Doch es änderte sich nichts.

Kurze Zeit später fuhren wir zum erstenmal hinaus in die nahe Heide: „Laß' uns bitte langsam gehen, ich möchte jeden Baum, jeden Strauch, jedes Tier erleben", bat er.

In Lührsbockel schritten wir in strahlender Sonne ganze fünfhundert Meter über den Waldboden, als koste er jeden Schritt aus, dann waren seine schwachen Kräfte erschöpft. Die Sicherheitsbeamten hielten sich dicht hinter uns und ließen uns nicht aus den Augen.

„Jeden Tag gehen wir ein kleines Stück weiter", versuchte ich ihn aufzumuntern, „so wirst du dich bald einleben."

„Ich muß ja erst wieder wie ein Kind hier draußen gehen lernen", sagte er und setzte behutsam die Füße auf. Der nächste Tag führte uns in den Frielinger Forst.

Zu Hause zwickte er sich in den Arm: „Weißt du, ich kann's ja noch gar nicht fassen, daheim zu sein!" und half uns bei kleinen Hausarbeiten, „wir werden uns die Arbeiten einfach teilen!"

Wenn wir zur Ausfahrt in den Wagen stiegen, blieben immer wieder Passanten stehen, winkten; viele kamen und begrüßten uns. Menschliche Anteilnahme blieb vielfach rührend, Blumensendungen nahmen kein Ende, die Blumenläden riefen der Reihe nach an: „Wann können wir wieder liefern, haben Sie wieder Vasen frei?"

Die täglich eingehende Post füllte Wäschekörbe, es fanden sich auch anonyme Briefschreiber darunter mit gehässigen Worten und Anschuldigungen.

Freunde halfen bei der Bearbeitung des unübersehbaren Berges an Post. Aber es war unmöglich, allen zu antworten.

„Die neunundzwanzig gehässigen fallen bei den Tausenden guten Briefen gar nicht ins Gewicht", meinten sie eines Tages kurz vor dem Abendessen.

„Das Klima in der Stadt ist umgeschlagen", berichtete ein Besucher, „zuerst war überall nur Begeisterung zu spüren, jetzt hört man auch Kritik!"

„Sie meinen wohl ‚umfunktioniert'?" fragte ich, „Meinungsmache!"

„So kann man es auch nennen. In Hotels und Gaststätten trifft man auf Leute, die Einfluß auf die allgemeine Stimmung ausüben, ich habe es gestern selbst erlebt!"

In einer Buchhandlung zwei Häuser weiter wurde in der Schaufensterdekoration Hermann Hesse ausgestellt. Prompt erfolgten Pressemeldungen: „Kapplers Foto im Schaufenster, so wird er gefeiert!"

Das Fernsehen der DDR ließ sich etwas besonders Nettes einfallen: In kurzer Folge wurde die Sendung eines zusammengeschnittenen Fernsehfilms wiederholt, der auch den Soltauer Bürgermeister zeigte, der „Herbert Kappler in einer öffentlichen Ansprache" begrüßt habe. Wir griffen uns an den Kopf: „Das war doch die Bürgermeisterrede zur Eröffnung des Stadtfestes!"

Kein Regierungsmitglied hatte Herbert Kappler offiziell begrüßt, der Bürgermeister hat unsere Wohnung nie betreten. Aber es kam ja auch gar nicht auf den Wahrheitsgehalt von Publikationen an, Hauptsache, man hatte seine Schlagzeilen.

Bei der Ortspolizei lag eine Anzeige wegen illegalen Grenzübertritts vor. Ich legte unsere Pässe auf den Tisch: „Wir wurden nicht kontrolliert, bitte, überzeugen Sie sich, die Pässe sind gültig."

Nur wenige Besucher empfing mein Mann für jeweils kurze Zeit. Werner Kießling vom Heimkehrerverband war einer der ersten, der für dreißig Minuten zu uns hereinschaute.

Am 23. September feierte wir den Geburtstag meines Mannes im kleinen Kreis. Schon am frühen Morgen überreichte er mir einen wunderschönen Rosenstrauß mit den Worten: „Ich danke dir, du hast mir das Leben neu wiedergeschenkt!"

Wir hatten es schon in der Tagesschau vernommen, am nächsten Morgen las man es auch in Fettdruck in der Presse:

Bundeskanzler Schmidt mißbilligt die Flucht Kapplers.

Mein Mann senkte den Kopf, schloß sich zu, und unsere langen, tiefen Gespräche waren fortan nicht mehr möglich. Er ließ mich seine innere Not nicht mehr hinweglieben.

Aber es gab auch andere Stimmen, Heinrich Böll äußerte: „Wenn einer dreißig Jahre gesessen hat und dann stiften geht, habe ich Verständnis dafür."

Allmählich begann er sich physisch zu erholen und den neuen Lebensrhythmus zu erfassen.

Es war mir nicht entgangen, daß auch unter den Sicherheitsbeamten eine Stimmungsänderung spürbar wurde. „Konditioniert", sagte jemand.

„Sie schützen ihn, weil sie ihn jetzt zu bewachen haben. Vielleicht, um den Italienern sagen zu können, er stehe unter Hausarrest?" überlegte ich und erntete heftige Mißbilligung wegen meiner Gedanken. Aber ich lag richtig. Andreotti hatte gefordert, Herbert Kappler unter Hausarrest zu stellen, die Presse berichtete darüber.

Am 7. Oktober hatte ein Freund Geburtstag, er lud uns ein. Mein Mann dankte: „Das werde ich kaum schaffen." Doch gegen Mittag meinte er: „Zur Gratulation könnten wir vielleicht hinüberfahren."

Ein Ort, etwa sechzig Kilometer entfernt. Ich war gehalten, etwaige Ausflüge rechtzeitig den Sicherheitsbeamten zu melden. „Wenn das keine Bewachung ist, man muß ja den Eindruck haben, Gaeta und Rom setzen sich auch hier fort", knurrte ich zu Erika hinüber.

Die Sicherheitsbeamten reagierten dann auch ärgerlich: „So kurz vorher!"

Aber ich registrierte auch: In Rom lebte er den Italienern zu lange, und in Deutschland wird jetzt sein Tod belauert!

Mit Sicherheits-Eskorte trafen wir in Burgdorf ein, die Beamten hefteten sich an unsere Fersen und blieben auch zur Kaffeestunde dicht neben meinem Mann.

Besorgt fragte ich ihn: „Wie fühlst du dich?"

„Besser, als ich vermuten konnte", hörte ich erleichtert.

Es wurde ein ganz ungewöhnlich langer Abend, weitere Gäste hatten sich noch eingefunden. Ein rüstiger Neunziger nahm Platz, ich scherzte: „An Ihnen werden wir uns ein Beispiel nehmen."

„Wie Gott will", fügte mein Mann hinzu.

Die Sicherheitsbeamten hatten sich zu den jüngeren Leuten in den Nebenraum gesetzt und spähten immer mal zu uns her. Zwischendurch informierten sie offenbar ihre Vorgesetzten. Und mir war's unheimlich zumute.

Auf der Heimfahrt gerieten wir in einen Verkehrsstau und sangen uns wach mit alten Studentenliedern. Es sollte bei diesem einzigen größeren Ausflug bleiben.

Ein herzliches Wiedersehen gab es mit Präses Wilm, der uns in Soltau besuchte.

„Nun sagen Sie mir bitte ganz ehrlich: Wie haben Sie das gemacht, wie konnte diese Flucht gelingen?" fragte er mich.

„Vater Wilm", antwortete ich, „ganz einfach, wirklich ganz einfach! Ich habe Gott um ein paar Schutzengel gebeten, und er hat mir eine Legion geschickt! - Real wußte ich in der einen Minute nicht, was die nächste bringt; aber es war eine Sicherheit in mir, die ich nicht beschreiben kann." Nach dem Abendgebet fuhr der Präses zurück nach Westfalen.

Ein wohlmeinender Arzt am Ort bot seine Hilfe an. Das Leben schien sich zu normalisieren. Wir verließen das Haus nur selten.

Plötzlich wurde ich in die Dienststelle der Ortspolizei gebeten, in mir schrillte es auf. Darüber konnte auch die persönliche Freundlichkeit des Abschnittsleiters nicht hinweghelfen.

Weitere Polizeibeamte waren anwesend. Ein paar einleitende Worte, dann unterbreitete der kleinste der Herren mit dem offenbar höchsten Dienstrang in diesem Kreise den Vorschlag: „Wir bitten Sie, Ihren Mann zu veranlassen, freiwillig in das Gefängnis Lingen zu gehen. Er kann dort auf der Krankenstation untergebracht werden, Sie können ihn dann ja besuchen."

Es entstand eine sehr unbehagliche Pause, mein Herz hämmerte bis in die Haarwurzeln.

„Mein Mann bleibt hier", sagte ich gedehnt.

„Dann eben nach Celle, das ist ja auch näher, und eine Krankenstation ist dort auch vorhanden."

„Auch nicht nach Celle", antwortete ich.

Der Polizeidirektor lief hin und her, die Arme auf dem Rücken verschränkt wie einst Napoleon, und sah mich scharf an: „Und wenn ich meine Männer abziehe, die Sicherheitsbeamten?"

„Bitte, ziehen Sie Ihre Sicherheitsbeamten ab", sagte ich ruhig, „es ist uns einfach schrecklich, daß sie in ihrem leichten Wohnwagen auf dem Garagenhof untergebracht sind!"

Er war mit meinen Antworten nicht einverstanden, bedrückende Stille lag im Raum.

„Bitte, tragen Sie das meinem Mann vor. Er wird von mir medizinisch betreut, und meine Zustimmung gebe ich nicht!"

Einige Polizeibeamte begleiteten mich nach Haus. Rücksichtsvoll trugen die Herren meinem Mann die Angelegenheit vor. „Dir bleibt auch nichts erspart!" flüsterte ich ihm zu.

Er schaute einen Moment in den wolkenverhangenen Himmel und sagte: „Wenn Sie glauben, so handeln zu müssen oder gar Ihre Befehle haben, bitte, dann handeln Sie! Aber das kann ich Ihnen sagen, wenn Sie eintreffen, haben Sie einen toten Mann im Auto!"

Die Herren entschuldigten sich und verließen das Haus.

Und ich stürmte die Apotheke und baute wieder einmal eine ganze Serie an Herzmitteln vor meinem Mann auf. Tröstliches war kaum zu vermitteln. Und wie so oft in Rom saßen wir auch jetzt wieder lange nahe beieinander und schwiegen.

Ende Oktober schreckte ich eines Morgens gegen vier Uhr aus dem Schlaf:

„Verzeih' bitte, ich wollte dich nicht stören", sagte mein Mann kaum hörbar.

„Was ist?" fragte ich entsetzt.

„Ich weiß nicht, so eigenartig..." Er sackte in sich zusammen und fiel zurück.

„Was ist?" schrie ich. Der Puls? Nicht fühlbar. Der Blick ins Unendliche. Das Herz? Stillstand.

„Nein, nein, nein", schrie ich, flehte ich, massierte das müde Herz, riß Fläschchen auf, tropfte, träufelte.

Endlich ein tiefer Atemzug.

Der letzte - oder der erste - dachte ich fassungslos und beträufelte weiter seinen Brustkorb, die Lippen.

„Lieber Gott, laß ihn mir noch, bitte, laß ihn mir noch", bettelte ich, „er hat so viel gelitten!"

Der Atem wurde gleichmäßiger, der Puls kam wieder. Mein Mann schloß die Augen, öffnete sie, sah sich erstaunt um.

Meine innere Starre wich.

„Dies noch, bitte, nimm' dies noch gleich!" flößte ich ihm weiter Tropfen ein.

„Was war das?" frage er verwundert, „was war denn das eben?"

Wir hatten uns wieder und wußten nicht, daß es nur ein Aufschub von wenigen Monaten sein würde.

„Eigenartig", sagte er vor sich hin.

„Hast du irgendeinen Eindruck behalten? Man hört so oft von Menschen, die als klinisch tot galten und dann ins Leben zurückkehrten. Hast du denn gar keinen Eindruck behalten?"

„Nichts, nein, gar nichts. Ich kann mich an nichts erinnern, plötzlich war einfach alles weg!"

Ein bißchen Leben war uns neu geschenkt.

Drei Wochen später traf mit der Abendmaschine aus Rom Prof. Cuttica in Hannover ein. Mit südlichem Temperament eilte er mir entgegen, als ich ihn am Flughafen abholte. Schnell waren wir in Soltau. Es wurde ein beglückendes Wiedersehen für beide Männer.

Trotz aller Sorgen wurden es zwei herzerfrischende Tage. Und dazu mußte erst ein Italiener aus Rom nach Soltau kommen.

„Ich danke dem Himmel, Franco, daß nicht alle edlen Römer ausgestorben sind!" rief ich frühere Worte wiederholend dem Anwalt nach, als wir uns im Flughafen Hannover voneinander verabschiedeten.

Die großen Mängel unserer Wohnung offenbarten sich täglich mehr und wurden nahezu unerträglich. Ölöfen sorgten zwar für die nötige Wärme, wenn sie funktionierten, doch das dazugehörige Heizöl mußte in Kannen gepumpt und dann in die Wohnung hinaufgetragen werden. Und weil die Haushilfe nicht immer da war, traf dieser Dienst oft mich. Doch meine Zeit brauchte ich für wichtigere Arbeiten. Und meine Praxisräume reichten längst nicht mehr aus, das Dachgeschoß mit den Schlafräumen ohne Bad und WC waren für meinen Mann eine große Belastung.

Meine Freundin Erika wies beiläufig darauf hin, daß das Haus in der Wilhelmstraße 24 zum Verkauf anstehe. Wir sahen uns Haus und Grundstück an, führten Verhandlungen und überlegten. Ich liebäugelte noch mit einem anderen Haus, abseits gelegen an einem Bach, doch dessen innere Struktur war derartig verbaut, daß es für die Praxis ungeeignet war. Wir waren unschlüssig.

Das Haus in der Wilhelmstraße 24 befand sich in jämmerlichem Zustand, aber das Mauerwerk schien solide und gesund. Im Geiste sah ich mich schon auf Leitern und Gerüst, denn so viel war klar, die Innenreparaturen mußten in Eigenleistung ausgeführt werden. Und wieder war es Erika, die aufmunternd einwarf: „Du hast doch immer alles selbst gemacht im Haus, du kannst doch tapezieren und mörteln und mauern und pinseln, und wir helfen alle dabei!"

Das Jahr 1977 neigte sich dem Ende zu. Das erste Weihnachtsfest im Familienkreis gestaltete sich ein bißchen unbeholfen.

Eine bedrohliche Krise meines Mannes lag über dem zweiten Weihnachtstag, aber es gelang mir noch einmal, die Gefahr abzuwenden.

In den ersten Januartagen meldete sich eine Journalistin mit ihrem jüngeren Kollegen und wünschte ein Interview. Sie bat die Lokalzeitung um Vermittlung.

„Ich stehe unter Vertrag, das müssen Sie doch respektieren", wiederholte ich. Aber sie ließ nicht locker.

„Nur, nur einen Moment möchte ich mit Ihnen sprechen."

„Na gut, aber privat, fünf Minuten und kein Interview."

Es wurde auch kein Interview, sondern eher eine Art privaten Verhörs.

Die Dame wies ihren Presseausweis vor, gab sich überlegen und zielte ihre Fragen ab: „Wie lange wird Ihr Mann noch leben?"

„Aber ich bitte Sie, das kann doch niemand sagen!"

„Wo liegt er? Können wir ihn sehen?"

„Sie werden ihn weder sehen noch sprechen!"

Vertrauenerweckend wirkte nichts, im Gegenteil, hinter mühsam vorgetäuschter Freundlichkeit fühlte ich eine gewisse Bedrohung heraus.

Vierzehn Tage später stürzte eine Nachbarin zu uns die Treppe herauf und schwenkte heftig gestikulierend eine Zeitung: „Wie ist denn das nur möglich?"

Erika riß ihr das Blatt aus der Hand, entsetzt lasen wir:

SS-KAPPLER STIRBT!

Mein Mann kam ins Zimmer, die Zeitung flog ins nächste Bücherregal, doch eine Stunde später hielt er sie auf den Knien und sah uns wortlos an.

Ich hatte verstanden.

Sie hatten ihm den letzten Schlag versetzt.

Für den Rest des Tages saß er in sich zusammengesunken am Fenster des Wohnzimmers, die Hände gefaltet, den Blick auf die tiefhängenden Wolkenfetzen gerichtet, die am Himmel dahinjagten. Auf Fragen reagierte er nicht. Speisen rührte er nicht an, meine Filigranarbeit in der Zubereitung war vergeblich.

Als meine Sprechstunde zu Ende war, ging ich zu ihm und legte meine Schläfe an seine. „Als meine Kinder noch klein waren und nicht alles ausdrücken konnten, was sie sagen wollten, kam Eckehard auf die Idee: ‚Leg' deine Schläfe an meine, dann fühlst du, was ich denke!'. Wir haben das oft gemacht, und ich finde, es liegt ein tiefer Sinn darin", sagte ich. Mit dem Anflug eines Lächelns antwortete er: „Laß uns noch so sitzen bleiben."

Am Freitag, dem 3. Februar 1978, fand ich gegen Mittag einen Brief im Kasten, der offenbar nicht durch die Post zugestellt worden war. Merkwürdig, dachte ich, ging in mein Sprechzimmer, öffnete das Kuvert und überflog das Schreiben. Prof. Fleming von der Universität Surrey in England hatte sich handschriftlich an den Bürgermeister unserer Stadt gewandt und ihm ein Schreiben für Herbert Kappler beigefügt mit der Bitte, es ihm zu überreichen.

Der Bürgermeister suchte jedoch meinen Mann nicht persönlich auf, sondern ließ den Fleming-Brief in Fotokopie in meinen Hausbriefkasten werfen.

Wie schon so oft in all den Jahren, wankte mir auch jetzt der Boden unter den Füßen. Ich suchte Halt und setzte mich nieder.

In freundlich gehaltenen Worten hatte Prof. Fleming um Informationen darüber gebeten, weshalb von den 8.000 jüdischen Bürgern Roms „nur" 1.007 am 18. Oktober 1943 abtransportiert worden seien, obwohl auf ausdrücklichen Befehl Hitlers „die 8.000 in Rom wohnenden Juden nach Mauthausen als Geiseln gebracht werden sollten".

Ich überlegte, ob es der Zustand meines Mannes erlaubte, ihn über den Inhalt dieses Briefes zu informieren. Doch mein Mann war zu schwach, ich war dieser Antwort enthoben. Ich weiß nicht, wie lange ich über diesem Brief gesessen habe und sich meine Gedanken überschlugen. Der erste Impuls, Prof. Fleming zu einer persönlichen Aussprache mit meinem Mann nach Soltau zu bitten, erlosch, weil er einfach zu elend war. Erika rief: „Wo bleibst du denn? Ich suche dich seit mehr als einer Stunde", und kam ins Sprechzimmer.

„Setz dich hin", bat ich, „und lies diesen Brief."

Sie vertiefte sich in den Inhalt und meinte nach wenigen Minuten: „Warum hat sich Herr Fleming nicht eher gemeldet? Jetzt kann man mit Herbert doch nicht mehr darüber sprechen."

„Prof. Fleming arbeitet als Historiker an seinem neuen Buch, es wäre auch für ihn aufschlußreich gewesen, mit Herbert über die damaligen Vorgänge zu sprechen. Er hat die Verfolgung der Juden als Wahnsinnsidee bezeichnet und sich geweigert, die von Berlin geschickten Häscher bei der Razzia zu unterstützen. Als er die Deportation nicht verhindern konnte, tat er alles, was ihm möglich war, sie zu behindern."

„Aber das muß man doch laut sagen", ereiferte sich Erika, „vielleicht ist das gar nicht bekannt!"

„Daß Herbert eben kein Judenverfolger war, paßt nicht ins politische Kalkül!"

Ich schloß den Fleming-Brief in meinem Schreibtisch ein und ging zu meinem Mann. Später bat ich unseren Anwalt, den Brief zu beantworten.

Kalt hing eine matte Wintersonne im Geäst der Trauerweide, die im Blickfeld unseres Fensters lag. Ernste Sorgen verdunkelten den Tag. Es war der 4. Februar. Eilig telefonierte ich Dr. Dorow aus Stuttgart herbei, der in den nächsten Zug sprang und abends in Soltau eintraf.

Lange blieb er am Bett meines Mannes, dann sah er mir voll ins Gesicht: hoffnungslos.

Tag und Nacht blieb ich bei meinem Mann. Noch mit verlöschenden Kräften sagte er mir wundervolle Worte und legte in diesen Stunden immer wieder und unvergeßlich alle seine Liebe hinein. Im Frieden mit sich selbst hatte er seinen Weg zu Gott gefunden. Mit klarem Bewußtsein ging er hinüber ins größere Sein vor den unbestechlichen Richter.

Mir war nicht bange um ihn.

„Auf Wiedersehen, meine geliebte Frau, auf Wiedersehen", waren seine letzten Worte. Ein erhabenes Lächeln blieb in seinen Zügen.

Mein Sohn wich nicht von meiner Seite, er hatte seinen Stiefvater geliebt und zum zweiten Mal in seinem jungen Leben einen väterlichen Freund an den Tod verloren.

Es war der 9. Februar 1977.

Ich wunderte mich, weil keine Tränen kamen. Mein Sohn umarmte mich: „Wir müssen trotz allem nüchtern denken!"

Ich bat den Leiter der Ortspolizei herbei, der uns menschlichen Beistand geleistet hatte, so gut es seine Position erlaubte. Und den Arzt, der Minuten später erschien.

Die Polizei gab Anweisung, den Verstorbenen während des Tages in unserer Wohnung zu lassen.

Ich ging nach oben ins Dachgeschoß, holte den Trauring meines

Mannes, den sein schmal gewordener Finger nicht mehr hatte tragen können und griff wie magisch angezogen in der Bücherwand nach einem ungeöffnet gebliebenen Kuvert: seinen letzten Brief aus Rom vom 1. März 1976 hatte ich nicht mehr gelesen, weil Briefe in jener Zeit nicht mehr wichtig waren, denn wir waren ja beieinander.

Unzählige Male war ich an diesem Brief vorübergegangen und hatte oft gedacht, ihn in einer stillen Stunde dann irgendwann zu lesen.

Mit bebenden Händen öffnete ich den Brief und las seine Zeilen, mir war, als habe er sie eben noch für mich niedergeschrieben. Und jetzt, in diesen ersten Stunden nach seinem Hinscheiden strahlten die Worte meines Mannes in einem geradezu verklärten Sinne auf.

Glück und Schmerz und Trauer vermischten sich zu einem seltsamen Empfinden. Endlich lösten sich die Sperren der Gefühlsblockade: Tränen - welch eine Erleichterung.

Sanft streifte ich meinem Mann den Trauring an den Finger und gab ihm auch den silbernen Rosenkranz aus der Hand des Papstes mit auf den letzten Weg.

Es wurde ein turbulenter Tag. In der Stille des Abends trug mein Sohn mit unbeschreiblicher Behutsamkeit den Leichnam die Treppen hinab, um ihn im kleinen Vorgarten des Hauses in den Sarg zu betten. Es ist hier üblich, dies in der Wohnung oder im Hausflur zu tun, doch die Enge des Treppenaufganges erlaubte das nicht.

Dann wurde mein Mann zur Aufbahrung in die Friedhofskapelle gebracht.

Ich versuchte zu meditieren, aber es gelang mir nicht. Und wie von selbst setzte sich in mir ein Gebet in Bewegung ohne vorgeschriebene Worte. Energie floß zu, ich hatte wieder Kraft.

Am nächsten Tag meldete sich das italienische Fernsehen: „In Rom beginnt der Prozeß gegen die Carabinieri, die man nach Kapplers Flucht verhaftet hatte. Was haben Sie dazu zu sagen?"

„Sie sind unschuldig! Sie dürfen nicht verurteilt werden!"

Der Papst! Vielleicht konnte sein Einfluß die Verurteilung der italienischen Polizisten verhindern. Spontan wählte ich die Nummer der

Telegrammaufnahme und gab den Text an Papst Paul VI. durch:

„Heiliger Vater, in tiefster Demut vor Gott erbitte ich Eure Hilfe und Euren Einfluß auf den gegenwärtigen Prozeß gegen die inhaftierten Carabinieri im Falle Herbert Kappler. Die Heimkehr meines Mannes führte ich allein und ohne fremde Hilfe durch, um Herbert Kapplers letzten Wunsch zu erfüllen, in der Heimat sterben zu dürfen.

Es darf nicht neues Unrecht geschehen an Menschen, die schuldlos sind und der Willkür menschlichen Unverstehens oder politischem Wahnwitz preisgegeben werden. Die in der Sache Herbert Kappler angeklagten Carabinieri sind ohne Schuld! Laßt sie in Frieden heimkehren zu ihren Familien.

Die Liebe ist die größte Kraft auf Erden!"

Wenige Stunden später traf das italienische Fernsehteam ein und baute seine Jupiterlampen in meinem Wohnzimmer auf. Es hagelte peinigende Fragen.

„Wo ist Ihr Mann jetzt?"

„In der Friedhofskapelle, wo alle Toten aufgebahrt werden!"

Überlegen lächelte der Reporter: „Aber das glaubt Ihnen doch niemand!"

Ich hämmerte mir ein: ruhig bleiben! Und hörte weiter: „Sie wissen ja, daß in Rom der Prozeß gegen die Carabinieri beginnt."

„Ich habe den Papst telegrafisch um Hilfe für die unschuldigen Polizisten gebeten und hoffe ehrlich, daß keiner von ihnen verurteilt wird."

Mein Telegramm an Papst Paul VI. wurde in der Tagesschau des gleichen Abends im italienischen Fernsehen verlesen. Soweit mir bekannt ist, wurde keiner der Carabinieri verurteilt.

Immer wieder riefen Reporter an: „Was soll das Märchen von Kapplers Tod? Er ist in den Pyrenäen gesehen worden, wo er den rechtsextremen Untergrund ausbaut."

Es verschlug mir die Sprache. Mein Sohn blieb neben mir und legte beschützend seinen Arm um meine Schulter.

Wieder schrillte das Telefon, ich nahm ab, weil ich den Anruf einer Patientin erwartete. Doch es handelte sich wieder um einen Journalisten, der aus Paris anrief. Ich fiel ihm ins Wort: „...versuchen Sie sich bitte vorzustellen, daß ein Gefangener nach zweiunddreißig Jahren Kerkerhaft von jeder Politik die Nase voll hat und zwar von derjenigen der Nazis ebenso wie von der heutigen. Und jetzt lassen Sie mich in Ruhe."

Die Presse-Agentur, bei der ich unter Vertrag stand, schickte ihre Journalisten und den Fotografen: „Es stimmt, die internationale Presse berichtet, Ihr Mann halte sich in den Pyrenäen auf."

„Aber das ist doch Wahnsinn!" rief ich entgeistert.

„Um das zu entkräften, bitten wir Sie um ein Foto am offenen Sarg Ihres Mannes."

„Nein, nein, bitte nicht", versuchte ich abzuwehren.

„Na also, dann stimmt es doch", beharrte der Journalist.

„Wenn du darauf eingehst, betrete ich dein Haus nicht wieder", entrüstete sich jemand aus meiner Familie und hielt sich daran für mehr als ein Jahr.

Ich kann dich nicht mehr fragen, wie ich entscheiden soll, von jetzt an bin ich in allem allein. Oh Herz, was wird das für ein Leben sein ohne dich, hämmerten meine Gedanken.

„Frau Kappler, bitte, Sie müssen sich entscheiden", wurde ich angemahnt.

Mir war, als lächle mein Mann zu mir herüber: „Was soll's, dort liegt doch nur eine Attrappe, ein Kokon! Und du weißt es!"

„Ich bin bereit", sagte ich leise, „gehen wir."

Auf der Fahrt zur Friedhofskapelle dachte ich daran, wie viele Menschen offiziell aufgebahrt werden, in Rußland wird der offene Sarg an die Gruft getragen. Das Gefühl der Peinlichkeit baute sich in mir ab.

In der Nacht arbeitete ich die Gestaltung der Trauerfeier aus.

„Bitte, in aller Stille und im engsten Kreis, ohne offizielle Bekanntgabe", hatte ich die Polizei gebeten.

„Völlig unmöglich, das läßt sich nicht geheimhalten!"

Eine Filmgesellschaft, Rundfunkanstalten - die Turbulenzen nahmen kein Ende. Ich wehrte ab, um einen möglichst klaren Kopf zu behalten.

Und zwischendurch wurde am Samstag der Kaufvertrag für das Haus Wilhelmstraße 24 unterzeichnet: eine neue Serie von unvorhersehbaren Problemen und Konflikten begann. Gebrochen in meiner Kraft und ohne zuverlässigen Berater an meiner Seite setzte ich meine Unterschrift auf das Stück Papier.

Verwandte und Freunde trafen ein. Prof. Cuttica konnte an der Trauerfeier nicht teilnehmen. „Er ist ein ehrenwerter Soldat gewesen, ein vollendeter Gentleman, den die Brutalitäten des Krieges und die Infamie der Menschen niemals haben wanken lassen", schrieb er mir später.

Immer wieder wurde ich gebeten, eine „würdige Abschiedsrede" im Rahmen der Zeremonie zu gestatten und bat im Sinne meines Mannes: „Bitte, nur religiösen Ritus in Ökumene beider Konfessionen, der durch den katholischen Militärpfarrer Jünemann und den evangelischen Präses Wilm durchgeführt wird", was von allen respektiert wurde.

Trotz des eisigen Winterwetters hatte sich eine große Menschenmenge eingefunden.

Während die Trauergemeinde in der Kapelle des alten Friedhofs Platz nahm, erklang der Gefangenenchor aus „Nabucco" und der Chor der Gefangenen aus „Fidelio".

Mein Sohn geleitete mich an die kleine Empore, auf der mein Mann aufgebahrt war. Ich kniete nieder und dankte ihm im Gebet für alle Liebe, mit der er mein Leben erfüllte.

Nach dem Ritus der Geistlichen ertönte das „Ave Maria" mit vollem Sopran, dem ein letztes Orgelspiel folgte.

Die Ouvertüre des „Fidelio" begleitete uns bis an die Familiengruft. Die Priester sprachen und zelebrierten den letzten Segen. Präses Wilm prägte noch einmal die Worte, die meinem Mann ein so inniges Anliegen waren: Versöhnung über die Gräber hinweg.

Etwas weiter hinten aus den hohen Tannen setzte eine Trompete ein: das „Lied vom guten Kameraden".

Reporter hingen auf Grabkreuzen, hatten Grabsteine bestiegen, Bäume erklettert und fotografierten vom Geäst der Bäume aus die Trauergemeinde.

Da schob sich eine Gestalt nach vorn, warf eine Handvoll Erde polternd auf den Sarg und hob dabei wie zufällig die Hand zum Hitlergruß. Ein zweiter folgte nach, stieß meinen Sohn zur Seite und hob ebenfalls die Hand.

Mein Sohn sagte laut: „Schämen Sie sich nicht? Sie wissen ja gar nichts von Herbert Kappler! Verschwinden Sie! Sie haben hier nichts zu suchen!"

Wie vom Schlage getroffen, stand ich da, reagierte mechanisch und verließ den Friedhof.

Nicht die Worte der Versöhnung von Präses Wilm gingen um die Welt, sondern die Fotos mit dem Hitlergruß.

Der Tote konnte sich nicht mehr äußern, aber er hatte ein ganzes Leben dafür gelitten, was damals geschehen war.

Verwandte und Freunde reisten nach dem Begräbnis wieder ab. Unermüdlich stand mir mein Sohn zur Seite, versuchte zu trösten und ließ mich nicht allein.

Und Erika war da, die nie Vertrauen mißbrauchte und für mich zu Vater und Mutter, Schwester und Freundin in einer Person geworden war. Sie hat den Schuß Weisheit, der Gnade ist.

„Wie werden Sie jetzt leben?" wurde ich gefragt.

„Mein Leben wird meiner Arbeit, meinem Beruf gehören. Die innere Gemeinsamkeit mit meinem Mann wird weiter bestehen. Wir haben immer darum gewußt, daß der Tod uns nicht trennen kann.

Und meine Kinder sind da -, meine Enkel."

Das Begräbnis Herbert Kapplers.

(Foto: action press/Jörg Hinniger)

INHALTSVERZEICHNIS

…Die letzte Bitte…

Skizze von Prof. Ernst von Dombrowski, die er nach der gelungenen Flucht dem Ehepaar Kappler widmete.